# EPC
# 总承包项目
# 工程保险实操指南

陈津生　编著

中国电力出版社

CHINA ELECTRIC POWER PRESS

## 内 容 提 要

为顺应国内 EPC 总承包工程推广的新形势，提高企业风险管理水平，普及工程保险知识，特编写本书。书中内容紧密结合国际先进工程保险理念，对于在 EPC 工程中涉及的工程险种、安排、采购、合同后管理等问题均做了较为全面、细致的分析。同时，列举了我国著名企业在海内外 EPC 实践中实施保险策略的典型案例。

本书可供从事 EPC 项目或准备从事 EPC 项目的公司领导、项目经理、风险管理人员、监理、咨询人员等作为岗位继续教育教材使用；也可作为工程管理、保险、经贸专业在校研究生以及本科生的教学参考书或课外读物；也适合作为建设行业推行 EPC 总承包模式进行系列培训的教材或参考用书。

**图书在版编目（CIP）数据**

EPC 总承包项目工程保险实操指南/陈津生编著 .—北京：中国电力出版社，2020.3
ISBN 978 - 7 - 5198 - 3840 - 9

Ⅰ.①E…　Ⅱ.①陈…　Ⅲ.①建筑工程－承包工程－工程保险－指南　Ⅳ.①F840.681 - 62

中国版本图书馆 CIP 数据核字（2019）第 241759 号

出版发行：中国电力出版社
地　　　址：北京市东城区北京站西街 19 号（邮政编码 100005）
网　　　址：http：//www. cepp. sgcc. com. cn
责任编辑：王晓蕾（010 - 63412610）
责任校对：黄　蓓　郝军燕
装帧设计：张俊霞
责任印制：杨晓东

印　　刷：三河市航远印刷有限公司
版　　次：2020 年 3 月第一版
印　　次：2020 年 3 月北京第一次印刷
开　　本：787 毫米×1092 毫米　16 开本
印　　张：22
字　　数：534 千字
定　　价：78.00 元

# 前　言

EPC总承包模式是国际工程管理领域的先进管理模式，具有传统模式的很多优势，普遍受到国际承包市场的推崇。目前，国内为适应"国际经济一体化"发展和"一带一路"倡议实施的需要，政府有关部门正在对EPC总承包模式进行积极的倡导和推广工作，并取得了一定的成绩。然而，由于EPC总承包模式本身具有工期长、规模大、协作单位多等特点，在实施过程中比传统模式存在的风险复杂得多，危险性更大，承包商或业主如果对EPC项目众多风险不予以重视，不加强管理必将影响项目目标的最终实现，以致影响我国EPC模式的实践和推广效果。由此可见，加强EPC风险管理机制研究是当前企业的一项十分重要的任务，而作为这一机制建设的重要组成部分，且目前对于国内企业来说处于这一机制最薄弱环节的工程保险，自然成为EPC项目风险管理机制研究与建设的一项重点工作和热门话题。

工程保险在国际上已经有100多年的发展历史，但我国工程保险制度建设还处于初级阶段，很多理论知识需要广泛普及、完善和提高，特别是在国际市场EPC模式受到广泛应用的形势下，企业如何认识EPC工程项目的风险特点，进一步增强建设各方主体对工程风险的管理意识，提高EPC工程保险知识水平。如何在EPC企业内部形成有效、适用的工程保险机制等诸方面，显然还需要我们做很多的宣传与研究工作，只有这样才能在"一带一路""世界经济一体化"的大时代背景下，更快地实现工程风险管理与国际接轨，促进我国更多的企业走出国门参与到国际建设市场中去，也更好地为国内推广、实践EPC模式提供成熟的工程保险经验，促进国内工程建设又好又快地发展。出于上述目的和动机，作者编著了《EPC总承包项目工程保险实操指南》一书，作为EPC有关保险知识、经验的交流平台，供广大读者学习和参考。

本书共分为四篇：第1篇保险原理，介绍工程保险基础知识以及分析EPC标准合同对保险的要求；第2篇保险安排，介绍在EPC工程项目中企业如何制定出科学、合理的保险安排方案；同时，对于EPC工程的融资保险做了介绍；第3篇保险采购，介绍保险计划方案的落实途经，以及采购的有关方面问题；第4篇合同管理，主要介绍了合同后管理中的索赔管理和纠纷管理两部分内容。同时，在每一章中作者都收集了以建筑工程一切险为主要险种的各行业工程保险的成功案例，以增加读者的感性认识和本书的实用性。

本书在编著过程中参考了一些学者、专家的有关资料，另外，王慎柳、王子刚、杨红、陈凯、李静等同志参与了本书的部分编著工作，对于上述有关人员在此一一表示衷心感谢。由于我国EPC模式正处于推广之中，对工程保险的研究历史较短，还处于初级阶段，可参考的资料不多，加之作者水平有限，本书可能存在疏漏，甚至偏颇之处，请广大读者给予批评指正，以利再版时予以修正。

编著者

2020年1月

# 目　　录

# 第3篇　保　险　采　购

# 第4篇　合　同　管　理

# 第1篇 保 险 原 理

## 第1章 工程保险基础知识

工程保险是指承保建设工程项目期间的一切意外物质损失和对第三人经济赔偿责任的一系列保险的总称。现代工程项目建设周期长，工程参与方众多，在建设过程中不可预见的风险因素较多，作为风险转移的重要手段，风险管理的重要内容之一的工程保险，越来越受到建设项目利益相关主体的重视，并得到广泛应用。

### 1.1 工程保险的基本概念

#### 1.1.1 工程保险的定义

保险通常意义上是指商业保险，即通过合同的形式，运用商业化的经营原则，由专门机构向投保人收取保费，建立保险基金，用作被保险人在合同范围内的财产损失进行补偿，对人身伤亡以及年老丧失能力的经济损失给付一定的经济补偿。

保险既是一种经济制度，又是一种法律关系。一方面，保险是一种经济制度，它是为了确保经济生活的稳定，对特定风险事故或特定时间内发生的事故所导致的损失，运用社会经济单位的共同力量，通过建立共同的基金来进行补偿或给付的一种经济保障制度。另一方面，保险也是一种法律关系，由于保险这一经济制度对于国民经济有着重要作用，所以世界大多数国家都将这一经济制度运用法律形式固定下来，借以巩固这一经济补偿制度。从法律角度看，保险是根据法律规定或当事人双方约定，由一方承担支付保险费的义务，获取另一方按照事先约定对其因意外事故出现所导致的损失进行经济补偿或给付权利的一种法律关系。

保险的法律关系与一般损害赔偿的民事法律关系不同。首先，保险事故的发生不是保险人的行为所致。保险人不是因侵权或违约行为而承担的损害的赔偿责任，而是因为法律规定或保险合同确定而承担的补偿损失义务。同时，保险人承担的只是损失补偿的责任。造成损失就补，没造成损失就不补，在约定范围内，损失多少就补多少。其次，保险法律关系的另一方是以支付保费来换取风险保障的权利，所以保险费用的支出是取得风险保障的代价，保险法律关系是一种有一定代价的权利义务关系。

那么该"保险"如何定义呢？由上述分析可得出，保险就是具有法律资格的社会机构，通过向投保人收取保费，建立保险基金用于保险双方在事前约定时间内、约定的事件发生时所造成的损失向投保人进行补偿的一种经济制度。保险人与被保险人之间构成投保人承担支付保费的义务，保险人承担事前约定的赔偿责任的一种法律关系。

工程保险是适用于工程领域的保险制度。它主要是由物质损失保险、责任保险、意外伤害保险和火灾保险等演变而来的一种综合保险。该保险主要是承保在工程建设期内，或一定的使用期内因自然灾害、意外事故或人为因素等造成财产损失、人身伤亡和第三者的赔偿责任。

国内有些专业用书将工程保险界定为一类较小的财产保险，但从保险公司承保的对象、保险公司实际的保险业务来看，这种界定是不恰当的。工程保险不仅涉及财产保险，还涉及人身保险、责任保险等，属于一种综合保险。因此，我们需要重新界定工程保险。所谓工程保险是指投保人与保险人签订保险合同，投保人支付保险金，在保险期内，一旦发生自然灾害、意外事故，或人为原因造成财产损失、人身伤亡、第三者责任损失时，保险人按照保险合同约定承担保险赔付责任的商业保险行为。

工程保险是从财产保险中派生出来的一个险种，主要以各类民用、工业用和公共事业用工程为承保对象。现代工程保险已经发展成为产品体系较为完善的具有较强专业特征且相对独立的一个保险领域。建立工程保险制度，对企业融入国际市场、维护建设市场稳定和工程建设主体各方的经济利益都具有十分重要的意义。

### 1.1.2　工程保险的特征

工程保险是财产保险领域的分支，但其与普通财产保险相比，具有显著的特点。主要表现在以下几点：

（1）特殊性：工程保险承保的风险具有特殊性，首先表现在工程保险既承保被保险人的财产损失风险，同时，还承保被保险人的意外风险和责任风险；其次，承保风险标的中大部分赤露于风险之中，自身抵御风险的能力大大低于普通财产的标的；最后，工程在施工中始终处于一种动态的过程，而且存在大量的交叉作业，各种风险因素错综复杂，风险程度高。

（2）综合性：工程保险的主要责任范围一般由物质损失部分和第三者责任部分构成。同时，工程保险还可以针对工程项目风险的具体情况提供运输过程中、人员工地外出过程中、保证期过程中各类风险的专门保障，是一种综合性保险。

（3）广泛性：普通财产保险的被保险人的情况较为单一，通常只有一个明确的被保险人。由于工程项目建设过程中可能涉及的当事人较多，关系相对复杂，业主、总承包商、分包商、设备和材料供应商、勘察设计商、技术部门、监理人、投资者、贷款银行等，均可能对项目拥有保险利益，成为被保险人。

（4）不确定性：普通财产保险的保险期限相对较为固定，通常为一年。而工程保险的保险期限一般是根据工期确定的，往往是几年，甚至是十几年。工程保险期限的时点也不是确定的具体日期，而是根据保险单的规定和工程的具体情况确定的。为此，工程保险通常采用工期费率而较少采用年度费率。

（5）变动性：普通财产保险的金额在保险期内是相对固定不变的，而工程保险中物质损失部分针对的标的实际价值在保险限期内是随着工程建设的进度不断增长的。所以保险限期内，不同时点的实际保险金额是不同的。

（6）个性化：关键性条款具有个性化，由于不同的工程风险具有各自的特殊性，关键保险条款内容又要根据保险标的具体情况而定，因而具体保险条款具有个性化。

（7）变更性：随着工程施工的不断深入和施工过程内外环境的变化，保险当事人双方在协商一致的基础上可以变更合同条款。

（8）非完整性：保险标的在投标时具有非完整性。保险标的在投标时存在预测性，随着工程建设的深入发展，可能要增减一部分工程子项，因此，投标初期的标的往往是不完整的。

### 1.1.3　工程保险分类

纵观世界各国的工程保险业务，无论是政府经营的保险机构，还是私人经营的保险公司，在险别的设置和具体做法上都可谓大同小异。

按照保险的标的性质，保险通常划分为三大类：第一类是人身保险，包括人寿保险、健康保险及伤害保险等；第二类是财产保险，包括财产损失保险和责任保险；第三类是信用保险与保证保险。涉及工程建设的保险包括所有上述三大类保险的内容。

按照保险的法律性质，保险通常可分为强制保险和自愿保险两大类。

强制保险又称法定保险，是指按照法律规定工程建设涉及主体必须办理投保的险种，否则将不能从事相应的业务活动，表明该保险是强制性的。另外，投保人可以自由选择满意的保险公司，从这种意义上讲，该保险又是自愿性的。与工程建设有关的强制保险包括：建筑工程一切险（附加第三者责任险）、安装工程一切险（附加第三者责任险）、雇主责任险、职业责任险与人身意外伤害险、十年责任险与两年责任险、机动车辆险等。

自愿保险与强制保险相对应，是指投保人根据自己的需要自愿参加的保险。在自愿保险中，赔付范围以及保险条件等均由投保人与保险人之间根据订立的保险合同加以确定。自愿保险包括：国际货物运输险、境内货物运输险、政治风险保险、汇率风险保险等。

一般而言，强制保险的保险费用最终是由业主来承担，而自愿保险的保险费用则应由投保人自己来承担。

## 1.2　工程保险功能与原则

### 1.2.1　工程保险功能

#### 1. 给予合理经济补偿功能

EPC 工程项目具有资金投入大、建设周期长、工艺技术复杂、时效要求高等特点。因此，EPC 工程涉及的环节多，而涉及环节越多，出错的概率也越大，事故的原因也越趋复杂。通常，追查事故原因需有一段时间，但 EPC 工程项目投资的资金投入大，且不说重大毁灭性事故发生后重建，资金筹集有困难，即使是局部性事故使工程暂停、延期，其造成的资金、利息及建筑物不能按时投入使用的损失都是巨额的。工程保险作为一种综合性保险，基本功能就是补偿功能。

业主或承包商只需支付一定的保险费，就可以在遭受重大损失时，得到经济补偿，从而减轻风险发生后的经济损失，大大降低工程风险的不确定性，增强业主或承包商的抗风险能力，最终增强企业的竞争力和生存能力。在投保的前提下，银行比较愿意提供贷款，使工程项目的资金有所保障。此外，投保工程险还可以减弱建设企业的年利率和现金流量的波动，保证建设企业财务的稳定性。

以国内 A、B 项目纠纷案为例，在 A 项目建设过程中，由于相邻 B 项目的设计不当，致使 A 项目打桩时楼体倾斜，造成停工 138 天，每天损失 30 万元，总计 917 万元。由于这两家公司都未曾购买工程保险，纠纷发生后只得诉诸法院，经过近一年的调查和开庭审理，虽然载明是属于 B 项目承包商设计的过失，A 项目承包商只获得 30 万元象征性赔偿，因为

B项目本身也遭受巨大停工的损失，无法赔付巨额赔偿金。如果购买了工程保险，这一事故的结局就大不一样了。例如，国内有一工程项目在建设过程中发生火灾，损失达1700万元。由于该工程购买了建筑工程一切险，事故发生后第二天，中国平安保险公司代表携带200万元赔偿金到达失火现场。由于该工程涉及诸多分包商，在查清事故责任前，保险公司按保险法规定预先支付的赔偿使该工程当即有资金开始清理并修复现场，事故的损失得以迅速弥补，使工程进度计划未受影响。

2. 提供风险管理服务功能

保险公司对工程的运作过程有助于工程风险管理的操作。从经营工程保险的角度来看，风险管理服务是减少风险事故发生率，降低事故损失，提高自身经营效益的重要手段，在共同利益的驱使下，工程保险公司在承保后，一般都要投入大量的人力、物力和财力为被保险人提供工程风险管理服务，保险公司从自身利益出发，对工程风险进行监管，这种监管不同于建设工程中的第三方监管，它是独立存在的，这种风险管理更加客观、公正。对境外保险公司的调查表明，由于工程风险产生损失原因的多样性和复杂性，保险公司每年需赔付数额相当可观的赔偿金。作为经济实体，保险公司事先对承包商的施工能力进行审查，而且还通过有关保险条例规范承包商行为，并派出自己的监理人员全程监督工程的实施，甚至从一开始就参与工程的设计，以切实有效地降低风险，最大限度地降低事故发生概率。在事故发生后，最大限度地降低事故损失，以使保险公司的损失降到最小。保险公司的这一目标，客观上最大限度地保证了施工的安全和建筑质量的提高，起到为工程项目保驾护航的作用，有利于保障工程目标的顺利实现。

3. 保障事故各方权益功能

工程项目的事故发生原因是复杂的，往往涉及各方面的利益，对于未投保工程，一旦发生事故，经常会引发诸多的经济和法律纠纷。由于各方对损害赔偿和损失分担无事先约定，极可能陷入一场旷日持久的谈判或诉讼中，耗费大量的精力和金钱。若出现事故，如果有保险公司的介入，损害赔偿、损失分担、协调和事后处理工作都可交由保险公司负责。保险公司在处理这些问题上有丰富的经验和一套完善的处理程序，并严格执行签订的保险合同，可使一切问题化繁为简，大大减轻政府部门和企业的负担，迅速妥善处理纠纷，合理保障事故各方的权益。

### 1.2.2 工程保险的作用

工程项目风险管理是指工程项目管理人员对可能导致损失的工程项目不确定性进行预测、识别、分析、评估和有效的处置，以最低的成本完成最大安全保障的科学管理方法。风险管理在风险评估后进行有针对性的风险处理，可以选择的方式主要包括风险自留和风险转移。在工业发达国家和地区，风险转移是工程风险管理对策中采用最多的措施。

随着EPC工程项目的不断推广、实施，承包商面临着来自各个方面、各个阶段的风险。诸如设计阶段风险、采购阶段风险、施工阶段风险、试车阶段风险等。其中，最为突出的是施工安全的风险，施工期间安全风险更具有多样性和复杂性。从风险管理的角度来看，安全风险完全规避显然是不现实的，应采取积极有效的风险对策，尽可能地降低风险带来的损失。通常的施工风险对策方式包括技术措施、组织措施和管理措施等。工程保险是项目风险管理计划的最重要和有效的风险转移技术和基础，也是最有效的工程风险管理手段之一。主要作用体现在以下几个方面。

1. 减少工程风险的不确定性，增强投保人承担风险能力

工程保险的基本职能之一就是经济赔偿。对于工程承包企业来说，可以通过工程保险将自身技术能力无力防范或无法回避的风险转移给保险人，在风险发生后得到经济赔偿，从而增强抵御风险的能力，减少风险的影响。对于保险公司而言，个别风险的不确定性，而从大范围角度来看，可以表现出一定的确定性，因为根据大多数定律可以对期望损失作出比较准确的判断。同时，保险公司作为一种专门处理风险的机构，可以为承包企业提供各种风险管理服务，采取各种防范和应急措施，从而大大降低工程风险的不确定性。

2. 提高项目各参与方的风险防范和管理能力

工程项目在投保工程保险以后，保险公司要向投保方提供包括安全、防灾、减灾的各种风险管理服务、风险措施建议和意见。通过施工环境和施工条件的现场踏勘和检查，传授有关风险防范的经验等，增强工程参与各方的风险意识和责任意识，从而促进参与各方风险防范和管理水平的不断提高。

3. 依托工程保险可以规避一些新技术风险

大型工程项目一般施工技术要求高、质量验收标准高，特别是大型 EPC 工程项目中，有相当一部分工程采用了新结构、新技术、新工艺、新材料，新的技术风险更加突出，对确保工程质量安全提出了新的挑战。按照风险管理的一般原理，在做好"避免风险、控制风险"等环节工作的基础上，风险转移措施之一的工程保险成为建设工程新技术风险管理的重要途径。

### 1.2.3　工程保险的原则

在保险的发展过程中，逐渐产生并完善了保障其正常开展工程保险的特定原则，这些原则已被世界保险界所公认，也是国内进行工程保险时应遵循的准则，这些原则包括可保利益原则、最大诚信原则、近因分析原则、经济补偿原则、权益转让原则和重保分摊原则。

1. 可保利益原则

可保利益（保险利益）是指投保人对保险标的所具有的法律上承认的经济利益。它体现了投保人或被保险人与保险标的之间存在的经济利益关系，即保险标的的损害或丧失，与投保人或被保险人有必然的联系，其必然蒙受经济损失。保险利益构成的三个条件：

（1）必须是法律认可的利益。保险利益必须符合法律规定，符合社会公共利益的要求，被法律认可并受法律保护的利益。主要体现在三个方面：①所有权，如被保险人是所保标的的所有人、接受委托负责保管的人或受益人；②留置权，被保险人对标的的安全负有责任或对标的享有留置权；③由合同派生的利益，如承租人依据租约享有租赁房屋的使用权。

（2）必须是客观存在的利益。保险利益必须是客观上或事实上的利益，所谓事实上的利益包括"现有利益"和"期待利益"。可保利益主要有指投保人或被投保人的现有利益，诸如财产所有权、公有权、使用权等。如果期待利益可以确定并可以实现的话，也可以作为可保利益。

（3）必须是经济上能确定的利益。经济上能确定的利益即通过货币形式计算的利益。保险利益原则是指在订立和履行保险合同的过程中，投保人或被保险人对保险标的必须具有可保利益，如果投保人或被保险人对保险标的不具有可保利益，所签订的保险合同无效；或者保险合同生效后，投保人或被保险人失去了对保险标的的可保利益，保险合同也随之失效。《中华人民共和国保险法》第 11 条第一款明确规定：投保人对保险标的应当具有可保利益。

第二款规定：投保人对保险标的不具有保险利益的，保险合同无效。

与其他财产保险不同，由于工程保险中承保的风险是综合的，主要有业主风险和承包商风险，在 EPC 中还包括设计单位、监理单位、分包商和供应商的风险，同时，承保的标的是多样的，主要有工程项目、相关责任和费用。所以工程保险的保险利益体现为多主体和多形式，而不像财产保险较为单纯，在确定工程保险的保险利益时，主要是依据所有权、承包合同和相关法律。

在 EPC 中工程保险中，业主、承包商、分包商、设计商、材料供应商都有各自的可保利益。可保利益的原则要求投保人在保险事故发生或在保险合同成立时，对保险标的必须具有可保利益，否则保险合同无效。强调可保利益有以下两个方面的作用：

一是可以防止道德危险。如投保人将工地上他人的房屋及设备投保，在订立合同后有可能故意使保险事故发生以谋取赔偿，产生道德危险。但由于其不具有可保利益，规定其保险合同失效，使其达不到目的，甚至受法律制裁。

二是可以作为赔偿的最高限额。投保人对保险标的具有的可保利益，是保险人承担保险责任的最高限度，投保人不能因为保险标的受损而获得超过其可保利益的额外收入。

2. 最大诚信原则

合同的签订是以合同当事人的诚信为基础，保险合同由于其具有特殊性，对当事人诚信的要求要比一般民事活动的标准更高，即要求合同双方遵循最大诚信原则。《中华人民共和国保险法》第4条明确规定：从事保险活动必须遵守法律、遵守法规，遵守自愿和诚实信用的原则。另外，英国的《1906年海上保险法》也规定：海上保险合同是建立在最大诚信原则基础上的合同，如果任何一方不遵守这一原则，另一方可以宣告合同无效。

诚信是指诚实、守信。"诚实"是指一方当事人对另一方当事人不得有隐瞒、欺骗行为；"守信"是指任何一方当事人都必须善意地、全面地履行自己的义务。最大诚信原则是指保险合同双方在签订和履行合同时，必须以最大的诚意履行自己应尽的义务，互不欺骗和隐瞒，恪守合同的认定与承诺，否则保险合同无效。

在工程保险中，工程项目尤其是一些 EPC 大型项目均具有较强的专业性和特殊性，尽管一些从事工程保险的专业人员具有一定的工程建设基本知识，但是他们不可能对于项目的个性化和特殊的风险进行全面的了解。为此，根据最大诚信原则，投保人应将项目风险的情况如实告知保险人，使保险人在决定承保和确定保险方案与费率时，较为充分地掌握项目风险的实际情况。

最大诚信原则的具体内容包括"告知"和"保证"，这是工程保险合同双方履行最大诚信原则的依据和标准。

"告知"是指投保人在订立保险合同时，应将与保险相关的重要事实如实地向保险人陈述，以便让保险人判断是否接受承保和以什么条件承保。关于"重要事实"的问题，英国《1906年海上保险法》的定义是：影响慎重的保险人决定是否承保和确定保险费等承保条件的一切资料。

关于"告知"的程度问题有两种类型：一种是"充分（无限）告知"，即承担告知义务的一方应将其知道的所有关于保险标的的风险的情况主动告知对方；另一种是"优先告知"，即当事人一方只需要针对对方提出的问题进行如实的告知即可。我国现行的保险法和工程保险条款均是采用"优先告知"的原则，即"有问有答，不问不答"。为此，工程保险的投保人在办理保险的过程中，只要针对保险人在工程保险投保单提出的问题进行了如实回答，即履行保险合同项下的被保险人的"告知"义务。

"保证"分为"确认保证"和"承诺保证"。"确认保证"是指投保人或者被保险人与过去或者现在的某一特定事项的存在或者不存在的保证。在工程保险中，保险人通常会要求投保人对影响风险程度的一些情况进行确认，如公司周围是否有河流、湖泊或者海洋等。"承诺保证"是指投保人对将来某一事项作为或者不作为的保证。如在工程项目中，投保人承诺一旦保险标的风险发生变更，将立即通知保险人。

"保证"还可分为"明示保证"和"默示保证"。"明示保证"是指将保证的内容以文字的形式在保险合同中载明。如保险条款中规定，被保险人"在保险财产遭受盗窃或恶意破坏时，立即向公安局报案"。"默示保证"是指投保人或被保险人对于某一种特定事项虽然没有明确表示担保的真实性，但该事项的真实存在是保险人决定承保的重要依据，并成为保险合同的内容之一。默示保证一般是由法律作出规定。

3. 近因原则

所谓近因不是指在事件或空间上与损失结果最为接近的原因，而是指促成损失结果的最有效的或起决定作用的原因。工程保险标的损失并不都是由单一的原因所造成的，损害发生的原因经常是错综复杂的，其表现形式也是多种多样的。有的是同时发生，有的是不间断地连续发生，有的则是短时间的发生，而且这些原因有的属于保险责任，有的不属于保险责任。对于这类因果关系较为复杂的赔案，保险人应如何判断责任归属呢？这就要根据近因原则。具体如下：

（1）单一原因导致损失近因的判定：单一原因导致损失及造成损失的原因只有一个，没有其他原因，则该种原因就称为近因。

（2）多种原因同时导致损失近因的判定：多种原因同时导致损失，即各种原因发生无先后之分，且对损害结果的形成都有直接与实质的影响效果，则原则上它们都是损失的近因。若多种原因都属于保险责任，对其所致的损失保险人必须承担赔偿责任；若都属于除外责任，保险人不负赔偿责任。若多种原因中既有保险责任，又有除外责任，同时它们所导致的损失能够分清，保险人则对承保的危险所造成的损失予以负责；如果保险危险与除外危险所导致的损失无法分清，此种情形的处理有两种意见：一是损失由保险人与被保险人平均分摊；二是保险人可以完全不负赔偿责任。

（3）多种原因连续发生导致损失近因的判定：多种原因连续发生即各种原因依次发生、持续不断，且具有前因后果的关系。如果造成的损失是由两个以上原因造成的，且各种原因之间的因果关系在未中断的情况下，其最先发生并造成一连串事故的原因为近因。如果这个近因是保险责任的，保险人应当负责赔偿损失，否则不负责任。

（4）多种原因间接发生导致损失近因的判定：多种原因间接发生，即各种原因的发生虽有先后之分，但它们之间不存在因果关系，且对损失结果的形成都有影响效果。此种情形损失近因的判定及保险人承担责任的处理方法与多种原因同时导致损失基本相同。

4. 经济补偿原则

补偿原则是指保险合同生效后，如果发生保险人投保范围内的损失，被保险人有权按照合同的约定，获得全面、充分的赔偿。保险赔偿是弥补被保险人由于保险标的遭受损失而失去的经济利益，被保险人不能因保险赔偿而获得额外的利益。补偿原则的核心是要维护保险作为一个社会经济制度的积极意义，即它一方面要确保被保险人遇到承保风险所造成的损失是能够得到充分的补偿，以稳定其正常的生产和生活活动；另一方面又要防止一些不法的被保险人利用保险进行非法牟利。只有这样，保险才能健康、有序的发展，才能正常发挥其保障的作用。

补偿原则的应用不是绝对的，也有例外。"例外"是指在保险实务对于补偿原则的使用上的例外情况。这些例外的情况主要存在于人身保险、定值保险、重置价值保险和施救费用赔偿的领域。其中，重置价值保险与工程被保险人关系密切。所谓重置价值保险是指已被保险人重置或者重建保险标的所需要的费用或成本来确定保险金额的保险。但是，应当注意的是这种赔偿方式是有前提条件的，即投保人应当按照重置价格进行投保。在工程保险的理赔中，往往因赔偿标准的问题产生纠纷，其核心的问题就是前提条件的确认和维持。一方面如果被保险人没有按照重置价格进行投标，则保险人可以拒绝按照重置方式进行赔偿。但是经常出现的问题是在保险限期内工程的重置价格发生了较大的变化，投保人或被保险人没有及时通知保险人，直到损失发生时，保险人才发现这个问题。这种情况可以通过"申报制度"的方式加以解决。就是对那些工期较长的项目要求投保人每隔一定的时间向保险人申报一次合同金额的变化情况。另一种解决的方式是保险人经常对于合同金额可能发生的变化进行检查和核对。

### 5. 权益转让原则

权益转让原则对保险人来说又称为"代位追偿"原则。它是经济补偿原则的派生原则。权益转让原则是指在财产保险、被保险标的发生保险事故造成推定全损，或者保险标的损失是由第三者的责任造成的，保险人按照保险合同的约定履行了赔偿责任后，被保险人应将享有的向第三者（责任人）索赔的权益转让给保险人，保险人取得该项权益，即可以把自己放在被保险人的地位，向责任方追偿。在理解工程保险项下的权益转让原则时，应当注意两个问题：

一是当工程项目一旦发生保险事故，造成了损失，而这种损失的全部或者部分应由第三者负责时，投保了工程保险的被保险人对索取对象具有选择权。根据保险合同被保险人具有这种权利，只要损失本身属于保险责任范围内，被保险人就有权向保险人索赔。

二是被保险人选择向保险人索赔的先决条件，即如果保险责任项下负责的损失涉及其他责任方时，不论保险人是否已赔偿被保险人，被保险人均应立即采取一切必要措施行使或保留向该责任方索赔的权利。在保险人赔偿后，被保险人应将向该责任方追偿的权力转让给保险人，移交一切必要的单证，并协助保险人向责任方追偿。另外，工程保险中的第三者可能涉及两类：一是没有作为工程保险被保险人的、存在合同关系的当事人；二是不存在合同关系的当事人。

### 6. "重保分摊"原则

被保险人以一个保险标的同时向两个或两个以上的保险人投保同一危险，就构成重复保险，简称"重保"。其保险金额的总和往往超过保险标的的可保价值，为了防止被保险人获得超额赔偿，通常采用各保险人之间分摊的办法，分摊的方式有以下三种：

（1）比例分摊：按各个保险人承保保险金额的比例分摊损失金额。

（2）限额分摊：按各个保险人在没有其他保险人重复保险的情况下，各自应负责任限领的比例分摊赔款。

（3）顺序分摊：最先承保的保险人先赔偿，后承保的保险人依次赔偿实际损失与已补偿金额之间的差额。

## 1.3　工程保险制度的发展

### 1.3.1　国际工程保险的发展

1. 工程保险制度的起源与形成

一般认为，工程保险起源于英国的锅炉爆炸保险，其历史可以追溯到 1856 年，当时英国有许多旨在防止锅炉爆炸事件发生的工程师团体，但尚不签发保单。1866 年，美国的工程师仿效英国在哈特福德市成立了哈特福德蒸汽锅炉检查和保险公司，收取费用，为被保险人提供定期勘察服务，并在锅炉及机器损失发生后给予经济补偿。建筑工程保险最早起源于20 世纪 30 年代的英国保险市场，第一份建筑工程一切险的保单是 1929 年伦敦建设跨越泰晤士河的拉姆贝斯桥（Lambeth bridge）时签订的，这份保单可认为是开创了建筑工程保险的先河。1934 年，德国设计了一种专门用于工程保险的保单，并慢慢流通开来。而在工程保险中的雇主责任险则诞生在英国的工业革命时期，它是责任保险中最早兴起的险种之一。

2. 工程保险制度的发展与完善

工程保险至今已有很长的历史了，在第二次世界大战后，工程保险取得了较快的发展。第二次世界大战，作为战争的主要战场之一，欧洲不少国家受到了很大的破坏，不但各种工厂和机器受到严重破坏，无数的建筑物也遭到了相当大的毁损，战后的满目疮痍，各国自然要大兴土木和恢复工业，进行大规模的工程建设，这为工程保险的发展提供了条件。在欧洲大规模的重建过程中，业主及承包商等建设市场主体面临着难以承受的巨大风险，为转嫁工程期间的各种风险，需要设立建筑和安装工程保险来提供保障，建筑工程保险以"一切险"开始的，并成为工程保险的主要业务，并带来了安装工程保险等的发展，加之由于政策的支持而发展迅猛。

在国际组织出面援助发展中国家兴建水利、公路、桥梁以及工业、民用建筑工程的过程中，需要工程保险提供风险保障，工程保险制度在这些国家逐步发展并推广开来。从国际趋势来看，工程保险已成为工程风险管理的不可或缺的重要支柱。

随着各种大规模工程建筑的开展，为完善承包合同的条款制度，在承包合同中引进了承包人投保工程保险的义务，也对工程保险起了极大的推动作用。1945 年，英国土木建筑业者联盟、工程技术协会及土木建筑者协会共同研究并制定了承包合同标准化条款，并引进了承包人投保工程保险的义务，促进了工程保险的迅速发展。由国际咨询工程师联合会（International Federation of Consulting Engineer，IFCE）所制定的 FIDIC（菲迪克）土木建筑工程合同条件，规定承包商要对工程项目进行保险，并将其作为施工合同条件重要内容之一。FIDIC 所涉及的保险主要有工程保险、承包商设备保险、人身财产损害保险、第三者责任保险、雇主责任保险以及咨询工程师职业责任保险等。

在国际上，工程保险一般都是由于某种强制的原因投保的。例如，美国、日本、德国、法国等国法律规定：凡公共工程必须投保工程险，金融机构融资的项目也必须投保工程险。在欧美实行政府、银行、市场"三重强制"法，即政府立法强制承包商必须有保险保障，银行对没有投保的项目不予贷款，而在竞标时，没有投保相应的工程保险的承包商将被淘汰出局。承包商投保工程险已成为国际上的惯例，业主不会把一个项目交给没有投保有关工程险种的承包商来负责建造。

发达国家与建筑工程有关的险种非常丰富，包括建筑工程一切险、安装工程一切险、社会保险、十年责任险/两年责任险，意外伤害以及职业赔偿险等，几乎涵盖了所有的工程风险，投保率则超过了 98%。

国际上 EPC 大型工程项目一般委任一家风险管理和保险顾问（类似保险经纪人，具有与保险经纪人同样的地位和职能）来处理保险业务，利用他们对工程风险管理和保险的专业知识、经验，代表业主与承包商的利益向保险公司购买保险，争取最理想的保险条件和最优惠的保费，并提供购买保险后的后续服务。风险管理和保险顾问同业主方的风险管理人员一起组成项目的风险管理与工程保险班组，它是项目管理班子的组成部分。

在 1880 年，英国颁布了《雇主责任法令》。如果雇主的过失是导致雇员遭受伤害的原因，雇主必须为此承担赔偿责任，雇主责任保险公司也同时成立。最初的雇主责任法完全建立在雇主过失原则上的，要使雇主承担责任，必须首先证明雇主确有过失，然而受到伤害的雇员获得赔偿的条件过于苛刻。伴随着工业革命的不断深化，过失原则被劳工赔偿原则所取代，劳工赔偿法也随之出现。制定劳工赔偿法的目的在于通过法律的形式，规定雇主对其雇员遭受的工伤承担绝对责任，不论雇主有无过失。劳工赔偿费用可计入生产成本，受到伤害的雇员能够获得及时有效的经济赔偿。

职业责任保险真正得到全面发展是在 20 世纪 60 年代，从那时起，职业责任保险拓展深入到工程建设领域。职业责任险包含相关专业人员的错误和失误所造成的损失的保险。

出口信用保险起源于 20 世纪初的英国。出口信用保险作为国际通行的贸易促进手段，已有近百年的历史。从历史上看，出口信用保险最初是由商业保险公司发起的，第一次世界大战后，战争加剧了出口的风险程度，商业性保险公司纷纷退出，未得到大规模发展。同时，欧洲各主要国家的政府开始由官方经营出口信用保险，并发挥了重要作用。第二次世界大战以后，随着世界经济贸易全球化进程的逐渐加快，出口信用保险也获得了很大的发展和广泛应用。

为了推进工程保险行业的发展，1968 年，在慕尼黑建立了国际工程保险协会（The Internal Association of Engineering Insurance，TIAEI），这是一个非营利、关于工程保险方面的国际组织。

3. 工程保险制度的法律依据

世界各国的保险立法通常都由两个方面构成：一方面为保险业的企业法，或称保险业法，是关于保险业的组织、经营、管理等规定的法律；另一方面为保险合同法，或称为保险契约法，是关于保险合同的订立、变更、转让、终止及投保人和保险人双方各自权利、义务等规定的法律。

在工程建设领域，工程质量责任保险的有关法律最为令人关注。工程质量保险主要包括十年责任险和两年责任险，一些国家对其作出强制性的法律规定，法国的《建筑职责与保险》就是典型代表。该法规要求，承包商必须对工程本身和建筑设备，分别在十年和两年之内承担相应的质量缺陷责任，必须进行保险，否则不得承包相应的工程项目。

雇主责任险在建筑业中占据十分重要的位置，绝大多数国家将其列入强制保险的范畴。在发达国家和地区，民法、劳工法、雇主责任法同时并存。民法是法律基础，劳工法带有社会保障性质，而雇主责任法则是商业意义的雇主责任保险的直接法律依据。此外，雇主责任险的法律依据还包括雇主与雇员订立的雇佣合同。

最初的雇主责任法完全建立在雇主过失原则的基础上，要使雇主承担赔偿责任首先必须证明雇主确有过失，受到伤害的雇员获得赔偿的条件比较苛刻。

伴随工业革命进程的不断深化，过失原则被劳工赔偿原则所取代，劳工赔偿法随之出现。制定劳工赔偿法的目的在于通过法律形式规定雇主对其雇员所遭受的工伤承担绝对责任，不论雇主有无过失。劳工赔偿费用可以计入生产成本，受到伤害的雇员能够获得及时有效的经济赔偿。1884 年，最早的劳工赔偿法诞生于俾斯麦统治下的德国。1897 年，英国也通过了劳工赔偿法。到了 1910 年，欧洲各国都实行了劳工赔偿制度。1911 年，美国第一部劳工赔偿法在威斯康星州开始生效，随后全美 50 个州都相继颁布了各自的劳工赔偿法。为了尽量确保每个工人拥有安全健康的工作条件，1970 年美国又通过了《联邦职业安全和健康法》，要求雇主必须参加劳工赔偿保险。在西方发达国家，涉及工程建设领域的职业责任保险的法律依据主要包括民法、合同法、侵权法以及工程建设项目当事人之间订立的合同。

国际上，合同管理被奉为工程建设项目管理的灵魂，在采用标准合同文件的工程建设项目中实行工程保险制度已经成为一种惯例做法。国际咨询工程师联合会 FIDIC 系列合同、英国土木工程师协会 ICE《新工程合同条件 NEC》、美国建筑师协会 AIA《建筑工程标准合同》等都针对工程保险制度作出了具体规定。

### 1.3.2　发达国家工程保险市场的特点

目前，发达国家和地区的工程保险市场具有以下共同特点：

1. 保险相关法律健全完备

发达国家和地区的工程保险有较为完善的保险法律，如美国联邦和各州对工程保险都有法律规定，联邦法律规定了所有标准，50 个州在联邦法律的基础上提出了更为具体的要求。与保险相配套的法律法规体系的完善使各个保险种在具体运用中各方主体的行为更加完善。再如，法国 1978 年制定的《斯比娜塔法》分为建筑责任、技术监督、强制保险与建筑保险四个部分。该法强调，凡涉及工程建设活动的所有单位，包括业主、设计商、承包商、分包商、建筑产品制造商、质量检查公司等，均须向保险公司进行投保，保险内容包括新建、改建或维修工程的结构失效以及建筑所在场地的破坏等。法国 1978 年制定的《斯比娜塔法》主要有建筑责任、技术监督、强制保险与建筑保险四部分，凡涉及工程建设活动的所有的单位均包括其中，各主体应投保相应的保险。

2. 保险是承包工程项目的准入条件

在美国无论是承包商、分包商，还是咨询设计商，如果没有购买相应的工程保险，或者没有取得相应的保证担保，就无法取得工程合同。另外，法国作为一个典型的强制性工程保险的国家，《建筑职业与保险》规定，凡涉及工程建设活动的所有单位，包括业主、建筑师、总承包商、设计和施工等专业承包商、建筑制品制造商、质量检查公司等均向保险公司投保。通过工程保险强制性制度，建设主体有关各方面在自身利益的驱动下，强化了自律意识，确保了工程质量，促进了工程建设的良行性循环。

3. 工程保险以业主投保为主

许多发达国家和地区对于工程项目来说，都由业主控制保险。对于一般工程承保模式而言，投保方式有两种，一种为业主投保，另一种为承包商投保。承包商投保只会考虑合同中要求其投保的项目，不会考虑业主的风险和利益，如果工程项目中有 5 个承包商，每个承包商只会投保自己参与的工程施工时段的保险，整个工程风险则难以保证。因此，业主与承包商投保的保险程度是不同的。由业主投保工程保险，可以保障工程的全过程，保险终止期可延至工程全部竣工，不用考虑各承包商完成时的时间，并有能力安排交工延期和利润损失保险，可以控制工程风险的保障范围和适合的免赔额；控制保险人，选择信誉高的保险人承保，使投资人更为放心，购买利润损失保险较为方便；控制赔款以确保对损失恢复的控制，便于对保险合同的审查、确保无不足额保险，减少需要被核查保单的数量，减少管理费用。例如，在英国的建筑工程保险以业主投保为主；再如，中国香港许多大型的工程项目都普遍采取业主控制总保险，保单以业主和所有参与建设的各分承包商的联合名义投保。业主控制的工程保险是一项全面覆盖的保险方式，其主要目的是让业主拥有控制保障其财产的保险和风险管理计划，20 世纪末，中国香港新国际机场是业主控制的工程总保险的典范，保单以机场管理局和所有参与机场建设的各承包商的联合名义投保，保险范围包括建工一切险和第三者责任险，并由保险公司法国再保险公司亚洲有限公司（SCOR）与机场管理局合作进行项目风险管理，事实证明这是一个成功的经验。

4. 工程保险中介组织十分发达

国际上工程保险业发达的国家和地区，工程保险中介体系也十分发达。一方面表现是保险中介人在工程保险市场上十分活跃，绝大部分的保险业务是通过保险中介人来完成的，其服务范围涵盖风险评估、保险方案编制、订立保险合约、检测风险、保险索赔等整个风险管理的全过程。例如，英国是典型的以经纪为主的中介模式，保险中介单位就有 3200 家之多，是保险公司数量的 4 倍，近 8 万名员工，业务范围涉及财产保险、人寿保险和再保险领域。保险市场的 60% 以上的保险业务是由保险中介带来的。英国经纪人的组织形式可以是私人、合伙和股份有限公司。另一方面表现在完善的保险中介的管理上，能够对保险中介进行从业资格审查、组织资格认证考试，还有一个专门组织建立保险中介的信息档案库，对保险中介的职业情况进行全面记录，并接收社会公众对保险中介公司的查寻和投诉。例如，英国对保险经纪人管理较为严格，设有《保险经纪人法》，规定运营资本的最低金额，保险经纪人必要提交偿付保证金和购买职业责任保险，每年向注册委员会提交审计过的财务报告；行业规定，经纪人必须定期向协会提供交易统计表，说明其与每家人寿险交易的比例，以考察业绩；规定注册委员会唯一对经纪人的处罚办法就是对违规者的除名。为此，英国的保险经纪人先于保险人、公估人，英国保险经纪人制度最为完善，在国际保险市场上影响巨大。

5. 业主方与保险公司密切配合

业主和保险公司合作进行风险管理，可以在工程项目开始阶段对工程承包范围和保险等级有一个全面的认识，从而在很大程度上降低了业主的承保风险，保险公司在现场派驻专门人员，专业风险分析师也可以帮助业主进行完备的风险分析和提出风险管理建议，降低保险公司的理赔风险，因此可以说是双赢的举措。

6. 保险市场返赔率高

保险发达国家和地区，保险市场返赔率高。例如，美国多数保险公司的返赔率高，有的甚至为负利。有数据显示，美国保险公司在建设工程保险方面的保费收入的 72.5% 用于赔偿，23.7% 用于销售和管理；2.7% 用于缴纳税金，而盈利只有 1.1%。造成这种结果的主要原因是激烈的保险市场的竞争；也因为保险公司主要不是从保险中盈利，而是从保险业务中集聚资金，通过合理利用资金有效地从事各方面的投资，以较高的回报率创造利润。较高的返赔率说明建设工程保险的必要性和有效性。

7. 保险市场监管体系完整

保险市场监管体系完整是维护保险市场顺利运行的保证。例如，法国保险监管体系的日常工作由保险监管委员会（CCA）负责，该委员会是 1989 年 12 月 31 日颁布的法律成立的，立法机构为 CCA 规定了两项任务，一项是维护现有法律；另一项是保护投保人的利益。CCA 监管保险公司的财务状况，行使发放许可证的权利和监控权利。对违纪公司进行处罚。法国保险监管的特点：持久性和预测性的监管，而非临时性、只重历史性的监管。检查方法包括两种文件检查和实地检查，前者是检查保险公司的各种文件，后者是保险监察人员到保险公司办公室检查各种情况，看公司运作是否符合法律规定的章程、条例。双向监管：监管委员会向保险公司提供检查报告，保险公司再对报告做出回答，这是一种双向性交流，有利于问题的誉清。侧重于赔偿能力而非保险率的监管，但涉及保险公司的全部业务，还涉及该保险公司控制的其他机构，以及与该公司有关的再保险或者其他方式被该保险公司控制的因而易受其意志、决策影响的指令。可见，法国对保险市场的监管是十分严格的。

8. 行业协会在保险市场发挥重要作用

国际上工程保险业发达的国家和地区的行业协会在保险市场发挥着重要作用。例如，法国的工程质量保险中，法国的工程质量协会是为规划、设计、施工和材料生产及保险单位、监察机构服务的组织，其职能是收集、汇总被保险建筑工程的所有损失、赔偿有关方面信息，进行登记、分类，记录项目各方的不良行为，作为提高不良企业保险费率的依据，分析损失的原因、类型，提高防治措施和指导意见，并向社会广泛宣传，制定和管理行业标准规范；协调参与建设各方的关系，解决发生的矛盾和纠纷；设立和维护计算机网站、提供参与建设各方相互的交流平台。工程质量协会为法国的工程质量发挥了积极作用。

再如，德国政府授权建筑业事故保险联合会负责安全生产的行业管理，该联合会属于以工伤事故保险为核心，具体开展制定安全生产技术法规、组织培训教育、事故调查统计、工伤疾病保险等工作。每个企业都必须加入所在地区的联合会，成为联合会的成员。凡承揽工程建设项目的承包商雇主，必须按照雇员人数以及工种的危险程度向联合会交纳工伤保险费，由联合会负责承担保险，保险费平均为雇员工薪总额的 11.32%。联合会承保范围包括三种情况：工地上发生的工伤、上班途中发生的伤亡事故以及职业病。但对在工地上干私活、故意违章等行为不予保险。一旦发生工伤事故，由联合会负责康复和补偿事宜，与承包商雇主不再发生任何关系。安全监督工程师代表政府对施工安全生产进行监督检查。其具体职责包括：起草安全生产技术法规，监督安全法规的实施情况，检查所管辖施工现场的安全生产，对于违规者提出警告、罚款以及责令停工等。安全监督工程师必须受过专业教育，具有现场管理经验，经过建筑业联合会培训认可。

9. 丰富的保险人才资源

由于建筑工程保险涉及的险种繁多，技术领域广泛，经营这类业务需要掌握工程技术和专业知识的工程师或专家参与，因此，承保大型建设工程保险的技术要求比较高。在保险发达的欧洲国家和地区，工程保险的人才都有较为严格的筛选制度，获得一定的执业资格后方能上岗并定期接受业绩考核。这些国家的保险公司、再保险公司、保险经纪公司中大多设有工程部，有专门人员负责经营工程保险并办理相关业务。目前，发达国家和地区的保险业务已经迈入专业化、制度化和现代化的阶段，这与国内拥有丰富的工程保险人才资源有密切的关系。

美国、英国、法国、德国各国工程保险市场特征见表1-1。

表1-1                           西方发达国家工程保险市场的简要特点

| 国家 | 特 点 |
|---|---|
| 美国 | 保险品种齐全；保险公司返赔率高、利润率低；各方主体共同进行风险管理；与保险相配套的法律体系完善 |
| 英国 | 运作规范；险种丰富；未投保工程保险的项目不能获得银行贷款；保险中介组织发达；工程保险以业主投保为主 |
| 法国 | 实行工程质量责任强制保险；工程协会作用积极 |
| 德国 | 建筑业事故保险联合会全权负责雇员的工伤保险；有严格的工程监督管理制度 |

### 1.3.3 国内工程保险制度建设

我国工程保险的发展大致可以划分为三个阶段：逐步引入阶段、迅速发展阶段与完善提高阶段。

**1. 逐步引入阶段（20世纪70年代初～1978年）**

我国工程保险始发于20世纪70年代初期，主要局限于涉外工程项目范围。据有关资料记载，工程保险作为涉外保险业务的新险种出现的具体时间为1973年。根据可查资料，工程保险最早的一份是台湾地区的一位商人在江浙一带投资的，项目由八个旅馆建筑组成，并分布在不同的地点，向中国人民保险公司进行了投保。这个阶段的工程保险主要针对进入我国的具有外资背景的投资项目、外商独资、中外合资、世界银行贷款进行建设的工程项目，国家拨款的基建工程项目按照有关规定不参加保险，工程概预算中也没有保险费的内容。国内地方集资的项目有极少数项目投保的。这个时期我国的工程保险处于引入阶段。

**2. 迅速发展阶段（1978～1999年）**

工程保险的发展阶段是以改革开放为标志的。改革开放以来，我国建设工程项目投资来源已呈多元化，企业的所有制结构发生了很大改变，工程风险管理越来越为企业所重视。一方面，随着我国的对外开放，大量外资项目进入我国，这些外资项目管理者的风险意识较强，管理相对规范，对于投资项目均要求办理工程保险，因而产生了大量的建设工程保险需求，刺激了涉外建设工程保险业务的快速发展。另一方面，由于我国市场经济的建立，建设行业出现了蓬勃发展的局面，拉动了建设工程项目国内保险业务的需求。1979年，建设部会同中国人民保险公司拟定了建筑工程一切险和安装工程一切险的条款及保单并加以运用。为适应工程保险方面的市场需求，1994年颁布的《劳动法》，明确规定将工伤保险制度作为五项社会保险之一，随后，我国《保险法》《担保法》《合同法》《建筑法》相续颁布。1996年，建设部下发的《施工现场工伤保险试点工作研讨会纪要》。1997年，我国颁布首部《建筑法》，为建设行业的工程保险奠定了法律基础。《建筑法》是一部建设行业的根本大法，第四十八条明确规定了"建筑施工企业必须为从事危险作业的职工办理意外伤害保险，支付保险费。"《建筑法》颁布实施后，建设部与中国银行印发了《关于调整建筑安装项目费用组成的若干规定》，调整后的《规定》增加了工程保险费用的项目，为建筑企业投保费用提供了法律依据，国内工程投保量迅速提高。

1998年7月，国家批准成立我国首家专业化的工程保证担保公司——长安保证担保公司，及时为国家大剧院、首都博物馆、广州白云机场、华远集团房地产开发项目等一批众所瞩目的重大工程项目提供了卓有成效的保证担保服务。

1999 年，建设部向国务院建议把保证担保制度作为"十五"期间的一项重点工作。同年，建设部下发了《关于在我国建立工程风险管理制度的指导意见（讨论稿）》，把推行工程保证担保和工程保险作为建立工程风险管理制度的重要内容。并下发了《关于同意北京市、上海市、深圳市开展工程设计保险试点工作的通知》，正式启动了设计保险试点工作。

3. 完善提高阶段（2000 年至今）

工程保险完善提高阶段是以整顿规范建设市场和我国加入 WTO 为标志的。为迎合WTO 新形势，2001 年 12 月，中国出口信用保险公司成立，这是我国唯一承办政策性信用保险业务的金融机构，资本来源为出口信用保险风险基金，由国家财政预算安排。同时，根据我国建设事业的发展和建设市场存在的问题，2002 年 10 月 24 日，时任国务院副总理的温家宝就工程保险问题作出批示，要求建设部和保监会研究解决工程保险制度建设问题。2003 年 5 月 23 日，建设部颁布了《关于加强建筑意外伤害保险工作的指导意见》（建筑质量〔2003〕107 号）。随后，伤害险在全国建设行业普遍展开。2003 年年底，建设部又下发了《关于积极推进工程设计责任保险工作的指导意见》的文件。此后，在北京、上海、河北、贵州、深圳、宁波、哈尔滨 7 个省（自治区、直辖市）市开展了设计工程担保的试点，并逐步在全国范围内推广。

2003 年 4 月，我国正式实施《工伤保险条例》，我国工程保险制度推进到一个新的阶段。2004 年 8 月，建设部发布了《关于在房地产开发项目中推行工程建设合同担保的若干规定（试行）》（建市〔2004〕137 号）；2005 年 5 月，建设部印发了《工程担保合同示范文本》（试行）的通知（建市〔2005〕74 号）。《文本》中对投标委托保证合同、投标保函；业主支付委托保证合同、业主支付保函；承包商履约委托保证合同、承包商履约保函；总承包商付款（分包）委托保证合同、总承包商付款（分包）保函；总承包商付款（供货）委托保证合同、总承包商付款（供货）保函做了规范。2005 年 8 月，召开了全国性的"中国工程担保论坛"和"中国工程担保座谈会"，2005 年 10 月，颁布了《关于选择深圳、厦门等城市作为推广工程担保试点城市的意见》，确定天津、深圳、厦门、青岛、成都、杭州、常州等7 个城市作为推行工程担保试点城市，为进一步推行工程担保制度积累经验。2006 年，建设部会同劳动和社会保障部，共同印发了《关于做好建筑施工企业农民工参加工伤保险有关工作的通知》，该文件成为建设行业指导工伤保险制度实施的重要法律法规依据。

与此同时，根据《招标投标法》第四十六条："招标文件中要求中标方提供履约保证金，中标人应提供交纳"，第六十条："中标人不履行与招标人订立合同的，履约保障金不予退还，给招标人造成超过履约保证金额的，还应当对超过部分进行赔偿"的有关规定，对招投标履约保证担保制度进行了积极推广。

为落实《建筑工程质量管理条例》第四十条："基础设施工程、房屋建筑的地基基础工程和主体结构工程，最低保修期限为该工程的合理使用年限"的有关规定，2005 年 8 月，建设部与保监会就工程质量保险制度问题联合印发了《关于推进建设工程质量保险工作的意见》，阐述了建立和推进工程质量担保制度的意见和作用，确定了工程质量担保的概念和投保范围，对保险公司开发相关保险产品以及提供保险服务等提出了明确的要求。2006 年 5 月，保监会批准了中国人民保险公司的《建设工程质量保险条款》。同时，在北京、上海、深圳等 14 个城市正式启动建筑工程质量担保的试点工作。此后，我国招投标履约担保、保修责任险、质量担保相继展开。

2006年12月，建设部印发了《关于在建设工程项目中进一步推行工程担保制度的意见》（下简称《意见》）的通知（建市〔2006〕326号）。《意见》对担保的工程项目范围进行了规定。同时，对工程担保市场监管、规范工程担保行为、实行保函集中保管制度和加快信用体系建设提出了要求。至此，我国的工程保险与担保制度体系初步形成。

2010年4月，中国土木工程学会工程风险与保险研究分会成立。为接轨2011年7月实施的《社会保险法》第二十三条：职工应当参加职工基本医疗保险，由用人单位和职工按照国家规定共同缴纳基本医疗保险费。第三十三条：职工应当参加工伤保险，由用人单位缴纳工伤保险费，职工不缴纳工伤保险费；2011年4月22日修改了《建筑法》，将第四十八条修改为："建筑施工企业应当依法为职工参加工伤保险缴纳工伤保险费。鼓励企业为从事危险作业的职工办理意外伤害保险，支付保险费。"

2011年9月，住房与城乡建设部和国家工商总局联合发布实施了我国第一部适用于EPC项目的《建设项目工程总承包合同示范文本》（GF—2011—0216）第十五条对一切险和第三方责任险、采购运输的设备、材料、部件的运输险做了规定。

2013年，住房城乡建设部、财政部关于印发《建筑安装工程费用项目组成》的通知（建标〔2013〕44号），取消了建筑行业劳保基金与增加社会保险费有关事项规定。即按照《社会保险法》的规定，将原企业管理费中的财务费和其他中增加担保费用、投标费、保险费。按照《社会保险法》《建筑法》的规定，增加工伤保险费等。

2015年4月，《保险法》修订颁布；2015年9月24日，国家发展改革委、中国保监会印发《关于保险业支持重大工程建设有关事项的指导意见》（发改投〔2015〕2179号）要求：

大力发展工程保险。鼓励保险公司为重大工程建设相关的建筑工程、安装工程及各种机器设备提供风险保障，防范自然灾害和意外事故造成物质财产损失和第三者责任风险。

支持保险公司发挥专业优势，为重大工程建设提供专业化风险管理建议，采取有效防灾减灾措施，降低风险事故发生率。研究建立巨灾保险制度，研究建立巨灾保险基金、巨灾再保险等制度，逐步形成财政支持下的多层次巨灾风险分散机制，加大对重大工程建设自然灾害的保障力度。

加快发展再保险市场。推动发展区域性再保险中心，加大再保险产品和技术创新，增加再保险市场主体，提高再保险对农业、交通、能源、化工、水利、地铁、航空航天、核电等国家重大工程的大型风险、特殊风险的保险保障力度。强化再保险对我国海外企业的支持保障功能，支持国内企业"走出去"。

2017年3月，国务院颁布《对外承包工程管理条例》修订（国务院令第527号）第十四条规定，对外承包工程的单位应当为外派人员购买境外人身意外伤害保险。

经过多年的努力，虽然我国工程保险制度的框架已基本建立，但要将其成为建设企业的自觉行动还需要做大量的工作。目前，我国的工程保险现状与建设事业快速发展形势仍然显得不相适应，与国外工程保险发展仍有一定差距。因此，加强工程保险制度建设，仍是我们研究的重要课题。

### 1.3.4　国内工程保险的不足

1. 工程保险有关规定法律强度不够

建筑工程保险在国际上大多数国家的法律法规中明确规定是强制执行的，以至于形成一个国际惯例，通过对以上国际工程保险分析可知，有没有投保有关工程险是承接建筑工程的必要条件之一。在国外，工程保险制度发展了近百年，发达国家已经形成了与工程有关的丰富的险种，其中法律法规强制性的工程保险包括：建筑工程一切险、安装工程一切险、社会保险、机动车辆险、10 年责任险、2 年责任险和专业责任险等。而我国没有明确的《工程保险法》。1997 年的《建筑法》规定，建筑施工企业必须为从事危险作业的职工办理意外伤害保险，支付保险费。在 2011 年修改的《建筑法》中，为和《劳动合同法》《社会保险法》以及《工伤保险条例》等法律法规的规定保持一致，将其修改为"建筑施工企业应当依法为职工参加工伤保险缴纳工伤保险费。鼓励企业为从事危险作业的职工办理意外伤害保险，支付保险费。"无形中在法律层面降低了意外险的地位，使其成为自愿保险。目前，我国工程保险的强制险种仅有工伤保险和车辆险，其他险种则根据双方约定自愿投保。由于缺乏法律支撑，导致国内建筑工程保险制度的推行较为困难。

2. 保险公司业务能力急待提高

我国工程保险事业启动晚，保险公司的人员素质、承保技术的水平无法为投保人提供一个相应有效的风险防范服务，使得建筑工程投保人在认识上产生偏差，致使有的保险机构只能事前出具一份项目风险评估报告。当投保人得到保单后，没有力量提供保单后期有效的风险防范监督，只能风险发生后进行赔付，或者只收取投保人的保险费，服务、理赔与市场需求脱节。这些现象阻碍了工程保险的发展。

3. 保险市场恶性竞争

保险公司在大型工程项目中恶性压价导致国内大型保险市场价格背离国际市场价格，不但加大了保险公司的经营成本，而且保险费率低，无法在国际市场中分保，限制了保险公司的承保能力。目前，国内大型工程项目的费率与国际市场相比，有相当大的差距，国内多数项目的费率水平只有国际市场价格的 1/2 甚至 1/3。这种情况的出现带来的后果是在投资大的项目尤其是国家重点项目上，国内市场的承保费率得不到国际再保险市场的支持，国内保险公司被迫扩大风险自留或放弃承保，严重影响国内保险市场的发展。这种局面与保险市场的监管机制不完善有关，除《保险法》外，虽然我国有发布《保险企业暂行管理规定》等，但由于规定本身存在缺陷，操作性不强，使得贯彻执行带来困难。

4. 保险中介机构有待规范

一个健全的保险市场主体包括保险商品的供给方、需求方和充当供需双方媒介的保险中介人。从目前我国保险中介市场的现状来看：2009—2014 年间，全国保险代理人市场规模约为 300 万人。2015 年，中国保险代理人人数增加 146 万人；2016 年，保险代理人人数增长 186 万人；2017 年，中国保险代理人人数增长 150 万并首次突破 800 万人次。但从总体上看，虽然有些保险中介法规规定了市场进入的条件及其考核办法，但在保险中介交易秩序的维护、保险中介市场环境的建立、保险中介市场环节及其监督活动的实施等方面，还缺乏法律依据。这种状况在一定程度上会影响保险中介市场的健康发展，同时带来一系列问题，如失信现象、保险中介机构的违规操作等。中介机构人员素质有待整顿和提供。2005 年 9 月，中国保监会组织辖下各保监局就专业保险中介机构业务人员持证情况开展了专项检查，此次检查结果显示：机构有 1575 家，从业人员 47 316 人，平均持证率为 58.76%，其中代理公司 39 708 人，平均持证率为 61.85%；经纪公司 4686 人，平均持证率为 39.31%；公估公司 2922 人，平均持证率为 47.98%。此外，即使取得相应资格证书的保险中介从业人员，也不代表其具有较高的从业技能、经验和能力。

5. 保险运行机制落后

我国工程保险技术是从国外引入的，一般只引进了保险条款，对于保险管理技术和保险措施不符合中国人的语言和思维习惯，导致险种结构单一，适用性较差；没有条款解释，适用受限，工程保险需求得不到满足。保险公司服务技术含量较低，保险公司重承保、轻防范、轻服务现象比较严重，缺乏可靠的长时间工程保险数据的积累。

6. 承包商投保意识淡薄

由于风险事故造成的巨额损失是一个小概率事件，为此，建设主体各方对一个小概率事件单列一项风险管理费用的必要性认识不足，认为风险事故属于"额外支出"，徒劳无用，只会增加成本支出和管理负担，这种思想存在于部分工程项目的业主和承包商中，业主和承包商能不保就不保，投保人不主动寻求风险转移，使投保人与保险人之间的互动欠缺，这也成为工程保险制度推行的障碍。

7. 保险市场面临人才供应缺口

我国的保险事业起步于 20 世纪 80 年代，一开始属于独家经营状态，随着保险市场的发展和国内保险的需求，保险业得到迅速发展，出现大量的新的保险市场主体，形成了保险市场竞争的局面。人才的培养需要一个循序渐进、逐步提高的过程，保险市场迅速发展的形势，使保险市场面临人才供应缺口。据中国保险协会最近提供的一份数据显示，在中国人民保险公司从事工程保险的专业人士不到 1%，这在一定程度上制约了工程保险业务的开展。

8. 工程保险事业发展迟缓

我国同国外工程保险业务的发展（以建工险/建安险为例）还有很大的差距。据中国保险协会统计，2016 年前三季度我国工程保险行业保费收入为 77.16 亿元，同期国内产险原保费收入为 6370.58 亿元，我国工程保险保费收入不足产险的 2%，如图 1 - 1 所示。工程保险有待于专业人员进一步努力，完善的法律法规、市场监督制度促进工程保险业的发展，为工程建设事业的快速发展保驾护航。

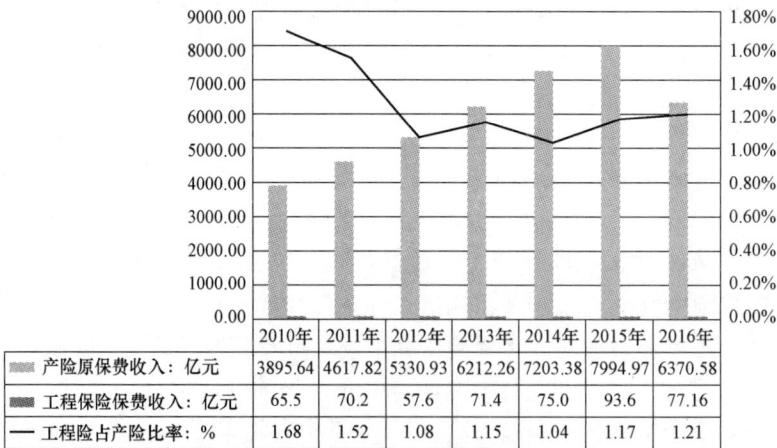

| | 2010年 | 2011年 | 2012年 | 2013年 | 2014年 | 2015年 | 2016年 |
|---|---|---|---|---|---|---|---|
| 产险原保费收入：亿元 | 3895.64 | 4617.82 | 5330.93 | 6212.26 | 7203.38 | 7994.97 | 6370.58 |
| 工程保险保费收入：亿元 | 65.5 | 70.2 | 57.6 | 71.4 | 75.0 | 93.6 | 77.16 |
| 工程险占产险比率：% | 1.68 | 1.52 | 1.08 | 1.15 | 1.04 | 1.17 | 1.21 |

图 1 - 1　2016 年我国工程保险行业保费收入占产险比率

# 第 2 章　EPC 工程项目与工程保险

EPC 工程总承包模式具有传统承包模式特有的优势，但由于投资大、工期长、规模大、协作单位多，导致其形成自身特有的风险特点。如何充分利用工程保险制度，实施有效的风险转移机制，成为承包商研究的重要课题。分析 EPC 项目与工程保险的联系、EPC 工程保险的特征，对于合理安排、采购保险，并充分发挥工程保险在 EPC 中的作用具有十分重要的意义。

## 2.1　EPC 工程总承包模式

### 2.1.1　工程总承包类型

随着国际经济的发展和业主的多样化需求，工程项目总承包市场的承包模式日趋多样化，目前，主要的总承包模式有以下类型：

（1）设计—建造总承包模式（Design - Build，D - B）：是指工程项目的总承包商按照合同约定，承担提供生产设备和完成工程项目设计与施工，并对承包工程的质量、安全、工期、造价全面负责，其他工作由业主完成。

（2）设计—采购总承包模式（Engineering Procurement，E - P）：是指工程总承包商按照合同约定，承担工程项目设计和设备材料的采购工作，并对承包工程设计、采购质量负责。在该种模式下，建设工程涉及的施工等工作，由业主完成。

（3）采购—施工总承包模式（Engineering Construction procurement ，P - C）：是指工程总承包商按照合同约定，承担工程项目的采购和施工，并对承包工程的质量、安全、工期、造价全面负责。在该种模式下，建设工程涉及的设计工作，由业主来完成。

（4）设计—采购—施工总承包模式（Engineering Procurement Construction，EPC，以下简称 EPC 模式）：是指对设计、采购、施工总承包，并对承包工程的质量、安全、工期、造价全面负责，总承包商最终是向业主提交一个满足使用功能、具备使用条件的工程项目。

EPC 模式是典型的工程项目总承包模式，是国际工程建设市场较为通行的项目支付与管理模式之一，也是我国目前建设工程总承包模式行政推行的一种重点模式。EPC/交钥匙工程总承包模式不同于单纯的施工总承包模式，通常是业主在没有具体设计图纸的情况下，只根据项目的内容和业主的要求实现的结果来进行招标，承包商中标后要承担设计、施工、采购等全部工作，必须等项目试运营成功后才能被视为完成全部工作。

（5）建设—运营—移交总承包模式（Build - Operation - Transfer，BOT）：是指有投融资能力的工程总承包商受业主委托，按照合同约定对工程项目的勘察、设计、采购、施工、试运行实现全过程的总承包。同时，工程总承包商自行承担工程的全部投资，在工程竣工验收合格并交付使用后具有特许专营权，并回收投资，赚取利润；特许专营权期限届满时，该工程无偿移交给政府，业主向工程总承包商支付总承包价。

工程总承包模式中，常用的为上述（1）、（4）、（5）这三种形式，而 EPC 模式又是三种形式中应用最为广泛的一种模式。其规范运作程序源于国际咨询工程师联合会（FIDIC）出版的《设计－采购－施工合同条件》即 EPC/交钥匙项目合同条件，俗称"银皮书"。就国内工程而言，源于我国结合国情，借鉴 FIDIC 工程总承包合同条件所颁布的《建设项目工程总承包合同示范文本（试用）》（GF—2011—0216）。

### 2.1.2　EPC 工程总承包模式

**1. EPC 概念**

对于 EPC 工程总承包的概念，国际上并没有统一明确的定义。FIDIC 组织等著名的行业协会编写的标准合同文本中也均没有对 EPC 工程总承包作出具体的定义。

EPC 模式是建设工程总承包模式的一种，是原建设部《关于培育发展工程总承包和工程项目管理企业的指导意见》中所列总承包模式中优先推荐的一种模式，将其界定为："设计—采购—施工总承包是指工程总承包企业按照合同约定，承担工程项目的设计、采购、施工、试运行服务等工作，并对承包工程的质量、安全、工期、造价全面负责。"EPC 总承包是对传统的总承包业务和责任的延伸，最终是向业主提交一个满足使用功能、具备使用条件的工程项目。

**2. 工作范围**

EPC 模式的工作范围向前可以延伸到前期机会研究、可行性研究，向后可延伸到开车操作，是对 D－B 模式或其他工程总承包工作内容的扩展。承包商向业主提交的是功能满足合同要求，配套设施齐全，"转动钥匙"即可投入使用的工程。此模式适用于业主要求承包商有确定的工期、造价、质量保证，而其中工程大部分风险由承包商承担。而作为回报，业主愿意支付较高的承包费用。业主只按合同规定工期、造价、质量进行验收，对项目实施过程参与较少。

**3. 工作内容**

EPC 模式的主要工作内容包括（不限于此）：

（1）设计：按招标文件中规定的功能要求或业主要求进行全部设计工作，可能包括可行性研究、概念设计、详细设计及竣工设计（按照不同国家的设计阶段的划分），这些设计通常要得到业主或业主代表的审核或批准。

（2）采购：合同中约定的各种材料或设备的采购事项。EPC 项目中的材料设备采购一般不需要业主或业主代表的批准，但要通过相关的检验以证明产品的质量优良。

（3）施工：中标文件约定的为达到项目功能所要的全部施工工作，承包商编制质量保证计划及施工组织方法，在施工中严格实施安全、费用及进度管理，以确保工程的质量和进度。

除此之外，有些工业工程工作内容还包括试运行。工程总承包项目试运行服务的范围和深度由业主决定，并在合同文件的有关条款中载明，一般包括编制试运行计划、协助业主编制试运行方案、试运行培训、试运行准备、试运行过程指导和服务等。试运行工作由业主组织、指挥，由 EPC 总承包商进行指导，试运行资源由业主提供。同时，为了组织试运行的工作，业主、专利商、EPC 总承包商、供应商应进行明确的责任分工，并进行密切协调配合。

**4. EPC 模式的特征**

EPC 模式具有以下特征：

（1）典型的 EPC 模式是一种价格固定和工期固定的承包模式。EPC 模式下，业主不允许承包商因材料、设备或人工费用进行调价和工期的延长，业主和承包商事先要谈妥工程项目的价格，此价格包括了承包商在执行合同过程中，应对可能遇到的各种风险的费用。为此，EPC 项目价格要比传统承包模式的价格高出许多。

在 EPC 模式下，工期的结束意味着业主收回投资并开始盈利，时间就是金钱，工期滞后也就意味着业主会获得利润的拖后。因为 EPC 模式投资大，业主通常采取各种融资方式进行融资，工期拖后，业主作为融资人所面临的风险就会增大。因此，业主对工期的要求也非常高，一般情况下，承包商没有工期延长的权利。

（2）EPC 模式是一种快速跟进方式的管理模式。快速跟进模式的最大优点就是可以大大缩短工程从规划、设计到竣工的周期，节约建设投资，减少投资风险，可以比较早地取得收益。交钥匙合同模式下，承包商对设计、采购和施工进行总承包，在项目初期和设计时就考虑到采购和施工的影响，避免了设计、采购和施工的矛盾，减少了由于设计错误、疏忽引起的变更，可以大大减少项目成本，缩短工期。

（3）EPC 模式实施过程中的绝大部分风险由承包商承担。建设工程承包合同中将工程的风险划分为业主风险、承包商风险和不可抗力风险（亦称"特殊风险"），有时是明确的规定，有时是隐含在合同条款中。一般来说，在传统合同模式下，业主的风险大致包括：政治风险（如战争、军事政变等）；社会风险（如罢工，内乱等）；经济风险（如物价上涨、汇率波动等）；法律风险（ 如立法的变更）；外界（包括自然）风险等，其他风险由承包商承担。另外，出现不可抗力风险时，业主一般负担承包商的直接损失。但在 EPC 模式下，上述传统模式中的外界（包括自然）风险、经济风险一般都要求承包商来承担，这样，项目的风险大部分转嫁给了承包商。

（4）EPC 模式的管理方式不同于传统的分段式承包模式。有人将 EPC 模式称之为"没有咨询工程师的合同"，也就是说在 EPC 模式下不再是"新红皮书"条件下的业主、承包商和咨询工程师的三角关系。业主仅派出管理项目的授权代表，或者雇佣某项目管理公司来代表业主管理项目，这一公司也被看作是业主代表，代表业主的利益来管理工程。

由于以上四个方面的特征，EPC 模式与传统承包模式比较而言，具有以下三个方面的基本优势：

（1）强调和充分发挥设计在整个工程建设过程中的主导作用。设计在整个工程建设过程中的主导作用的强调和发挥，有利于工程项目建设整体方案的不断优化。

（2）有效克服设计、采购、施工相互制约和相互脱节的矛盾；有利于设计、采购、施工各阶段工作的合理衔接；有效地实现建设项目的进度、成本和质量控制符合建设工程承包合同约定；确保工程项目获得较好的投资效益。

（3）建设工程质量责任主体明确，有利于追究工程质量责任和确定工程质量责任的承担人。

### 2.1.3　EPC 中的合同关系

从 EPC 总承包模式的工作范围来看，与 D‑B 模式、E‑P 模式、P‑C 模式相比较，承包商需要承担更大的风险，因为 EPC 模式一般是不能够调价的。另外，业主在招标时可能没有任何设计资料，仅在招标文件中约定了项目预期实现的功能。

由于其将独立的设计、采购、施工、试运行等过程进行一体化，在项目实施过程中，

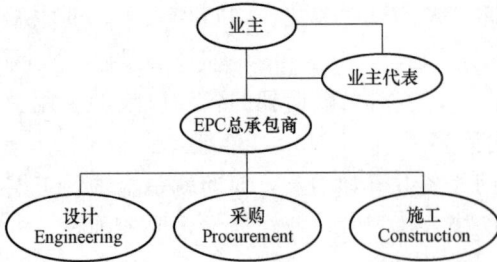

图2-1　EPC工程总承包中的合同关系

可以使人、财、物得到最佳的组合，EPC总承包模式节约了资源，实现了责任与权利、风险与效益、过程与结果的统一。EPC总承包模式比传统的承包模式具有很多优势，为此，越来越受到业主的青睐。EPC模式在合同关系、主要工作内容、与其他总承包模式工作范围的比较，分别如图2-1、表2-1、表2-2所示。

表2-1　　　　　　　　　　EPC工程项目总承包的主要工作内容

| 设计（Engineering） | 采购（Procurement） | 施工（Construction） |
|---|---|---|
| 方案设计（设备选型、材料配比） | 设备、材料的采购、专业分包商的选择 | 土木工程施工（工期控制、专业穿插计划、质量保证、安全控制） |
| 施工图集综合布置详细设计 | 设备订购与进场时间、存储管理等 | 设备安装、调试的计划管理 |
| 采购与施工规划 | 施工分包与设计分包 | 环境保护以及绿化工作等 |

表2-2　　　　　　　　　　工程项目总承包模式工作内容比较表

| 总承包模式 | 承包工作内容 | | | | | | | | |
|---|---|---|---|---|---|---|---|---|---|
| | 融资 | 项目评估 | 规划 | 设计 | 设备采购 | 施工安装 | 竣工移交 | 运营 | 移交 |
| 施工总承包（C） | | | | | | | | | |
| 生产设备和设计-施工总承包（D-C） | | | | | | | | | |
| 设计-采购总承包（E-P） | | | | | | | | | |
| 采购-施工总承包（P-C） | | | | | | | | | |
| 设计-采购-施工总承包（EPC） | | | | | | | | | |
| 建造-运营-移交（BOT） | | | | | | | | | |
| 设计-建造-运营（DBO） | | | | | | | | | |

## 2.2　EPC工程风险管理

### 2.2.1　风险管理与工程保险

工程风险管理与工程保险都以建设工程为研究对象，以分析建筑工程中潜伏的风险为基础，做出工程风险的处置安排。工程风险与工程保险是紧密相连、互为因果关系的，工程保险发展的内在原因和需求是工程风险，而工程风险有效转移的途径之一是工程保险，它在工程项目风险管理领域得到了广泛的应用。

1. 工程保险是风险管理的外部条件

从承包商角度分析，工程保险是工程风险管理的外部条件和有效途径。承包商在工程建设过程中，会面临众多的风险，对这些风险实施有效的管理，是承包企业按期达到工程目标，顺利完成承包任务，获得盈利的重要内容。在EPC大型工程项目中，其风险来自各个方面，情况复杂多变，稍有不慎，建设工程当事人各方就会遭受巨大的损失，甚至使工程建设项目失败，合同目标付诸东流。为此，有效地控制和规避风险是十分必要的。但不是所有的工程风险都能进行有效的控制和规避，如自然灾害、意外伤害事件等的发生，都是不可回避的事件，这些事件所造成的财产损失、人身伤害有时是难以预测的，其损失往往也是巨大的，只能通过风险转移的手段才能加以解决，工程保险则是对这些部分风险转移的一种有效方式，在风险与损失之间筑成的一道"防火墙"。因此，工程保险是转移风险，维护业主、承包商、分包商、供应商利益的一种重要举措，是进行工程风险管理的重要途径。

2. 风险管理是保险业的经营基础

从保险公司角度分析，工程风险管理是工程保险经营的基础和需求，主要体现在以下几点：

（1）通过工程风险管理技术的应用，能够使保险人、被保险人对其面临的风险有一个全面、系统的了解和认识，帮助保险人更好地科学认识和全面评估风险，为投保人或被保险人制订出更加合理的工程风险管理方案。

（2）保险公司是经营风险的企业，因此，它更需要注重风险管理，借助于风险管理作为承保手段。在承保过程中，保险公司需要搞清以下四个问题，一是此标的能否承保；二是如果可以承保，决定采用何种条款措辞；三是通过风险管理分析，才能决定保险费率；四是决定是否安排分保，也需要通过对风险管理进行分析。回答上述问题都离不开风险管理技术的运用，只有加强工程风险管理，保险公司才能在经营过程中改变其业务和提高其经营水平。

（3）加强工程风险管理能够增强保险公司经营的稳定性。由于 EPC 工程保险具有保险数额大、保险期限长、可能面临众多巨灾和特殊风险、涉及大量的工程技术问题、潜在的风险损失大的特点，经营稳定性压力大，为此，工程风险管理对于保险公司来讲十分重要。

（4）更好地维护全社会的共同利益。保险作为一种经济制度，能够为投保人或被保险人提供减少意外事故带来的影响，通过工程风险管理能够进一步降低、减少风险发生的概率和损失。为此，通过工程风险管理技术，才能更好地维护全社会的共同利益。

## 2.2.2　EPC 工程风险的特征

在 EPC 工程项目中，EPC 承包商要承担设计、采购、施工、试运行等全过程的工作，另外 EPC 合同对业主和承包商风险分配与传统承包模式中业主和承包商之间的风险分担不平衡，承包商需要承担项目几乎所有的经济、技术、管理风险及大部分政治风险、社会风险，所承担的风险明显加大，熟悉 EPC 工程风险的特征，这对于承包商的风险管理及其风险转移策略制订非常重要。

（1）多样性：EPC 工程项目的专业类型不同，风险也不尽相同。例如，有对工艺要求较高的化工 EPC 项目，意味着化工行业的设计风险很高；有对安全要求较高的核电 EPC 项目，意味着项目实施过程中施工阶段的风险和材料采购阶段的风险很高；EPC 风险具有多样性的特征。所以，EPC 项目在实施过程中，针对不同类型的项目，对风险管理的重点也不尽相同。

（2）复杂性：在 EPC 工程项目中，承包商所要处理的风险要比传统的设计或施工等分段承包模式复杂得多，并风险也大得多。主要体现在项目的组织接口、技术接口等风险多，并且十分复杂，相互交错、盘根错节，因此，承包项目风险管理的难度必然更大，当然，其所取得的经济效益和社会效益也会更加显著。

（3）全过程性：由于 EPC 工程项目中，承包商的工作任务贯穿于项目的设计、采购、施工、试运行以及维护的全过程，这与传统的承包模式有很大的区别，风险管理将贯穿整个工程生命周期的全过程。同时，EPC工程业主往往要求承包商负责项目部分融资工作，过程前移至项目融资阶段，承包商需要承担一定的融资贷款风险。

（4）关联性：EPC工程项目的各个阶段都存在风险，但各个阶段的风险并不是独立的，相互之间具有一定的关联性。例如，设计风险的发生可能导致采购工作的推迟，从而影响施工进度。材料、设备质量不合格，影响施工安装环节的工作，EPC工程项目风险具有很强的关联性。

（5）可变性：风险可变性是指在EPC项目实施过程中，各种风险在质和量上是变化的。随着EPC项目的进展，有些风险得到控制和消除，有些风险发生并得到处理，同时，在EPC项目过程中往往又会出现新的风险。

（6）社会性：EPC工程项目实施过程中所涉及的利益相关者较多，关系复杂，涉及业主、总承包商、设计单位、分包商、供应商等参建主体，以及融资银行、项目所在地政府管理部门、周边居民等相关干系人，特别是国际工程项目，其社会性则更加显著。

### 2.2.3　工程风险的转移策略

企业的经营活动，必须树立成本理念。成本理念中的注意控制成本意识是指企业管理人员对成本管理和控制有足够的重视，努力使成本降低到最低水平，并设法使其保持在最低水平。成本理念是现代工程项目管理中一个最为基本的立足点。

同样，在EPC工程项目风险管理中，承包商应分析清楚，哪些不可抗拒的风险必须通过工程保险予以转移，即投保人向保险人缴纳一定的保费，保险人在被保险人发生保险合同规定的风险事件而造成损失时，给予补偿，把不确定的损失转变为确定性的成本（保费），尽可能地防范这类风险给承包商或业主带来巨大的经济损失。哪些风险需要采取风险转移策略，可以采取风险自留等策略实施转移。工程保险方案设计也应坚持树立成本理念，使项目风险管理总成本降至最低。项目风险的总成本由以下三个部分组成：

项目风险总成本＝保险成本＋自留风险可能的损失＋风险管理与控制成本

采用风险转移策略，需要有一定的条件和界限，不能盲目转移，也不能全部自留。实践证明，不足的保险（即应保而未保）可能会使项目存在巨大的风险损失，而过度的保险（不该保而投保）又会造成资金的浪费。因此，合理、科学地选择哪些风险应通过保险来转移风险，哪些风险不必要投保，这是承包企业以及项目部重要的风险管理内容之一。图2-2所示为工程风险采取转移策略条件示意图。

由图2-2可见，当有些风险保险市场不予承保，或投保费用高、不经济，或属于在承包商可控范围内的风险，承包企业或项目部应采取风险自留的策略。对于有些风险保险市场可保，虽然其风险损失企业的收入和资本是可以承担的。且在企业可承受风险范围内，属于可

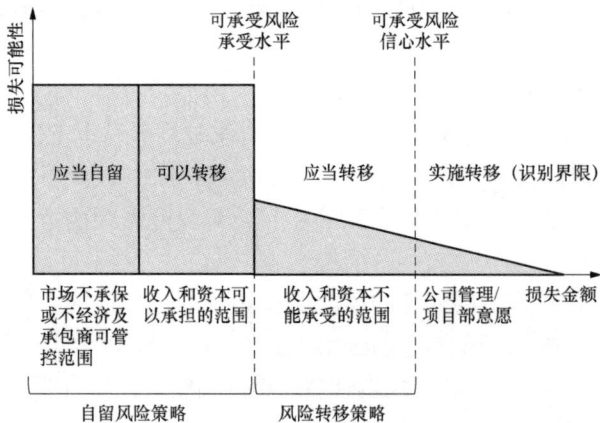

图2-2　工程风险采取转移策略条件示意图

转移风险，但其风险损失将会对企业财务有一定的影响，且在成本与效益难以判断的情况下，一般也应该采取风险自留的策略。当企业的收入和资本不能承担某类风险损失时，也就是说超出承包企业对风险的承受范围，又属于风险承受信心水平之内时，应当对该风险采取风险转移策略。当风险损失超出公司可承担风险的信心水平，根据风险管理和项目部的意愿做出决定时，则是实施风险转移策略的识别界限。

### 2.2.4　可保风险的条件分析

EPC 工程具有投资高、规模大、工期长等特点，更容易受到不可预见的外来因素的影响，如社会、政治、经济、自然、环境等多方面的事件影响，其造成的损失与一般承包模式下的风险损失是不可以比拟的。通过投保相应的保险，项目参与方可以将项目中的一些不可控制的风险转移给保险公司，有效降低风险对工程造成的不利影响。但应该认识到，在工程风险管理中，并不是所有的风险都可以通过保险进行风险转移的，只有可保风险，保险公司才给予承保。在这里，我们对可保风险的条件理论进行分析，有利于投保人对于风险保险的理论认识，并指导投保实践。

1. 传统可保风险条件理论

（1）可保风险应当是纯粹风险。纯粹风险是只有损失机会，而无获利可能的风险。这种风险可能造成的结果只有两个，即没有损失和造成损失。例如，自然灾害、人的生老病死等就是纯粹风险。与纯粹风险相对应的则是投机风险，相对于可保风险的投机风险则是指那些既有损失可能，也有获利机会的风险。例如，市场行情的变化而产生的风险，市场的这种变化对某承包企业则可能是有利的，可能带来好处。对另外的企业，此种市场的变化将带来不利，必将遭受经济损失。保险公司承保的是纯粹风险，不承保投机风险。这是由于保险是防范风险的一种保险机制，如果保险人对于投机风险也进行承保的话，就有可能使投保人因为保险而获利，这样就会刺激投保人主动去触发保险事故的发生，从而使道德风险和逆向选择成为一个严重的问题，因此，只当风险发生的损失大于保险收益时，保险人才会对该类风险给予承保。

（2）风险必须有大量的风险单位存在，且风险的单位应该是独立的和同分布的。只有风险单位的数量达到一定的充足程度，即普遍存在的风险，且存在风险单位应该是独立同分布的，才能满足保险数理统计的性质，符合保险经营中的大数法则，从而使保险人能够准确地估计出风险单位发生损失的期望值，制订出合理的保险费用。风险单位的数量的充足程度关系到发生实际损失与预期损失的偏离程度，影响保险人经营的稳定性。由此可知，当该风险只是属于个别或少数工程所发生的风险事故，商业保险一般是不予以承保的。例如，大部分工程保险市场中通常不包括战争保险，如亚洲、欧洲和美洲的保险市场，大多数中国商业保险公司也不承保战争险。因为战争风险并不是具有普遍性的风险，属于个别国家可能遇到的风险，保险市场不予承保。

（3）风险应当是偶然的、意外的，且事故具有造成重大损失的可能。这里有三层含义：一是风险发生是必然的，但具体的发生对象、时间、地点和损失程度是不确定的，因为必然发生的风险不能成为风险，投保人没有投保的必要。风险发生的对象、时间、地点和损失程度可以准确预测到的，保险人也不会承保。二是风险的发生和风险损失是属于意外事故引起的。对于投保人的故意行为造成的损失，保险人是不予以承保的。三是风险的发生应当有导致重大损失的可能性，这种损失是被保险人不愿承担的或承担不起的。如果一旦风险发生所造成的损失是很轻微，投保人则没有参加保险的必要。另外，被保险人所缴纳的保险费不仅包含风险损失成本，而且还包括保险人维持经营的费用成本。因而对被保险人来讲，将轻微的损失通过保险转嫁给保险人在经济上是非常不合算的，也是没有必要的。可见，在工程保险中，应将那些损失较小的风险，可以采取风险自留的策略。

（4）法律法规对可保风险的约束。保险经营的一个基本原则是可保利益原则，该原则也为所有国家的保险法所认可。保险利益的构成必须满足的一个条件就是可保利益是合法的利益，从而从法律上确认了所有可保风险都必须是合法的，否则不属于可保风险，例如盗窃、诈骗、抢劫、走私等行为虽然也是一种风险，但是其破坏了社会道德，扰乱了社会秩序，因此，不可能成为可保风险。另外，各国的法律规定了不同性质的保险公司有不同的业务范围，对特定的保险公司来说超出其经营范围的风险，即使是合法的，对该保险公司来说也仍然属于不可保风险。

（5）被保险人的保费必须是合理的、可预测的。在保险经营中，保险人必须制订出合理的保费，对特定的风险保险必须使投保人在经济上可以承受的，否则该风险也不能够成为可保风险。合理的保费制订是建立在该风险损失可测的基础上，如果风险发生及其所致的损失不可测，保险人就无法制订可靠稳定的保险费率，也难于科学经营，这将使保险人面临很大的经营风险。可见，如果风险损失缺乏现实的可测性，一般不能成为可保风险。

2. 传统可保风险条件理论在现实中的弱化

传统可保风险条件建立在风险组合的基础之上，即保险人通过大量的投保人的各种风险单位组合起来，并从中得到专业化的好处。而在现代化保险经营中，尤其是在保险市场竞争激烈的情况下，如果保险人刻意追求可保风险各种条件的满足，就有可能丧失很多市场份额，最终影响保险公司经营的稳定性，随着保险人承保技术及经营管理水平的进步和提高，可保风险与非可保风险的界限也逐渐模糊起来。

（1）传统可保风险条件的实用性限制。

尽管可保风险的条件在被保险风险中都应该有某种程度的体现，但要求所有的可保风险都满足这些条件，那就过于理想化了，现实中没有几个风险能够与之完全符合。在所有这些传统可保风险条件中，其中的第四条、第五条是必须基本的满足，而其他条件很难或者并不总是可以满足。例如，对于风险具有独立且同分布条件要求，因为风险所处的环境不同、结构不同、价值不同，因此，并不是所有同类的风险都是同质的。在现实中，所承保的风险都是相对集中的，而非独立的，所以保险人的经营情况总是出现周期性的摆动。另外，要求风险的发生必须是偶然的、意外的，满足这个条件也是很难把握的。许多偶然、意外风险事件的发生也是可以防止的，但对于被保险人故意行为而导致的风险事故，保险人要监视故意行为是需要花费很大精力和成本的。

（2）传统可保风险与现代保险经营环境的冲突。

随着社会进步、经济发展，现代保险经营的环境也有了很大的变化，表现在保险事故发生的频率越来越高，造成的损失越来越大，人们对保险需求尤其是巨灾保险的需求越来越大，而且由于保险起到社会稳定器的作用，使保险受到社会和政治的压力，要求保险人放宽承保风险的条件，提供更为广泛、充分的保险服务。在此情形下，保险人如果严格按照传统可保条件，对每一个风险进行逐个评估和筛选的话，不仅可能失去大量的风险单位，导致保险经营的不稳定，而且将影响到保险人的信誉，抑制保险积极发挥，降低保险在社会经济中的影响。

（3）传统可保风险与现代保险管理技术发展的冲突。

一是随着现代风险管理论和技术的发展，使新型的管理技术得到广泛的应用。从而为保险人突破传统可保风险条件的束缚做了技术上的准备，是保险人有可能对原来认为不可保的风险进行承保；二是随着保险与再保险的体系发展、健全和完善，为保险人突破这些条件的束缚做了财务上的准备，保险人可以将超过自身承保能力范围的保险责任转嫁给再保险人，从而降低自己的风险，稳定了经营；三是随着现代金融理论和技术被广泛运用到保险领域中，使得保险人有可能将所承担的风险在资本市场上进行更为广泛的分散，从而筹措到足够的资金来应对未来可能会发生的赔款责任，为保险人突破这些条件束缚做了资金上的准备。

3. 对传统可保风险条件理论弱化的再分析

从以上部分的分析中，可以得出这样的结论：随着经济的进步和技术的进步，可以摆脱传统保险理论中可保条件的束缚，从而使得任何风险都可以成为可保风险。其实，稍加分析就可以发现，所谓可保风险在现实中的弱化，是指保险人承保的风险不再是传统理论中认为的那种理想化的风险，但它们也必须或多或少地满足可保风险的条件，分析如下：

（1）关于风险的可测性：作为可保风险必须满足的一个条件是不确定性，也是"不可测性"，但这种"不可测性"是相对的，对单个风险、单个标的来说是不可测的，其发生风险的频率幅度具有绝对的"不可测性"，但对于涉及所有全部标的整体来说，又具有相对的可测性，即我们可以估计出该风险能够导致的损失幅度范围，从而通过收取保费，建立保险基金来应对这种损失。这种机理同样可以适用于非理想可保风险。

一是原来的不可保风险、巨灾风险，经过所有保险人的努力，以及计算机技术的广泛应用，已经积累了相当可观的统计资料，对于这些风险发生的规律、频率和造成损失的范围，现在都可以有一个相当精确的估计，从而保险人可以准确估算出承保这种风险的成本。

二是对于那些仍然缺乏统计资料的风险，保险人也不是束手无策，保险人可以恰当地对风险单位进行划分，将一个保险标的划分为若干个层次的危险单位，从而使之接近大数定律，这样只要保险人能估计出每个危险单位的期望损失，就可以确定该风险所导致的期望损失，从而制订出一个合理的保险费率。

（2）关于风险分散问题。

正像我们在上面所提到的一样，随着世界再保险体系的发展、健全和完善，保险人可以将其承保的能力范围的保险责任，在全世界范围内转嫁给再保险人，从而使原来不太符合大数法则的风险，通过再保险，以另一种形式符合了大数法则的要求，成为可保风险。而且将风险通过证券化的形式在资本市场进行更为广泛的分散，让资本市场的所有投资者来共同承担风险，这样不仅符合大数定律，更重要的是使保险人能够积累起足够的保险基金来应付未来可能发生的保险责任。

（3）关于风险代价问题。

投保向保险人转移风险是需要付出一定代价的，必须承担支付保费的损失。保险人一旦接受了投保人所支付的保险费用，就意味着其必须承担保险责任；被保险人一旦遭受保险责任范围内的风险损失，保险人就必须向被保险人赔偿或支付保险金。因此，对于保险人来说，未到期的保险费只是保险人对投保的一种负债。但一到保险期结束，被保险人仍未发生保险事故，这些保费就成为保险人的盈利。因此，对于保险人来说，未到期的保险费又是一种潜在的盈利。既然只要该风险在保险期内不是必然发生的风险，保险人就有可能通过收取保费来获取利润，那么对于一些敢于冒险的经营保险人来说，对于非理想性的可保风险进行承保就显得不足为奇了。

4. 风险可保条件的经济分析

保险人所承保的风险，除了受法律法规定条件的约束即满足合法性要求外，可保风险与不可保风险实际上并无实质上的区别，关键是在于投保人与保险人之间能否达成一致，达成一致的则该风险就可以被认为是可保风险；达不成一致的承保风险，则被认为是不可保风险。基于此点认识，投机风险也不是绝对排除于可保风险之列。例如，国外的保险公司和金融机构都有对最小投资回报率进行保险的经验。另外，期货和期权也可以看成对投机风险的保险安排，还有卫星风险、核电站风险以及地震风险、政治风险等不符合传统保险理论中的可保风险条件的风险都已将被纳入保险经营的保险范围内。因此，所谓可保风险就是在不违背法律的前提下，保险人凭现有资金和技术承保该风险，并不会因为该风险的发生对保险人的财务稳定和偿付能力产生严重影响，并且保险条件和保费能够被投保人所接受的风险均可以成为可保风险。

## 2.3　EPC 保险特点与研究意义

### 2.3.1　EPC 保险特点

由于上述 EPC 工程风险的特征，EPC 投保具有与其他承包模式投保不同的特点。

1. 标的的广泛性

由于 EPC 工程保险建设周期长、参建单位多、专业多样、阶段接口多，涉及整个建设周期的所有风险，因此其保险标的较多，与其他承包模式相比较具有多样性。例如，除了投保财产损失之外，还要投保第三者责任险、设计责任险、货物运输险，同时，建设工程保险还针对建设工程的具体情况，提供运输途中、建设工程人员工地外出途中、工程保修期中各类风险的专门保险。此外，如果 EPC 业主要求承包商部分贷款，承包商的保险安排还涉及融资保险。EPC 工程保险标的范围，见表 2-3。

表 2-3　　　　　　　　　　　　EPC 工程保险标的覆盖范围

| 可保标的物 | 保险公司提供保单 | 保险类型归属 |
| --- | --- | --- |
| 在建工程 | 工程一切险（建工/建安险） | 财产 |
| 现场永久设备与材料 | 工程一切险（建工/建安险） | 财产 |
| 施工机具 | 施工机具保险 | 财产 |
| 各类人员人身安全健康 | 工伤保险/雇主责任险/意外伤害险 | 人身伤害 |
| 设计、监理人员 | 职业责任保险 | 责任保险 |
| 第三方人身、财产 | 第三方责任保险 | 人身、财产 |
| 运输货物 | 海、陆、空运输保险 | 财产 |
| 竣工后工程 | 工程质量保险 | 财产 |
| 项目贷款 | 投资/长/短期信用保险 | 信用 |

2. 保障的综合性

EPC 项目由于其保险险种具有多样性，其对工程项目的保障具有综合性的特征，既承保被保险人财产损失的风险，又承保被保险人的责任风险，还可以针对工程项目风险的具体情况提供运输过程中、工地外储存过程中、保证期间等各类风险。包括设计责任险、人身伤害保险、机械设备险、运输责任险以及需要垫资项目的融资风险等。EPC 项目保险对各类保险标的实施了全面保障，从而实现对整个工程的综合保障功能。

3. 保险利益多边性

由于 EPC 工程项目建设过程中的复杂性，可能涉及的参与方和关系方众多，主要包括建设单位、总承包商、分包商、设备供应商、勘察设计单位、工程监理、质量检测机构以及融资单位等，他们均可能对工程项目拥有保险利益，成为被保险人。

4. 保险期的不确定性

传统保险的保险期限通常为一年，期满可续保；而建筑保险的保险期限一般按工期计算，即自工程开工至工程竣工为止。EPC 项目工期长，对进度的影响因素较多，不可预见因素多，造成竣工时间的不确定，从而使保险期限具有不确定性，因此，往往以被保险标的实际竣工期设为保险期限。特别是对于大型 EPC 工程，其中有的项目是分期施工并交付使用，因而各个项目的期限有先有后，有长有短。

5. 保险采购的复杂性

一般的 EPC 项目都是规模较大的工程，投资大，工程保险是以其合同中标价为标准确定其保险额的，为此，EPC 工程的保险额大，一般保险公司由于其承保能力所限，保险人往往需要将保险风险进一步转移，得到再保险市场的支持，保险采购涉及再保险公司，工作较为烦琐，具有复杂性。

6. 保金的变动性

就物质标的而言，随着工程项目的进行，其建筑价值是逐步增加的，越接近工程完工，其价值越大。为此，在不同阶段的风险损失事故其保险赔偿的金额是不同的，具有保险金额变化性的特征。

7. 保险的充分协调

EPC 工程项目的保险一般由业主或承包商负责统一投保，由于涉及被保险利益人众多，在保险安排过程中需要与各方被保险人充分协调与沟通，比其他承保模式的保险而言，其协调工作量要大得多。

8. 投保人素质要求高

由于工程保险安排的多样性，为此，EPC 投保工作对投保人技术、知识的要求较其他承保模式的要求更高，需要投保人不但要有全面熟悉工程风险管理技术，而且又要掌握各险种的保险知识，这样才能合理、科学地安排各种保险，同保险人谈判，审核、修订保险方案。

### 2.3.2　EPC 保险研究意义

1. 工程保险研究精细化发展趋势

工程保险是工程风险管理的重要组成部分。就工程项目领域的风险管理研究与应用而言，最初是从宏观工程项目概念研究开始，逐步向具体项目承包模式下的风险管理研究方向发展，形成精细化发展的趋势。这一发展趋势主要取决于建设工程实践的需要。这是由于近年来国内外工程承包市场模式发生了变化，出现多种新的承包模式，如 EPC、BOT、PPP 等，对这些新模式下的风险管理与传统承包模式的风险管理难度要大得多，而承包商缺乏足够的风险管控经验，需要及时对各种新模式下的风险管理进行专门研究，针对性地应对各种新模式风险的需要，做到有的放矢，这种市场需求有力地促进了工程风险管理研究精细化趋势的发展。只有这种精细化的研究与应用，才能提高风险管理的准确性，更加有利地促进项目风险管理的工作效率和管理质量。作为工程风险管理的重要组成——工程保险，也必然顺应这种精细化发展趋势，这是不言而喻的，为此，开展 EPC 工程保险研究是顺应这种逐步精细化趋势的需要。

2. 有利于提高企业 EPC 工程保险的执行水平

由于我国承包商走出国门参与国际承保市场的历史较短，EPC 承包模式在国内的推行与发展正在积极进行，因此，对于 EPC 承包模式的执行不是十分熟悉，对国际工程保险的市场更缺乏了解，EPC 工程风险管理和保险意识淡薄，在国际承包市场上付出了惨重的代价。例如 2010 年中国某建设公司在承包沙特麦加轻轨项目发生巨额亏损。该项目在施工过程中面临诸多风险，合同风险、工程变更风险、自然风险、文化风险、汇率风险和政治风险等，而造成此次亏损最根本的原因在于总承包企业对境外的工程风险缺乏足够的认识，风险管理意识淡漠，企业未能建立起有效的风险管理以及风险转移机制。由此可见，企业建立严格的风险管理机制，研究和建立 EPC 工程保险机制，对 EPC 承包模式下的工程保险进行积极的探索、研究，对提升企业的整体风险管理水平，拓展中国企业在国际 EPC 市场的承保份额，积极推行国内 EPC 模式开展具有十分重要的意义。

# 第3章 EPC标准合同保险条款分析

合同条款是承包商合同履行、保险计划安排的依据，承包商应按照合同规定进行。因此，分析、熟悉 EPC 标准合同保险条款对于保险的要求，对承包商合理安排保险，有效利用保险实施风险转移具有重要意义。本章将分别对 FIDIC - EPC 银皮书和我国制定的《建设项目总承包示范合同（试行）》中有关保险条款进行分析，供读者参考。

## 3.1 银皮书有关保险条款分析

### 3.1.1 银皮书与工程保险

FIDIC 银皮书是代表工程领域发展趋势的 EPC 承包模式的合同，它是将工程技术、法律、合同管理、风险与保险等有机结合起来的一套规范性、科学性的标准文件，其中与风险管理与工程保险有直接关系的条款就达十几处，现将合同中有关工程保险的条款列出，以便读者更深刻地理解项目风险责任与工程保险的相互关系。FIDIC 银皮书中与保险有关的主要条款，汇总见表 3 - 1。

表 3 - 1 FIDIC 银皮书中与保险有关的主要条款

| 项目 | 银皮书条款目录 | 雇主方责任 | 承包商责任 |
| --- | --- | --- | --- |
| 共同被保险人 | 2.3、3.1~3.3、4.1、4.3、4.4、4.5 | 雇主、雇主代表的定义 | 承包商、承包商代表、分包商的定义 |
| 保险利益 | 2.4、3.1、3.2、3.3、4.1、5、17.2 | 按合同向承包商支付工程款以及雇主代表的任务和权力 | 承包商应按照合同约定对设计、采购、施工、试车的安全、质量、工程负全部责任，工程应能满足合同规定的工程预期目的 |
| 权益转让 | 1.7 | 合同的全部或部分利益转让必须征得另一方同意 | |
| 工程照管 | 17.2 | | 从开工之日起承担照管工程和货物的全部责任，直到工程移交业主接收 |
| 工程风险与分类 | 17.3 | 雇主的风险 | 除雇主的风险外，承包商承担弥补损失或损坏的责任 |
| 保险的充分性与未办保险的补救 | 18.1 | （1）雇主和承包商均可投保。通常是由承包商投保，承包商根据标书投保，保险条件如有变化必须双方确认同意。<br>（2）投保方在标书规定的期限内，向另一方提交保险生效的证据和保险单副本以及保险费支付的证据。<br>（3）遵守保险合同的保证条款，如实告之保险人工程风险的变化。<br>（4）如一方未能办理或维持有效保险，未能提交证据，另一方可以办理相关保险并支付费用，然后调整合同价格 | |
| 保险安排 1 | 18.2 | 投保方应为工程、生产设备、材料和承包商文件投保 | |

| 项目 | 银皮书条款目录 | 雇主方责任 | 承包商责任 |
|---|---|---|---|
| 保险安排2 | 18.2 | 投保方应对承包商设备投保,对承包商的每项设备,保险应在运往现场的过程中,直至不再需要作为承包商设备为止,含货物运输保险 | |
| 保险安排3 | 18.3 | 投保方应为履行合同引起的任何物质财产,任何人员的损失、死亡或伤害办理保险,投保第三者责任保险 | |
| 保险安排4 | 18.4 | — | 承包商应对承包商的雇佣人员及其他承包商人员投保雇主责任险 |
| 保险索赔与工程索赔 | 19.1、20.1 | 承担特殊风险 | 提交索赔清单、证据和记录等 |
| 保险期限与工程期限 | 8.1、8.2、10.1、10.2、12.1、12.4 | 开工指令或在投保书规定期限,验收、竣工检验、试车移交等 | 根据雇主开工指令或标书规定开工,按合同规定进行设计、采购、施工、竣工、试车移交等承担责任 |
| 缺陷责任期 | 11.1 | | 负责发生在缺陷责任期开始前完成缺陷修补或损害的工作,承包商承担所需损失和损害费用 |

### 3.1.2 合同各方与保险利益

根据银皮书的规定,工程建设各方由业主、业主代表(业主其他人员、业主受托人)、承包商(承包商代表)和分包商(指定分包商)组成。

业主是出资人,有义务按照招标书规定的时间向承包商提供施工现场,业主需要根据合同条件向承包商出具项目自己安排的证据及资金计划表,此举可以表明业主根据工程进度而必须具有的付款能力。

业主代表是业主授权的人员,代表业主根据合同规定进行工作,履行业主赋予他的权利,完成业主委派给他的任务。

承包商是工程的具体实施者,根据合同规定完成设计、采购、施工、试车等全部工作,并对所有现场作业和施工方法的完备性、稳定性和安全承担全部责任;对工程履约证书颁发前工程缺陷的修补工作。承包商代表受命于承包商,代表承包商受理合同规定的业主指示。分包商是承包商聘用的协助承包商完成某部分工程的单位,承包商应对分包商的行为或违约承担责任。

此外,银皮书还对工程项目可能涉及的指定分包商作出规定。分包商可以由业主和总承包商在签订主合同时商定,或由业主指示总承包商雇佣某专业公司来承担部分工作,如幕墙、钢结构、智能化工程,以及市政方面的水、电、通信工程等,但总承包商应对任何分包商承担一切责任。

从保险的基本原理来看,上述工程各方对工程都具有利益关系,这种利益关系即保险利益,保险利益原则作为保险的基本原则同样适用于工程保险。投保人对保险标的不具有保险利益的,保险合同无效。我国《保险法》第十二条规定:在保险合同订立时,对被保险人应当具有保险利益,投保人对保险标的不具有保险利益的,则合同无效。保险利益是指投保人或者被保险人对保险标的具有的法律上承认的利益。根据国际上各国有关保险法律对保险利益的规定，我们可以对保险利益理解为以下几点。

第一，投保人必须有可保的财产、权益或潜在的责任。

第二，这些可保的财产、权益或潜在的责任必须是保险标的。

第三，被保险人与保险标的客观存在着某种权利和利害关系，如财产安全能使他得益；财产受损，他的利益则受损。

第四，被保险人与保险标的客观存在的某种权利和利害关系必须得到法律的承认。只要投保人或事实上的保险标的的管理、控制者对某项财产及其关联的利益具有法律上承认的利害关系，那么他对该项财产就具有保险利益。

对于财产保险而言，保险法所指的投保人或被保险人一般是指财产的所有者或受财产所有者的委托管理、照看、与财产有直接关系或利害关系的被保险人。财产保险方面无论是企业财产还是家庭财产等，往往都是单一的财产所有者。工程保险与普通财产保险不同，其被保险人往往不是单一的，而是众多的被保险人，工程保险作为财产保险的一种，在保险利益方面与普通财产保险相似但又有其特殊性。

在工程保险实务中，无可置疑工程所有者是业主，但工程所有者往往并不是实际的建设者即承包商，承包商因为与工程所有者业主存在工程合同关系而事实上管理、控制着工程这一财产。从 FIDIC 银皮书规定来看，工程保险中的被保险人可由业主（业主代表）、承包商、分包商等组成，各方对工地的所有财产均具有保险利益，这种保险利益产生于业主自身的利益或承包商（承包商代表、分包商等）与保险标的物之间，因为工程合同关系而具有直接经济利益或利害关系，因而工程保险由众多的具有保险利益的各方组成。从工程保险的角度看，共同被保险人不一定增加保险的损失机会，这是因为工程保险通常设置了交叉责任条款而减少向责任方的追偿机会，但是规范合同各方和保险利益，可以强化业主、承包商和保险人对工程项目的风险控制，很大程度上可以避免常见的工程项目层层转包现象。

### 3.1.3　工程项目责任与风险

从工程风险角度分析，工程风险主要来源大体包括四个方面：自然风险（地震、洪水、暴雨、泥石流等），人为风险（火灾、爆炸事故、设计错误、工艺不善、违约行为及其他道德行为等），政治风险（战争与内乱、国家罚没与强征、外汇管制等），经济风险（业主延期支付、汇率浮动、通货膨胀、外部经济环境恶化等）。国际 EPC 工程项目几乎包括上述所有的风险，有些风险属于工程保险考虑的范围；有些风险是工程保险不能承担或需要另行安排的；有些风险则是承包商或分包商根据工程合同需要自己承担的；还有些风险则是业主需要承担的。正确认知风险与分清风险责任是承包商制订风险管理计划，进行有效的风险管理，以及正确筹划保险计划，进行投保的先决条件。FIDIC 系列合同强调风险与责任的对应关系，银皮书中涉及责任与风险的主要条款有以下几个。

1. 项目权益转让

银皮书规定：未经过一方事先同意，合同的另一方不能将合同的全部或任何部分，或根据合同所具有的任何利益或权益转让他人。关于项目权益转让的这一条款，直接涉及国内工程界最为敏感的话题即工程转包和工程款挪用。此条款包括两层含义：首先，非经业主同意总承包商的任何分包，在 FIDIC 合同条件下都没有合同分包的属性，除承包商外没有任何权益人的存在；其次，任何款项的转移无论是银行账号之间的划拨或现金给付，都是一种权益转让。此条款规定也兼顾了工程保险合同中保险利益原则，如果出现承包商私自安排合同的全部或部分转让，当被保险人发生保险风险事故时就可能面临保险拒赔的结果（见 FIDIC 银皮书第 1.7 款）。

2. 承包商的责任与风险

承包商的责任是按照合同规定对所承揽的工程项目进行设计、采购、施工、试车、修补缺陷等工作。在整个建设过程中，依据合同范本，总承包商需要承担五项责任与风险：

（1）承包商设计责任与风险。

在 EPC 项目中，承包商负责设计中的任何错误、不准确或遗漏负责，承包商从业主或其他方面得到的任何数据和资料，不解除承包商对设计的责任。为此，由于设计错误原因造成另一方的损害，或造成他人（第三者）损害应承担违约责任（见 FIDIC 银皮书第 5.1、5.8、18.2 款）。

（2）承包商的第三者责任与风险。

由于承包商及其人员的渎职、恶意行为、违约行为而造成任何人员伤亡或疾病或死亡，或致使任何不动产和私人财产（工程本身除外）遭受损害时，承包商应保障不让业主及其一切相关人员承担这类事件导致的索赔、损害赔偿费，以及相关开支（包括法律费用和开支）。因为上述问题是由于承包商的错误所造成的，承包商对此应负一切责任，承包商应保障业主不会为此类风险事故遭受任何的牵连，反之亦然。这一条款成为承包商投保雇主责任险和第三者责任险的重要合同依据（见 FIDIC 银皮书第 17.1 款）。

（3）承包商的运输责任与风险。

FIDIC 银皮书规定：除非专用条件中另有规定，承包商应负责工程需要的所有货物和其他物品的包装、装货、运输、接收、卸货、存储和保护，承包商应保障并保持雇主免受因货物运输引起的所有损害赔偿费、损失和开支（包括法律费用和开支）的伤害，并应协商和支付由于货物运输引起的所有索赔。将运输风险全部分配给了承包商，承包商面临着货物运输的责任与风险，为承包商投保货物运输保险提供了合同依据（见 FIDIC 银皮书第 4.16 款）。

（4）承包商的照看责任与风险。

在工程建设中，承包商需要对工程进行照看并附有全部责任，以防止工程及其附属物品发生损失，包括火灾、人为破坏、偷窃等，这个责任从开工日起直到颁发工程接收证书，或工程、分项工程视为已颁发证书之日为止，这时工程照看责任应移交以给业主，在照看责任移交后，对于任何扫尾工作承包商仍承担照看责任。

在承包商负责工程照看期间，如果工程发生的任何损失或损害不是业主风险所致，承包商应自费弥补此类损失或修复损害，以使工程符合要求。如果照看责任已经转移给了业主，但业主照看期间发生的损失是承包商照看工程时的问题（或隐患）所造成的，该损失仍然由承包商负责。本条款指出了承包商对工程照看的责任期间，是确定工程保险责任期限，保持承包商责任期与工程保险期限的一致性的重要依据（见 FIDIC 银皮书第 17.2 款）。

（5）承包商的不可预见责任与风险。

不可预见事件中的不可预见是指一个有经验的承包商在提交投标书之前不能合理预见的外部天然条件、人为条件、环境条件等，如地质、地表、水文；火灾、设计差错、工艺不善、违约行为、道德犯罪，以及环境污染物等。但它不包含自然灾害，自然灾害等属于不可抗力。FIDIC 银皮书规定，承包商应被认为已取得了对工程可能产生影响和作用的有关风险、意外事件和其他情况的全部必要资料；通过签署合同，承包商接受对预见到的为顺利完成工程的所有困难和费用的全部职责；合同价格对任何未预见到的困难和费用不应考虑予以调整，可见在 FIDIC 银皮书中，承包商需要承担不可预见事件的全部责任和风险（见 FIDIC 银皮书第 4.12 款）。

**3. 雇主风险与不可抗力**

一般来说，不可抗力属于雇主承担的风险，承包商无法承担。例如，①战争、敌对行动（不论宣战与否）、入侵、外敌行为；②叛乱、恐怖主义、革命、暴动、军事政变或篡夺政权、内战；③承包商人员及其分包商其他以外的人员骚动、喧闹、混乱、罢工或停工；④战争军火、爆炸物资、电离辐射或放射性污染，但可能因承包商使用此类军火、炸药、辐射或放射性物质引起的除外；⑤自然灾害，地震、飓风、台风、火山活动等。如果发生了以上不可抗力导致工程、物品或者承包商文件遭受损害，承包商有义务通知业主，提出对工程修复或补救的要求。与这一义务相对应的，就是承包商有获得工期、费用的索赔权利。除⑤外，上述四类风险为一般的商业保险常规的除外责任，但这四类风险可以投保投资保险。投资保险主要承保战争、暴乱、罢工、政府征收、外汇风险等。

由上述可见，承包商需要承担雇主风险以外的，包括一个有经验的承包商无法预见在内的所有风险，从这里可以得出一个结论，承包商具有除雇主风险之外的所有风险的保险利益，这决定了承包商按照 FIDIC 合同办理保险，承包商成为主要的被保险人（见 FIDIC 银皮书 17.3 款、第 19.4 款）。

### 3.1.4　工程期限和保险期限

工程保险的保险期限与普通财产保险不同，虽然工程保险单上明确规定一个保险期限，但保险人承担保险责任的起始点往往需要根据工程项目完成的进度来调整。FIDIC 合同明确规定工程实施进程包括开工、进度、竣工、缺陷通知期以及工程延期。从工程项目的风险分类，一个工程可以分为工期（施工周期）风险、试车期风险、保证期风险和工程延期风险，工程保险的保险人在不同的工期内的保险责任不同。

**1. 施工周期与主保期**

施工周期是指工程从开工起到完成承包合同规定的全部内容，达到竣工验收标准，业主接收所经历的时间。银皮书约定：开工日期应在合同协议书规定的合同全面实施和生效日期后 42 天内。承包商应在开工日期后，在合理可能情况下尽早开始工程的设计和施工。竣工时间约定为：竣工试验获得通过；完成工程和分项工程的接收规定的接收要求竣工所需要的全部工作。

施工保险期限则是指保险公司承保工程物质损失和第三者责任保险的保险责任期，也称主保期，保险施工期必须在保单明细表中明确规定。保险责任自工程在工地动工，或用于被保工程的材料、设备运抵工地之时起，但在任何情况下施工保险期限的起始时间均不得早于本保险单列明的保险生效日期。施工保险期限的终点是业主对工程或分项工程颁发接收证书，或视为工程已被业主接收之时，或按照合同竣工日期完成竣工任务之时作为保险终止之时，以先发生者为准。但在任何情况下，保险期限的终止不得晚于保单明细表中列明的保险终止日。

保单规定的保险期限的起始日和终止日是最明确的，如无特别约定获批单，保险公司承担的责任保险期限以此为准。但保险公司实际上承担责任的时间是根据工程变化而确定的，如工程结束后保险期限尚未终结，此时保险责任从工期结束后终止。也有保险期限结束后工程仍未完工，对此保险公司也不再承担责任，除非保险双方另外做出保险延期的特别安排（见 FIDIC 银皮书第 8.1、8.2、10.1、10.2 款）。

2. 工程试车期与试车保险期

试车是对试车期和考核期的统称，条款主要是针对施工结束后进行安装阶段项目的。试车期是生产设备安装完成后，业主投入生产前，为了测试和保证生产机械设备的可靠性、稳定性、精确性和工作指标所进行的试运转期间。按性质划分，试车可分为"冷试""热试"和试生产。"冷试"是指设备进行机械性试运行，不投入料；"热试"是指设备进行生产性试运行，进行投料运行；较长周期的"热试"则称为试生产，主要是考核设备的生产能力和稳定性，试生产也称为"考核期"。银皮书约定：竣工后的试验应在工程或分项工程被雇主接收后合理可行的时间内尽快进行，雇主应提前 21 天将开始进行竣工后试验的日期通知承包商。

除非另有约定，这些试验应在该日期后的 14 天内，按照雇主确定的日期进行。同时对竣工后的试验延期做了规定。

试车期是属于工期的一部分，一般不超过 3 个月。试车期往往是工程保险事件发生较为集中的阶段。保险公司承担在保单明细表中列明的试车和考核期限内，对试车和考核所引发的损失、费用和责任。强调试车和考核期的具体时间以保险单明细表中的规定为准。被保险人不能够因为与业主签订的安装合同中的试车和考核期不同于保险单的规定要求保险人对期外发生的有关损失负责赔偿；也不能因为被保险人与业主由于在合同执行过程中的种种原因，对试车和考核期进行调整或修改，而要求保险人对考核期外发生的有关损失负责赔偿。

对使用过的设备或转手设备只负责试车前的风险，一旦投入试车，保险责任即告终止。保险单中为试车提供的保险保障期限一般是紧接在安装期之后的一个明确的期限，保单所提供的试车期保险期限应根据安装工程项目的具体情况而定，但一般不超过 3 个月。对于保险期的展延，被保险人需向保险人书面同意，否则，按照保险单明细表中列明的安装保险期限终止日期间内发生的任何损失、费用和责任保险公司不负责赔偿（见 FIDIC 银皮书第 12.1 款、12.3 款、12.4 款）。

3. 工程保证期与保险保证期

保证期也称缺陷责任期，是指根据工程合同规定，承包商对于承包的工程项目按照竣工日期竣工结束后，颁发或视为颁发工程或分项工程接收证书后的一定时期内，按照 FIDIC 银皮书规定，承包商应在雇主指定的合理时间内，完成接收证书注明日期时尚未完成的任何工作；在工程或分项工程的缺陷通知期限期满或其以前，按照雇主通知的要求完成修补缺陷或损害所需要的所有工作。也就是说，承包商对工程履行维修保养、缺陷矫正、未了工程的收尾工作的义务，如果建筑或安装的设备存在质量问题，甚至造成损失，承包商应承担修复或赔偿责任。这一期间称为保证期或缺陷责任期。此阶段的风险属于财产保险或土木工程完工保险承担责任的范畴。FIDIC 银皮书规定，工程被业主接收后，缺陷通知期随之开始，承包商在缺陷通知期内有义务对工程发生的问题进行修复，如果是由于承包商负责的设计、设备和工艺造成的，承包商应承担风险和一切修复费用。但对于其他原因造成的工程缺陷，则由雇主承担风险和一切费用。

工程保险也承担保证期内物质损失的风险，保证期的保险期限应与工程合同中规定的保证期一致，从雇主对工程或分项工程正式接收后，或被视为雇主接收时算起，以先发生者为准。在保单中保险保证期必须规定一个期限，一般为 12 个月。保证期一般不包含在施工保险期内，被保险人应在施工保险期限进行扩展，并缴纳相应的保险费用。

由于 EPC 工程项目建设期长、风险复杂、参与的单位众多等，发生的很多问题都有可能影响到工期拖后。对于工期延期，FIDIC 银皮书规定，如果工程变更、不可抗力等因素等造成延期，承包商不承担责任，有权向业主索赔工期，工程保险不承担工期延期的风险，保险公司对某些短期延误的工程可以给予提供额外的保险保障，但一般不超过原保险期限终止日的 3 个月（见 FIDIC 银皮书第 11.1 款、第 11.2 款、第 11.3 款）。

## 3.2　FIDIC 银皮书专项保险条款分析

### 3.2.1　工程保险的一般要求

对 FIDIC 银皮书第 18.1 款分析如下：

1. 保险的充分性规定

"当承包商是应投保方时，应按照雇主批准的条件向保险人办理每项保险；这些条件应与双方在中标函颁发日期前协商同意的任何条件一致，这一条件协议的地位应优先于保险条款的各项规定。"说明承包商所投保险应经过与业主充分协商并经过业主的批准，否则将构成违约。

应注意的是，这一点与 FIDIC 新黄皮书相应条款比较，缺少了"当雇主是应投保方时，应按照与专用条件所附的详细内容一致的条件，向保险人办理每项保险"的规定；这是因为 EPC 承包模式中，业主参与度很少，主要由总承包商控制工程，由承包商办理保险更为有利，除非在专用条件中另有说明，在 EPC 交钥匙工程中"应投保方"都是承包商。

2. 对被保险人的规定

联合被保险人也称为共同被保险人，如果工程需要对联合被保险人提供保障，应对联合被保险人进行投保，保险赔偿应如同已向联合被保人的每一方发出单独的保险单一样，对每个被保人分别适用。

如果工程需要对附加联合被保险人提供保障，投保人应在保单中将其在被保人之外附加，但承包商应代表这些附加联合被保险人根据保险单行动（除雇主应代表雇主人员行动外），且附加联合被保险人无权从保险人处直接获得付款，或与保险人有其他直接往来。同时，投保方应要求所有附加联合被保险人遵守保险单规定条件。

3. 保险金额的规定

每份承保损失或损害的保险单即保险金额应以修正损失或损害所需的货币投保并进行赔偿。从保险人处收到的付款应用于修正损失或损害，不能作为他用。

4. 投保人的义务

投保人应在工程合同专业条件中规定的各自期限内（从开工日期算起）向另一方提交：各项保险已生效证明、保单副本。每一方都应遵守每份保险单规定的条件，保险方在支付每一笔保险费后，应将支付证明提交给另一方。在这一条款中，新黄皮书还规定了"通知工程师"的义务，银皮书则没有此项规定，主要原因是 EPC 承包合同中并没有工程师的角色。同时规定，如未经批准，任何一方无权擅自对保险条款做出实质性的变动，如果承保人做出任何变动，首先收到保险人通知的一方应立即通知另一方。

5. 保险的补救及违约处理

保险的补救：如果应投保人未能按合同要求办理保险并使之保持有效，或未能按本款要求提供另一方满意的证明和保险单的副本，则另一方可以办理该保险范围的保险，并支付应交的保险费。应投保人应向另一方支付此类保险费的款额。

违约处理：任何未保险或未能从保险公司处收回的款额，应由承包商和雇主根据合同所规定的义务、职责或责任相应负担。如果应投保人能够做到的但未能按要求办好并保持有效，而另一方又没有认定省略，也没有办理可替代违约相关的保险范围的保险，其责任由应投保人负责。

### 3.2.2　工程和承包商设备保险

对 FIDIC 银皮书第 18.2 款分析如下：

1. 工程保险

投保标的：工程项目本身、永久设备、材料以及承包商文件。

应投保人：工程保险应由承包商作为保险方办理并使之保持有效。

保险限额：工程保险最低保险限额应不少于全部复原成本，包括补偿拆除和移走废弃物以及专业服务费和利润。

免赔额：每次事件的免赔额不应超过专用条件中规定的数额。

保险期限：应自应投保人提交保险证明之日起，直到颁发接收证书日期止保持有效，直到颁发履约证书为止的期间继续有效。

补偿费的使用：应以合同双方联合的名义投保，联合的合同双方均有权从保险公司处得到补偿费用，补偿费用仅作为修复损失或损害的目的，该补偿费用由合同双方共同占有或在各方间进行分配。

在这里要注意的是与 FIDIC 新黄皮书比较，该规定的保险期限为"应自投保人提交保险证明之日起，直到颁发接收证书日期为止有效。"FIDIC 银皮书增加了第 12 条【竣工后试验】的规定，在 EPC 工程中，一般要求承包商通过竣工试验来证明生产设备的可靠性和性能。工程只在这些试验顺利完成后进行接收。有时在工程接收和开始运行后，雇主可能认为需要进行一些竣工后试验，以便证明在通常运行条件下：例如发生设备违规操作后，能够达到保证的性能，故将保险期限延续至此。

2. 设备保险

保险标的：承包商的设备。

应投保人：承包商设备保险应由承包商作为保险方办理并使之保持有效。

保险金额：最低限额应不少于全部重置价值（包括运至现场）。

免赔额：每次事件的免赔额不应超过专用条件中规定的数额。

保险期限：对于每项承包商的设备，该保险应保证其运往现场的过程中以及设备停留在现场或附近期间，均处于被保险之中，直至不再将其作为承包商的设备使用为止。

补偿费的使用：应以合同双方联合的名义投保，联合的合同双方均有权从保险公司处得到补偿费用，补偿费用仅作为修复损失或损害的目的，该补偿费用由合同双方共同占有或在各方间进行分配。

3. 保险范围

（1）应对雇主的风险条款之外的任何原因所导致的所有损失和损害提供保险。

值得注意的是，FIDIC 银皮书比 FIDIC 新黄皮书的【雇主风险】部分减少了两项责任，即"由雇主人员或雇主对其负责人的其他人员所做的工程任何部分的设计（雇主风险 g）"和"不可预见的，或不可能合理预期一个有经验的承包商应已采取适当预防措施的任何自然力的作用（雇主风险条款 h）"。因为，在 FIDIC 银皮书中雇主已经将（g）及（h）的风险转移给了承包商，并不属于雇主承担的风险范围。因此，"对雇主的风险条款之外的任何原因"的理解，FIDIC 银皮书要比 FIDIC 新黄皮书应更为宽泛。

同时，银皮书在新黄皮书相应条款中，删除了"……还应补偿由于雇主使用或占用工程的另一部分而对工程的某一部分造成的损失或损害"的表述。因为在 FIDIC 银皮书下，未经特别约定，任何部分工程（分项工程以外），雇主均不得接收或使用。

（2）对因工程所在国内的骚动、喧闹或混乱【雇主风险条款（c）】的风险造成的损失或损害提供保险。

对于上述每种情况，不包括那些根据商业合理条款不能进行保险的风险。

4. 保险除外

投保时，上述保险可以不包括下列部分的损失、损害以及复原费用：

（1）缺陷工程本身损失除外：由于本身设计、材料或工艺的缺陷而造成的处于缺陷状态的工程部分遭受损失保险除外（但是保险应包括直接由此类不完善的状态导致工程的任何其他部分的损失和损害）。

（2）修复缺陷工程致使其他工程损失除外：为了修复此类不完善状态工程的任何部分，致使其他工程某一部分所遭受的损失除外。

（3）雇主已经接收的工程部分保险事故发生时所遭受的损失或损害除外（但应由承包商负责的损失或损害应包括在保险补偿费用范围内）。

（4）用于永久工程的永久设备和材料还未运抵工程所在国时的损失或损害除外。

5. 续保约定

如果在基准日期后超过一年时间，对因工程所在国内的骚动、喧闹或混乱【雇主风险条款（c）】的保险由于商业合理条件而无法再获得，则作为应投保方的承包商应通知雇主，并提交详细的证明文件。为此，雇主有权收回承包商为该项保险支付的款项。款项收回后，应认为雇主已经批准了此类保险内容的删减。

### 3.2.3　人身伤害和财产损害险

对 FIDIC 银皮书第 18.3 款分析如下：

（1）保险标的：人身伤害和财产损害险。

（2）应投保人：承包商作为应投保方办理保险和维持保险。

（3）被保险人：应以各方联合名义投保。

（4）保险范围：履行合同引起的，并在履约证书颁发之前发生的任何物资财产的损失或损害（【工程和承包商的设备保险】条款规定的被投保的物品除外，或任何人员的死亡和伤亡【承包商人员的保险】条款规定的被投保的人员除外）；保险范围还应扩展到由于承包商履行合同而可能引起的雇主财产的一切损失和损害（有关工程和承包商设备的保险所规定的被投保的物品除外）。

（5）保险限额。该保险每一次事故的最低限额应不少于专业条款中规定的数额，对于事故的数目并无限制。

（6）承保除外。本保险可以不包括下述情况引起的责任：

1）雇主在任何土地上面、上方、下面范围内，或穿过它实施永久工程，并为实施永久工程占用该土地而可能引起的责任除外。

2）承包商履行实施工程并修补缺陷而造成的无法避免的损害除外。

3）雇主的风险条款所列的某种原因可能引起的责任除外（但可以按合理的商务条件得到保险范围应包括在上述保险范围之中）。

### 3.2.4　承包商人员保险

对 FIDIC 银皮书第 18.4 款分析如下：

（1）投保标的：承包商应对承包商雇用的任何人员或任何其他承包商人员的伤害、患病、疾病或死亡引起的索赔、损害赔偿费、损失或开支（包括法律费用和开支）的责任办理并维持保险。

（2）应投保人：承包商作为应投保人办理保险并维持保险。

（3）被保险人：该保险应以联合名义投保。

（4）保险范围：除对承包商雇用的任何人员或任何其他承包商人员外，雇主也应能够依此保险单得到保障（但此类保险不包括由雇主或雇主人员的任何行为或疏忽造成的损失和索赔）。

（5）保险期间：此类保险人员应在这些人员参加实施工程的整个期间保持完全实施和有效。

（6）关于分包商：对于分包商的雇员，此类保险可由分包商来办理，但承包商应负责对分包商此项工作的管理。

## 3.3　国内标准文件有关保险条款分析

### 3.3.1　标准文件与保险有关条款

我国工程总承包模式、工程保险的推广、应用起步较晚，长期以来没有一个适合国情的总承包合同示范文本，因此，工程保险作为标准合同的重要内容之一，对其规范也就无从谈起。2011 年，住建部与工商总局结合国情制定了《建设项目工程总承包合同示范文本（试行）》（GF2011—0216），以下简称"示范文本"，2012 年国家发展改革委又颁布《标准设计施工总承包招标文件》（发改法规〔2011〕3018 号），简称"招标文件"。两者统称为"标准文件"。

标准文本的编制，遵循了以下原则：

一是合法性原则：范本严格遵循了《合同法》《建筑法》等法律要求，与国家现行的有关法律、法规和规章相协调一致。

二是适宜性原则：范本根据我国法律法规和工程总承包的实际特点，实事求是地约定了合同条款及内容。

三是公平性原则：范本按照公平、公正原则确定合同当事人的权利和义务。

四是统一性原则：范本的适用范围广泛，适用于包括建筑、市政在内的所有行业的工程总承包项目。

五是灵活性原则：除法律规定以外的，允许合同当事人在专用条款中进行约定，以提高范本的使用范围。

标准文件是国际 FIDIC 合同文本的"中国化",创造了适合于中国工程建设总承包合同示范文本和中国工程建设总承包标准招标文件的两个"第一"。同时,也规范了工程总承包模式下的工程保险。由于标准文件是结合我国法律与实际情况编制而成,与国际 FIDIC 银皮书条款相比较,其规定和风险分配方面是有差异的,因此,对承包商工程保险的具体安排有一定的影响。标准文件中与保险有直接关系的主要条款归纳情况,见表 3-2。

表 3-2　　　　　　　　　标准文件中与保险有直接关系的主要条款

| 项目 | 条款序号 | 发包人责任 | 承包人责任 |
|---|---|---|---|
| 共同被保险人 | 1.1.5～1.1.12、12 | 发包人、发包人代表的定义 | 承包人、联合体、分包人、监理人的定义 |
| 保险利益 | 2.1、3.1～3.7、5.1、5.2、6.4、6.6、2.5* 等 | 履行合同中约定的合同价格调整、付款、竣工结算义务以及发包人代表的任务和权力 | 承包人对设计、采购、运输、施工、竣工试验和(或)指导竣工后的试验、缺陷等工作负责 |
| 转让 | 1.8* | 未经承包人同意,发包人不得将合同权利或义务全部或部分转让给第三人 | 承包商不得将合同权利或义务全部转让给第三人,也不得将部分或全部义务转让给第三人 |
| 工程照管 | 7.2、9.3、4.1.9* | 单项工程和(或)工程接收之日起,发包人承担保安责任和照管责任 | 开工之日起至工程接收之日止,承包商负责保安责任和照看责任 |
| 工程风险 | 17.2、3.4、6.4、7.8 | 特殊风险造成永久性工程和工程物资等损失、损害;造成业主受雇人员所受损失、损害等,由业主负责 | 特殊风险造成承包商的机具、设备、运输、财产和临时工程的损失、损害;承包商受聘人员的损失、损害;停工损失等由承包商负责;<br>对职业健康、安全、环境保护负责 |
| 保险的充分性与未办保险的补救 | 15.1 | (1)按适用法律和专用条款约定的投保类别,由承包人投保的保险种类,其投保费用包含在合同价格中,由承包人投保的保险种类、保险范围、投保金额、保险期限和持续有效的时间等在专用条款中约定。<br>(2)保险单对联合被保险人提供保险时,保险赔偿对每个联合被保险人分别施用。承包人应代表自己的被保险人,保证其被保险人遵守保险单约定的条件及其赔偿金额。<br>(3)承包人从保险人收到的理赔款项,应用于保单约定的损失、损害、伤害的修复、购置、重建和赔偿。<br>(4)承包人应在投保项目及其投保期限内,向发包人提供保险单副本、保费支付单据复印件和保险单生效的证明。<br>承包人未提交上述证明文件的,视为未按合同约定投保,发包人可以以自己名义投保相应的保险,由此引起的费用及理赔损失,由承包人承担 | |

续表

| 项目 | 条款序号 | 发包人责任 | 承包人责任 |
|---|---|---|---|
| 保险安排1 | 20.1* | | 设计责任险 |
| 保险安排2 | 15.2、20.1* | | 建工险/建安险和第三方责任险 |
| 保险安排3 | 15.3 | | 运输保险 |
| 保险安排4 | 20.4* | | 施工机具险 |
| 保险安排5 | 20.2*、20.3* | 发包人、承包人应各自为自己的人员投保的工伤保险、意外伤害险 | |
| 保险索赔 | 16.2、17.2 | 承担合同规定的应承担的不可抗风险责任 | 提交索赔通知书、索赔证据、估算资料等 |
| 保险期限与工程期限 | 4.4、8.2、8.4等 | 发包人批准的项目进度计划并在专项合同中约定 | 在专项条款中约定的设计、采购、施工、竣工验收、工程接收等规定的时间执行 |
| 缺陷责任期 | 11.1.19.1*～19.3*、19.7*等 | | 缺陷责任期自实际竣工日期算起，承包人应对已交付使用的工程承担缺陷责任，缺陷期最长不得超过2年 |

**注**　*表示为《标准设计施工总承包招标文件》第4章合同条款及格式部分中的通用合同条款的序号。下文也如此。

### 3.3.2　合同各方与保险利益

依据范本规定，工程建设各方为与银皮书大致相同，包括了发包人（受托人）、发包人代表、监理人、工程总监；承包人（工程总承包商）、项目经理、分包人、联合体。联合体是指经发包人统一由两个和两个以上法人或者其他组织组成的，作为工程承包的临时机构，联合体各方向发包人承担连带责任。联合体应指定其中一方为牵头人。

值得注意的是，通过工程物资的检查与检验、施工质量的质检和验收、竣工试验的性能实验和验收、工程接收证书、竣工后试验颁发验收证书，至此合同双方已经完成了"工程竣工验收"，为此，业主作为私人企业、合资企业和外企一般不会再组织"工程竣工验收"。对于国内工程项目，因政府投资项目、国企投资项目、发包人需要请其上级主管部门（干系人）再验收，考虑到历史上形成的惯例做法，以及我国法律法规的相关规定，示范文本规定了竣工验收报告及完整的竣工资料、竣工验收，约定了分期组织竣工的条款。也就是说，由于竣工验收是发包人针对其上级主管部门或投资机构的验收，所以将工程竣工验收列入干系人条款，上述有关部门、机构对工程具有保险利益（第1条款、第2条、第12条）。

### 3.3.3　工程项目责任与风险

与国际工程相比较，国内政治、社会环境稳定，这是我国工程建设环境的一大优势，国内工程风险主要来源大体包括三方面：自然风险（地震、洪水、暴雨、泥石流等）、人为风险（火灾、爆炸事故、设计错误、工艺不善、违约行为及其他道德行为等）和经济风险（业主延期支付、通货膨胀等）。上述三种风险属于工程保险考虑范围，需要结合行业与工程项目特点通过保险加以规避。

标准文件涉及责任与风险管理的主要条款分析如下：

1. 项目权益转让规定

转让条款在范本中并未体现，在标准招标文件合同部分通用条款中则给出了明确的规定。这一规定对于国内工程界存在的工程转包和工程款挪用的现象，无疑具有很大的现实意义。同样，项目权益转让条款涉及工程保险合同中保险利益原则，如果出现承包人私自安排合同的全部或部分转让，当被保险人发生保险风险事故时就可能面临保险拒赔的结果（第1.8* 款）。

2. 承包人的责任与风险

（1）承包人对设计的责任与风险。承包人对其提供的生产工艺技术和建筑设计方案负责；对约定的运行考核保证值、使用功能的保证说明负责，承包人面临着设计责任风险（见第 5 条、第 9.3 款、第 4.1* 款）。

结合我国法律法规，合同范本在设计风险分配上，对 FIDIC 银皮书设计责任部分的风险分担做了重新调整，具体表现在以下条款：

1）项目基础资料规定。合同范本规定，发包人应按合同约定、法律或行业规定，向承包人提供设计需要的项目基础资料，并对其真实性、准确性、齐全性和及时性负责。这一规定与我国《合同法》《建设工程质量管理条例》《建设工程施工合同（示范文本）》的有关规定相一致，与 FIDIC 银皮书相比较，有了调整，FIDIC 银皮书规定：雇主提供的项目基础资料（除不能变的）及现场数据（地质、水文、气象、地理环境）资料，只供承包商参考，承包商负责解释并核实。雇主对其准确性、正确性、完整性不承担责任，将风险全部转移给承包商（第 5.2.1 项）。

2）施工现场障碍性资料规定。合同范本规定，发包人应按合同约定和适用法律规定，在设计开始前，提供与设计、施工有关的地上、地下已有的建筑物、构筑物等现场障碍资料，并对其真实性、准确性、齐全性和及时性负责。因提供的资料不真实、不准确、不齐全、不及时，造成承包人的设计停工、返工和修改的，发包人应按承包人额外增加的设计工作量赔偿其损失，造成工程关键路径延误的，竣工日期相应顺延。这一规定与我国的《建筑法》《建设工程施工合同（示范文本）》的有关规定相一致。而 FIDIC 银皮书则规定，雇主提供的现场数据（指地质、水文、地理环境和气象资料）只供承包商参考，由承包商负责对其解释并核实，雇主将风险全部转移给了承包商（第 7.1.7 款）。

可见，对 FIDIC 银皮书设计责任范围的调整，体现了遵守我国现行法律法规原则与公平合理的原则。

（2）承包人的人身伤害和第三者责任与风险。合同范本十分重视施工安全，规定承包人应全面负责其施工场地的安全管理，保障所有进入施工现场的人员安全，因承包人原因所发生的人身伤害、安全事故由承包人承担。这一条款成为承包商投保人身伤害险和第三者责任险的重要合同依据（第 3.4 款、第 7.8 款）。

（3）承包人的运输责任与风险。合同范本规定，对于承包商提供的工程物资，由承包商负责工程物资采购，负责运抵现场。对承包商负责超限（超重、超长、超宽、超高）物资采购的运输，由承包商负责。对于运输途中特殊措施费用及联系、赔偿，范本规定由业主负责。而 FIDIC 银皮书中关于超限物资运输道路特殊措施的规定是：承包商应保障并保持雇主免受因货物运输引起的所有损害赔偿费、损失和开支（包括法律费用和开支）的伤害，并应协商和支付由于货物运输引起的所有索赔，将其责任以默示原则转移承包商。范本对此条款的调整，体现了公平的原则（第 6.1 款、第 6.4 款）。

（4）承包人对工程的照看责任。承包商应在开工之日起至发包人接收工程或单项工程之日止，负责工程或单项工程的照管、保护、维护和保安责任，保证工程或单项工程除不可抗力外，不受到任何损失、损害，与 FIDIC 银皮书规定完全相同，本条款指出了承包人对工程照看的责任期间，成为确定工程保险责任期限，保持承包人责任期与工程保险期限一致性的重要依据（第 7.2 款、第 9.3 款、第 4.1.9* 项）。

3. 发包人的责任与风险

（1）发包人不可抗力风险责任。范本中约定了发包人在不可抗力下双方当事人承担的责任：永久性工程和工程物资等的损失、损害，由发包人承担；受雇人员的伤害，分别按照各自的雇用合同关系负责处理。承包人的机具、设备、财产和临时工程的损失、损害以及承包人的停工损失由承包人承担。比银皮书规定的风险责任更加具体明确，对于停工损失由承包人承担的规定与银皮书的规定有所调整（第 17 条）。

（2）发包人不可预见风险责任。对于工程的不可预见风险条件，范本并无专项条款约定。但我国法律对此类风险有明确的规定，如遇此种情况应按照相关法律法规处理，由发包人负责。而银皮书第 4.12 款【不可预见的困难】则规定，对承包商施工遇到不可预见的物质条件时，如造成工期拖延和经济损失，其责任全部由承包商承担。

### 3.3.4　工程期限和保险期限

工程期限和保险期限的关系在 3.1.4 中已经做了详细介绍，在此不再累述。

关于工程期限范本比银皮书划分得更为详细、严谨。

（1）设计开工日期：承包人收到发包人提供的项目基础资料、现场障碍资料及付款后的第 5 日，作为设计开工日期，并对设计日期延误风险做了规定。

（2）采购开始日期：在专用条款约定，并对采购延误风险进行了约定。

（3）施工开工日期与竣工日期：施工计划的开竣工时间，应符合合同协议书对开竣工时间的约定，并与项目进度计划协调一致。同时对施工期延误风险进行规定。

（4）竣工后的试验开始日期：发包人应在接收单项工程或（和）接收工程日期后的 15 日内通知承包人开始"竣工后试验"的日期、有关条款并规定了竣工后日期延误的风险责任。

（5）保修开始的日期：分项工程或（和）工程的接收日期，或视为接收的日期，也是缺陷责任开始的日期。

缺陷责任期自实际竣工日期起计算。在全部工程竣工验收前，已经由发包人提前验收的区段工程或进入施工期运行的工程，其缺陷责任期的起算日期相应提前到相应工程竣工日。

由于承包人原因造成某项缺陷或损坏使某项工程或工程设备不能按原定目标使用而需要再次检查、检验和修复的，发包人有权要求承包人相应延长缺陷责任期，但缺陷责任期最长不超过 24 个月。具体期限在专用条款约定。范本从设计期限、施工期限、竣工期限、缺陷期限的确定，为保险公司在不同阶段内保险期限的确定提供了合同依据（见标准文件第 4.2 款、第 4.3 款、第 4.4 款、第 11.1 款、第 10.2 款、第 11.1 款、第 19.1* 款、第 19.3* 款）。

## 3.4　标准文件专项保险条款分析

### 3.4.1　承包人的投保

（1）投保人：承包人。

（2）保险的充分性：按适用法律和专用条款约定的投保类别，由承包人投保的保险种类，其投保费用包含在合同价格中。由承包人投保的保险种类、保险范围、投保金额、保险期限和持续有效的时间等在专用条款中约定。

适用法律规定及专用条款约定的，由承包人负责投保的，承包人应依据工程实施阶段的需要按期投保。

在合同执行过程中，新颁布的适用法律规定由承包人投保的强制性保险，根据【变更】和合同价格调整的约定调整合同价格。

（3）被保险人：保险单对联合被保险人提供保险时，保险赔偿对每个联合被保险人分别施用。承包人应代表自己的被保险人，保证其被保险人遵守保险单约定的条件及其赔偿金额。

（4）理赔款的使用：承包人从保险人收到的理赔款项，应用于保单约定的损失、损害、伤害的修复、购置、重建和赔偿。

（5）承包人其他责任：承包人应在投保项目及其投保期限内，向发包人提供保险单副本、保费支付单据复印件和保险单生效的证明。保险意外事件发生时，在场的各方均有责任努力采取必要措施，防止损失、损害的扩大。

（6）保险的补救及违约处理：承包人未提交保险上述证明文件的，视为未按合同约定投保，发包人可以以自己名义投保相应的保险，由此引起的费用及理赔损失，由承包人承担（见标准文件第 15.1 款、第 20.5* 款）。

### 3.4.2　设计、工程一切险和第三者责任险

承包商应按照合同约定向双方同意的保险人投保建筑工程设计责任保险、建工一切险或安装一切险以及第三者责任险，在缺陷责任期终止证书前，承包人应按照合同条款的约定投保第三者责任险。

应投保人在投保时均应将本合同的另一方，本合同项下分包商、供货商、服务商同时列为保险合同项下的被保险人，具体的应投保人在专用条款中约定（见标准文件第 15.2 款、第 20.1* 款）。

### 3.4.3　工伤保险

（1）承包人的工伤保险：承包人应按照法律规定，为其履行合同的全部人员投保工伤保险，缴纳工伤保险费，并要求其分包人也投保此项保险。

（2）发包人的工伤保险：发包人应按照法律规定，为其现场机构雇佣的全部人员投保工伤保险，缴纳工伤保险费，并要求其监理人也投保此项保险（见标准文件第 20.2* 款）。

### 3.4.4　人身意外伤害险

（1）发包人应在整个施工期为其现场机构雇佣的全部人员，投保人身意外伤害险，缴纳保费，并要求监理人员也进行此项保险。

（2）承包人应在整个施工期为其现场机构雇佣的全部人员，投保人身意外伤害险，缴纳保费，并要求其分包人也进行此项保险（见标准文件第 20.3* 款）。

### 3.4.5　其他保险

（1）运输险：承包人应投保负责采购运输的设备、材料、部件的运输险。此项保险费用已包含在合同价格中，专用条款中另有约定时除外。

（2）施工机具、工程设备险：承包人应为其施工设备、进场材料和工程设备等办理保险。

（3）其他规定：合同双方可约定根据各自的需要自行投保，保险费用由各自承担。

（见标准文件第 15.3 款、第 20.4* 款）。

# 第2篇 保 险 安 排

## 第4章 EPC工程保险安排

工程保险安排方案是承包商投保的重要一步，保险方案编制的科学与否，关系到工程风险转移成败的关键。因为保险安排是承包商或业主采购工程保险的唯一依据，为此，承包商应给予高度重视。工程保险安排计划应根据行业、项目的风险特点以及业主和项目所在国法律法规的具体要求编制。

### 4.1 工程保险安排程序

无论是承包商还是业主，在制订保险安排计划时，都应按照下列程序进行，程序包括：明确工程保险要求、确定工程保险原则、编制工程保险安排方案（选择工程保险类型、确定工程保险具体内容、优化保险投保方式）。工程保险安排流程，见图4-1中暗影部分。

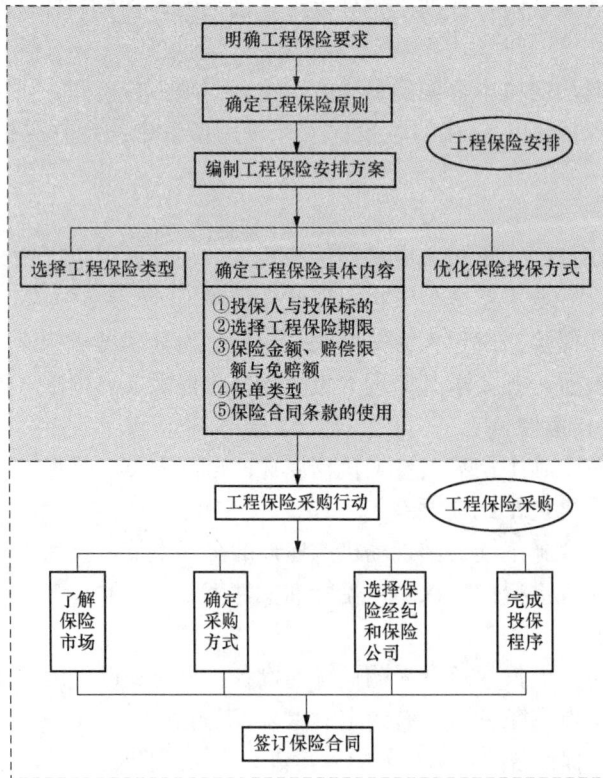

图4-1 工程保险流程图

工程保险安排的具体工作大致包括以下三项工作（图 4-1 暗影部分）：

（1）明确工程保险要求：搞清项目所在地法律环境的要求，以及行业特点与保险惯例、项目干系单位、雇主对工程保险的具体要求。

（2）确定工程保险安排原则：根据工程项目风险的分析、评估结果，从项目实际情况出发，明确投保安排的基本原则。

（3）编制工程保险安排方案：保险安排计划的编制包括选择工程保险类型、确定投保的具体内容和优化保险投保方式三个步骤。

下面按照上述工程保险安排程序，逐一加以介绍。

## 4.2　明确工程保险要求

### 4.2.1　国内法律规章的约束

国内工程项目投保而言，应搞清国内法律对工程保险的要求，对工程有关保险的规定主要涉及的法律有《中华人民共和国建筑法》（以下简称《建筑法》）、《中华人民共和国劳动法》（以下简称《劳动法》）、《中华人民共和国安全生产法》（以下简称《安全生产法》）等以及相关法规。

1.《建筑法》的有关规定

《建筑法》第四十八条："建筑施工企业应当依法为职工参加工伤保险缴纳工伤保险费。鼓励企业为从事危险作业的职工办理意外伤害保险，支付保险费"。此条明确规定了建筑施工企业作为用人单位，为职工参加工伤保险并交纳工伤保险费是其应尽的法定义务，但为从事危险作业的职工投保意外伤害险，并非强制性规定，是否投保意外伤害险，由建筑施工企业自主决定。这是从实际出发，从法律层面保护建筑从业人员的合法权益，转移企业事故风险，增强企业预防和控制事故能力，促进企业安全生产的重要手段。

2.《劳动法》等有关规定

《劳动法》第七十二条："社会保险基金按照保险类型确定资金来源，逐步实行社会统筹。用人单位和劳动者必须依法参加社会保险，缴纳社会保险费。"劳动者依法享有哪些权利福利，劳动者伤残情况是否符合工伤认定标准，受工伤劳动者依法应享有哪些工伤赔偿内容等劳动工伤问题都在劳动工伤法规中能找到相应的法律依据。

同时，《劳动法》配套法规规定，用人单位违反法律、法规、有关社会保险的规定，不参加社会保险、不缴纳社会保险金，应当责令限期参加和缴纳。拒绝参加和缴纳的，处以单位应缴金额一定比例的罚款，并提请有关部门给予单位负责人行政处分。用人单位和劳动者逾期缴纳社会保险金的，可按日增收应缴额的一定比例的滞纳金，滞纳金并入社会保险基金。

《工伤保险条例》第二条规定："中华人民共和国境内的企业、事业单位、社会团体、民办非企业单位、基金会、律师事务所、会计师事务所等组织和有雇工的个体工商户（以下称用人单位）应当依照本条例规定参加工伤保险，为本单位全部职工或者雇工（以下称职工）缴纳工伤保险费。

中华人民共和国境内的企业、事业单位、社会团体、民办非企业单位、基金会、律师事务所、会计师事务所等组织的职工和个体工商户的雇工，均有依照本条例的规定享受工伤保险待遇的权利。"

3.《安全生产法》等有关规定

《安全生产法》第四十八条规定:"生产经营单位必须依法参加工伤保险,为从业人员缴纳保险费。国家鼓励生产经营单位投保安全生产责任保险。"

《建设工程安全生产管理条例》(国务院令第 393 号)第三十八条规定:"施工单位应当为施工现场从事危险作业的人员办理意外伤害保险。意外伤害保险费由施工单位支付。实行施工总承包的,由总承包单位支付意外伤害保险费。意外伤害保险期限自建设工程开工之日起至竣工验收合格止。"

### 4.2.2 贷款项目银行的规定

1. 国家开发银行的规定

《国家开发银行贷款项目工程保险管理暂行规定》要求:国家大中型建设项目以及贷款额在 3000 万元(含 3000 万元)以上的其他建设项目,借款人或工程承包方、原材料(设备)的制造方、运输方、供货方(以上关系人均由借款人督促)原则上应当根据风险情况应投保以下保险:

(1)建筑工程一切险:是以承包合同价格或概算价格作为保额,以重置基础进行赔偿的,承保以土木建筑为主体的工程在整个建设期间由于保险责任范围内的风险造成保险工程项目的物质损失和列明的费用负责赔偿的保险。该险种应由借款人或通过借款人要求工程承包方投保。

(2)安装工程一切险:是以设备的购货合同价加各种相关费用或以安装工程的最后建成价格为保额的,以重置基础进行赔偿的,专门承保以新建、扩建或改造的工矿企业的机器、设备或钢结构建筑物在整个安装、调试期间由于保险责任范围内的风险造成的保险财产的物质损失和列明的费用负责赔偿的保险。该险种应由借款人或通过借款人要求工程承包方投保。

(3)综合财产险:是指除外责任外对保险期限内因保险事故造成保险财产的物质损失和列明的费用负责赔偿的保险。该险种应由借款人向保险公司投保。

(4)借款人使用开发银行的贷款自行采购原材料、设备的,应要求制造方、运输方、供货方办理产品制造、运输等履约环节的保险手续。

同时还规定:以未来资产作抵押的项目,在项目开始建设时投保建筑工程一切险、安装工程一切险,在项目建成后投保财产险;以现有资产作抵押的项目,对贷款抵押物须投保财产险;以公路收费权作质押的项目在开始建设时须投保建筑工程一切险,项目建成后投保财产险。对洪水多发地区如湖北、湖南、江西、安徽等,贷款抵押物必须投保财产综合险。对地震多发地区在投保基本险时要附加破坏性地震保险。对电力行业在投保基本险时要附加盗抢保险。对化工行业在投保基本险时要附加水汽管道破裂保险。同时,并对投保公司、保险期限、投保金额、保单第一受益人、保险事件管理、保险义务等作了明确约束。

2. 国际贷款项目银行的规定

由于国际贷款项目银行具有的"以项目为导向"和"无追索权和有限追索权"的特点,项目贷款银行面临着远远高于其他融资方式的风险。为此,通过各种订立严密的合同,要求当事人设立各种形式的协议、措施,成为行之有效的风险管理手段,保险要求则是其中的一项。贷款银行在与借款人之间签署贷款协议时,对保险有特殊的要求。

项目融资中,国际贷款银行除了通过贷款协议之外,贷款银行还要与借款人签订一份保险协议，约定作贷款的先决条件。要求借款人应按照贷款人的要求及时、全面、足额地购买并维持协议中的各类保险，险种一般包括：①财产损失险：针对自然灾害、意外事故；②锅炉、压力容器和机器设备损坏险；③综合责任保险；④雇员补偿险；⑤机动车辆责任和车损险；⑥伞形保险和超赔责任险。

此外，针对某些项目的具体需要，还可能进一步要求借款人购买另外一部分较为昂贵、承保条件十分苛刻，但对银行十分重要的险种：①利润损失险（因财产损失或机器损坏导致的）；②履约保证保险；③延期开工险；④职业责任险（因设计错误和疏漏给客户造成的损失）；⑤污染责任险。

国际贷款银行一般要求，贷款银行对该融资项目具有可保利益，应与借款人（项目公司）一起成为上述各保险单的被保险人，不仅如此，银行还在上述所有要求购买的险种中，根据项目投资总额和贷款的额度等综合条件设定具体的免赔额、保障限额和必须的扩展性条款；借款人只有在不影响该项保障的范围和保险限额的情况下，方可根据自身情况，设计、调整保险安排（有关详细内容见第 7 章）。

### 4.2.3　标准合同文本的要求

合同是双方当事人履行责任义务的依据，工程保险安排应符合所签订合同约定的要求。EPC 项目合同应按照 FIDIC 编制的银皮书或建设项目工程总承包示范文本中的要求安排。

《设计采购施工（EPC）/交钥匙工程合同条款》对承包商的保险责任和业主的保险责任有明确的规定。

1. 一般要求要点

当约定承包商作为投保方时，承包商应按照业主批准的保险条件向保险人办理每项保险，保险的条件应与双方在签订合同协议书前协商同意的任何条件相一致。并强调这一条件协议的地位应优于本条款的各项规定；

保单对联合被保险人提供保障，保险赔偿应如同已向联合被保险人的每一方发出单独保险单一样，对每个被保人分别施用；

每份承保损失或损害的保险单应以修正损失或损害需要的货币进行赔偿；

有关应投保单应在专业条件中规定的各自期限内（从开工日期算起），向业主提交投保证据；

承包商未经雇主同意，不应对任何保险的条件做出实质性变动；

承包方和雇主各方都应遵守每份保险单规定的条件；应投保方应保持使保险人随时了解工程实施中的任何相关变化，并确保按照本条要求维持保险。

如果保险人做出（或要做出）任何变动，首先收到保险人通知的一方应立即通知另一方；

如发生保险事故保险索赔遇到各种问题，由投保方负责。

2. 投保内容要点

应投标方应为工程、承包商设备、材料和承包商文件投保即投保工程一切险、生产设备险、工程设计责任保险。此类保险要求保险额不低于受损物的全部复原费用，包括拆除、运走废弃物的费用以及专业费用和利润。保险期间为从向业主提供投保证明起，到颁发工程接受证书日期保持有效。

应投保方应投保人身伤害和财产损害险，对承包商履行合同引起的、履约结束前发生的任何财产损失、损害（不包括上述工程和承包商设备险）和任何人员的死亡和伤害的保险（此保险不包含承包商人员的保险，由另外险种投保），并对每次事故保险限额做出规定为"不得低于专业条款中规定的数额，事故发生次数不限"。保险期间为履约证书颁发前应保持保险的有效性。

应投标方（一般为承包商）应投保承包商人员保险，对承包商雇佣的任何人员或任何其他人员的伤害、患病、疾病或死亡引起的索赔、损害赔偿费或开支（包括法律费用和开支）的责任办理保险。同时，雇主也应从保单中得到保障。但不包括雇主或雇主人员的大意或疏忽原因而引起的损失索赔情况。该保险期间为相关人员参加工程实施的整个期间（有关详细内容详见第3章）。

3. 合同示范文本的规定

《建设项目工程总承包合同示范文本》、《标准设计施工总承包招标文件》中对设计、工程一切险和第三方责任险、工伤保险、人身意外伤害险以及运输险、施工机具保险等都做了规范性的规定（详见第3章有关内容）。

## 4.3　确定工程保险原则

投保是工程项目风险管理的重要手段，防范风险的重要途径。在保险合同签订和制订风险方案中，会遇到许多复杂问题，往往盘根错节，矛盾丛生，甚至是相互对立的。因此，投保过程中应该遵守以下原则。

### 4.3.1　充分评估风险的原则

保险是工程项目风险管理的重要工具，无论对被保险人还是对保险人来讲，都应对项目风险进行充分的识别和评估，这不但是承包商制订风险管理计划的有效途径，而且也是科学、合理地进行保险安排的基础条件。充分评估风险包括风险发生原因的评估，如火灾、爆炸、倒塌、撞击、碰撞、下陷、沉降、塌方、隆起、振动、地震、季节因素、盗窃等风险。工程标的评估包括工程主体、施工机具与设备、临时工程、额外费用和第三者财产和人员的损失赔偿责任。工程主体是指业主兴建的工程、施工机具与设备，包括承包商拥有的或租赁的施工机具设备，如推土机、起重机、塔式起重机等动力机械；模板、钢板桩、架板等支撑型设备，以及业主可能提供的特殊施工机具。额外费用是指工程承包合同及以外的拆迁清理费用和额外的修复费用等。

### 4.3.2　满足风险分散的原则

投保的目的是使投保人承包商、业主分散风险，以确保工程项目的稳定、顺利进行。投保人应在保险方案确定中，一方面始终要满足自己的被保险人分散风险的需要，始终要考虑风险保障是否具有充分性，要将需要分散的风险尽可能地纳入保险责任范围之中；另一方面要考虑到补偿的充分性，当保险事故发生后，被保险人或投保人所产生的损失应尽可能地得到保障，使工程损失降到最低点。

### 4.3.3　实现公平与对价的原则

在投保中应充分体现公平与对价的原则。在保险方案确定的过程中，与保险人应保持平等的地位，不能居高临下，也不能牵强附会，要以平等协商的态度处理投保过程中的问题，充分考虑双方的利益。在确定保险条件与费率的过程中，应当坚持对价的原则，应根据风险的实际情况，确定与其对等的费率，形成两者对等和对应的关系。

### 4.3.4　遵守法律惯例原则

近年来，随着我国 EPC 合同条件、EPC 投标文件规范、EPC 管理规范不断出台，建设工程保险制度也不断完善，在 EPC 工程投保时，应积极加以贯彻和执行，同时，国内各类工程项目应遵守相关项目的有关法律条文；国外 EPC 工程项目应遵守项目所在国的相应法律规定，遵守国际的保险惯例。

## 4.4　编制工程保险方案

保险安排计划方案是承包商保险采购的唯一依据。保险方案必须根据行业、工程项目实际情况和法律规定、业主的要求而定。其具体内容包括三个环节，即一是选择保险类型；二是确定保险主要内容（投保人与投保标的、保险期、保额与保费、保单类型及对保险条款选择等）；三是优化投保方式。

### 4.4.1　选择工程保险类型

1. 保险主要类别简述

（1）在国际承包项目中，承包商通常应购买的保险有以下几种：

1）承包商施工机具保险。承包商需投保并维持非永久工程部分的承包商设备"一切险"。被保险的财产包括承包商为履行 EPC 合同义务所需要在现场运用的所有机械、设备、工具。投保金额为该等财产的总重置成本价，保险范围包括由现场转运、安置至任何保存或维修地点。

2）雇主责任险（包含工伤及意外伤害险和医疗及紧急救援保险）。承包商需投保并维持足够的雇主责任保险以保障依照工程所在国有关法律法规，因某一承包商员工在其雇佣范围内的事故伤害、疾病和死亡的责任保险。

3）机动车第三者责任险。承包商需投保并维持综合机动车第三责任险以保障承包商、所有分包商以及其雇员或代理人因实施工程（无论在现场或不在现场）而使用机动车所致对第三者的人身伤害、死亡或财产受损的法律责任。保障范围应包括承包商或分包商拥有和租赁的车辆。

4）货物海运和内陆运输险。承包商需投保并维持海运和内陆运输险，保障货物自离开制造场所（包括装货）至运抵、卸至现场为止的损失或损毁风险，包括战争、罢工、暴动、民众骚乱和运输延误等。其保险额一般不少于付运的被保险财产的重置成本价的 110%。

在国际保险市场上，针对货物运输保险，各国保险组织都制定有自己的保险条款。但最为普遍采用的是英国伦敦保险业协会所制定的《协会货物条款》（Institute Cargo Clause，ICC）。ICC 条款共有六种险别，分别是：

协会货物条款（A）[ICC（A）]；

协会货物条款（B）[ICC（B）]；

协会货物条款（C）[ICC（C）]；

协会战争险条款（货物）（IWCC）；

协会罢工险条款（货物）（ISCC）；

恶意损害险（Malicious Damage Clause）。

　　以上六种险别中，（A）险相当于中国保险条款中的一切险，其责任范围更为广泛，故采用承保"除外责任"之外的一切风险的方式表明其承保范围；（B）险大体上相当于水渍险；（C）险相当于平安险，但承保范围较小些；（B）险和（C）险都采用了列明风险的方式表示其承保范围。六种险别中，只有恶意损害险属于附加险别，不能单独投保，其他五种险别的结构相同，体系完整。因此，除（A）、（B）、（C）三种险别可以单独投保外，必要时，战争险和罢工险在征得保险公司同意后，也可作为独立的险别进行投保。

　　5）绑架与勒索险。在某些工程所在国，承包商一般还应投保并维持绑架与勒索险，以确保在遭受绑架、勒索、产品敲诈、拘禁、劫持或恐吓时，尽量避免或减轻承包商遭受的人员或财产损害。该险种还包含了赎金、赎金运送损失、危机顾问费用及其他相关损失和费用，此外还包括加强保安措施的费用、休养费用、矫形费用、遗体遣返回国费用等。

　　（2）在国际承包市场上，业主通常应购买的保险有以下几种。

　　1）建工/建安一切险（CEAR）。根据国际工程保险惯例，在 EPC 总承包合同建设模式下，由于工程在验收移交前的照管风险均由承包商承担，通常也可由承包商购买建 CEAR 和 TPL，以确保承包商能根据项目现场的建设条件，尽可能地拓展保险附加险种，争取更有利的保险条款，以得到充分的保险保障。同时，借助于这两个主要险种，也有利于承包商与保险公司对于其他保险险种的谈判，以争取更加优惠的费率条件。但是，不管是项目业主投保，还是总承包商投保，建安险及下述第三者责任险项下的共同被保险人均包括项目业主、总承包商、所有分包商、所有项目业主聘请的现场咨询、管理及监理单位的人员及融资银行聘请的独立工程师等，以保证共同被保险人不会彼此被保险公司行使代位求偿权，同时保障所有在现场人员可能遭受的意外伤害。

　　建筑和安装工程一切险的保险额不少于工程的总重置成本价，包括自然灾害或意外事故对永久工程、临时工程和材料在场地或在场地外存储时造成的损失。建安险项下所收到的保险赔偿首先应用于重建、修复或更换遭受破坏或损坏的工程、建筑物、设备、材料或物件，合同任一方均不得以任何理由向另一方索取用于上述目的以外的保险赔偿付款。该保险合同中通常还包含"不计免赔"（Without Deductibles）及要求保险公司放弃"代为求偿权利"条款，尽管保险公司大多不愿意承保完全没有免赔额的投保项目，即使愿意承保，CEAR 的费率也会提高许多。

　　2）第三者责任险（TPL）。项目业主需投保并维持第三责任险以保障保险合同项下的各个被保险人因实施工程而可能导致的对第三方人员伤亡、疾病或财产损失而产生的赔偿责任。建安一切险项下的被保险人均应作为该保险项下的共同被保险人。同样，该保险合同中通常也应包含"不计免赔"（Without Deductibles）及要求保险公司放弃"代为求偿权利"（Waiver of Subrogation）条款。

　　3）雇主责任险。项目业主也应投保并维持足够的雇主责任保险或福利计划以保障依照有关工程所在国适用的法律法规，因某一项目业主员工在雇佣范围内的事故伤害、疾病或死亡的责任保险。

　　4）政治风险保险。对于来自项目所在国以外的境外投资者来说，通常还会投保由政府提供的海外投资保险，以保证海外投资者规避各种由于政治风险和信用风险所产生的不确定性损失。海外投资保险承保的风险为征收、汇兑限制、战争以及政府违约。

　　具体到 EPC 工程合同项下，项目业主通常会针对"业主风险"，即诸如战争、敌对行动

（不论宣战与否）、入侵、外敌行动；工程所在国内的叛乱、恐怖主义、革命、暴动、军事政变或篡夺政权或内战；承包商和分包商的雇员以外的人员在工程所在国内的骚动、喧闹或混乱等政治性事件，投保政治险，以保障项目业主有形财产的损失和因上述事件导致项目业主不能正常经营所造成的损失。

2. 选择保险类型分析

EPC 工程投资规模大、建设周期长、系统繁杂、涉及的专业技术面广、参与项目建设的利益相关方较多且关系错综复杂，导致项目的各个阶段都存在着巨大的风险。如何有效地在项目建设期内对项目建设风险进行管理策划，并有效地以各种方式加以规避，是项目业主和 EPC 承包商成功实现项目既定目标的关键。

针对项目建设过程中因自然不可抗力事件、意外事件或政治事件而导致人员伤亡及工程、设备、机具、材料等财产损失的风险，项目业主和承包商往往会在 EPC 合同中花费大量篇幅和心血设计保险方案，以期因保险事故而发生的各种损失或损害在一定程度上得到弥补。对于工程风险投保，不是所有的破坏物质财富或威胁人身安全的风险，保险人都可以承保，投保的风险必须是可保风险（Insurable Risk）即可以进行投保的风险。但是针对某些特殊事件，比如工程所在国内的战争军火、爆炸物资、电离辐射或放射性引起的污染，或由音速或超音速飞行的飞机或飞机装置所产生的压力波所造成的人员伤亡或财产的损失，则通常很难通过商业保险机构得到保障。而这些不能投保事件，国际工程界通常就称为"业主风险"或"除外风险"，在承包商的风险和责任范围中排除，而在发生时由业主通过不可预见费（Contingency Cost）得到减免。

另一方面应该明确的是，对于即使是可保风险，在法律允许的条件下，被保险人也不见得要百分之百进行投保，应根据工程的实际情况，业主与承包商双方加以协商，决定是否选择保险和选择哪类保险。工程保险安排险种详细介绍，请读者请参考第 5 章内容。

在国际工程风险管理实践中，对每类风险是否采取保险，以及保险应采取哪一类险种，进行了不断的探索，并形成了一些为工程管理界和保险界的认可的做法。FIDIC 银皮书中施工阶段所列主要风险及其保险情况见表 4-1。

表 4-1　　　　　　　　FIDIC 银皮书中施工阶段所列主要风险及其保险情况

| 风险类型 | 投保主体 | |
|---|---|---|
| | 雇主 | 承包商 |
| 1. 工程重要的损失与破坏 | | |
| ①战争、暴乱、骚乱或混乱等 | 不保险 | 不保险 |
| ②核装置和压力波、危险爆炸 | 不保险 | 不保险 |
| ③不可预见的自然力 | 建工/建安一切险 | |
| ④运输中的损失与损坏 | | 运输保险 |
| ⑤不合格的工艺与材料 | 建工/建安一切险 | |
| ⑥设计师的粗心设计 | | 职业责任保险 |
| ⑦设计师的非疏忽缺陷设计 | | 职业责任保险 |
| ⑧已被雇主使用或占用 | 按雇主正常保险计划风险自留、不保险 | |
| ⑨其他原因 | 建工/建安一切险 | |

| 风险类型 | 投保主体 | |
|---|---|---|
| | 雇主 | 承包商 |
| 2. 对工程设备的损失与损坏 | | |
| ①战争等：暴乱、骚乱或混乱 | 风险自留、不保险 | 不保险 |
| ②核装置和压力波、危险爆炸 | 风险自留、不保险 | 不保险 |
| ③运输中的损失与损坏 | | 运输保险 |
| ④施工机具的损害 | | 施工机具保险 |
| ⑤其他原因 | 建工/建安一切险 | |
| 3. 第三方的损失 | | |
| ①执行合同中无法避免的结果 | 业主的第三者责任 | |
| ②雇主的疏忽 | 雇主责任保险 | |
| ③承包商的疏忽 | | 承包商的第三者责任 |
| ④设计分包商的职业疏忽 | | 职业责任保险 |
| ⑤设计分包商的其他疏忽 | | 职业责任保险 |
| 4. 承包商、分包方的人身伤害 | | |
| ①承包商的疏忽 | | 雇主责任保险 |
| ②雇主的疏忽 | 雇主责任保险 | |
| ③设计分包商的职业疏忽 | | 职业责任保险 |
| ④设计分包商的其他疏忽 | | 职业责任保险 |

目前，国内开展的工程保险险种比较多、种类也比较全，以商业保险为例，按保障内容主要有建筑工程一切险、安装工程一切险以及第三者责任险和人身意外伤害险等。同一类险种保险责任大体相同，但细节上又各有差异和侧重。对施工单位来说投保的大多数是建筑工程一切险、安装工程一切险，这两个险种一般还可以同时附加第三者责任险，工伤保险以及人身意外伤害保险等。

### 4.4.2  确定工程保险具体内容

1. 投保人与投保标的

（1）投保人。工程保险的投保人是指向保险部门提出订立保险合同申请，并附有交付保险费义务，并对保险标的拥有保险利益的人。投保人可以是承包商，也可以是雇主。在有些情况下，还可以是对保险标的拥有保险利益的其他主体。

投保人与被保险人不是一个概念。被保险人是指财产或利益受到保险合同保障的人。工程保险被保险人的范围较广，紧密层被保险人包括：业主、承包商和分包商；松散层有勘察设计单位、建筑设计单位、监理单位、咨询单位材料设备供应商、运输服务单位、施工机具出租人、仓库保管人员等与项目建设有直接关系的单位。另外，对于项目融资单位也可以成为被保险人。在 EPC 项目中具体投保人可以是承包商，也可以是业主，各有优缺点，详见有关章节分析。

具体的被保险人一般写在保险合同之中，在明细表中予以列明，如××建设集团、××投资公司等。分包商可以例外，因为在开工前，合同签订时，分包商往往是难以确定的，可以采用在明细表中，只规定"分包商（复数）"的方式表示，合同签订后，只要是给项目的分包商就可以自动成为给项目的被保险人了。

（2）投保标的。投保标的是指投保人请求保险人对什么对象赋予保险责任，或说保险责任的指向是什么？或者是说投保人要将哪些项目纳入保险范围，即确定工程项目，明确物质对象和责任对象。物质对象包括：建筑项目本身、各种费用、施工机具和雇主在工地内的财产；责任对象包括：各个被保险人可能产生的侵权责任。在一般情况下，保险责任对象不包括各种合同责任，但在保险合同双方事先约定的情况下，可以包括部分合同责任，如设计责任等。在投保过程中，对于投保标的应注意以下几个问题：

1）项目界定。投保人在投保过程中应注意工程项目界定的问题，因为这一问题在签订合同时往往被忽视，其结果导致在保险事故赔偿中会引起与保险人的纠纷。在工程项目的界定中，应采用与建设项目一致的、明确的、具体的名称。合同号是一个重要的识别因素，一个工程项目有数个标段，不同的标段有相应的和独立的合同号，通过合同号可以对项目进行识别和界定。因此，在签订保险合同时应列明工程名称和合同号。另外，还应明确保险合同针对工程项目建设的哪一方面工作的内容：是土建、安装，还是设计服务、设备提供保障等。

2）项目构成。在投保过程中，投保人应明确工程项目是永久性工程，还是临时性工程以及工程建设中所用的各种材料。就我国目前使用的建工险条款规定的"用于工程建设中所用的各种材料"的界定，一般是根据所有权的转移时间，即从这些材料的所有权转移给被保险人时算起，并进入到工地范围内，才进入保障范围。除非对存储和运输另有特殊约定。模板和脚手架是施工中最为常用的工具。这种工具属于临时工程和施工设备之间的标的，其归属界定和利益量化问题一直是保险投保过程中的一个难以确定的问题。投保人应引起重视，必须对此问题同保险人有一个明确的约定，事前应如何承保？如何理赔应该进行周密思考，以免在这些模板或脚手架一旦灭失之后，为投保人的索赔工作造成困难。

3）施工机具。狭义的施工机具是指用于项目建设的机械设备如推土机、挖掘机、吊车等。广义的施工机具除了上述内容以外，还包括了工具、临时性工程等如工地办公室、工地宿舍、工棚、仓库和车间等。

施工人员的个人物品在工程保险合同中通常将其纳入保险合同范围，但具体做法是采取标的扩展方式进行的，明确一个总的赔偿额度以及对每一个施工人员的赔偿额和相应的免赔额。

工地办公室存放的工程建设资料如图纸和文件等由于其价值难以确定，工程保险项下除外，投保人可以根据自己的要求有条件地扩展承保，但这一扩展条款仅负责这些图纸、资料损失之后重新绘制和制作费用。

4）雇主在工地内的既有财产。雇主在工地内的既有财产通常是通过建筑物的形式表现出来的。在某种意义上讲，工程项目就是在既有建筑基础上进行的扩建或改建。因此，雇主在工地内的既有建筑或财产，属于工程项目的组成部分。但一般将其作为工程项目以外的保险标的列入保险合同的。这样做的目的，就是无论是否由承包商造成的这类财产损失都可以通过保险合同获得保障。

5）对雇主提供的材料和设备。在工程建设中，雇主往往出于对工程质量考虑或特殊的自身地位，通过自行采购方式，提供一些项目的关键材料和设备，工程合同造价是不包括这些设备和材料的，因此，投保人应当充分了解这一点，在核算合同造价时予以注意。

2. 确定工程保险期限

从保险合同生效到保险合同终止这一时间段称之为保险合同期间。工程保险的各个保险期间与工程建设的各工程建设期之间存在一定的联系，如图 4-2 所示。

| 施工阶段 | 试车阶段 | 投入使用阶段 |
|---|---|---|
| 保险期间 | | 扩展保险期间 |
| 机具保险期间 | | 运营保险期间 |

开工/起保日　　　　　竣工/初步验收之日　　最终验收日

图 4-2　工程保险期与工程建设期的关系

投保人在与保险人签订合同过程中应注意保险期的确定，投保人应该将工程的实际情况，特别是与工期有关的情况向保险人充分告知，可能影响工期的因素和情况向保险人进行实事求是的说明，使保险人能够全面了解情况，为保险人合理地确定保险期间提供可靠的依据。保险期间的确定要依据工程施工的合同条款，一般情况下要求与工程施工合同条款衔接，施工机具的保险期间应视工程施工的具体情况而定。

（1）主工期。主工期是指建筑（安装）工程从开工到项目全部竣工，不包括保证期。

（2）试车期。试车期是一个关键因素，投保人应注意这一点。试车期是试车期和考核期的总称，主要是针对安装工程的，它是指机器设备在安装完成后投入生产使用前，为了保证正式运行的可靠性、准确性及工作指标所进行的试运行期间。安装期间的风险相对是隐蔽的、静态的，而试车期间的风险则是显现的、动态的，是风险暴露的期间，在这一期间可能会造成重大的风险损失。因此，投保人在确定试车期时应该充分认识到这一点，充分考虑试车期间的空间。保险单中的试车期间一般规定不超过 3 个月，超过 3 个月的保险人要增收保险费。保险期是连续的而不是累计的，例如试车保险期是 3 个月，从试车第一天开始，到第 90 天 24 时止。在投保中，投保人应该注意对"二手设备"的规定。"二手设备"包括已被使用过的或未被使用过的，但是由于某些原因，为投入使用而闲置了一段时间转手的设备。这些设备由于受时间、地点方面的影响，使其性能、保修期、所有关系等方面产生了变化，保险人将这部分设备是除外的。

（3）保证期间。保证期间是指根据工程合同的规定，承包商对所承建的工程项目在工程验收并交付使用之后的预定期限内，如果建筑物或安装的机器设备存在质量问题甚至造成了一定的损失，承包商对此承担修复或赔偿的责任。

保证保险实际上是一个相对独立的概念，与工程保险没有必然的联系，完全取决于被保险人的需要。它的保险责任范围是专门设计的保证期间内相对独立的。保证期间应根据项目的实际需要设定，一般设定有 3 个月的、6 个月的、12 个月的和 24 个月的。

（4）施工机具保险期。工程保险中，大部分保障范围的期限均是以工期为准的，但是施工机具保险的保险期则是按照年度计算的。施工机具的费率也是采用年费而不是工期费率。其主要原因是施工机具一般来说只是应用于工程建设的某一个阶段，而不是整个建设过程。投保人应该将项目所用的施工机具及时向保险人申报，通常是 1 个月或一个季度申报一次，保险人根据申报的情况确认保险期间并承担风险责任。同时年终保险人将按照申报情况，收取保险费用。在保险期间问题上，投保人还应该注意以下几个方面：

1）关于工期与保险期的变更。EPC 工程建设是一个庞大的系统工程，建设工期是动态的，随着项目情况的变化会经常发生变动。确定保险工期的主要依据是工程施工合同，但在实际执行过程中往往会出现需要调整的情况。对工期发生变化需要调整的，由投保人提出申请，由保险人出具批单对保险合同进行修改。工程保险费率受多方因素的影响，工期长短是一个重要因素，工期与保费之间不成正比关系的，由此，工期的延长或者缩短的时间相对较小时，对项目的风险和保费影响不大。例如，一个保期为 24 个月的工程，工期延长或缩短 3 个月对整个项目风险及费用影响不是很大的。因此，投保人提出变更保险期间的申请，保险人一般还是可以接受的，保险人需要对被保险人的保费酌情增加或退还。

2）关于已开工项目的保险期问题。工程保险一般是不接收已经开工项目投保的，主要是为了防止逆选择。有些项目在进行基础施工过程中发现了一些问题，但没有投保，在进行结构工程时才开始要求投保，导致了整个项目风险因素的增大，使保险增添了道德风险的色彩。但在有些情况，如因项目承包商需要向银行融资，而银行要求承包商投保。这种情况保险人还是可以承保的。

3）关于保险项目停工问题。由于某些原因，如遇工程项目停工时，投保人应及时提出申请。投保人向保险人提出停工申请有两层含义：一是履行告知义务，停工是工程保险中的一种典型的风险变化现象，根据保险合同规定，投保人有义务通知保险人并说明停工的具体原因；二是申请修改保险合同，停工不仅导致风险的变更，还导致保险合同的变更，因此投保人需要相应地变更保险合同，对保险合同进行修改。

4）关于整体完工前保险责任终止的问题。根据有关保险期间的规定，在整个完工或保单终止日之前，对于工程项目某一局部的保险责任，可能因为某些情况的变化而终止。这一点投保人应予足够的认识和重视，并及时根据工程项目建设情况做出相应的安排，以确保充分的保险保障。

对于终止保险的"部分项目"，投保人应根据项目风险的情况，安排相应的营运期的各类风险保险，以分散风险。对于那些相对难以划分的"部分项目"可以事先在工程保险计划方案中，针对部分完工、交付使用部分，安排一个特别扩展性条款，达到风险保障的目的。

3. 保额、赔偿限额与免赔额

（1）关于保险金额、赔偿限额。保险金额是指在一个保险合同项下保险公司承担赔付保险金额的最高限额。即投保人对投保标的的实际投入保险金额。关于保险金额、赔偿限额，我们主要从制定保险安排的角度对物质损失保险金额、施工机具保险金额、扩展性条款的保险金额和赔偿限额加以介绍。

1）物质损失的保险金额。保险金额的确定依赖于投保人的选择。国际上，业主或承包商关于物质损失保险金额的确定大致分为以下几种做法：

①整个工程的全部价值或重置价：由于谨慎或项目融资方的要求，承包人可能需要对项目合同（包括业主提供的施工机具或原材料）进行足额保险选择整个工程的全部价值或重置价来确定保险金额。

②工程概算造价：普遍的做法是采取工程概算造价的方式来确定保险金额。

③工程决算价格：对于大型工程项目，尤其是 EPC 项目来说，由于工期长、总造价难以准确确定，同时还要考虑因施工期间物价上涨造成较大金额的材料差价等动态因素，为了更全面地将工程师实施阶段的风险纳入保险范围内，投保人往往采用工程决算价格作为保险金额的投标方式。由于决断价格要等到工程全部完工后才能确定，因此，一般在保险合同中事先约定一个暂定的保险金额，最后按照工程决算价格进行调整。

四是第一损失限额：也有雇主或承包商采用第一损失限额方式进行确定保险金额的，即将可能发生的最大损失估计额作为保险金额。这种做法的优点是只要发生损失的金额在保险金额之内，保险人就会按照损失的全额进行赔偿，而不是按照比例赔付。

我国普遍采用的方法是工程概预算总造价的方法进行确定保险金额。投保人或被保险人应注意在确定保险金额时应坚持以下原则。

①充分原则：保险金额必须与工程建设项目实际造价一致，因为保险金额是保险人承担保险责任的最高限额，如果保险金额确定不充分，一旦发生损失投保人就无法得到充分的补偿，这一点是十分重要的。

②应对原则：保险金额的确定，应与工程建设项目的具体项目实现对应，与工程造价的构成实现对应。

③合理性原则：保险金额的确定应当遵循合理的原则，纳入保险金额的项目是事故发生后，使其得到恢复过程中将要发生的费用，对于那些不再需要修复的费用如土地使用费、设计费等，应从造价中剔除。

投保人在确认物质损失保险金额时还应该注意以下两个问题：

第一个问题是通货膨胀问题：由于建设项目的周期较长，在一个相对较长的时间内，建设工程建设成本的各种要素都面临着通货膨胀的影响，对于保险人来讲，保险期间内大幅度的通货膨胀将导致修复费用的上涨，会使保险人原定的费率水平难于应付所承担的风险。因此，我国建设工程一切险保险条款中对此有明确的规定，因涨价或升值原因超出原保险工程造价时，投保人应及时通知保险人；在 3 年以上工期的项目，应当每 12 个月进行一次定期申报。以免发生意外事故造成双方的纠纷。

第二个问题是清理残骸费用问题：工程保险物质损失保险金额是根据工程的总造价确定的。工程保险事故发生时，往往会产生对受损的残骸和场地进行清理问题，这种对残骸和场地的清理费用有时是很高的。例如，美国一个化工项目受到损失之后，清理和处理事故现场费用超过 1 亿美元，比修复费用还高。显然这个损失不在物质损失保险金额范畴内。有时保险标的本身并未发生损失，但是可能会产生清除残骸的费用。例如，工地遭遇洪水，保险标的未发生损失，但有可能给工地带来大量的淤泥和杂物需要清理而产生巨额费用。因此，投保人应注意这一问题，明确、合理地安排清理残骸问题。通常做法是采用一个特别条款，即"清理残骸费用扩展"：应该明确一个赔偿限额，通常是一个绝对数，也有的是将清理残骸费用表示为保险金额的一定比例，在保险合同中明细表中载明。投保人一定要对此有一个明确的说法，而且对具体金额也要有一个明确的规定，否则当发生事故损失后，一旦修复费与清理残骸费之和超过保险金额时，投保人就会遇到麻烦。

2）施工机具保险金额。施工机具保险金额是按照设备的重置价确定的，如果施工机具属进口的，还要考虑运费、货运保险费和关税。

承包商施工机具数量繁多，施工进度不断变化，投保人在与保险人确定保险金额时，为了确保本身的利益得到充分的保障，双方也可以按照保险期内最大可能约定的保险金额，保险人按照应收保险费的一定比例预收保险费。保险期内被保险人应该将施工机具变化情况向保险人进行定期（按月/季）的申报。

3）扩展条款保险金额与赔偿限额。投保人或被保险人为了解决某些项目风险的特殊性，需要针对项目的特点投保一些标的，但这些标的在标准合同条款中并没有设置，投保人可以根据需要安排一些扩展责任的条款。扩展项条款是对工程保险标准合同的一种完善。在签订特别条款时，投保人不但要了解扩展性责任的性质问题，也要了解扩展性责任的定量问题，也就是说要明确扩展性条款的保险金额与赔偿限额。

投保人应该知道，扩展性条款的保险金额和赔偿限额可分为内置型和外加型，扩展条款的设定，在增加了其责任范围的基础上，并不改变原来标准保险合同中的保险金额与赔偿限额，我们称之为"内置型"。例如，"工地外储存物特别条款"是对标准合同只承担工地内施工材料的风险责任的一种扩展，由"工地范围内"扩展到"工地范围外"，责任范围扩大了。但是，其保险金额或赔偿限额没有增加，因为这些施工材料已经包括在原来确定的工程建设总造价之中了，所以这种扩展条款的保险金额和赔偿限额属于内置型。如果由于扩展条款的安排，改变了原确定的保险金额或赔偿限额，增加了一个单独的保险金额或赔偿限额，就属于外置型。例如"空运费用扩展"，除了对保险责任进行了扩展，而且也对保险金额或赔偿限额进行了追加。因为，在原标准合同中，只负责常规运输条件下的风险责任，例如，在原标准合同中，对采购设备的运输费用是按照海运条件加以确定的，如果扩展到"空中运输"责任范围后，空中运输与海上运输费用就出现了差价，这个差价就属于外加型。保险人需要追加这一差价。

（2）关于免赔额的设定。免赔额是指保险人对于保险标的在一定限度内的损失不负责赔偿责任的金额。免赔额是保险制度中的一种保险双方的共保机制，设计免赔额的实质对充分调动被保险人的积极性，对可能发生的损失由投保人与保险人共同承担，降低保险人的风险责任具有一定的意义。免赔额主要是针对一些保险金额巨大、责任范围广、损失概率高的保险种类。关于免赔额我们简略地介绍过，在此进行进一步的介绍。

1）免赔额的类型。免赔额一般分为相对免赔额和绝对免赔额。相对免赔额是指投保人在索赔时，如果损失金额低于合同设定的免赔额时，则保险人不负赔偿责任；如果投保人的损失金额高于免赔额，则保险人负责全部损失。绝对免赔额是指投保人在索赔时，投保人损失金额若低于免赔额，则保险人不负赔偿责任；如果损失金额高于免赔额，则保险人赔偿损失超出免赔额的那一部分。目前广泛使用的是绝对免赔额，使用相对免赔额的比较少了。

2）免赔额表现的形式。定额型：指将面额确定为一个固定的货币金额，这是较为常见的形式。也是对被保险人相对有利的形式，被保险人无论发生多大的损失，其可能承担的金额均是相对有限的和固定的。

比例型：将免赔额确定为损失金额的一个固定比例。这是一种对投保人相对不利的形式，一旦发生巨大损失，投保人或被保险人就可能面对一个金额相当大的自负额，这显然不利于投保人或被保险人的财务稳定。

混合型：指将免赔额同时确定一定金额和一定比例，并用适用两者中比例高的。这是一种对被保险人最为不利的免赔额形式，即保险人从"两头堵"的方式控制自身的风险。一方面，一个固定的金额，可以使保险人排除所有低于这一金额的索赔；另一方面，一个固定的比例，可以确保在发生巨大损失时对赔偿金额进行控制，显然这一切对于被保险人来讲是极为不利的。

累进型：指在混合型的基础上，将固定百分比修改为按照出险次数自负额的百分比，例如第一次出现的免赔额比例为 5%，第二次出现的免赔额比例为 7%，第三次出现的免赔额比例为 10%。

3）每次事故。在我国建工险条款的"赔偿限额"和"免赔额"部分中，涉及"每次事故"的概念。事故次数与"赔偿限额"和"免赔额"的赔偿次数有直接的关系，赔偿限额是针对一次事故投保人所获得的赔偿额的"上限"，也就是保险人在一次事故中应承担的赔偿责任的最高限额。保险损失属于一次事故造成的，被保险人可以获得一个"上限"的赔偿额，如果损失属于两次事故造成的，则被保险人可以得到两个"上限"的赔偿额。"免赔额"也是如此，免赔额是针对每次事故承担赔偿责任时，可以扣减的金额，也就是说是被保险人在每次事故中需要自己承担的损失。损失属于一次事故造成的，在索赔中只能扣除一个"免赔额"；两次事故，被保险人将在索赔中被扣除两个"免赔额"。因此，如何对"每次事故"进行明确的界定，是关乎投保人或被保险人的切身利益问题。但解决这一问题较为困难，例如，对于地震、台风造成的事故损失，是将"地震"作为一次事故呢，还是将每次余震都作为一次事故呢？对台风所造成的损失也具有这样的问题。台风有多次登陆，造成标的损失是台风一次登陆造成的呢，还是由多次登陆造成的损失呢？很难界定。目前解决这一问题的方法是事先在保险合同中对相关问题进行明确和约定，采用"规定性特别条款"的方式，对保险合同签订过程中的一些重要问题或者需要明确的问题进行详细的界定与说明。最为常见的是"时间调整特别条款"，对地震或台风的"每次事故"的界限进行规定。这一点，投保人是需要明确的。

4）免赔额的适用。免赔额是针对每次事故发生的赔付金额中加以扣除的金额，也就是投保人自负的部分。在索赔中，如果保额不足时，保险人是要按比例赔付的，在使用比例赔付之后，再适用免赔额。在工程保险项下，一般设置一组免赔额，而不是一个免赔额，投保人应根据损失的项目，选择确定每项损失适用的免赔额。

5）物质损失的免赔额。物质损失的免赔额，按照保险期间分为建筑（安装）期即主工期和试车期。由于试车期风险较大、较为集中，投保人往往出于分担风险的目的，一般将其免赔额确定得高些。保险人将此类风险划分为巨灾风险、火灾风险和爆炸风险、其他风险，从金额看，免赔额依次呈现下降趋势，如百万元级、十万元级、万元级、千元级。

6）第三者责任的免赔额。第三者人身伤亡损失和第三者的财产损失是构成第三者责任项下的损失内容。从保护无辜受害者、维护社会稳定的公益性角度出发，一般第三者的人身伤亡项下没有设定免赔额，因此，第三者责任项下的免赔额通常是指第三者财产损失的。

7）专项免赔额。专项免赔额是针对承保特殊风险制定的免赔额。有些风险具有特殊性或项目具有特殊性，投保人往往要求对于常规项目提供特殊的风险保障（例如，在工程保险项下提供设计风险保障），保险合同中，保险人会设定一个特别的、较高的免赔额。有些投保人承建的工程项目具有较强的特殊性（例如，管道项目，特别是海上管道项目），投保人如果需要也可以对此进行投保，在投保计划安排中选择一个专门的免赔额。

4. 估计保险费用

（1）保险费用基本含义。

1）保险费用。保险费用简称保费，是投保人为其标的取得保险保障而向保险公司支付的费用，换句话说就是保险公司为承担保险责任而向投保人收取的费用。投保人如果不按照约定向保险公司缴纳保费，保险公司有权不履行赔偿义务。影响保费高低的因素有三个：

一是保险金额：简称保额，保额越高，保费收取就越高；保额低，收取的保费就低，两者呈正相关关系。

　　二是保险期限：保险期限与保险费用呈正相关关系，如果保险金额、保险费率为定值，保险期限越长，保险费就越高；反之保险期限越短，则保险费就越少。由于工程保费更多地体现为工期的保险费特点，决定了保费与保险期限并不是呈现等比例的正相关关系。

　　三是保险费率：保费与保险费率也呈现正相关的关系，保险金额和保险期限一定时，保险费率越高保费就越高，保险费率越低保险费就越少。保险费用计算公式为：

$$保费 = 保险金额 \times 保险费率$$

　　2）保险费率。保险费率与保险费的概念相对应，保险费率的高低可以反映出保险费的高低。因此，在某种意义上讲，保险费率就是保险的价格。但保险费率与一般商品价格有所不同。

　　①就单个的保险合同来看，保险费率与保险补偿或给付之间没有对等的关系，保险费率高未必保险给付多，费率低则未必是保险给付少，这是由于保险具有很大的射幸性，有些投保人交了保险费，但事故未发生，得不到任何给付，有的投保人缴纳了保费，事故发生了则就可以获得远远高于其支付的保险费的给付。因此，两者之间没有对称性。这与一般的商品等价交换的原则不同。

　　②保险费率是根据以往经验数据预测而定的，是在其成本发生之前产生的，而一般商品的价格则是在商品生产之后，再加以计算而得出的。

　　③保险费率受政府管制比一般商品要严格得多。一般的商品价格是受市场供需情况调节形成的。保险费率则不同，这是由于保险技术复杂，涉及社会稳定、促进经济健康发展的大问题，政府的参与力度较大，对保险费率的控制与监督都是很严格的。

　　在保险实务中，保险费率不是固定、统一的，一般根据工程实际情况，由保险公司确定保险费率的数值。对于财产保险而言，由于被保险的财产不止一项，通常费率不是分项计算，而是统一计算，即按照统一费率方式计取。统一费率是指根据各项承保财产的风险大小及可能损失的程度进行综合考虑而确定的一个统一的较为合理的费率。

　　（2）保险费率与赔偿限额、免赔额、保险期限的关系

　　1）保险费率与赔偿限额的关系。工程保险包括了财产风险与责任风险，责任风险的赔偿方式是采取限额赔偿的方式，投保人在制订保险方案，选择赔偿限额时，往往乐意选择赔偿限额高的标准，以便一旦遇到责任风险造成损失时，能获得较高的赔偿。投保人应该如何科学地选择赔偿限额呢？

　　我们说，在一定的赔偿限额区间内，保险费率与赔偿限额成正关系，赔偿限额越高，保险费率越高，但是，一旦超出这个有效区间，保险费率则会出现一种反比的发展趋势。我们将这种现象称为赔偿限额的"有效区间现象"。究其原因是作为计算保险费的赔偿限额增加一定程度后，实际风险并没有等比增加，而是呈现出下降的趋势，出现这种规律的原因是复杂的，其中有法律的原因，特别是根据以往同类风险事故争议的判例资料统计；有经济的原因：当地生活水平；也有社会的原因：人们的诉讼意识等。所以在责任保险中，赔偿限额超过了有效区间之后，保险费率将随着赔偿金额的增加而下降。如图 4 - 3 所示。

　　综上所述，投保人在决策投保安排时，在有效区间内选择并确定赔偿限额，避免赔

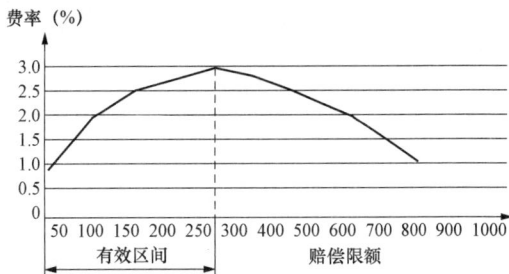

图 4 - 3　保险费率与赔偿限额的关系

偿限额选择过大，导致保险方案不经济的现象。

2）保险费率与免赔额的关系。工程保险中，均设定一个基础免赔额，或最低免赔额，定价是以这个免赔额为前提的。被保险人在一些特大工程项目投保时，为了获得一个较低的保费率，减少保费的支出，往往提出提高免赔额的方案。那么，免赔额与费率折扣如何换算呢？早期在伦敦保险市场上曾使用过一种"免赔额与保费率折扣的关系表"。通过这个表就可以计算出不同的免赔额条件下，对基础费率进行修正，见表4-2。另外，还有某再保险公司免赔额与保险费率折扣的关系表和采用比例免赔额与保险费率折扣的关系表，见表4-3、表4-4，供投保人参考。

表 4 - 2　　　　　　　　早年伦敦某保险公司免赔额与保险费率折扣的关系表

| 重置价/<br>保险金额 | 最小/<br>基础免赔额 | 最小/基础免赔数额的倍数 | | | | |
|---|---|---|---|---|---|---|
| | | 2 | 3 | 5 | 10 | 20 |
| | | 费率折扣比例（%） | | | | |
| <100 | 15 | 5 | 10 | 25 | 50 | 80 |
| 100～1000 | 15 | 10 | 15 | 30 | 50 | 85 |
| 1000～2000 | 15 | 7.5 | 12.5 | 27.5 | 45 | 70 |
| 2000～5000 | 20 | 10 | 10 | 27.5 | 45 | 67.5 |
| 5000～20 000 | 30 | 10 | 10 | 25 | 40 | 62.5 |
| 20 000～100 000 | 60 | 7.5 | 12.5 | 25 | 40 | 57.5 |
| 100 000～200 000 | 100 | 7.5 | 12.5 | 25 | 40 | 52.5 |
| 200 000～500 000 | 200 | 7.5 | 12.5 | 20 | 35 | 47.5 |
| >500 000 | 200 | 7.5 | 12.5 | 20 | 35 | 42.5 |

表 4 - 3　　　　　　　某再保险公司推荐的免赔额倍数与保险费率折扣关系表

| 免赔额倍数 | 2 | 3 | 4 | 5 | 10 | 20 | 40 |
|---|---|---|---|---|---|---|---|
| 费率折扣 | 0.90 | 0.85 | 0.82 | 0.80 | 0.70 | 0.65 | 0.55 |

表 4 - 4　　　　　　某再保险公司推荐的比例型免赔额与保险费率折扣的关系表

| 免赔额比例 | 10% | 20% |
|---|---|---|
| 费率折扣 | 0.9 | 0.8 |

以上各种确定保险费率与免赔额的方法具有一定的局限性，投保人在决策时应予注意。

3）保险费率与保险期限的关系。保险期限与保险费率成正比关系，保险期限越长则费率越高，但是，作为工程保险有些特殊性。一般财产保险是一种静态的形式，针对相对确定的标的，提供一段期间的保障，这种保障针对的因素是"时间"。工程保险就有所不同了，它针对的是两种风险，对自然灾害风险而言，保费与保险期限成正比关系，但对于意外事故造成的风险，这种正比关系就比较弱些了。在保险期发生变化时，一般保险费率调整的方法如下：

①保险期延长保费的调整。如果保险期限的变更在 12 个月以内或者原来工期的 50% 范围内，保险人是可以接受的，但要考虑保费率的调整问题。如果超出了这个范围或者发生了

重大的损失或者风险状况，则保险人需要重新考虑定价问题，在保险期限延长的情况下，应根据给各项目的风险状况以及损失记录确定费率调整因子，调整因子确定方式参见表 4 - 5，计算公式如下：

$$增加保险费率＝原保险费率/原工期（月）×调整因子×延长期限（月）$$

表 4 - 5　　　　　　　　　　　调整因子确定的方式

| 火灾自然灾害风险状况 | 损失记录 | 调整因子 |
|---|---|---|
| 低 | 良好 | 0.75～0.95 |
| 中 | 中等 | 1.00 |
| 高 | 较差 | 1.10－～1.30 |

②保险期缩短保费的调整。有少数项目也会出现实际工期比预计工期提前的情况，在这种情况下投保人可以要求保险人对于保险费率进行相应的调整。保险期限是影响定价的因素之一，保险期变化了，保险费也应该产生变化。处理方法是将其看作两个相对独立的项目进行定价后，将两个定价差额作为保险费率调整，退还给投保人。

5. 选择保单类型

（1）保单的类型。

1）保单的作用。保险活动的核心是保险合同，保险合同作为经济合同的一种，其成立需要有两个步骤：一是要约，二是承诺。要约是指当事人一方向另一方做出的订立合同的意思表示，要约的内容必须包括要约人愿意与守约人订立合同的决心和合同的主要条款。承诺则是指受约人对要约完全接受的意思表示。在保险合同的订立过程中，需要经过要约和承诺两个步骤。因此，投保人应根据保险公司提供的条款和费率资料等，填写投保单并将其交付给保险人，这一行为就是保险合同订立过程的要约。而保险人根据投保人提交的投保单，经过审核认为其符合保险条件并在投保单上签章，就是对投保人要约的承诺。在完成了以上步骤后，保险合同宣告成立。由此看出投保单是投保人要约的证明，是保险人承诺的对象，投保单是确定保险合同内容的依据。投保单出现问题，就有可能导致合同无效或部分无效。因此，投保单是投保人向保险人进行要约的证明，是确定保险合同内容的依据。所以投保人在投保的过程中，应该对投保单给以足够的重视。投保人应该在保险人员的指导下，按照有关规定进行认真的填写，注意检查填写的项目是否完整和准确，投保人绝不可以让他人代填投保单，以免产生不必要的差错。

2）工程保单的作用。工程保单与其他保险不同，保险单在投保过程中扮演着更加重要的角色，它不仅仅起到投保人要约的证明、合同签订的依据的作用，而且还作为风险调查、问询表而出现的，其中要求投保人详细填报与工程、工程风险有关的各种信息。有的保险公司还会针对一些具有特殊风险的工程项目如公路、桥梁、铁路、大坝、隧道等设计专门的风险调查和问询表，使保险人对标的了解得更加清楚。

3）保单附件。保单附件是指保险人为了全面掌握标的风险情况，需要了解更丰富、更全面、更系统的工程信息，如可行性研究报告、地质勘测报告、建筑设计图纸、施工合同、施工进度计划等，以便对情况进行总体把握和科学分析。因此，投保人在准备投保时，应该将这些资料准备好作为附件，这些资料将成为合同的有效成分。同时，在发生索赔时，这些资料也将被作为保险人进行理算和履行保险合同的重要依据。

（2）保单类型选择。投保人应根据工程及风险状况的实际需要，选择保单进行投保。保单一般可分为以下几类：

1）按投保范围划分。按照投保人投保的范围不同，保单可分为列明除外保单和列明风险保单。

①列明除外保单。列明除外保单亦称为"一切险"保险单，是指保险人承保除了列明的除外责任以外的一切风险造成的损失，这种类型的保单具体表现形式有两种：

直接明示保单：该保单在责任范围的规定上，采用"除外之除外"的方式，通常措辞为："因本保险单除外责任以外的任何自然灾害或意外事故造成的物质损坏或灭失"作为自己的责任范围，直接对被保险人作出明示，然后逐一列出除外责任。

否定除外保单：该保单在责任范围的规定上，采用列明的方式，列明承保的责任范围，但在其责任范围的最后一条，通常的措辞为："除本条款除外责任规定以外的其他不可预料的和突然事故。"这一措辞通过否定除外的方式，使保险单成为列明除外式的"一切险"保险单。

有些投保人往往将列明除外保险单看成是"一切险"保单，但要注意的是它仅仅是普通商业保险意义上的"一切险"，投保人不能将"一切险"理解为广义上的保障一切风险的保险，或者将其称为"全险"，这显然是错误的。从商业保险的角度理解"一切险"应注意把握以下两点：第一，一般的商业保险所承保的风险具有可保性，即造成损失的风险应具有突发的、不可预见的、人力无法抗拒等特点，什么都保，结果就什么也保不了，就失去了可保性。第二，它所针对的风险是除外责任风险以外的，即它所指的"一切"是除外责任以外的"一切"。目前，大多数工程合同为了最大限度地维护和保障工程各个方面的利益，在关于工程保险安排中均明确要求应采用列明除外式即"一切险"保单。

②列明风险保单。列明风险保单也称列明责任保单，是指保险人仅仅承保保单中列明的保险造成的损失。在这种保单的责任范围规定，在列明了承保的风险之后，通常会出现一条"关门"的条款，其措辞为："其他不属于保险责任范围内的损失和费用。"例如在前面介绍的建安险就属此例。

这种保险单显然要比起列明除外保单的保障范围窄的多，投保人在使用这种保单时，应当对于这个问题有充分的了解和把握。这种保单仅用于一些小的工程项目或适用一些简单的、风险较为单一的工程项目。

2）按保险标的划分。为满足工程项目投保的各种需求，可按照保险标的不同进行划分，可分为单一项目保单、开口保单。

①单一项目保单。单一项目保单是指向某一个工程项目或者某一个项目的一部分进行投保。在工程建设中，往往需要由各方承包商合作共同完成。一些承包商则独立完成项目其中的一部分，例如地基基础工程、结构工程、砌体工程等。但投保人应该注意，保险人一般不愿接受对风险较为集中的"某一部分"进行承保，如地基基础工程。另一方面也应注意"某一部分"应该有一个独立的工程合同。再有，投保人应该注意，承保人在接受项目"某一部分"的保险时，一般不接受第三者责任保险，因为在这种情况下第三者责任的风险较大，也较为复杂。如果要坚持进行第三者责任险，投保人必须对项目各方关系、项目划分、工地管理等风险情况进行详尽的规划和组织，并向保险人进行说明，在此情况下，投保人才可能获得保险公司的承保，这一类型保单在工程保险中最为常见。

②开口保单。开口保单是指由于工程建设的特殊需要，投保人需要一种统一条件的预约保险单。例如，投保人对于一个开发区进行建设和项目开发时，为了统一风险管理水平、避免重复劳动、便于合同的统一和规范管理，防止由于疏忽等原因可能出现漏保而导致损失，在项目开发前，可以将其要进行建设的所有项目的保险条件一次性地同承保人进行协商，在协商的基础上，双方签订的一个开口保单。在以后的开发建设中，投保人一旦签订了工程合同或者开工建设一个项目时，只需将项目向承保人进行开工申报，就可以将工程合同纳入开口保单范畴，获得统一的风险保障，不需要逐个对所开发的项目进行协商和签订保险合同。

3）按保险保期划分。投保人根据自身要求和项目的特点选择项目营造期保单或年度保单。

①营造期保单。建设工期有长有短，短则一年，长则 3～5 年，保单一般按照工期长短，保险人可提供整个项目营造期的保单。

②年度保单。投保人需要承保人提供在一年内施工活动的风险保单。在施工建设中，承包商需要提供与经营管理配套的风险保障服务。为方便企业年度核算和管理，需要这样一种年度保单。年度保单向承包商提供一定期限（一年）内工程的风险，不管工程何时开始，何时结束只要这些在建的项目是由投保人承建的，并在一年合同期内发生的损失，投保人均能获得赔偿。

年度风险保险单可分为新项目年度保单、期间年度保单和混合保单。新项目年度保单是指投保人要求保险人在保险期限（年度）内开工的项目进行保险；对于在保险期限内（年度）开始之前已经开工的项目不进行保险。期间年度保单是指投保人要求保险人在保险期间对所有项目进行保险，不论项目是否为保险期限以内开工。混合保单为新项目年度保单和期间年度保单的混合。

6. 保险合同条款的使用

（1）合同条款的使用。对我国建筑/安装工程一切险而言，为适应建设市场对保险业的需要，2009 年保险行业对原来普遍使用的是 95 版的建筑（安装）一切险条款做了修订，2000 年保险业又推出"列明风险"工程条款，主要是为了解决一些中小型项目对于工程保险的特殊需要，工程保险条款比较简单，主要解决以自然灾害为主的巨灾风险。同时也适应中小项目的保险费支出能力，这两类条款均可供企业选用。

工程保险条款分为基本条款和附加条款。基本条款是指按照工程的常规风险设计的，主要解决工程项目的投保人在风险分散共性方面的需求。附加条款是根据不同投保人的风险分散的需求，投保人除基本条款外，而需要附加的款项。主要是解决工程项目投保人在风险分散个性方面的需求。工程项目条款还可以分为保险人条款、再保险条款、经纪人条款和投保人条款等。

（2）基本条款的选择。一个工程项目很少是纯粹的建筑工程或是安装工程。一个工程往往同时包含建设和安装的内容。因此，就有一个条款选择问题。在以建筑工程为主的工程项目中，如果安装工程所占的比例小于 25%，则采用建筑工程一切险条款；如果安装工程占比例超过 25%，则采取建筑工程一切险条款和安装工程一切险条款分别承保。在以安装工程为主的项目中，也是按照一样的原则处理，如果建筑工程所占比例小于 25%，则选择安装工程一切险条款；如果建筑工程所占比例大于 25%，则应选择安装工程一切险和建筑工程一切险并分别承保。

（3）特别条款的使用。特别条款又称附加条款。投保人在拟定投保计划时，要注意风险的共性与个性问题，利用基本条款解决项目风险分散的共性问题，另外要考虑和善于利用特别（附加）条款解决项目风险分散的个性问题。一个好的保险方案应该能够满足投保人个性化的需求，这就需要在制订保险计划方案之前，投保人对本项目的风险状况有一个全面地了解和把握，在此基础上与保险人进行充分的沟通，了解保险条款的设定，搞清利用哪些条款可以解决风险分散的共性问题，哪些特别条款可以解决风险分散的个性问题，基本条款与特别条款结合构成一个具有较强针对性的投保计划方案。同时注意基本条款与特别条款的衔接与吻合。我国目前颁布和使用的特别条款归纳起来可以分三类：扩展性特别条款、限制性特别条款、规定性特别条款。

1）扩展性特别条款。扩展性特别条款是对基本条款的一种扩展性条款，将基本条款中的除外条款纳入保险责任范围之中。其中，包括扩展责任类特别条款、扩展标的类特别条款和扩展保期类特别条款。扩展责任类特别条款主要有：罢工、暴动及民众骚动扩展、交叉责任扩展（主要是针对第三者责任，即对多个被保险人独立承担保险责任的条款）、震动、位移或减弱支撑扩展、内陆运输扩展、设计师风险扩展、契约责任扩展、工地外储存物扩展、地下炸弹扩展。扩展标的类特别条款包括：原有建筑物及周围财产扩展、建筑、安装施工及其设备扩展、图纸文件扩展、清除残骸费用扩展、专业费用扩展、特别费用扩展、空运费用扩展、清除污染费扩展、工程完工部分扩展。扩展期限类特别条款包括：保证期特别扩展、有限责任保证期扩展、扩展责任保证期扩展。

2）限制性特别条款。限制性特别条款是对保险责任范围限制的条款，其中包括限制性保险责任和限制性保险标的。主要内容包括：地震除外条款，洪水除外条款，隧道工程除外条款，农作物、树林除外条款，大坝、水库除外条款，清除华博土石方条款，旧设备除外条款。

3）规定性特别条款。规定性特别条款是指针对保险合同执行过程中的一些重要问题，或者需要说明的问题进行明确的规定，以免产生误解和争议。我国工程险中的规定性特别条款包括：工棚、库房特别条款，施工用具特别条款，建筑材料特别条款，地震地区建筑物特别条款，地下电缆、管道及设施特别条款，防火设施特别条款，铺设供水、污水管道特别条款，铺设管道、电缆特别条款，埋管查漏费用特别条款，时间调整特别条款，运输险、工程险责任分摊条款，分期付款条款，建筑安装时间进度特别条款。

7. 保险安排计划编制要点

综上所述，最佳的保险安排是同时寻求最小的免赔额、合适的保险限额、最低的保险费率、最全面的保障范围，从而达到以最小的费用支出换取最大的保障收益。为此，在保险安排中应该注意以下要点。

（1）处理好免赔额与费律的关系。根据风险定价原理，风险越大，风险的承担者将会要求更高的收益。一般而言，损失越大的事故，发生的概率越小，而损失较小的事故发生的概率越大。因此，若免赔额高，一些金额较少但发生概率大的事故损失就只能由业主承担。反之免赔额越低，业主承担的风险就越小，保险公司承担的风险就会增大，保险公司的费率就会提高。面对免赔额与费率的这种冲突，可有采用不同约束条件组下求解的方式，寻求二者的平衡点。

（2）在保险安排中，在赔偿额的确定上，要特别注意对风险种类与限额的结构性的关注。赔偿限额包括每次事故赔偿限额和累计事故赔偿限额的高低就定了保险公司的风险大小。这里赔偿限额和免赔额一样，要区分在物质损失项下还是第三者责任项下，还要区分不同的风险种类，因为赔偿限额是针对每一类具体的风险而设定的，所以并不像一般人理解的按工程项目造价投保后，发生的损失只要不超过工程项目总价，保险责任就一定由保险公司负责，而是要看不同风险特定的赔偿限额。赔偿限额之内的损失保险公司负责赔偿，赔偿限额之外的保险公司不负责赔偿。因此，针对不同风险结合具体情况去确定特定风险赔偿限额也是一个需要仔细权衡的问题。

（3）再保险费率是决定费率的决定因素。费率是保险成本的主要决定因素，尽管免赔额对费率的确定有一定程度的影响，但费率的根本决定因素是再保险费率。因此，保险安排中在一定保障的前提下，要尽量降低再保险费率。国内保险公司通常的做法是采用单一的合约加临分的比例分保方式，比例再保险是指再保险公司按照约定额比例收取保费，并承担相应的风险。举例，再保险公司承诺接受项目 80％ 的风险，他们就会收取总保费的 80％ 作为再保保费。同时承诺，不管损失额度的大小，负责 80％ 的赔款。

按照我国保监会 2000 年以前的相关规定，工程保险投保总额的 20％ 必须首先由中国再保险公司办理法定保险，接着根据各家保险公司的各自资本金以及准备金比例确定自留额；剩下的保险额进行再保险。由于早期国内保险公司对大型工程建设项目保险经验不足，无论是从累计的经验出发，还是从社会声誉考虑，每家保险公司都希望得到中标机会，尽早占领保险市场，加上当时国内保险公司都和大的国际再保险公司有固定的合约分保协议，可以不通过逐项审查，按照合约比例直接将所承保的项目分保给再保险公司，使得项目获得较为优越的保险条件。

如南京地铁一号线采用招标方式选择保险公司，投保建安一切险附加第三者责任险时，招标文件规定，除投保主险种外，选择投保附加条款第四十六条，同时要求物质损失项下三类风险每次事故的绝对免赔额分别为 20 万元、10 万元和 2 万元，赔偿限额为保险金额。第三者责任财产损失免赔额为 1 万元、人身伤害无免赔额、每次事故限额 3000 万元。

招标中要求无累计赔偿限额。在上述条件下，招标获取的综合保险费率为 0.305％。而根据当时了解到的国际市场行情（9.11 前），国外著名的保险公司的报价一般在 6％ 左右，而免赔额为人民币 5 万元至人民币 8 万元。

8. 保险安排方案总体策略

①EPC 工程项目承包商在保险采购时不仅要力争降低费率，同时也要考虑降低免赔额。保险公司为了减轻责任和促使承包商加强风险管理，往往在保单中规定一定的免赔额，当发生风险事故后，如果损失并未超过免赔金额，则保险公司不予赔付。免赔额不能设置太高，因为工程项目一般发生的都是一些小风险事故，如果免赔额设置太高会让承包商的权益受损。

②要注意增大保险覆盖范围，根据需要可以增加以下条款：罢工、暴乱及民众骚乱条款、蓄意破坏条款、施救费用条款、专业费用条款、清除残骸条款、内陆运输条款、工地内及邻近区域其他财产保险，地下设施条款、公共当局条款等，这些扩展性条款需要适当提高保险费率。

### 4.4.3　优化保险投保方式

1. 分散与统一投保方式的比较

在传统分段承包模式下的投保方式，对建筑工程的各项保险都由业主的各承包商来安排投保，业主唯一的安全保障就是在合同条款中列入业主要求承包商的带有强制性的适当的保险。这时，业主、承包商和保险公司的合同关系如图4-4所示。

然而，由于承包商考虑的是从工程承包中获得最大利润，而业主关心的是工程投资能得到全面的保护，这种由各承包商安排他们各自保险计划的方式暴露出许多严重的问题，重大工程项目的业主要求对整个工程保险方案具有控制权。这种情况发生变化了，逐步演变为国际上大多数比较复杂而巨大的或EPC工程项目，如中国香港地铁、英吉利海峡隧道等都采用了一种新型的保险方式即由业主统一安排并控制工程总体保险计划。业主集中安排投保方式的合同关系如图4-5所示。

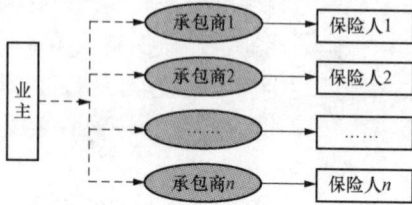

图4-4　承包商分散投保方式的合同关系　　　图4-5　业主统一投保方式的合同关系

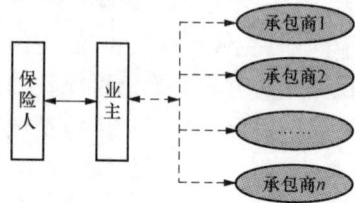

由于合同法规越来越复杂，工程越来越庞大，加上承包商和承保商的边际利润减少，承包商遇到的问题越来越多。业主安排保险计划可以解决传统方法中一些明显的不利之处：

一是传统投保方法的合同列出的保险条款很含糊，而对工程的说明则十分详细，是极不适宜的。一份正确的业主安排的保险计划会明确地列明保险的责任、费用和险额，从而使承包商在投标期间就清楚地知道享受的承保范围，并准确地估计未来投资（自己需要负担）的风险。

二是如果工程保险由承包商和分包商各自安排保险，会不可避免地导致重复投和漏保，不仅多付保费，增加投资，而且损失可能得不到赔偿或索赔时不同的承保人争论责任的分摊问题，使保险合同难以履行，耽误工期。业主统一安排保险计划则以不重复地取得最大范围的全面保险保障，在整个工程实施过程中有效地进行损失控制。

三是保险合同的分割使得承包商可能付出较高的保费和承担高额免赔额。业主安排的工程总体保险计划会尽可能地由同一家保险公司负责整个工程的保险，使用一个保单，通过谈判，不仅会减少保费，也能降低免赔额，有利于业主控制投资。

四是由承包商或分包商分别安排保险，保额（通常是根据承包商的投标价而定）没有根据工程合同价的上升或由工程的变更而引起的工程量增加而上升，容易造成不是足额投保结果，而得不到足额赔偿，或者出于分包商投保单的期限是分部、分项工程的完工移交时间，而如果意外事故在整个工程完工前发生并导致已完工部分的损毁（如因机械设备安装而引起的地基损坏），业主就会因已完工部分，缺乏保险而遭受损失。这些赔偿不足或得不到赔偿的情况在业主安排保险计划方法中可以得到控制，业主根据工程进展情况，决定是否需要增加保险或续保，进行总体规划。

五是当发生索赔要求时，传统投保方法，除承包商和他投保的保险公司进行谈判解决索赔问题，在这方面业主并没有直接的发言权，而必须完全依靠承包商的谈判能力来确保索赔要求能够适当和迅速地解决，但由于索赔关系往往十分复杂，承包商可能难以做到这一点。

如果是业主安排工程保险，由于业主只和一家保险公司（或保险联体的首席代表）谈判所有索赔问题，各方对所负责任的争端大大减少，索赔程序可以得到顺利进行，业主就能迅速获得由保险公司支付的索赔款项，及时地恢复生产。

六是在同一工程中有若干个独立的承包商，或涉及分阶段移交工程的情况下，由业主统一负责安排投保计划尤为合适。

2. EPC 合同投保方式条款分析

在 EPC 工程项目中，由于业主最关心的是对于工程投资全面的保护，使工程尽早地投入使用，赚回成本获取利润。对于贷款的项目，未投保工程险的在建项目一旦发生损失或意外风险，银行的贷款安全将无法保证。为此，业主、银行的利益与整个工程保险紧密相连。

对海外 EPC 工程项目而言，EPC 具有多样性和复杂性，各国保险法有明显的差异，项目实际情况与业主要求也不尽相同。但一般的 EPC 合同条件规定，由工程的控制方即承包商办理并持有保险。承包商的保险计划需雇主批准后方可执行，承包商在合同签订前应与业主书面确认相应保险条款，明确保险公司的范围等有关事项。

这种投保方式在 FIDIC - EPC 标准合同条款中得以体现。如 EPC 银皮书通用条款第十七条【风险与责任】、第十八条【保险】详细列明：①雇主和承包商各自应承担的责任和应承担的风险；②承包商是应投保方时，应按照雇主批准的条件、按照要求向保险人办理每项保险；③应投保方有向另一方提供保险生效证据、保单副本、保险支付证据的义务；④没有得到另一方的事先批准，任何一方都不应对任何保险的条件做出实质性变动；⑤对雇主和承包商应保的项目和保险金额确定的原则等。

FIDIC 银皮书在专用条款指南中的第十八条做出进一步解释：通用条件中要由"应投保方"办理的保险，一般是指承包商（除非在专用条件中另有说明外）。承包商提供的这些保险都要符合与雇主达成一致的一般条款的规定。因此，投标人须知可要求投标人提供建议条件的细节。如果雇主要根据本条办理任何保险，招标文件应包括保险的细节，作为专用条件的附件（以使投标人能够判断为保护自己需要的其他保险），此类细节包括保险条件、限额、除外责任和免赔额；最好采用每份保险单抄件的形式。下面我们就 EPC 合同条件的专用条件中有关保险的条款进行拓展性的讨论：

（1）对工程保险投保的要求。对工程保险，一般来说，承包商应以业主的联合名义对工程、材料和工程配套设备进行保险，保额为全部重置成本加一笔附加费用，保险期是从现在开始工作直至颁发有关工程或其任何区段或部分的移交证书为止（延伸到缺陷责任）；任何未保险的或未能从承保人那里收回的款项，应由业主和承包商根据各自的责任承担。对工程保险，业主应支付所有保费。

（2）对承包商设备保险投保的要求。对于承包商设备的保险，由于业主在承包商设备中没有可保权益，承包商应以单独的名义对其设备及由其到工地的其他物品投保，保额应足够重置这些设备和物品，保险期与工程保险期相同。否则，业主有权代为安排及支付保费，然后从应支付给承包商的工程款中扣取，或作为债款向承包商追讨。

（3）对业主责任保险投保的要求。

1）对于业主安排的保险：承包商应以他和业主的联合名义对由于履行合同，由业主的原因而引起的任何人员的伤亡（应由承包商安排的保险除外）或任何（工程以外）财产的损失或损害进行第三者责任保险，保险期与工程保险相同。同样，由于该保险保护的是业主的利益，为此，业主对此应支付所有保费，保单中的免赔额由承包商担负，保险金额至少应为标书附件中写明的数额，此数额是否足够应由承包商决定，如果他认为必要，可加保险金额，并把因此而增加的保费计入投标价内。如果未能从承保人那里收回的金额即赔额，由业主和承包商根据各自的责任承担。

2）对于承包商安排的保险：承包商应以其独立的名义，必须对他为此项工程雇用的任何人员投保雇主责任保险，并应在全部雇用期间内持续上述保险，因为此保险保护的是承包商自身的利益，业主并没有可保利益，为此该保费由承包商自己承担。同时，承包商应确保分包商已经投保了这一保险。如果承包商无法提供已投保的证明，则业主有权代为安排及付保费，然后从应支付给承包商的工程款中扣取，或作为债款向承包商追讨。

（4）保险证据和条款约定。提交证据义务：承包商办理的保险单应与标书中所述的总的条件一致，并保证在整个期间内有完备的保险。办理完毕后，承包商应向业主出示生效的保险单及其保费的支付收据，或提供保险单的副本。在未征得的雇主同意之前，承包商不得对各项保险做任何变动。

保险的补救：如果承包商未能提供已投保的证明，业主则可安排保险及支付保费，然后在业主应支付给承包商的工程款中扣除，或作为到期债款向承包商收回。

采用承包商安排工程总体保险计划方法，在投标阶段，承包商一定要向招标人询问有关办理保险的细节要求，以便总承包商能够考虑增加保险的费用和价格，以及他们要负担的保险单免赔额。承包商（投标人）向业主（招标人）索取他认为需要增加的和根据 EPC 合同条件必需的保险的详细资料，争取业主同意，将其纳入工程总体保险计划之中，保险计划需要经过与雇主的充分协商、批准。

3. 业主与总承包商投保方式比较

工程保险模式分为两种：业主统一投保模式和总承包商统一投保模式。业主统一投保模式是国际项目中常用的模式，在国内项目也得到推广。业主统一投保模式下，业主以工程项目为标的进行工程投保。投保后由业主和保险公司对保险标的的风险进行控制，风险发生后由保险公司向业主进行损失赔偿。然而在 EPC 合同中业主仅起引导作用，没有直接控制标的风险，需要通过总承包商实现对标的风险的控制。这与 FICID 银皮书中提出的谁能有效控制风险谁投保的原则产生矛盾。因此，选择合适的工程投保方式是推行 EPC 合同必须要探讨的问题。

（1）业主统一投保模式分析。国际建筑业内人士普遍认为：建筑业市场是以一个业主主导的市场，业主是建筑业发展的动力。要满足业主的需要，就要保证工程建设项目在实施过程中不因自然风险或意外事故的发生而陷入停顿，要保证工程项目的顺利建成。因此，在工程项目的建设过程中，对工程项目本身的保险实行以业主投保的方式，可以避免漏保或重复保险；获得谈判的优势，不仅会减少保费，也能降低免赔额，有利于业主控制投资；业主可以根据工程进度情况，决定是否需要增加保险或续保，从而使工程建设获得较充分的保险保障；当发生索赔要求时，由业主一家与保险公司谈判，使索赔程序得以顺利进行，业主能迅速获得由保险公司支付的索赔款项，及时恢复施工。同时，由业主统一投保工程险，则可保障工程全过程，投保终止期可至工程全部竣工时，不用考虑每一个承包商完成时的截止时间，并有能力安排交工延期和利润损失保障。

EPC 工程项目强调的是总承包商全程参与，由承包商承担项目的设计、采购、施工、试运行等方面的工作。业主起到引导作用，只负责提出工程项目的预期目标、功能要求和设计标准，总承包商在工程的质量、安全、工期、造价等方面对业主负责。在 EPC 合同模式下，业主统一投标方式形成（图 4-6）的保险主体关系。

业主作为投保人，保险公司作为保险人，总承包商作为相关利益人，在保险中发挥着重要作用。业主选择保险公司进行投保时，双方对保费费率和保险范围进行确定。投保后，业主要对保险标的的风险进行控制，对标的风险事故发生时的损失进行控制。然而在 EPC 合同下，业主并不直接参与工程项目，业主投保模式就会产生以下问题：

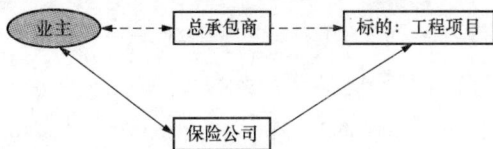

图例：承包合同：- - - -　保险合同：——

图 4-6　业主统一投保方式下的合同关系

1）对标的的间接控制。一般情况下，业主缺少对工程项目风险管理的经验，由业主对标的进行风险控制往往会不全面。EPC 合同下，业主不直接参与工程项目，要想实现对标的的控制，只能通过承包商间接进行，造成控制链长，控制成本增高，最终导致业主成本的提高。FIDIC 合同第十八款关于保险的规定，提出了"应投保方"的概念，并将其明确为"对办理并保持相关条款中规定的保险负有责任的一方。"这就要求投保方是维护保险合同的第一责任人，能够随时了解工程实施施工的任何阶段，并确保按照要求维持保险；在 EPC 合同下业主投保模式不满足合同关于投保方对标的的控制要求。

2）损失赔偿款支付烦琐。业主投保模式下，承包商想获得保险的索赔要通过业主进行，这样就形成了二次支付。支付烦琐，会降低承包商控制风险的积极性，也不利于承包商在遭受风险损失后及时通过保费快速恢复生产。

3）投标报价不合理。EPC 合同采用固定总价合同，在投标时，总承包商站在自己角度考虑风险和成本进行投标报价。工程保险可以减少风险损失，投标报价时承包商应考虑保险对风险的赔付。然而由业主投保工程保险不利于总承包人在投标时考虑工程保险对风险的可保范围和保险费率。最终导致投标价和工程保险费用中对某些风险双重考虑，造成业主投资的浪费。

（2）总承包商统一投保模式分析。总承包商投保模式是指由承包商以工程项目为标的向保险公司进行投保。这种模式下承包商以少量的固定成本，通过投保将可保风险转移给保险公司，从而解除自己在承保风险发生时遭受损失的经济补偿责任，可以减少工程概算的不确定因素，保障项目财务的稳定性，当损失发生后，可以通过保险公司的补偿快速恢复到损失发生前的状态。同时，保险合同要求投保人有义务控制风险发生和损失扩散。总承包商作为项目的实施人员，直接对保险标的进行控制可以增大控制力度。在保险服务中，保险公司也可以凭借自己多年对各种工程的承保、风险管理和事故理赔经验，积极参与被保险工程的防灾减损工作。通过风险防范措施的加强，减少风险事故的发生，保险公司减少事故赔偿额，投保人降低事故发生频率，减少损失金额，保证按期顺利完工。

EPC 合同模式下，总承包商全程参与项目建设，承担项目的设计、采购、施工、试运行等方面的工作。在 EPC 合同模式下形成，如图 4-7 所示的保险主体关系。

总承包商作为投保人，保险公司作为保险人。总承包商可以直接和保险公司联系，双方共同对保险标的进行有效控制。业主对工程项目的实施情况进行监督。同时总承包商和业主

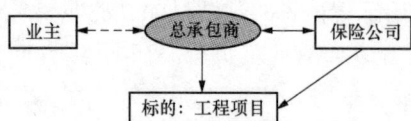

图例：承包合同：- - - -　保险合同：←——→

图 4 - 7　总承包商统一投保方式下的合同关系

相互协作保证项目的顺利进行。因此，EPC 合同中选择总承包商投保模式具有以下优点：

1）关系链简洁。各主体可以直接联系，没有间接环节，关系链简洁明了，可以更好地发挥每个单位的作用。总承包商作为项目的第一负责人，了解现场情况更方便，投保时选择合适的保险，也方便后期与保险公司的沟通。总承包商和保险公司一起能更好地控制标的的风险。

2）投保范围合理。在工程项目建设中，总承包商比业主对风险的控制更有经验。总承包商也更清楚风险发生的范围和可能性。EPC 合同下，由总承包商投保，把工程项目各阶段都考虑进去，可以不重复地取得最大范围的全面保险保障，在整个工程实施过程中有效地进行损失控制。

3）投标报价合理。总承包商投保可以更好地确定保险合同中的保险责任、费用和保险额，从而使总承包商在投标期间就清楚地知道享受的承保范围，并准确地估计未投保而需自己负担的风险，更好地进行投标报价，最终实现业主对投资的有效控制。

4）生产快速恢复。总承包商作为表现标的的直接控制人，由总承包商和保险公司（或保险联合体的首席代表）谈判所有索赔问题，各方对所负责任更加清晰，索赔争端会大大减少，索赔程序得以顺利进行，总承包商就能迅速获得由保险公司直接支付的索赔款项，及时地恢复生产。同时，总承包商还可以根据工程进度情况，决定保险的有效期限及后期是否需要增加保险或续保。

（3）两种模式的对比分析。通过上述对业主投保模式和总承包商投保模式的分析，在EPC 合同项下，业主统一投保模式和总承包商统一投保模式比较，见表 4 - 6。

表 4 - 6　　　　　　　　　　业主统一投保模式和总承包商统一投保模式比较

| 投保方式 | 优点 | 缺点 |
| --- | --- | --- |
| 业主统一投保方式 | ①整体投保，避免保险中出现重复、漏项；<br>②便于与保险公司谈判，选择合适的保费和减少免赔范围；<br>③业主获得保险公司的赔付，保证业主利益，便于业主控制投资；<br>④考虑整个项目过程，形成保险的持续性 | ①业主对标的间接控制，控制链过长，增加投资，不利于标的风险的有效防范；<br>②业主获得保险公司赔偿后，再对承包商风险损失赔偿，支付烦琐，不利于承包商及时得到补偿快速恢复生产；<br>③承包商在投票报价中未考虑保险费用对风险费用的影响，造成业主投资浪费 |
| 承包商统一投保方式 | ①保险主体关系链简洁，投保人直接控制标的，风险控制更加有效；<br>②承包商具有标的风险控制的经验，投保范围会更加合理；<br>③充分考虑保险费用对风险费用影响，投标报价更合理；<br>④承包商直接获得保险公司损失赔偿，便于承包商在风险发生后快速恢复生产 | 业主为工程风险转移的最终受益人，由承包商投保，在发生索赔事件时由承包商和保险公司谈判，不利于业主控制索赔 |

综上所述，EPC 合同项下业主统一投保模式和总承包商统一投保模式各有千秋。业主统一投保模式最大的缺点是对风险控制力度不够。总承包商统一投保模式解决了业主统一投保模式的缺陷，加强了对项目的风险控制。EPC 合同项下，总承包商负责工程项目的设计、采购、施工、运行，可以像业主统一投保模式一样对项目整个过程进行控制。同时，总承包商投保模式有自己特有的优点。对于总承包商投保模式来说，最大的缺点是业主的利益不能保证，即总承包商投保不利于业主风险损失的索赔和出现业主投资浪费。然而通过对风险的有力控制减少损失发生，保证项目顺利进行，从长远来说是对业主投资的保证。在项目实施时可通过合同对总承包商产生制约进而保证业主的利益。因此，从整体来说总承包商投保模式更加有利，在 EPC 合同项中应选用总承包商统一投保模式。

随着现代工业和现代科学技术的迅速发展，FIDIC 银皮书在建筑业广泛应用。EPC 工程项目投资大、参与主体众多、组织关系复杂、建设周期漫长、经历环节繁多，因而不可避免地面临着一系列风险。采用工程保险，合理选择投保人有利于业主和承包商对项目风险的转移，从而提高业主和总承包商的收益。常用的业主统一投保模式不适用于 EPC 合同的特殊情况。因此，EPC 合同项下选择总承包商统一投保模式，由总承包商投保并把有关利益方列为共同被保险人。这样有利于总承包商对整个工程的风险管理和风险的转移；有利于投标报价的合理化；有利于对工程项目中的风险采取积极防范和控制措施；也有利于发生保险事故后总承包商向保险公司进行赔偿，最终实现工程项目顺利开展，达到业主和总承包商双赢的目标。

# 第5章  EPC工程保险安排内容

工程保险安排内容是指投保人要安排的险种。国际承包工程的保险范围比较广泛，不同国家、不同地区以及不同的保险机构工程保险的范畴、具体规定略有不同，但实质性的险种大致都是相同的。常见的国际工程保险主要险种有：建工险、建安险、施工机具保险、运输保险、第三者责任险、雇主责任险、职业责任险、机动车保险、工程质量责任险等。

## 5.1  工程保险险种类别划分

### 5.1.1  工程险种类别体系

根据保险标的性质，保险通常分为三类。第一类是财产保险：其中，包括两部分，一是以各类有形财产为保险标的的财产损失保险；二是以被保险人对第三者的民事法律赔偿责任作为保险标的的责任保险。第二类是以人的身体或生命作为标的，以疾病或者伤害等对人体的健康、健全或生命构成危害作为保险事故的人身保险：其中包括工伤保险、意外保险、人寿险、健康险等。第三类是以合同信用为标的的信用保证保险：又分为信用保险和保证保险两种，信用保险如出口信用保险、出口短期信用保险、投资信用保险等。保证保险包括：投标保证保险、履约保证保险、预付信用保险、贷款保证保险、诚实保证保险等。EPC工程项目保险安排内容包括以上大部分保险类型，其保险安排内容类型划分保险类型，如图5-1所示。

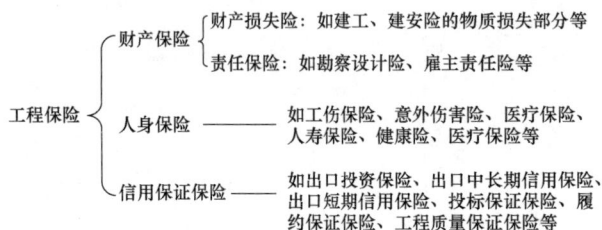

图 5-1  EPC工程保险安排内容类型划分

### 5.1.2  中外工程项目险种比较

1. 发达国家的工程保险险种

发达国家的保险业经营经验丰富、技术精良，险种设计能力高强，自然在国际保险市场上享有威望，成为各国保险业的先驱和楷模，因而发达国家工程保险险种便成为国际上公认的类别和惯例。

（1）美国工程保险险种。美国的保险市场高度发达，保险品种门类齐全；与保险相配套的法律体系健全完善；保险人积极协助投保人成为化解工程风险的有效途径；保险公司返赔率高，利润率低，服务全面；保险经纪人在保险业务中扮演了不可替代的角色；行业协会在工程保险中发挥着重要的作用。

美国的保险可分为两类：一类是生命和健康保险（简称L/H），另一类是财产和意外伤害保险（简称P/C），一般来说工程保险属于财产和意外保险范畴，险种有：承包商险、安装工程险、承包商设备险、劳工赔偿险、一般责任险、产品责任险、职业责任险、机动车辆险、环境污染责任险等。还有两种由业主将工程项目各方风险综合起来，统一向保险公司投保的险种即综合险和伞险。工程综合险，如图 5 - 2 所示。"伞险"是一种提供保险金额超出保单利益的险种。

对美国工程保险主要险种分别介绍如下：

1）劳工赔偿保险（Workers Compensation ）。劳工赔偿保险指承保雇主因其工人遭受与工作有关的意外事故或患职业病而引起的收入损失和康复费用依法应承担的赔偿责任。这种保属于强制保险，一直高居保险费收入的首位。

2）职业责任险（Profession Risk）。职业责任险也是强制保险，需要承担责任的专业人士，若不参加保险，无法获准开业。自 1957 年以来，美国的保险公司开始向美国建筑师协会（AIA）和国家工程师协会（NSPI）提供职业责任保险。

职业责任保险是承保各类专业技术人员因工作疏忽或过失造成第三人损害的赔偿责任保险。根据

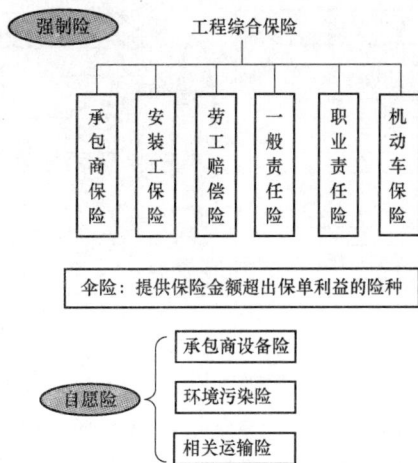

图 5 - 2　美国工程保险险种体系

责任范围不同，职业责任保险通常分为两大类：一类是被保险人的工作直接涉及人体，因为被保险人的因工作疏忽或过失而造成的他人损害，投保这些专业技术人员的包括医生、护士和美容师等；另一类是被保险人的工作与人体没有直接关系的职业，因为被保险人的工作疏忽或过失而造成的他人损害，投保这些专业技术人员的包括建筑师、设计师、咨询工程师、律师、会计师等。在国际上建筑师、设计师、咨询工程师均要购买职业责任保险，责任保险只负责经济赔偿，对于由此而产生的法律责任，职业责任保险不予负责。职业责任保险投保分为法人职业责任保险和自然人职业责任保险两类。前者投保人是具有法人资格的单位组织，以在投保单位的个人作为投保对象；后者的投保对象是个体的自然人，保险对象是自己的职业责任风险。

3）机动车险（Motor Car Risk）。机动车险一般属于财产和责任保险相融合的综合性财产保险，其保险责任包括自然灾害或意外事故而造成的投保车辆的损害。除此之外，还有机动车第三者责任险。机动车分为私用车和商用车，对承包商而言，必须对意外事故发生概率较高的车辆投保。

4）综合险（Wrap up）。综合险是将所有承包商、分包商、设计商等自行投保并由业主支付保险费的险种集合起来，统一由业主向保险公司进行投保。综合险特别适合于特大型工程建设项目，其主要优点在于集中所有风险，统一购买一个险种，以享受保费优惠，避免漏保或重保。

5）伞险（Umbrella）。伞险是一个提供超出保险单保险限额的险种，通常包括一般责任险、雇主责任险、职业责任险、机动车辆险、航运险、海运险等。伞险承保的范围比较广泛，但其要求也更为严格。

（2）英国工程保险险种。英国工程保险业务开展十分普遍，保险险种丰富且运用规范，保险市场中介发达，工程参与各方保险意识极强。

在英国的保险市场上，与工程相关的保险主要包括雇主责任险、人身意外险、职业责任险、货物运输险、施工机具险、履约保障险、雇员忠诚险、职业责任险、工程交付延迟给予

其利润损失险、工程质量保证险。尤其以雇主责任险著称。英国工程保险种体系如图 5-3 所示。

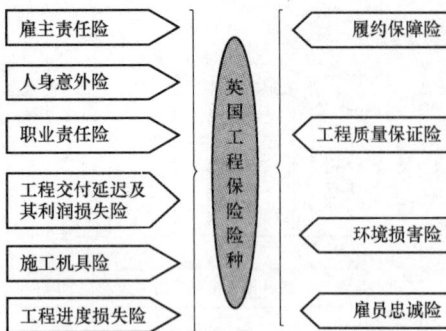

图 5-3　英国工程保险种主要险种体系

英国工程保险主要险种介绍如下：

1）雇主责任险（Employer/s Liability Insurance）。为保护业主或承包商所属雇员的利益，雇主责任险是雇主为其员工办理的保险，若雇员在受雇期间因工作原因，遭受意外导致员工伤残、死亡或患有职业疾病，将获得医疗费、伤亡赔偿、工伤休假期间工资、康复费用以及必要的诉讼费用。雇主是投保人、雇员是被保险人，保险期限通常为一年，最高赔偿限额是以雇员若干个月的工资收入为赔偿依据，并根据伤害程度而定。

雇主责任险是英国最早兴起的险种之一。1880 年，英国颁布了《雇主责任法令》。如果雇主的过失是导致雇员遭受伤害的原因，雇主必须为此承担赔偿责任。雇主具有下列应尽义务：提供适当安全的工作场所，提供适当安全的工具，提供智力相对健全、身体健康的同事，制订安全规章制度并加以实施，告诫雇员工作中本身固有的和难以预见的任何危险因素等。1880 年，雇主责任保险公司同时成立。

2）职业责任保险（Profession Risk）。在职业责任保险中与工程建设关系最大的是工程设计师保险，主要是承保设计师在设计过程中由于工作疏忽或过失而引起的工程质量事故，造成建筑本身的物质损失和产生的诉讼费用。业主在选择设计单位时会考虑设计单位投保设计责任保险的情况，了解其赔偿能力。在英国这些责任保险都是在由各行业协会强制要求投保职业责任保险的。

3）人身意外伤害险（Personal Accident Insurance）。人身意外伤害险也是以被保险人的人身或劳动能力为标的的。它是以被保险人因遭受意外伤害而造成伤残、死亡支出医疗费用、暂时丧失劳动能力作为赔付条件的人身保险业务。

4）施工机具险（Construction Machine Insurance）。施工机具险的保险标的是参与施工的机具。施工机具在工地使用或停放期间，由于遭受自然灾害或意外事故导致机具损坏，保险人负责赔偿。

在英国的工程保险市场上，有几种保证保险的险种：

5）履约保险（Performance insurance）。针对因承包商自身的错误而导致合同不能正常履行时，为保证业主能够及时聘请其他承包商从事工程建设所提供的一种保险。

6）雇员忠诚险（Employee loyalty insurance）。针对为弥补因参加工程的任何一名雇员的欺诈或不忠诚行为而对项目公司造成直接损失而设置的保险业务。

7）工程质量保证险（Engineering Quality Assurance Insurance）。这一险种要求承包商为保证工程完工后对出现的一些质量缺陷有可靠的资金保证而设置的，保险期限一般为工程竣工后两年。

关于信用保险和保证保险的性质，存在两种不同的观点。一种观点认为：信用保险是一种纯粹的保险业务，而保证保险是带有担保性质的保险业务。另一种观点则认为：无论信用保险，还是保证保险，均属于带有担保性质的保险业务。

8）工程交付延迟给予其利润损失险。这个保险主要是为了工程在建造期间遭遇自然灾害和意外事故导致工程不能如期完成，由此造成的预期收益损失的风险提供保障。

9）工程进度险。这个保险主要是为了在建造期间遭遇自然灾害和意外事故导致工程不能如期完成，由此造成的进度损失风险提供保障。

（3）法国工程保险险种。法国是一个典型的实施强制性工程保险的国家，开办的与工程建设相关的保险门类齐全，工程建设的所有单位包括业主、设计商、承包商、分包商、制造商、质量检查公司等必须向保险公司投保相应的工程保险，工程质量责任保险也被列入强制保险范畴。法国工程保险险种体系如图 5-4 所示。

需要说明的是，在以法国政府财政为后盾，建立和制定了较为完善的财政、财务政策，以支持本国出口信用保险的发展，法国出口信用保险（COFACE）市场占有世界出口信用市场的近 1/5，仅次于德国。COFACE 与工程有关的信用保险主要有以下几种：

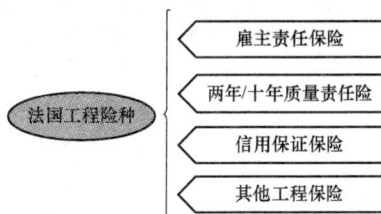

图 5-4　法国工程保险险种体系

①装船前和装船后信用保险。

②投资信用保险：又称"政治风险"保险，目的是鼓励本国企业进行海外投资。海外投资保险有多种，如股权保险、贷款保险等。

③外汇风险保险：是指境外工程建设经济活动中，为了避免由于汇率的变化给承包商带来损失的一种信用保险。

④成本上涨保险：是指在工程建设经济活动中，为了避免由于市场价格波动而给承包商带来经济损失的一种信用保险。

（4）德国工程保险险种。德国的工伤保险制度已有百余年历史。除建工险、安工险、第三者责任保险、出口信用保险外，其施工安全与工伤保险较为著称。德国政府授权建筑业联合会负责建筑施工安全和工伤保险管理，规定每个承包商都必须加入所在地区的建筑业联合会，按照雇工人数和工种的危险程度向该会交纳工伤保险费，费率平均为雇员工薪总额的 1.36%。

建筑业联合会承保的范围，包括在工地上发生的工伤、上班途中发生的伤亡事故以及职业病，但在工地上干私活、故意违章等行为除外。一旦发生了工伤事故，由建筑业联合会负责其康复和补偿事宜，与雇主不再发生任何关系。建筑业联合会收取的工伤保险费，首先是用于安全培训教育，尽可能地防止工伤事故的发生；在发生工伤事故后，则尽可能地实施抢救，最后才是对伤残亡职工给予经济补偿。德国工程主要险种体系如图 5-5 所示。

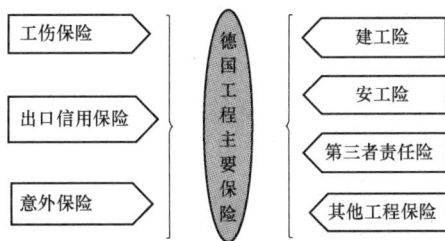

图 5-5　德国工程保险主要险种体系

（5）日本工程保险险种。相对于欧美等保险业发达国家来说，日本建筑工程保险的险种并不是很多，但是保障范围很全面，而且赔付率也较高，主要的险种有以下几种：

1）建筑工程一切险：这是工程保险的核心险种，保险标的包括正在施工的主体工程、工地内临时建设的设施、工地范围内的建筑材料等。

2）第三者责任险：这是为保障施工中对工程

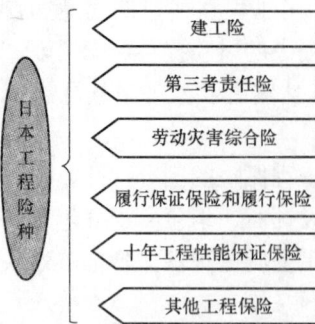

图5-6　日本工程保险主要险种体系

不相干的人员或财产造成的损失而设置的险种。

3）劳动灾害综合险：这是日本政府强制每个行业都必须投保的险种。主要保障对象是工程施工中所涉及的工人、工程师、管理、咨询人员。

4）履行保证保险和履行保险：这是事实上的履行风险保险。

5）十年工程性能保证保险，这是强制性的。

日本工程保险主要险种体系如图5-6所示。

2. 各国主要工程保险险种概览

各国主要工程保险险种概览见表5-1。

表5-1　　　　　　　　　　各国主要工程保险险种概览

| 国别 | 强制保险 | 自愿保险 |
|---|---|---|
| 中国 | 意外伤害险 | 建工建安一切险、第三者责任保险、工程设计责任保险、建立责任险等 |
| 美国 | 承包商险、安装工程险、劳工赔偿险、一般责任险、职业责任险、施工机具车辆险 | 承包商设备险、环境污染保险 |
| 英国 | 雇主责任险、人身意外险、货物运输险、施工机具险、职业责任险、工程交付延迟给及利润损失保险 | 人身意外险、工程质量保证险、履约保证险、雇主忠诚险、环境损害责任保险 |
| 法国 | 各类工程保险均强制投保 | |
| 德国 | 工伤保险、环境损害责任保险及其他险种等 | |
| 日本 | 劳动灾害综合险、十年工程性能保证保险等 | 建工险、第三者责任险等 |

## 5.2　财产损失险

### 5.2.1　建筑工程一切险

1. 概念与特点

（1）险种概念：建筑工程一切险简称"建工险"。建工险（物质部分）是一种以承保土木建筑为主体的工程财产保险。该保险是在整个保险期内，对自然灾害或意外事故造成保险标的经济损失给予补偿。建工险一般由雇主批准，总承包商负责投保，若总承包商因故未能办理或拒绝办理投保，则业主应代为投保，保险费要从支付给承包商的工程款中扣除，建工险实际上是为业主的财产保险，业主是最大的受益者。因此，保险费应计入工程成本，最终由业主承担。

（2）险种特点：建工险（物质部分）具有以下特点。

标的广泛性：承保标的包括施工期间在建工程本身、工地原有建筑、临时建筑、被保险人的原有财产等所遭受的损失。

标的特殊性：与一般的财产保险比较，建工险承保的保险标的大部分都裸露于风险中，同时，在建工程在施工过程中始终处于动态过程，各种风险因素错综复杂，风险程度不断增加。

被保险人面广：建工险一张保险单下可以有多个被保险人，包括业主或工程所有人、总承包商、分包商、贷款银行及其他债权人等。

2. 承保范围与保险对象

（1）承保范围：建工险承保的是各类建筑工程，该保险适用于所有房屋工程和公共工程，包括以下范围。

建筑工程：如民用房屋工程、公用工程和工业工程等，如住宅、商业用房、医院、学校、剧场；工业厂房、电站、仓库；公路、铁路、飞机场；桥梁、船闸、大坝等工程，涵盖新建、扩建、改建、重建工程等。临时建筑：相应工程工地的临时建筑，如办公用房、职工宿舍、职工食堂、职工活动室等。原有建筑物：工地原有建筑物，是指不在所有人或承包人所有在工地内已有的建筑物（可以通过签订相应条款予以承保）。材料物料：存放于工地范围内的用于施工必需的建筑材料及所有人提供的物料。安装工程项目：是指以建筑工程项目为主的附属安装项目工程及其材料；在工地范围内其他的与实施工程合同相关的财产或费用，予以承保。但施工用机具、设备、机械装置。不另行约定不属于建工险承保范围。

（2）保险对象：凡在工程建设期内与保险标的具有可保利益的人，都可以作为建工险的被保险人。投保人或被保险人一般是业主或承包商，在多数合同中规定由承包商负责投保。若总承包商未曾就分包部分购买建工险的话，负责分包工程的分包商也应该办理其承担的分包任务的保险。

在 EPC 工程项目实践中，投保建工险必须经过雇主批准，工程控制方即总承包商投保。另外，应根据 EPC 工程项目的具体情况选择投保建工险。一般来说，决定于安装工程和建筑工程量在整个建设工程量所占比例的大小进行投保，建工程量比例大于 50％时，按建工险投保；安装工程量大于 50％的，投保建安险。投保人为工程控制方即总承包商。

3. 赔偿责任与除外责任

（1）赔偿责任：保险范围内的财产如遇到任何自然灾害或意外事故造成的物质损坏和灭失，保险人负责赔偿；被保险人为防止或减少保险标的的损失对必要、合理的施救费用，上述损失所产生的其他有关费用，保险人按合同约定负责赔偿。

（2）除外责任：建工险的物质损失部分条款，对有些原因引发所投保的物质损失不负责赔偿，予以除外。除外责任分为一般除外责任和总除外责任。

1）一般除外责任。"施工机具除外"，在自然灾害或意外事故造成的施工用机具、设备、机械装置物质损坏或灭失除外，除非另有特殊约定。因为机具、设备、机械装置属于施工机具保险的标的，所以除外。

"设计错误除外"：即设计错误引起的损失和费用除外。建筑工程的设计错误主要包括工程地质勘查错误和设计方案及计算等错误，在工程施工中由于设计错误必然引起工程事故造成经济损失。建工险不承担设计错误造成的物质本身的损失和由此而引起的费用，同时也不负责因设计错误造成的其他保险财产的损失和费用。之所以除外的原因主要是与设计责任保险承包范围相互除外。

"自然磨损潜在缺陷除外"：因为在这种情况下，其造成的损失和费用是必然的，并不属于意外事故责任范围，保险人不承担这种必然发生和渐变的因素引起的损失，保险所针对的风险是偶然的、突发的和不可预测的损失和费用。

"材料缺陷工艺不善除外"：原材料缺陷或工艺不完善可能会引起被保险财产本身的损失

除外，因为材料缺陷属于制造商或供应商的责任，被保险人可以根据合同的有关条款要求制造商或供应商负责赔偿，被保险人不应该将本属于制造商的产品责任纳入工程保险的责任范围内；工艺不完善属于被保险人的施工质量风险，而工程保险是针对施工过程中的意外事故所造成的风险损失，所以除外。

"验收后工程除外"：保险合同期限终止以前，保险财产已由有工程所有人签发完工程验收证书或验收合格或实际占有、使用、接收部分的损失。验收后的工程风险属于工程质量保险的承保范围，所以除外。

"机动车除外"：领有公共运输交通执照的，或已有其他保险予以保障的车辆、船舶和飞机的损失。此类损失属于交通、运输保险范畴，所以除外。

建工险一般还设有："非外力引起的损失除外""维修检修费用除外""档案票据除外""盘点短缺除外""个人财产除外"等除外责任。

2）总除外责任。总除外责任包括："战争造成的损失除外""公共当局除外""SRCC"（即罢工、暴动、民众骚动除外）"故意过失除外""环境污染除外""停工损失除外""间接损失除外"，即是指罚金、延误、丧失合同及其他后果损失的除外；"免赔额除外"等。

4. 保险金额、免赔额与保险费率

（1）保险金额："保险金额"简称"保额"，是指一个保险合同项下保险公司承担赔偿或给付保险金责任的最高限额，即投保人对保险标的物的实际投保金额，同时又是保险公司收取保险费的计算基础（保险金额与赔偿金额不是一个概念。实践中，保险人一般是按照保险金额的一定比例赔付）。

保额的确定以工程建筑完成时的工程总价值为依据，包括原材料费用、设备费用、建造费、安装费、运输费和保险费、关税、其他税项和费用，以及由工程所有人提供的原材料和设备的费用，其他财产按照重置价或双方协议确定。

建筑工程价值是根据承包方式的不同而不同。例如，EPC（设计－采购－施工）总承包方式，工程总价值＝设计＋采购＋施工的总承包价；DC（生产设备和设计建造）总承包方式，工程总价值＝生产设备＋设计＋营造总承包价等。总之，工程总价值是根据承包方式与内容的不同而加以确定。

（2）保险免赔额：免赔额就是指被保险人的自付额。在每次保险事故发生，保险标的受损后，保险人不负责赔偿的金额。赔偿金额是由保险人事先在保单中设定的，由被保险人选择确定的。建工险中物质损失的免赔额：一般设定为保险金额的 0.5%～2%，对自然灾害的免赔额则大一些，一般灾害或事故则小一些。

（3）保险费率：建工险的费率具有特殊性。一般采用的是工期费率，而不是年度费率。其保险费率依工程风险程度具体确定，一般为合同总价的 1.4‰～5.5‰。确定保险费率时，需要考虑的风险因素包括承保责任的范围大小、工程本身的危险程度、承包商的资信水平、同类工程以往的损失记录、免赔额设定的高低，以及特种危险的赔偿限额等。在计算工程总价值的基础上确定保费。

5. 保险期限

建工险保险期限一般设定有制造期限（扩展）、运输期限（扩展）、"主保期"限（建筑、安装期限）、试车期限（扩展）、保证期限（扩展）等。对于"主保期"限，原则上是根据工期来加以确定的，并在保单明细表上予以明确。但保险人对于保险标的实际承担责任的时间应根据具体情况确定，并在保险单明细表上予以明确。

建工险的主保期一般为保单列明的建筑期限内，自投保工程动工或自被保险项目材料设备被卸至建筑工地时生效，直至建筑工程完工验收完毕时终止。但最晚终止日期不超过保单中所列明的终止日期，如需延长保险期限，必须事先获得保险公司的书面同意。

### 5.2.2　建筑安装工程一切险

1. 概念与特点

（1）险种概念：建筑安装工程一切险简称"建安险"，也有简称为"安工险"的。建安险（物质损失部分）是以安装工程项目为承保标的物的保险险种，属于财产保险范畴。当重大型机器设备在安装期限内，因自然灾害和意外事故发生时，对造成承保物质的损失，保险人给予被保险人经济损失。建安险和建工险在形式和内容上都具有相似或相同的之处，两者是承保工程项目相辅相成的一对工程保险，普遍称两者是建筑工程保险的姊妹险。

（2）险种特点：建安险与建工险相比较，具有一些不同的特点。

1）承保标的为安装项目：建安险的承保对象主要是一项重大型机器设备在安装期限内的安装工程，因自然灾害和意外事故承保物质损失为标的保险。虽然大型机器设备的安装需要在一定范围及一定程度的土木工程建筑，但这种建筑只是为安装工程服务的。其标的物主要是安装项目。而建工险则是以土木建筑为标的物的保险险种，是以土木工程项目为主要标的物的，而建筑安装项目则是为土木建筑项目服务的。

2）试车、考核和保证期风险最大：安装工程与建筑工程相比较，安装工程标的价值是相对稳定的，保险标的物在进入工地后，从一开始保险人就负有全部的风险责任。然而，安装工程中的机械设备只要不进行运转，风险一般就不会发生或发生的概率比较小。虽然风险事故发生与整个安装过程有关，但只有到安装完毕后的试车、考核和保证期各种问题才能够暴露出来，因此，安装工程事故也大多发生在安装完毕后的试车、考核和保证期阶段。而建筑工程标的物是动态的，标的物的价值是逐步形成和增加的。而建工险的标的物的风险贯穿于施工的过程始终，无论是施工初期还是完工时期，每一个环节都有发生各种风险的可能性。

3）建安险主要是人为风险：机械设备本身是技术的产物，承包商对其安装和试车更是专业技术性较强的工作，在安装施工中，机械设备本身的质量，安装者的技术状态、责任心以及安装过程中的电、水、气供应和施工设备、施工方式等都是导致风险发生的主要因素。虽然安装工程风险也面临着自然灾害风险，但与人的因素有关的风险则是主要的风险。另外，安装工程标的物大多在建筑物内，受自然灾害风险的因素较小，也是安装工程主要面临的人为风险的原因之一。而建工险标的物暴露性较强，标的物暴露于工地之中，其风险因素主要是遭受灾害或意外损失的可能性较大。建安工程与建筑工程风险主要区别见表 5-2。

表 5-2　　　　　　　　　　　建安工程与建筑工程风险主要区别

| 序号 | 建安工程 | 建筑工程 |
|:---:|:---:|:---:|
| 1 | 标的物价值相对稳定 | 标的物的价值逐步形成 |
| 2 | 标的物通常置于室内 | 标的物通常置于室外 |
| 3 | 标的物受自然灾害风险影响较小 | 标的物受自然灾害风险影响较大 |
| 4 | 标的物的风险主要集中在安装、试车阶段 | 标的物的风险将贯穿于整个工程的始终 |
| 5 | 标的物的风险主要是人为风险 | 标的物的风险主要是综合风险 |

2. 承保范围与保险对象

（1）承保范围：以安装工程为标的，各种工厂、矿山安装机器设备、钢结构工程以及机械工程，具体包括安装的机器、设备、装置、物件、基础工程以及工程所需的各种设施，例如水、照明、通信设施等。安装工程主要可分为三类：

1）新建工厂、矿山或某一车间生产线安装的成套设备；单独的大型机械设备装置，如发电机组、锅炉、巨型吊车等组装的工程；各种钢结构建筑物，例如储油罐、桥梁、电视发射塔之类的安装，管道、电缆的敷设工程等。

2）土木建筑工程：土木建筑工程项目指新建、扩建厂矿必须有的土建项目，例如厂房、仓库、道路、水塔、办公楼、宿舍等。如果项目已包括在上述安装项目内，则不必另行投保，但要在保险单中说明。

3）施工用机具、设备、机械装置：双方不另行约定则不属于建安险承保范围。

（2）保险对象：建安险的保险对象为与安装工程相关利益方都具有可保利益，均可以作为被保险人。具体包括安装工程所有者（订货人）、承包商或分包商、供货商及负责提供安装机器设备的一方、制造商即机器设备的制造人，如果供应商和制造人为同一个人，或者制造人和供货人为共同被保险人，那么在任何条件下，建筑安装保险对制造人风险的直接损失都不予负责；技术顾问、其他关系人，如银行或其他债权人等。

在EPC工程项目实践中，建安险和建工险相同，要由雇主批准，工程控制方即总承包商投保。另外，应根据EPC工程项目的具体情况选择是投保建工险，还是建安险。一般来说，决定于安装工程和建筑工程量在整个建设工程量所占比例的大小进行投保，安装工程量比例小于50%时，按建工险投保；安装工程量超过50%的，投保建安险。投保人为工程控制方即总承包商办理。

3. 赔偿责任与除外责任

（1）赔偿责任：物质损失责任范围同建工险相类似，关于物质损失责任范围一般规定：

1）在保险期限内的工地范围内，任何自然灾害或意外事故造成的物质损失与费用均负责赔偿。例如洪水、暴雨、冻灾、地震、海啸等，火灾、爆炸，空中运行物体坠落，超负荷、超电压等原因引起的其他财产的损失，安装技术不善所带来的事故损失等。

2）对于保险事故发生后被保险人为防止或减少保险标的的损失必要的、合理的费用保险公司也负责赔偿。

3）上述损失所产生的其他有关费用，保险人按本保险合同约定负责赔偿。

（2）除外责任：建安险的物质损失除外责任分为一般除外责任和总除外责任。

1）一般除外责任：建安险一般除外责任与建工险的相应部分基本相同，但有所差异。在"设计错误除外""原材料或工艺缺陷除外"等除外相同，根据安装工程特点，修改、增加了诸如"铸造缺陷除外""超负荷等原因除外""施工机具失灵费用除外"等除外责任。

2）总除外责任：与建工险的规定大致相同。

4. 保险金额、免赔额与保险费率

（1）保险金额：建安险的保额一般按建安合同总金额确定，待工程完毕后再根据完毕的实际价值进行调整。

（2）保险免赔额：在国际工程中，一般建安险的免赔额分类设定为自然灾害引起的巨灾损失的免赔额、试车考核期的免赔额、其他风险的免赔额、特种危险的免赔额等，保险双方协商确定。

（3）保险费率：建安险的费率制订一般要考虑以下因素：工程本身的危险性；承包商和其他工程方的资信情况，技术水平及经验；工地环境的自然地理条件，有无特别危险存在；工程现场管理和施工的安全条件；保险期限的长短，安装过程中使用吊车的次数的多少及危险程度；被安装设备的质量、型号、产品是否达到设计要求；工期的长短、试车期和保证期分别有多少；同类工程已往的损失记录；工程免赔额的高低、特种危险赔偿额及第三者责任限额大小等。

建安险与建工险的规定相同，确定其保险费率也要根据工程性质、承保范围、风险程度等因素而相应变化。一般情况下，建安险费率为合同总价的 1.3‰～1.5‰，考虑到安装工程一切险的自身特点及特殊风险，其费率一般高于建筑工程一切险。

在建安险的保险期内，还包括一个试车考核期。考核期的长短应根据工程合同中的规定来决定。对考核期的保险责任一般不能超过约定时日，若超过约定时日，保险公司则另行加收费用。

5. 保险期限

同建工险的保期设定一样，建安险的保险期限一般分为制造期限（扩展）、运输期限（扩展）、"主保期限"（建筑安装期限）、试车期限（扩展）、保证期限（扩展）等期限。对于安工险的"主保期限"，原则上是根据工期来加以确定的，并在保单明细表上应注明确建安险的保险责任期，建安险一般设定为自投保工程的动工日（如果包括土建任务的话）或第一批被保险项目卸至施工地点时（以先发生为准），即行开始。其保险责任的终止日可以是安装完毕验收通过之日或保险物所列明的终止日，这两个日期同样以先发生者为准。安工险的保险责任也可以延展至为期一年的维修期满日。在征得保险人同意后，安工险的保险期限可以延长，但应在保险单上加批并增收保费。

### 5.2.3　施工机具险

1. 概念与特点

（1）险种概念：施工机具险的保险标的为施工机具，施工机具保险属于财产保险范畴。承包商在工程施工过程中，可能遇到自然灾害或意外事故造成施工机械、设备和工具的损失，通过投保施工机具保险，保险人可以按照约定向被保险人负责赔偿。

（2）险种特点：施工机具险属于财产保险范畴，具有财产保险的特征，主要包括以下几方面：

1）风险多样性：包括火山、爆炸、雷击、暴雨、洪水、暴风、飞行物体坠落、碰撞、倾覆等。

2）标的特殊性：是以机具及其有关的经济利益和损害赔偿责任为保险标的。

3）保险期限的特殊性：大部分施工机具的保险期限较短。

2. 承保范围与保险对象

（1）承保范围：凡是在陆地上使用的各种施工机械均可以作为本保险合同的保险标的。但可以在道路上行驶的各种轮式车辆和农用机械不属于保险合同的保险标的，不在承保范围，因为上述车辆、机械应投保机动车辆险。

（2）保险对象：对于各种施工机具具有保险利益的人，即所有人、抵押人、承租人以及其他有保险利益的人均可投保，如承包商、分包商、机械租赁人等。利益各方需要投保并维持承包商为履行合同义务所需要在现场运用的所有机械、设备、工具为标的的保险。一般来说，可以通过建工险或安工险附加这一保险。如果并未列入上述"建工、安工一切险"标的，则承包商需要另行单独投保。

3. 赔偿责任与除外责任

（1）赔偿责任：机具险的赔偿责任范围有以下三个方面。

1）火灾、爆炸、雷击、暴雨、洪水、台风、暴风、龙卷风、雪灾、雹灾、冰凌、泥石流等自然灾害所引起的机具损失。

2）在施工保险地范围内，由有资格操作的人员在使用过程中，发生碰撞、倾覆；空中运行物体坠落及建筑物倒塌，造成的损失保险人负责赔偿。

3）被保险人为防止或者减少保险标的损失所支付的必要的、合理的施救费用、拖运费用由保险人承担。

（2）除外责任：机具险的除外责任如下。

1）内在缺陷除外：被保险标的内在缺陷、管理不善除外。

2）"机器设备运行除外"：即机器设备运行中必然引起的后果，如自然磨损、腐蚀造成的损失等除外。

3）故意除外：即被保险人及其代表或其雇用人的故意、纵容、授意、造成重大风险事故的损失除外。

4）操作无资格除外：保险标的操作人，没有操作驾驶的资格证件，造成的损失的除外。

5）标的的机械性或电气性损坏除外：机械设备的故障、断裂、失灵及因冷却剂或其他流体冻结、润滑不良、缺油等除外。

6）战争除外：包括敌对行为、武装冲突、军事行动、恐怖活动、罢工、暴动、民众骚乱除外等。

4. 保险金额、免赔额与保险费率

（1）保险金额：保额是保险人对保险标的的承担的最高赔偿限额。保额由投保人参照新机购置价格予以确定。

（2）险费率：保险金额的6‰～14‰。

（3）免赔额：免赔额由投保人与保险人在订立保险合同时协商确定。

5. 保险期限

施工机具保险期限一般设定为一年，实践中一般以施工期为准，自施工机具入场算起，至机械设备退出施工现场止。

### 5.2.4 机动车辆损失险

机动车辆损失险是机动车辆险的主险之一。机动车辆损失险在商业保险业务中占有相当大的比重。当前，世界上机动车辆的保费占世界非寿险保费的60%以上。对承包商而言，必须对意外事故发生率高的租用车车辆进行保险。

1. 概念与特点

（1）险种概念：机动车辆损失险（以下简称"车损险"）是机动车辆险主要险别之一，属于财产保险范畴。投保该险种可以避免被保险人自身车辆或因临时雇佣的车辆发生意外事故而造成车辆本身的损失。尤其是国际工程，项目所在地与我国的交通法律不同，承包商对于当地交通路况不十分熟悉，发生此类事故的概率比国内大得多。因此，总承包商需要购买机动车辆损失险。

（2）险种特点：

1）保险标的财产属性：车损险是指被保险人或其允许的驾驶员在驾驶保险车辆时发生保险事故而造成保险车辆本身受损，保险公司在合理范围内予以赔偿的一种保险。保险标的是车辆本身。

2）自然灾害范围：由于雷击、暴风、龙卷风、暴雨、洪水、海啸、地陷（但不包括地震）等自然因素风险造成车辆本身的损坏，保险人承担赔偿责任。

3）意外事故范围：由于车辆的碰撞、倾覆、火灾、爆炸等原因导致被保险车辆的损失，保险人给予赔偿。

4）应用的广泛性：车损险是作为机动车辆保险中的主险之一，是车辆保险中用途最广泛的险种。

2. 承保范围与保险对象

（1）承保范围：项目部人员的上述车辆，凡以动力装置驱动或者牵引，上路行驶和供人乘坐的或用于运送物资以及进行工程专项作业的轮式车辆均在承保范围之内。

（2）保险对象：项目部人员自有车主、与项目部发生租赁关系的车辆租赁公司的机动车辆。

3. 赔偿责任与除外责任

（1）赔偿责任：机动车辆损失险的赔偿责任如下：

1）在合同的保险期间内，因自然灾害或意外事故造成车辆损失，保险人按照合同的规定负责赔偿。

2）发生保险事故时，被保险人对保险车辆采取施救、保护措施所支出的必要合理费用，保险人负责赔偿。

（2）除外责任：车损险规定，有些原因造成的损失保险人不负责赔偿：

1）"事故原因"除外：包括地震、海啸除外，战争、军事冲突、恐怖活动、暴乱、行政行为、司法行为除外，核反应、核污染、核辐射除外，欺诈除外，被保险人的故意行为除外等。

2）"驾驶人情形"除外：未取得合法驾驶证的，驾驶与驾驶证载明的准驾车型不符的机动车的，驾驶证超过有效期或驾驶证被依法扣留的，饮酒后驾车的，未经被保险人允许驾车的，故意犯罪的。

3）"损失、费用"除外：自然磨损、电气机械故障、朽蚀、腐蚀，轮胎或轮胎单独损坏，高温烘烤、受本车所载货物撞击、腐蚀、污染造成的损失。

4）"非保车辆"除外：在保险事故中，对非保险车辆本身的损失不予赔偿。

5）"贬值损失"除外：在保险事故中，对保险车辆的贬值损失予以除外。

6）"失踪"除外：承租人与保险车辆同时失踪情形下发生的损失除外。

7）"民事纠纷"除外：因民事纠纷导致保险车辆被盗抢而发生的损失等。

4. 保险金额、免赔额与保险费率

（1）保险金额：保额分为全部损失的保额和部分损失的保额，分别适用于保险车辆发生全部损失和部分损失的情形。一般还规定，要根据保险车辆驾驶人在事故中所负事故责任比例来确定保险人承担赔偿责任。

（2）免赔额：一般是按照驾驶人在事故中所负事故责任比例，实行相应的事故责任免赔率。例如在交通事故中，保险车辆驾驶人负全部责任的、负主要责任的、负同等责任的、负次要责任的，分情况保险双方约定一定免赔的比例。

（3）保险费率：按照承保车辆的不同型号，确定保险费率。保险费率一般分为一年期的基础保险费率和短期基础保险费的费率计算。

5. 保险期限

车损险的保险期限为一年。也可以按短期（月）投保。承包商的保险期限不应少于整个工程期。

### 5.2.5 货物运输险

1. 概念与特点

（1）险种概念：货物运输险是以运输过程中的各种货物作为保险标的，属于财产保险范畴。被保险人（买方和卖方）向保险人按一定金额投保该险种，如果保险标的在运输过程中发生约定范围内的损失，保险人应约定给予被保险人经济上的补偿。货物运输保险，因采用的运输方式不同，分为海上货物运输保险、陆上货物运输保险、航空货物运输保险和邮包运输保险，其中以海上货物运输保险起源最早、历史最久，陆上、航空等货物运输保险都是在海上货物运输保险的基础上发展而来的，为此本节仅介绍海上货物运输保险。

（2）险种特点：货物运输险具有以下八个方面的特点。

1）被保险人的多变性：承保的运输货物在运输保险期限内能够会通过屡次转卖，因而结尾保险合同保证受益人不是保险单注明的被保险人，而是保单持有人（Policy Holder）。

2）保险利益的转移性：保险标的转移时，保险利益也随之转移。

3）保险标的的流动性：货物运输保险所承保的标的，一般是具有商品性质的动产。

4）承保风险的广泛性：货物运输保险承保的风险，包含海上、陆上和空中风险，自然灾害和意外事故风险，动态和静态风险等。

5）承保价值的定值性：承保货物在各个不一样地址能够呈现的价钱有区别，因而货物的保险金额可由保险两边按约好的保险价值来断定。

6）保险合同的可转让性：货物运输保险的保险合同一般跟着保险标的、保险利益的转移而转移，无须告诉保险人，也无须征得保险人的赞同。保险单可以用背书或其他习气方法加以转让。

7）保险利益的特殊性：货物运输的特殊性决定在货运险一般选用"不管灭失与否条款"，即投保人事前不知情，也没有任何隐秘，即便在保险合同缔结之前或缔结之时，保险标的现已灭失，过后发现承保风险形成保险标的灭失，保险人也相同给予补偿。

8）合同解除的严格性：货物运输保险归于航次保险，《保险法》《海商法》规定，货物运输保险从保险职责开始后，合同当事人不得解除合同。

2. 承保范围与保险对象

（1）承保范围：工程设备、施工机具、建筑材料、钢铁、矿产、粮食、原油等。

（2）保险对象：与货物有关的利益人均可投保，成为被保险人。

3. 赔偿责任与除外责任

海运保险险种主要可以分为一切险（ICC-A）、水渍险（ICC-B）和平安险（ICC-C）。

（1）ICC-A 赔偿责任与除外责任，见表5-3。

**表 5 - 3**　　　　　　　　　　　　**ICC - A 赔偿责任与除外责任**

| ICC - A 赔偿责任 | ICC - A 除外责任 |
|---|---|
| 承保"除外责任"各条款规定以外的一切风险所造成的保险标的损失 | 一般除外责任：如归因于被保险人故意的不法行为造成的损失或费用，自然损耗、自然渗漏、自然磨损、包装不足或不当所造成的损失或费用，直接由于延迟所引起的损失或费用，由于船舶所有人、租船人经营破产或不履行债务所造成的损失或费用，由于使用任何原子弹或其他核武器所造成的损失或费用 |
| 承保共同海损和救助费用 | "不适航、不适货"除外责任：这是指被保险人在保险标的装船时已经知道船舶不适航或船舶、装运工具、集装箱等不适货，保险人不负责赔偿责任 |
| 根据运输契约订有"船舶互撞"条款的，应由货物方偿还船方的损失 | 战争除外责任：这主要是指由于战争、内战、敌对行为等造成的损失或费用，由于捕获、拘留、扣留（海盗除外）等所造成的损失或费用，由于漂流水雷、鱼雷等造成的损失或费用<br>罢工除外责任：这主要是指罢工者、被迫停工工人造成的损失或费用以及由于罢工、被迫停工所造成的损失或费用等 |

（2）ICC - B 赔偿责任和除外责任，见表 5 - 4。

**表 5 - 4**　　　　　　　　　　　　**ICC - B 赔偿责任和除外责任**

| ICC - B 赔偿责任 | ICC - B 除外责任 |
|---|---|
| 火灾或爆炸，船舶或驳船搁浅、触礁、沉没或颠覆，陆上运输工具的倾覆或出轨，船舶、驳船或运输工具同水以外的任何外界物体碰撞，在避难港卸货，地震、火山爆发、雷电，共同海损牺牲，海水、湖水或河水进入船舶、驳船、运输工具、集装箱、大型海运箱或储存住所，货物在装卸时落海或摔落造成整件的全损 | ICC - A 对被保险人的故意不法行为造成的损失、费用不负赔偿责任，但对于被保险人之外的任何个人或数人故意损害和破坏标的物或其他任何部分的损害要负赔偿责任。但在 ICC - B 下，保险人对此也不负赔偿责任<br>ICC - A 把海盗行为列入保险范围，而 ICC - B 对海盗行为不负保险责任 |

（3）ICC - C 赔偿责任和除外责任，见表 5 - 5。

**表 5 - 5**　　　　　　　　　　　　**ICC - C 赔偿责任和除外责任**

| ICC - C 赔偿责任 | ICC - C 除外责任 |
|---|---|
| ICC - C 对承保风险的规定也采用列明风险的方法，但承保的风险比 ICC - A、ICC - B 险要小得多，它只承保重大意外事故，而不承保自然灾害及非重大意外事故，其具体承保的风险有：火灾、爆炸，船舶或驳船触礁、搁浅、沉没或颠覆，陆上运输工具倾覆或出轨，船舶、驳船或运输工具同水以外的任何外界物体碰撞，在避难港卸货，共同海损牺牲，抛货 | ICC - C 险的除外责任与 ICC - B 险完全相同 |

由上可见，ICC - A 承保的风险类似我国的一切险，ICC - B 类似于我国的水渍险，ICC - C 则类似我国的平安险，但比平安险的责任范围要小。

至于战争险、罢工险和恶意损坏险则不同于中国保险条款的规定，即不一定要在投保了三种基本险种的基础上才能加保，而是可以作为独立险别投保的。恶意损坏险是新增加的附加险种，它所承保的是被保险人以外的其他人（如船长、船员等）的故意破坏行为所致被保险货物的灭失和损害。它属于 ICC - A 的责任范围，但在 ICC - B、ICC - C 中，则被列为"除外责任"。

4. 保额、免赔额与保险费率

(1) 保险金额：出口货运险保险金额：保险金额＝发票到岸价（CIF 价）×发票加成率（一般是加成 10%）＝CIF 价×110%；进口货运险保险金额：保险金额＝按到岸价确定。此外，进出口货运的保险金额，也可由保险双方协商确定。在没有特别规定的情况下，一般是按照 CIF 价的 110%，特殊不超过 CIF 价的 120%。

(2) 免赔额：免赔额没有统一标准，可与保险公司协商确定。

(3) 保险费率：影响保险费率的因素是多方面的，如货物种类、航程、航运线路、包装方式、所用条款、投保额度、运输方式（是否集装箱运输，是否整船运输），保单模式及责任限额，每一项都会影响到费率。

保险模式一般分为三种：单独单，即只单独为一票货物投保；月度单，按照协议好的保险费率每月申报保险，没有申报则不收保费；年度单，以年为结算时间，预先交付预估保费的 75% 左右，多不退少不补。以上三种方式，费率会依次降低。

5. 保险期限

海上货物运输保险的保险期限一般是以航次来计算，少数情况下会以时间来计算，或者现在通行的"仓至仓"条款，则是从被保险货物运离保险单所载明的启运地发货人的仓库或存储地到该货物送达至保险单所载明的目的地，收货人的收货区，或者存储地为限。伦敦协会新条款保险期限，规定被保险货物在最后卸载港全部卸离海轮后满 60 天为止。

# 5.3 责 任 保 险

## 5.3.1 第三者责任险

1. 概念与特点

(1) 险种概念：工程一切险项下第三者责任险是指被保险人在保险期内，由于疏忽或过失等意外原因造成第三者利益损失，依法应负有的民事损害赔偿责任的保险。第三者责任险可以通过对建工险的第二部分条款投保。投保建安险时可以对附加第三者责任险投保。如总承包商在投保上述两险保险时没有附加，总承包商则需要单独投保此类险别。

(2) 险种特点：责任保险具有以下五个方面的特点。

1) 第三者责任险是以被保险人依法应负的民事损害赔偿责任作为承保责任的一类保险。它属于责任保险，也是一种综合保险。

2) 保险对象是第三人，即保险人和所有人以及其工作人员以外单位的人员。

3) 第三者责任险是将被保险人对第三者的民事赔偿责任作为保险标的。被保险人在工程建设的实践中，由于意外事故造成他人的损害或虽无过错，但根据法律规定应对受害人承担的赔偿责任，接受赔偿请求时由保险人对此承担责任。

4) 以第三者损失为责任。以被保险人对第三者承担的损害赔偿为责任。由于意外事故的发生造成对第三者的人身伤害的赔偿，又包括对第三者财产经济损失的赔偿。

5) 伤害事故发生引起法律纠纷而发生的必要的诉讼费用。

2. 承保范围与保险对象

(1) 承保范围：在投保建工险、建安险各类建筑工程的同时，均可投保第三者责任险。

(2) 保险对象：凡在工程建设期内与保险标的具有可保利益的人，都可以作为建工险的被保险人。投保人或被保险人一般是业主或承包商，在多数合同中规定由承包商负责投保。

3. 赔偿责任与除外责任

(1) 赔偿责任：工程保险种的第三者是指除保险人和所有人以外单位的人员，是指在工程保险期间，因发生与保险单所承包工程直接相关的意外事故引起工地内及邻近区域的第三者的伤害，赔偿责任包括：a. 人身伤亡；b. 疾病；c. 财产损失，依法应由被保险人承担的经济赔偿责任，保险人按照条款的规定负责赔偿；d. 在发生这种涉及第三方损失的责任时，保险公司将对承包商由此遭到的赔款和发生诉讼等费用也进行赔偿。

但是应当注意以下四点：

1) 被保险人必须是在从事与本保险单所承保的工程直接相关和意外事故所产生的责任，否则，保险人不负责赔偿。

2) 建工险的第三者责任险属于场地责任保险，所以保险单只是对发生在"场地内或邻近区域"的第三者责任承担责任。被保险责任人若在工地以外的区域产生的第三者责任，保险人不承担赔偿责任，这是场地责任保险的属性体现。

3) 属于承包商或业主在工地的财产损失，或本公司和其他承包商在现场从事与工作相关的职工的伤亡不属于第三方责任险的赔偿范围，而属于工程一切险和人身意外险的范围。

4) 领有公共交通和运输用执照的车辆事故造成的第三方的损失，也不属于这项第三方责任保险赔偿的范围，它们属于机动车辆保险范围。

(2) 一般除外责任：建工险条款除了对物质标的进行除外责任规定外，对第三者责任范围也作出一般除外责任的规定。

1) "与物质损失责任部分的除外"：一般保险条款的设计应遵循"互为除外"的原则，即在相关保险标的系列保险产品中，一项保险产品的责任范围，应明确为另一项保险产品的除外责任，以免出现混淆。

2) "振动移动除外"即振动移动除外或减弱支撑而造成的任何财产、土地、建筑物的损失及由此造成的人和人身伤害及物质损失除外；因为此类事项不属于自然灾害或意外事故造成的。它应属于安全生产保险范畴。

3) "工程所有人、承保人或其他关系方伤亡除外"即工程所有人、承保人或其他关系方，或他们所雇用的在工地现场从事与工程有关工作的职员、工人以及他们的家庭成员的人身伤亡或疾病除外；此项除外属于雇主责任保险的。

4) "工程所有人、承保人或其他关系方财产除外"即工程所有人、承保人或其他关系方，或他们所雇用的职员、工人以及由上述人员所照看、控制的财产发生的损失除外；此项除外的原因是该标的属于雇主责任保险范畴。

5) "行使执照除外"：对领有公共运输行使执照的车辆、船舶、飞机造成的事故除外的理由是这类对象的有关第三者责任的风险处理问题应纳入另一个保险体系内，应根据项目所在国的有关法律办理统一的、相关的强制保险，即车辆保险、船舶保险或航空保险。

6) "被保险人与他人的合同责任除外"：合同责任按照合同法律规定、合同约定处理。

(3) 总除外责任：总除外责任既适用于物质损失部分又适用于第三者责任部分。

4. 赔偿限额、免赔额与保险费率

(1) 赔偿限额：在 FIDIC 银皮书中，规定了这种保险金额的最低限额，即此保险金额至少应为投标书附件中所规定的数额。承包商可以按 FIDIC 合同条件的规定，根据实际确定。第三方责任险的赔偿限额由双方商定。

赔偿限额是一张保险单所能提供的最高赔偿金额。第三者责任限额的确定方式大致有以下几种。

1）每次事故赔偿限额，其中对人身伤亡和财产损失再制订分项限额。

2）每次事故赔偿限额，无分项无积累。

3）在每次事故赔偿的基础上，规定保险期限内的总（累计）赔偿额。

4）保险期内的总赔偿限额和每次事故的赔偿限额均为同一个金额。

不同的第三者责任限额方式对与投保人分散风险的程度和保险人实际承担的风险结果是不同的，投保人应根据工程的实际情况需要加以选择确定。

（2）免赔额：第三者责任免赔额仅仅对财产损失部分设定免赔额，可按每次事故的赔偿限额的 0.1%～0.2% 计算，人身伤亡部分不设免赔额。

（3）保险费率：第三者责任保险中有累计赔偿限额的为总赔偿限额的，费率为总赔偿限额的 2.8‰～3.2‰，无累计赔偿限额的为总赔偿限额的 3.5‰～5.0‰。

5. 保险期限

保险期限一般规定为保险期为生效之日到工程保修期结束。

### 5.3.2  雇主责任险

1. 概念与特点

（1）险种概念：雇主责任险又称劳工赔偿保险，是以雇主的民事法律责任、以人身伤害而非财产为保险标的物的保险险种，在雇员从事雇主指定的工作中，造成保险事故中的人身伤害，由保险人依据法律规定代雇主进行经济补偿。"雇主责任"也称为"雇佣人责任""替代责任""转承责任""代负责任"，有的国家也将其称之为工伤保险。两者尽管内涵与外延有所差异，但是基本意思大致是相同的，都是指雇主对受雇人在执行受雇事物过程中，因遭受意外导致伤、残、死亡或患有与职业有关的职业性疾病而依法或根据雇佣合同应由被保险人承担的民事经济赔偿责任为承保风险的一种责任保险。此种保险属于法律规定的强制保险。

在国际 EPC 工程项目实践中，雇主责任保险在合同中约定，由总承包商统一购买。在投保和工程预算时，总承包商应考虑以下三个方面的问题：工程所在国的法定劳工保险，工程所在国的雇主责任险的法定要求，我国的相应社会保险是否能够被工程项目所在国所接受。

（2）险种特点：雇主责任险具有以下三个特点。

1）雇主责任险是由于雇主的过失或无过失行为导致其雇员的人身伤亡，依照合同法或者法律的规定，雇主都要承担经济赔偿责任。因此，雇主责任险不但提供雇主责任风险保障，即由于雇主的过失而造成其受雇人遭受伤害而应付的经济赔偿责任的风险保障即过失风险保障，而且还提供不是由于雇主的责任而雇员发生的意外伤害风险保障即无过失风险保障。

2）由于其赔偿基础是以法庭或劳动仲裁为基本依据的，因此其赔偿范围不仅包括因受雇人遭受意外事故而导致人身伤残或死亡保险人给予的经济补偿，还包括由于伤害事故发生引起法律纠纷而发生的必要的诉讼费用。

3）该类保险的赔偿金额标准一般较高。例如，美国美亚保险公司深圳分公司的雇主责任保险规定，对雇主因疏忽或过失而意外导致其雇员人身伤亡或患有职业病而在民事法律上应负的赔偿责任最高赔偿限额高达 100 万元，雇员意外伤残风险保障的死亡和永久伤残赔偿限额高达 100 万元。

2. 承保范围与保险对象

（1）承保范围：建筑工程施工、安装工程施工、水利水电工程施工、化工项目施工、铁路施工、交通施工等各类工程项目均可承保。

（2）保险对象：建设工程雇主责任险的被保险对象是具有可保利益的雇主，以及与工程相关利益方均可以作为被保险人。具体包括工程所有者（雇主）、承包商或分包商、供货商及负责提供安装机器设备的雇主、机器设备制造商。他们均可以作为被保险人成为投保人，为其雇员办理保险，受益人为雇员或其家属。雇主所雇用的员工包括短期工、临时工、季节工和徒工。

3. 赔偿责任与除外责任

（1）赔偿责任：雇主责任保险是保险事故造成雇员人身伤害，按照法律规定应由被保险人承担的经济赔偿责任，由保险人负责赔偿，为划分其赔偿责任一般规定如下。

1）时间、场所责任：在工作时间和工作场所内，因工作原因受到意外事故伤害的。

2）工作内容责任：工作时间前后在工作场所内，从事与工作有关的预备性或者收尾性工作受到事故伤害的。

3）履行工作职责：在工作时间和工作场所内，因履行工作职责受到暴力等意外伤害。

4）被诊断、鉴定为职业病的。

5）因工外出期间，由于工作原因受到伤害或者发生事故下落不明的。

6）在上下班途中，受到交通及意外事故伤害的。

7）在工作时间和工作岗位，突发疾病死亡或者在约定时间之内经抢救无效死亡的。

8）法律、行政法规规定责任的。

投保后，在雇主责任事故中，雇主对雇员依法应负的经济赔偿责任和有关法律费用等由保险人负责赔偿，包括医疗费、康复费、伤残费、死亡有关费用以及被保险人因保险事故而被提起仲裁或者诉讼的，被保险人支付的仲裁或者诉讼费，保险人也负责赔偿。

（2）除外责任。

1）行为除外。一般包括：①"故意行为除外"：投保人、被保险人的故意或重大过失行为除外；②"战争除外"：战争、敌对行动、军事行为、武装冲突、罢工、暴动、民众骚乱、恐怖活动除外；③"核辐射除外"：核辐射、核爆炸、核污染及其他放射性污染除外；④"司法除外"：行政行为或司法行为除外；⑤"承包商人员除外"：承包商及其工作人员遭受的伤害除外；⑥"雇员犯罪除外"：被保险人的工作人员犯罪或者违反法律、法规的除外；⑦"醉酒除外"：被保险人的工作人员醉酒导致伤亡的除外；⑧"自残除外"：被保险人的工作人员自残或者自杀的除外；⑨"已患疾病除外"：在工作时间和工作岗位，被保险人的工作人员因投保时已患有的疾病发作或分娩、流产导致死亡或者在约定时间之内经抢救无效死亡除外。

2）费用除外：一般包括罚款、罚金及惩罚性赔款除外，精神损害赔偿除外，被保险人的间接损失除外，因保险合同列明情形之外原因发生的医疗费用除外，保险合同中载明的免赔额除外。

4. 保险限额、免赔额与保险费率

(1) 赔偿限额：雇主责任险的赔偿是按照合同赔偿限额进行的，赔偿限额由雇主自行确定或雇主根据与雇员协商的结果进行确定，然后一次性给付受害人。包括每人伤亡责任限额、每人医疗费用责任限额、法律费用责任限额及累计责任限额，由投保人自行确定，并在保险合同中载明。雇主责任保险的赔偿限额，通常是以每一名雇员若干个月的工资收入作为其发生雇主责任保险时的保险赔偿额度，每一名雇员只适用于自己的赔偿额度。

(2) 免赔额：每次事故每人医疗费用免赔额由投保人与保险人在签订保险合同时协商确定，并在保险合同中载明。

(3) 保险费率：雇主责任保险的保险费率，一般根据一定的风险归类确定不同行业或不同工种的不同费率标准，同一行业基本上采用同一费率，但对于某些工作性质比较复杂、工种较多的行业，则还须规定每一工种的适用费率。同时，还应当参考赔偿限额加以确定。具体而言，在订立本保险单时，根据被保险人估计，在本保险单有效期内付给其雇用人员工资、薪金、加班费、奖金及其他津贴的总数，计算预付保险费。

5. 保险期限

保险期限从被保险人的雇员进驻其建筑或安装的工程项目工地且被保险人交纳保险费的次日零时起算，至完成其建筑或安装的工程项目并签发完工验收证书或者合格证书，或至工程建筑/安装合同规定施工期限结束后的二十四时止，两者以先发生为准。但在任何情况下，保险期间的起始或终止不得超出签订的合同列明的保险生效日或终止日。保险生效日或终止日由保险人和被保险人双方协商约定。

### 5.3.3 职业责任险

1. 概念与特点

(1) 保险概念：职业责任保险又称技术责任保险、业务过失责任保险，是特定行业的从业人员，由于工作上的疏忽或过失而造成合同一方或他人的人身伤害或财产损失的经济赔偿责任保险。它是以职业责任风险为其标的物，以法律为依据的，所承保标的是民事责任风险。所谓民事法律责任是指由于某种侵权或违约行为的出现而依法应承担的责任。被保险人一旦在职业保险范围内突然发生责任事故时，由保险公司承担对受损害者的赔偿。职业责任保险属于责任保险的范畴，因此，具有责任保险的基本特征。目前，职业责任险在发达国家的保险市场上，涵盖了律师、会计师、保险代理人与经纪人、董事及高级职员、公证人员等各个行业技术人员，并在建设工程承包领域得到广泛得应用。例如：勘察责任保险、工程设计责任保险、监理责任保险、建造工程师责任保险等。本节仅对工程设计责任保险进行介绍。

(2) 险种特点：设计责任险具有以下四个方面的特点。

1) 保险标的是设计职业责任。设计职业责任保险是以设计职业责任为保险标的，没有有形的物质载体，是一种由于疏忽大意或过失的责任。也就是说，建设工程设计责任是因为设计工程师未尽高度注意义务而未能预见损害结果的发生时应承担的责任。

2) 保险经济赔偿具有滞后性。建设工程设计责任引起的索赔具有滞后性。工程设计行为通常是在工程施工前就完成的，特殊时也有边设计边施工的情况。而建设工程设计缺陷或错误造成的损失往往发生在施工阶段后期或者工程建设后的使用期内，绝大部分会发生在项目的使用期内。也就是说设计错误引起的损失索赔会滞后于设计任务的完成期，因此，赔偿具有一定的滞后性。

3）工程设计责任确认的复杂性。建设工程设计责任确认相当复杂。建设工程质量的好坏往往与勘察设计单位、施工单位、材料设备供应商、业主等具有密切的关系，工程事故出现是多方面的因素、多方面责任的共同结果，因此，认定设计是在工程质量事故中是否承担责任以及责任的大小，确认的难度是十分大的。

4）勘察设计责任保险的保证担保性。工程设计责任保险具有保证担保的特征。建设工程设计责任保险相当于保险人（担保人）向相关的第三者（债权人）保证，当投保人（债务人）提供的设计产品发生安全质量事故造成人身伤亡或财产损失时，由保险人（担保人）向遭受损失的第三者（债权人）负责经济赔偿，工程设计责任保险具有保证担保的特征。

2. 承保范围与保险对象

（1）承保范围：我国设计职业责任保险承保范围：①全部或部分使用政府投资、融资的建设工程；②国有、集体所有制单位投资或控股投资的建设工程；③使用国际组织或者外国政府贷款、援助资金的建设工程；④涉及社会公共利益、公众安全的住宅小区、公共建筑、城市基础设施等建设工程；⑤业主或项目法人要求购买建设工程设计责任保险的建设工程等。

（2）保险对象：凡经当地政府部门批准，取得相应资格质证书的特定行业的设计专业技术人员，均可作为被保险人。保险对象应具有合法资质，包括具有资质证书和营业执照。被保险人所在的设计公司或设计专业职业技术人员个人均可投保。例如，设计责任保险对象可以是设计专业服务的技术人员，也可以是提供设计专业服务的单位机构。

3. 赔偿责任与除外责任

（1）赔偿责任：工程设计险的赔偿责任主要负责以下几个方面的赔偿。

1）建设工程本身的物质损失。

2）第三者人身伤亡或财产损失。

3）事先经保险人书面同意的诉讼费用，保险人负责赔偿。

4）发生保险责任事故后，被保险人为缩小或减少对委托人的经济赔偿责任所支付的必要的、合理的费用，保险人负责赔偿。

（2）除外责任：工程设计险中保险人除外责任，除了责任保险的一般除外责任（如战争、敌对行为等）外，通常规定保险人对下列事项不负责赔偿。

1）"故意除外"：职业责任保险只承保过失责任，故意责任属于除外，不予以赔偿。

2）"不具资格除外"：被保险人与未取得相关专业技术任职资格的人员发生业务往来导致的损失除外。

3）"超越代理权行为除外"：职业代理权的行为导致的损失除外。

4）"泄露隐私、私密除外"：泄露个人隐私或商业秘密等造成的损失等不负责任除外。

5）"账册文件除外"：委托人提供的账册、文件或其他资料的损毁、灭失、盗窃、抢劫、丢失等除外。

6）"间接损失除外"：如停产、减产损失，延误交付设计文件造成的损失，追溯起始前设计造成的损失，编外人员签字图纸造成的损失等。

4. 赔偿限额、免赔额与保险费率

（1）赔偿限额：工程设计责任保险的赔偿限额是指在承保时由保险双方约定的保险人承担赔偿责任的最高限额。综合年度保险是指工程设计单位以全年设计项目为投保标的，根据其年承担的设计项目所遇风险和出险概率选择年累计赔偿限额。第三者人身伤亡赔偿：每人最高赔偿额为人民币为 10 万元。综合年保的累计赔偿限额的确定：累计赔偿限额 ≥ 工程设计单位上一年度的设计收费×1/2。

单项工程投保是指以工程设计的单个项目为投保标的，并以工程项目预算金额为赔偿限额。每次事故赔偿限额和累计事故赔偿限额以建设工程项目的预算金额为准，二者相等。

（2）免赔额：综合年保险免赔额 5 万元；第三者人身伤亡赔偿：每人最高赔偿额为人民币为 10 万元。单项工程投保免赔额 3 万元或损失金额的 10%。人身伤亡最高赔偿限额为 10 万元。

（3）保险费率：综合年度保险的如每次事故赔偿限额为 300 万元，选取年累计赔偿限额为 400 万元的，甲级资质费率、乙级资质费率、丙级资质费率分别为 1.2%、1.3%、1.4%。每次事故赔偿额为 400 万元，年累计赔偿限额为 600 万元的，甲级资质费率、乙级资质费率、丙级资质费率分别为 1.0%、1.1%、1.2%。综合年保的累计赔偿限额的确定：累计赔偿限额 ≥ 工程设计单位上一年度的设计收费×1/2。

单项工程保险的：公路、铁路为 0.06%，房屋建筑为 0.09%，桥梁、隧道、高架铁路为 0.12%，单项工程保险费用以建设工程项目的预算金额为准。

5. 保险期限

工程设计险的保险期限一般规定如下：综合年保险保险期限为一年，保险期限自保险人签发保险单次日零时起至期满日二十四时止。期满可续保。单项保险期限一般为三年。保险的起始日应为被保险人所设计的工程项目的预计开工之日，终止日应约定年后的对应日。

### 5.3.4　车辆第三者责任险

1. 概念与特点

（1）险种概念：机动车辆第三者责任险是机动车辆保险的主险之一。在保险期间内，被保险人或其允许的合法驾驶人在使用保险车辆过程中发生意外事故，致使第三者遭受人身伤亡和财产的直接损毁，依法应由被保险人承担的经济赔偿责任，由保险人负责赔偿的险种。在 EPC 总承包项目中，投保该险种可以避免总承包商因临时雇佣的车辆发生意外事故而带来的连带责任。尤其是国际工程，项目所在地与我国的法律不同，承包商在当地处理当地问题时会受到许多限制。因此，业主在合同中会要求总承包商应购买此险种。通常情况下，该险种的投保方式为项目部租用当地出租公司的车，并由出租公司出具符合业主要求的保单，保险期限至少应与工期相同。

（2）险种特点：与机动车辆其他保险比较，主要以意外事故造成对第三者的伤害、财产损失为标的。

2. 承保范围与保险对象

（1）承保范围：以动力装置驱动或者牵引，上路行驶的、供人乘用或用于运送物品以及进行工程专项作业的轮式车辆。

（2）投保对象：项目部人员自有车主、与项目部发生租赁关系的车辆租赁公司。

3. 赔偿责任与除外责任

（1）赔偿责任：被保险车辆在使用过程中发生意外事故，致使第三者遭受人身伤亡和财产的直接损毁，依法应由被保险人承担的经济赔偿责任。

（2）除外责任：车辆第三者责任保险对以下情况除外。

1）事故原因除外：如地震及其次生灾害如战争、军事冲突、恐怖活动等除外，核反应、核污染、核辐射等除外，故意导致事故发生等除外。

2）车辆状况除外；如无有效的行驶证、号牌，或临时号牌或临时移动证除外，机动车安全技术检验或检验未通过，在修理养护，被扣押征用等期间除外。

3）驾驶员情况除外：如未依法取得驾驶证、驾驶与准驾车型不符的机动车的除外。

4）费用除外：如车上人员的人身伤亡或本车上的财产损失。

4. 赔偿限额、免赔额与保险费率

（1）赔偿限额：每次事故赔偿限额由投保人与保险人在签订保险合同时协商确定，并在保险单上载明。并根据驾驶人在交通事故中所负事故责任比例相应承担赔偿责任。

（2）保险费率：按照被保险车辆的价值、类型确定相应的保险费率。

（3）免赔额：根据驾驶人在事故中所负事故责任比例实行相应的事故责任免赔率。

5. 保险期限

保险期限一般为一年，或至少按照不低于工程期投保。

### 5.3.5　工程质量责任保险

1. 概念与特点

（1）险种概念：工程质量责任保险属于责任保险范畴，是以民事法律质量责任为标的的保险。工程质量责任保险是基于建筑物使用周期长、承包商流动性大的特点而专门设立的保险险种。两年或十年责任险是根据国家法律规范要求强制投保的一种责任保险，如法国，要求承包商必须对于工程本身和建筑设备，分别在十年、两年之内承担相应的质量缺陷责任（表5-6）。承包商在工程临时验收前必须向工地所在国指定的保险公司投保，否则工程不予验收。投保后，十年、两年期限内如发生质量缺陷，保险人承担赔偿责任。下面仅对十年责任保险进行介绍。

表5-6　　　　　　　　　　　　　　工程质量期限表

| 项目 | 结构牢固性 | 噪声控制与保温 | 防渗漏 | 良好运行 |
|---|---|---|---|---|
| 固定结构上的设备 | 10年 | 10年 | 2年 | — |
| 地基基础、主体结构和维护结构 | 10年 | 10年 | 2年 | — |
| 独立于建筑物的设备 | — | 10年 | 2年 | — |

（2）险种特点：

1）保期时间长：十年责任保险一般由承包商在竣工（验收）之后投保，保险标的是建筑产品自身的价值，保险期间为竣工（移交）后的10年。

2）外部监督性：它不仅针对建筑质量事故损失后的补偿，保险人根据自身发展的需要，还建立了包括技术检验服务、案例追查等一系列经营原则和制度。保险除了具有补偿保障功能外，还具有很强的第三方监督和服务职能，以及社会风险管理功能。

3）具有排他性：十年责任险不允许重复保险，与职业责任保险重复部分，两保险选择其一进行赔偿。

2. 承保范围与保险对象

（1）承保范围：承保范围较为广泛，包括房屋、住宅、公寓、公用设施建筑、工业厂房、烟囱及桥涵工程等几乎涵盖了所有的工程建设领域。

（2）保险对象：投保人通常是对工程内在缺陷负有责任的总承包商或分包商就其承建工

程的主体部分投保。被保险人为业主或所有人。我国工程质量保险规定，被保险人是承保范围内的建筑物具有所有权的自然人、法人或其他组织。具有国家有关部门资质认可的建筑开发商均可作为本保险合同的投保人。

3. 赔偿责任与除外责任

（1）赔偿责任：无论是由于承包商的原因、监理单位的原因、设计单位的原因或是其他外来的因素导致工程损毁（战争、地震、火灾等免责因素除外），责任人是过失或者无过错所引起的损害，业主无须举证，都可以向保险公司索赔，赔偿责任包括：

1）正式验收前，负责主体全部或部分倒塌造成的损失，不包括场地清理费。

2）工程正式验收后，保险范围内的工程本身的物质和非物质损失，包括场地清理费。但罚款及其相关的民事诉讼费不能计入赔偿金额。

（2）除外责任：十年责任保险是以建筑内在质量缺陷而发生事故损失为保险标的，因此以下情形除外。

1）被保险人或其雇员的蓄意破坏、发生偷窃或欺诈行为。

2）直接或间接的火灾或爆炸造成的损失，除非因为工程缺陷引发的火灾或爆炸。

3）采矿引起的底层震动。

4）自然灾害如地震、洪灾、暴雨和飓风。

5）战争、核裂变的直接或间接后果。

6）属于承包商的维修义务。

7）验收时明文提出的保留部分。

8）人身伤亡除外等。

4. 保险金额、免赔额与保险费率

（1）保险金额：以保险标的额为限，仅对被保险人的实际损失给予赔偿。

（2）免赔额：逐年减少，验收后第一年为 95%，第九年为 5%。我国规定每张保险凭证的每次事故的免赔额，由投保人与保险人在签订保险合同时协商确定，并在保险合同中载明。

（3）保险费率：保险费率以保险金额计算，保险金额为保险标的的工程价值，保险费率为保险金额的 0.45%～0.70%，如包括防水工程，须另附说明，保险费率为总保险费的 5%。我国工程质量险责任保险费率在 0.3%，远远低于质量保证金的 3%～5%。

5. 保险期限

工程最后验收之日起到十年后之日止。

# 5.4　人　身　保　险

## 5.4.1　工伤保险

1. 概念与特点

（1）险种概念：工伤保险是国家为在工作、生产过程中遭受事故伤害和患职业性疾病的劳动者及其亲属提供医疗救治、生活保障、经济补偿、医疗和职业康复等物质帮助的一种社会保障制度，以劳动者因执行工作任务导致伤亡或职业病而遭受经济上的损失为标的。在国外，一般将"工伤"与职业病统称为"职业伤害"。

（2）险种特点：工伤保险具有以下五个方面特点。

1）强制性：在工程建设领域，工伤保险是我国唯一的一个法律规定必须投保的险种，具有强制性。

2）具有社会保障性：该保险人不以营利为目的，属于社会保障性质的保险。

3）无过错责任原则：是指劳动者在发生工伤事故时，无论事故责任是否在于劳动者本人、企业（或雇主）还是第三者，只要不是受害者本人故意行为所致，就应该按照规定标准对其进行伤害补偿。

4）个人不缴纳保费：投保工伤保险是由雇主负担全部的工伤保险费用，而员工个人不需要缴纳保险费用。

5）职工享有工伤保险权利的同时，仍然享有获得工伤的民事赔偿权利。

2. 承保范围与投保对象

（1）承保范围：凡从事土木建筑施工、线路管道设备安装、构筑物建筑物拆除和建筑装饰装修的企业员工。

（2）投保对象：投保人应该是项目部或项目经理。被保险人是该工程项目施工现场上所有的作业人员和管理人员。受益人是工伤事故伤残者的本人或死亡者生前指定的受益人。

3. 赔偿责任与除外责任

（1）赔偿责任：工伤保险的赔偿责任如下。

1）施工场所、场内外临时设施和工作时间内，由于不安全因素或意外因素造成的意外伤害的。

2）被负责人临时指派从事与施工相关工作而遭受意外伤害的。

3）施工场所和工作时间内，因疾病造成突然死亡的。

4）本单位交通车，发生交通意外事故的。

5）法律法规规定的其他工伤事故。

赔偿内容包括：对受伤员工的医疗费、护理费、停工留薪、工伤致残进行经济补偿。

（2）除外责任：工伤保险对下列情况不予赔偿。

1）自残、酗酒或犯罪法办得除外。

2）自然灾害、战争、军事行动、核子辐射、核污染、动乱或暴乱导致伤亡的除外。

3）施工场所和工作时间因疾病所致死亡的除外。

4）医疗规章规定应自费购买的医药费除外。

5）酒后驾驶、无证驾驶或其他违章驾驶造成伤亡的除外。

6）法律法规规定不应予保险补偿的。

7）因施工场所的责任，造成相邻居民或过路行人意外伤害的除外，因属于第三者责任险范畴，项目部应投保第三者责任险。

4. 保险限额、免赔额与保险费率

（1）保险限额：我国规定，停工留薪待遇不超过被保险人工资的 12 个月；工伤护理费：生活完全不能自理、生活大部分不能自理或者生活部分不能自理三个不同等级，其标准分别为统筹地区上年度职工月平均工资的 50%、40% 或者 30%。工伤医疗待遇按规定报销；工伤致残待遇按致残等级以个人工资依据按一定比例补偿；以及致亡补偿按照有关规定执行。

（2）免赔额：无。

（3）保险费率：世界各国都对统筹范围内各行业或企业按职业伤害风险和伤害频率划分工伤伤害风险等级，实行等级差别费率。在实行差别费率的国家，各行业的费率幅度为单位工资总额的 0.2%～21%，相差较大。例如，德国工伤保险的费率最低的为 0.71%，最高的为 14.58%；美国的工伤保险费率为 0.6%～6%；日本的工伤保险费率最低的为 0.5%，最高的为 14.8%；意大利的工伤保险费率为 0.6%～16%；巴西的工伤保险费率为 0.4%～2.5%。

5. 保险期限

工伤保险期限为该工程项目被批准开工之日起，至合同规定的工程竣工之日止。工程因故停工，保险期限应作为相应顺延，并需办理保险顺延手续。

值得注意的是，在工程保险安排实践中，人们往往误认为工伤保险就是雇主责任险，实际上工伤险与雇主险是两个完全不同的险种。在我国，工伤保险是国家为保护受伤职工利益而创设的一种社会保障制度，雇主责任保险是保险公司为转移雇主风险而开发的一种保险产品。工伤保险作为一种国家强制实行的社会保险，无论企业是否投保了雇主责任险，企业都必须参加工伤保险。

相对于工伤保险，雇主责任保险对于承担员工的有关工伤赔偿事宜要求更高，而且保险的内容与工伤保险有诸多相同之处。由于用人单位参加工伤保险是法定的义务，因此是否参加雇主责任险这类的商业保险，要根据自身的情况有选择地参加，以求得企业与员工的利益最大化。两者的区别如下：

（1）两者的保障水平不同。工伤保险待遇是在劳动者为社会尽了劳动义务发生工伤以后发放的，它的保障水平是根据整个社会的经济发展水平和各方面的承受能力，由政府单方面确定。在支付工伤保险待遇时，要考虑劳动者基本的生活需要，还要考虑劳动者过去劳动贡献的大小。工伤保险是一种基本的保险，它所提供的保障水平仅是保障劳动者及其家属的基本生活需要，要高于社会贫困线，低于劳动期间的工资标准。

雇主责任险的保险金额是由保险人和投保人双方约定的，并写在保险合同里，投保人按规定缴纳保险金，当发生保险事故时，保险人按合同规定的金额支付保险金。所以雇主责任保险所提供的保障水平是依保险人与被保险人签订的保险合同和投保人缴纳的保险费的多少而定的。

（2）两者的实施方式不同。工伤保险的实施方式是强制实施的，它是社会保险管理机构依据我国有关法律强制属于实施对象的企业必须参加的社会保险，不管企业雇主和职工是否愿意。而商业保险公司的雇主责任保险实施方式是自愿的。投保人或被保险人自愿投保，保险人与被保险人双方在自愿的基础上签订保险合同，并遵循契约自由的原则，即自愿投保。

（3）两者的目的不同。雇主责任险是一种商业保险，是以盈利为目的的。它是通过商业保险公司和投保人双方签订合同，规定各自的权利和义务。而工伤保险是一种社会保险，是国家强制实行的。工伤保险不以赢利为目的，工伤保险的保险目的是保障受伤害职工的合法权益，以便妥善处理事故和回复生产，维护正常的生产、生活秩序，维护社会安定。

（4）两者的实施对象不同。工伤保险的实施对象是所有企业的各类员工，包括危险性很大的建筑业、采矿业、冶金业等行业的职工，只要是与属于工伤保险实施对象的企业有劳动关系的职工都是工伤保险的实施对象，所以，工伤保险的被保险人与企业之间的关系是一种劳动关系。

雇主责任险的实施对象是符合保险合同规定条件的雇主，保险人与被保险人之间的关系是一种等价交换关系，双方根据保险合同产生权利和义务。虽然只要是符合保险合同规定条件的雇主都可以投保，但保险公司为了自身利益一般不愿接受职业危害性很大的雇主。所以，它的实施对象范围比工伤保险的范围有很大的局限性。

工伤险与雇主责任险的区别，见表 5-7。

表 5-7　　　　　　　　　　　　　工伤险与雇主责任险的区别

| 项目 | 工伤险 | 雇主责任险 |
|---|---|---|
| 保险性质 | 强制保险 | 自愿 |
| 保险覆盖面 | 覆盖社会 | 覆盖企业 |
| 保险属性 | 社会保障保险 | 商业保险 |
| 公共利益 | 体现被保险人利益的同时，还体现国家利益和公共利益 | 体现被保险人利益 |
| 补偿范围不同 | 提供医疗救治、生活保障、经济补偿、医疗和职业疾病康复等全面补偿 | 提供与雇主工作有关的事故伤害负责的赔偿 |
| 资金来源不同 | 除保费外，政府通过各种渠道予以资金支持 | 投保人提供保费 |

### 5.4.2　人身意外伤害保险

1. 概念与特点

（1）险种概念：人身意外伤害保险简称"意外险"，是人身保险的一种。意外险是指在保险合同有效期内，被保险人由于外来的、突发的、非本意的、非疾病的客观事件（即意外事件）造成身体的伤害，并以此为直接原因致使被保险人死亡或残疾时，由保险人按照合同规定，向被保险人或受益人给付死亡保险金、残疾保险金或医疗保险金的一种保险。我国《标准设计施工总承包招标文件》（2012 年版）第 20.3 款中对承包人、发包人都提出了投保人身意外伤害保险的要求。

（2）险种特点：意外保险具有以下特点。

1）意外险是承包商及其工作人员作为被保险对象的，海外项目为中方员工、外籍的第三国雇员和当地高级雇员作为投保对象；而雇主责任险是承包商为其所雇员办理的保险，承包商及其工作人员是除外的。

2）一般的人身意外保险实行的是被保险人记名方式投保，而雇主责任险（工伤保险）是只需提交雇员类别、雇员数量、估计月薪、总收入、额外收入等信息，只需给出估算的数量即可。

3）不同国家对于意外伤害医疗保险金给付的做法有很大的不同，有的列为除外责任，有的保险险种给付医疗保险金，有的则将医疗保险金的给付作为保险条款之中一个常规条款。人身意外险的主险一般不包括医疗保险，但可以附加疾病医疗保险条款，以保障被保险人在保险责任范围内发生疾病的治疗费、药品费、检查费、理疗费、手术费、输血输液费、敷料费、住院费等。

2. 承保范围与保险对象

（1）承保范围：根据行业的特点，对承保范围有特殊规定，建设工程意外险是以工程项目作为投保单位的，凡从事土木、水利、道路、桥梁等建筑工程施工、线路管道设备安装、构筑物、建筑物新建、扩建、改建、拆除和装饰装修工程的人员，保险人均可承保。

（2）保险对象：对保险人有保险利益或经过被保险人书面同意的企业均可投保职业人身

意外伤害保险。

3. 责任范围与除外责任

(1) 责任范围：一般意外险的条款对于空间责任、后果责任、期限责任、事故性质、保险对象范围进行了界定。

1) 三定责任范围："从事与工程施工相关的工作""在施工现场""在施工期限指定的生活区域内"，以及"被保险人在因公外出期间或因公往返建筑工地途中"遭受意外伤害事故而致身故或残疾，保险人承担赔偿责任。

2) 后果责任范围：传统的意外险为"意外残疾、死亡保险"，保险责任范围主要包括死亡给付和残废给付两部分，也就是说只有被保险人发生的意外事故造成身故或残疾的后果情况下，保险公司才负责进行经济上的赔偿，未造成上述后果的则不予给付。

3) 责任期限范围："责任期"也称"观察期"。在保险中，"责任期"与"保险期"不是同一个概念。"责任期"是人身伤害险特有的概念。在意外保险条款中，有关责任期限的规定是指被保险人自遭受意外伤害之日起在多长时间内造成的死亡或残疾才构成保险责任，如超出责任期 180 天而死亡的，则保险人不予按照死亡标准进行赔付。

4) 保险事故性质责任范围：意外伤害是指伤害事故发生时，被保险人事先没有预见到伤害事故会发生，非被保险人的主观愿望或伤害事故的发生对被保险人而言是突然出现的，即意外事件的发生必须具备非本意的、外来的、突发的、非疾病的这四个方面的限定，简称"限定四要素"。

5) 保险对象责任范围：意外险是针对投保人有保险利益的被保险人在意外事故发生时造成残疾或身故而进行的赔偿，对于第三者所发生的意外事故所造成的伤害不负赔偿责任。第三者责任是指在意外伤害险保险期间，因意外事故造成施工现场及工地附近第三者的人身伤亡或残疾损失而需承担损害赔偿的责任。建筑意外险不包括对这一对象的保险责任。

(2) 除外责任：意外保险对于以下几种情况不予赔偿。

1) 人身意外险事故除外：如故意除外、违法除外、斗殴除外、违规驾驶除外、高危活动除外、失踪除外、战争除外、核除外等。

2) 人身意外险的费用除外：如非因意外伤害而发生的治疗，用于矫形、整容、美容、心理咨询、器官移植或修复、安装及购买残疾用具（如轮椅、假肢、助听器、假眼、配镜等）的费用，被保险人体检、疗养或康复治疗的费用等除外。

4. 保险费率、保险限额与赔付金额

(1) 保险费率：按人数计收保费，须记名投保。意外险与意外附加医疗费率按被保险行业不同，保险期的长短、保险额的高低设定。

(2) 保险限额：保险限额由双方约定。意外险保险限额的确定依据以下原则：一是双方协商原则，结合各地区实际情况，投保人与保险人协商而约定；二是合理原则，考虑企业的经济承受能力，确定最低保险限额；三是有效性原则，确保最低伤亡人员得到有效的经济补偿。以合同造价为基础，结合选定的费率与被保险人数计算保险金额。

(3) 赔付金额：保险金额死亡保险金按合同约定给付，合同同时终止。残疾保险金则按照保险额的一定比例进行支付，当保险金的给付额未达到赔偿的最高限额时，合同继续有效。如果附加了医疗保险，造成伤害的实际费用，只要在保险金额范围内，被保险人必须支付的合理的实际医疗费用和住院费，但每次给付不得超过保单所规定的"每次事故伤害治疗保险金限额"。

5. 保险期限

人身意外保险的保险期限原则上是根据工期来加以确定。由于施工期受多种因素的影响，是一个不确定的时间点，它可能没有按照合同约定期完成延缓竣工，也可能比合同约定期提前竣工。意外险条款对保险责任时间通常规定为：保险期限自从施工工程项目被批准正式开工，并且投保人已缴付保险费的次日（或约定保日）零时起。至施工合同规定的工程竣工之日二十四时止。提前竣工的，保险责任自行终止。工程因故延长工期或停工的，需书面通知保险人并办理保险期间顺延手续，但保险期间自开工之日起最长不超过五年。工程停工期间，保险人不承担保险责任。

在这里需要说明的是，意外伤害保险与工伤保险都是以人的身体或生命作为保险的标的，功能有相同之处，但是两者也具有许多不同之处，容易与工伤保险、雇主责任险的概念发生混淆，就我国法律环境而言，有以下区别：

（1）法律依据不同。我国建筑人身意外险的法律依据是《建筑法》第四十八条规定：……鼓励企业为从事危险作业的职工办理意外伤害保险，支付保险费。《建设工程安全管理条例》第三十八条规定：施工单位应为施工现场从事危险作业的人员办理意外伤害保险。意外伤害保险费由施工单位支付。实施施工总承包的，由总承包单位支付意外伤害险保险费。

而工伤保险的法律依据是《建筑法》《工伤保险条例》。《建筑法》第四十八条明确规定：建筑施工企业应当依法为职工参加工伤保险缴纳工伤保险费……《工伤保险条例》中明确规定：中华人民共和国境内的各类企业、有雇工的个体工商户应当为本单位全部职工参加工伤保险。

（2）覆盖面不同。建筑人身意外险是以建筑工程项目为单位的，仅限于建筑行业。属于行业意外险。行业意外险是指国家为从事高危行业人员实施的一种强制性保险。例如，依据《煤炭法》实施的煤矿意外伤害险。建筑意外险的监督管理部门为各级建设行政主管部门，工伤保险的对象是以法人为单位，覆盖的是社会所有的行业。

（3）属性不同。工伤保险是社会保险的一个险种，社会保险强调的是社会公平性，一般适用于全体公民，保险待遇较统一。筹资来源于国家、用人单位、职工个人等多方面，具有社会属性。而建筑人身意外险则属于商业保险的范畴，属于商业保险，是一种商业行为，仅适用于存在缴费关系的投保人与保险公司之间，保险资金来源于投资人的缴费，保险待遇与缴费的多少以及保险金的运营状况直接挂钩。也就是说，在社会保险与商业保险的关系上，社会保险是基础，商业保险是补充。因此，建筑业在为职工办理工伤保险后，对于特定人群还需投保人身意外保险。

（4）体现公共利益不同。我国工伤保险体现国家利益、公共利益。我国《工伤保险条例》规定，工伤保险保障下列风险事故：在抢险救灾等维护国家利益、公共利益活动中受到伤害的；职工原在军队服役，因战、因公负伤致残，已取得革命伤残军人证，到用人单位后旧伤复发等，这些风险事故均属于社会风险。由于商业性保险公司经营的目的是为了盈利，它们考虑更多的是公司的盈利状况，因而，意外伤害保险一般是不会承保在维护国家、公共利益活动中受到伤害的雇员，也不会承保革命伤残军人。

工伤保险还承担以下责任：在工作时间和工作岗位，突发疾病死亡或者在 48 小时之内经抢救无效死亡的，也体现了一定的社会救助性。可以说，社会保险是社会稳定的基本保障条件，而商业保险则是对部分人群的保险水平予以增加或改进的部分。

（5）补偿范围不同。我国工伤保险补偿范围是对在生产、工作中遭受事故伤害和患职业性疾病的劳动者及亲属提供的医疗救治、生活保障、经济补偿、医疗和职业康复等物质帮助。意外伤害是指人的身体和生命受到外来的和不可抗拒因素的意外伤害后，根据投保对双方约定的契约和投保额，从保险公司获取相应的赔偿。这两个保险不重复，如果出现事故则人身意外伤害保险和工伤保险都要进行赔付的，医疗部分是分摊赔付，工伤保险报销一部分，剩余部分由意外伤害保险赔付。对身故残疾则都要进行赔偿的。

（6）资金来源不同。建筑人身意外险的资金来源主要是被保险人缴纳的保费，工伤保险的资金来源不仅仅包括企业缴纳的工伤保险费用，而且还包括工伤保险费滞纳金、基金的利息和法律法规规定的其他资金，资金不足时，政府还可以临时垫支。

对于海外工程而言，我国对外承包工程的总承包公司大致可以分为以设计为优势的总承包商，以施工安装为优势的总承包商，以融资、设备采购和项目管理为优势的总承包商三类。对第一类和第三类总承包商长期派驻现场的人员，由于驻留时间较长，发生意外事故的可能性较大，公司应考虑有针对性地为这部分人员购买长期的、稳定的人身意外伤害险；对于医疗条件较好的国家，可考虑为员工购买境外医疗保险；对于交通运输情况较差、环境恶劣的国家和地区，应为员工购买附加险紧急医疗救援服务。对第二类总承包商而言，由于派驻现场人员面临的风险更大，因此，在上述保险采购原则的基础上，应该认真研究各种保险方案及其免除责任条款，提高人身意外伤害保险的保险金额。人身意外险与工伤险的区别见表5-8。

表 5 - 8                               人身意外险与工伤险的区别

| 项目 | 人身意外险 | 工伤险 |
|------|-----------|--------|
| 保险性质 | 自愿保险 | 强制保险 |
| 保险覆盖面 | 建筑意外险覆盖行业 | 覆盖社会 |
| 保险属性 | 商业保险 | 社会保障保险 |
| 公共利益 | 体现被保险人利益 | 体现被保险人利益的同时，还体现国家利益和公共利益 |
| 补偿范围不同 | 依据保险合同约定补偿 | 提供医疗救治、生活保障、经济补偿、医疗和职业疾病康复等全面补偿 |
| 资金来源不同 | 投保人缴纳的保费 | 除保费外，政府通过各种渠道予以资金支持 |

另外，在保险安排时，还应注意人身意外险与雇主险的区别，两者的区别见表5-9。

表 5 - 9                               人身意外险与雇主险的区别

| 项目 | 人身意外险 | 雇主险 |
|------|-----------|--------|
| 性质范畴 | 人身保险中的伤害保险 | 财产保险中的责任保险 |
| 投保人 | 雇主或被保险人均可投保 | 雇主投保（雇主承担保险费用） |
| 赔付条件 | 对所有意外事故伤害负责赔偿 | 对与雇主工作有关的事故伤害负责赔偿 |
| 赔付范围 | 经济补偿职业病除外 | 经济补偿包括职业病 |

# 第6章 EPC工程保险安排案例

EPC工程保险安排计划是实施保险策略的蓝图,是承包商保险采购的唯一依据。安排计划是否科学、合理、经济关系到风险转移策略实施的成败。近年来,在EPC工程保险的实践中,我国出现不少典型的保险安排计划案例。本章将介绍火电、水利、铁路、煤化等五个行业的案例,各案例在对行业风险分析的基础上,主要介绍他们针对施工期所做的保险安排以及实践经验与体会。

## 6.1 火电项目建筑安装期风险分析与保险安排

### 【案例摘要】

某保险经纪公司在对国内某大型EPC电厂建筑与设备安装期所面临风险进行分析的基础上,对保险提出建议性保险安排方案。最后,承包商采纳了该保险安排,使工程顺利完工。本保险方案可供电力或类似工程项目对建筑安装期制订保险安排方案时做参考。

### 【项目概况】

本项目为云南某大型发电站EPC项目,建设装机总容量为60万kW的火力发电项目。该项目属于我国"西电东送"的工程项目,工程动态投资220143万元,由国家开发投资公司、云南省开发投资公司、云南省电力集团按4∶4∶2的比例投资建设,该工程煤源、水源便利,交通运输快捷,是云南省拟建项目中外部条件最优越、进展最快的一个。

### 【火电工程风险特征】

本案火电工程建设具有巨大的经济效益和社会效益,在建设过程中具有投资大、建设周期长、技术复杂、在其施工中影响成本的因素多、不确定因素和不可预见因素多、建设项目存在较大风险。就大型火电站工程项目而言,一般具有以下特点:

(1)工程现场多远离中心城市,公共设施落后,EPC工程合同范围较其他工程有所延伸,如五通一平、修建码头、提供海水净化系统等。

(2)多数依靠业主提供的资料,容易造成预判工作不充分,许多项目往往是合同生效后才进行初勘工作。

(3)EPC合同付款多与里程碑挂钩,往往拖后于总承包资金的需要,该项目对总承包商资金运作能力提出很高的要求。

(4)大型火电项目风险利益关系众多,除业主和各类常见分包商外,分包商还包括调试方、试运行方、性能考核方、监造方、认证机构、政府职能机构(安全监察机构、税务、治安、海关等)和当地团体、居民利益相关者。

(5)专业集成,技术要求高。一座现代化高度自动化的火电站项目包括锅炉岛、汽机岛、全厂BOP(辅助)系统等,涉及全厂布置、土建、机务、化水、暖通、热控、电气、消防等多个设计专业,合同技术标准和规范庞杂,项目都按照国际标准要求。

(6)大型火电站工程项目往往是数十个单位工程(上百个分项工程)交叉作业,施工、安装、调试技术要求高，EPC 总承包商面临着林林总总的分包商，管理难度大。

（7）移交前进行整体性能考核与试运行，性能考核与试运行周期长。

（8）关键设备、部件需要承受高温、高压，对设备、部件的高温、高压质量要求高，需通过安检认证，一旦存在质量隐患或者操作不当，危害很大。

（9）质保期长，且一旦工程质量缺陷事故发生，业主可以要求相应延长质保期。

【本案风险分析】

保险安排是建立在风险分析基础之上的。EPC 项目建设工程的设计、施工规模宏大，技术复杂，涉及的风险因素广泛而又集中，再加上建筑施工是一个动态的过程，发生意外事故几乎难免，而且频率较高。鉴于该火电站项目资料主要参考同类项目的一般风险状况，本案例承包商委托保险经纪公司对本案项目的风险做了分析，本项目主要风险分析结果如下：

1. 自然灾害风险

（1）地震不仅造成建筑开裂、机械损坏、人员伤亡，还会引发次生灾害如道路地基的滑坡、下陷等的变化，引发洪水、供电、供水、交通中断等问题。

（2）施工期间发生暴雨、台风、海啸等自然灾害，常常造成工程、设备、物料损毁或灭失，还可能造成物体坠落而引发其他财产损失或人员伤亡。

（3）暴风雨、水灾（有时水量虽然是很小）会影响施工质量，造成返工；水到之处，会造成建筑物、脚手架、塔吊的损坏或倒塌。

（4）本项目处于夏季高温地区，可能会造成混凝土质量事故，如由于高温混凝土中水分快速蒸发，影响混凝土的强度，造成混凝土结构安全性未达标。

2. 人为因素风险

人为因素不包括故意行为。在工程建设、施工的不同阶段会有不同的风险。

（1）各种材料、设备的供应商履约不利或违约，造成产品质量不合格。由于产品质量不合格，会造成返工、维修，产生损失。

（2）承包商不执行技术规范、施工方法错误，安装操作失误，如基坑开挖时错误的维护方案或施工方法会造成基坑塌方，引起周边建筑开裂或倾斜；桩基施工时，错误的施工方法会引发大量的挤土，造成附近地下管线破裂，造成周围建筑物开裂倾斜；上部结构施工以及装修和设备安装施工时，施工管理和操作的错误会造成质量事故，结果开裂，甚至发生爆炸、火灾；在高空作业时，安全措施不周或施工人员的疏忽和错误，会造成施工人员高空坠落伤亡；防火安全措施不足，造成火灾；施工用管道遭受撞击，会引起泄漏等。

3. 技术性风险

（1）设计错误：主要表现在技术不成熟、技术可靠性差、设计人员水平有限或疏忽。如设计阶段出现荷载计算错误、结构模型选择不当等，造成建筑结构先天不足，使建筑处于不稳定状态，甚至开裂、倾斜、倒塌等。

（2）地质勘查：地质基本情况没有完全探明，给基础施工留下隐患，如选择错误，把建筑选择在地质条件较差的地方，容易使建筑受到地质灾害影响，造成建筑开裂、倒塌，为避免此类风险的发生，业主需要投入大量的资金用于地基处理或基础结构工程。

（3）施工技术：基础施工期间，施工技术或方案不当，会引起基坑塌陷，建筑物及周边建筑开裂、倾斜，甚至倒塌；结构施工时，施工技术或操作错误会造成混凝土的质量事故、结构开裂或倒塌；装修与设备安装施工时，施工技术或操作错误会引起各种质量事故或人身伤亡，造成财产损失和人员伤亡；高空作业时，安全措施不到位，施工人员疏忽或操作错误会造成高空坠落伤亡事故，或造成对第三者的伤害；因施工任务紧，承包商采用施工新技术，而新技术的成熟性与可靠性差，导致事故发生。

（4）业主提供的材料或承包商自行采购的材料不符合设计要求，对于材料事先无检测、无监督，使用不符合设计要求的材料，导致工程存在潜在风险。

4. 责任风险

（1）地理环境方面：工程项目对周边环境影响较大。比如，施工可能会对周边其他建筑、居民的安全产生影响，对空气产生污染等。

（2）施工方式方面：基础施工时，对地下水位控制不好，对地下物所形成的支撑缺乏维护，爆破施工、打桩产生的震动对周边都会产生影响。

（3）安全防范方面：工地周围无警示标志，对人员进出工地管理不严，工地无 24 小时巡逻，都会造成对第三者的人身安全产生威胁。

（4）由于该建筑安装工程的意外风险造成临近企业和个人的人身伤亡或财产损失。

5. 意外风险

（1）工地办公室、材料仓库发生火灾：电器设备超负荷运转或用电不当导致火灾或爆炸，施工组织不完善，搭建、电焊、吊装、管道焊接等会引起火灾。

（2）高塔的建造、脚手架整体或部分塌变，架上物质坠落占事故的 4%～5%。另外，锅炉以及压力容器的安装不规范引起的意外事故。

（3）膨胀土：由于膨胀土具有遇热膨胀，遇冷收缩的特点，如施工中遇到膨胀土，容易引起浅基础工程的开裂。

（4）淤泥：淤泥质黏土或粉质黏土结构，具有高压缩性、承载力低、易触变而引起建筑物下沉或不均匀沉降。

6. 试车风险

在大型电力安装工程完结阶段，需对成套新安装的设备进行多次性能测试，已达预定的标准。在此期间，锅炉、发电机、压力容器、分离器、反应器、管道、升降系统以及同一系统配套设备都要进行调试，安装过程中的各种隐患都会在试车的过程中暴露出来，并可能造成重大事故。试车阶段是风险相对集中的阶段。

7. 设备运输风险

本工程项目所安装的设备，大多是从国外或外地采购来的，通过海洋或陆地的运输方式到达施工工地进行安装。在运输的过程中，会遇到自然灾害或意外事故，一旦发生事故就会造成巨大的设备损失。为此，运输风险是不可忽视的。

我国火电站 EPC 项目应用时间不长，一直还在摸索中前行。如何结合火电项目的特点，利用保险手段转移风险，达到有效地控制风险的目的，从风险管理与保险的实践中总结经验、吸取教训是中国火电站工程承包商的必经之路。

【保险初步安排】

保险经纪公司依据上述风险分析，对该承包商做出如下建议与保险初步安排。

1. 保险险种组合

针对大型基础设施项目建筑、安装期风险管理的要求，并结合同类项目风险的特点，为了能够使项目面临的风险得到合理控制和转移，使投资方和其他权益方（如贷款银行）的利益得到全面保障，推荐以下保险组合：建安险及第三者责任险，雇主责任险，海洋与内陆运输险。

2. 项目投保人

在 EPC 工程项目中，除工程的关键工作由承包商来完成外，可以通过分包形式将大部分工程分包给分包商来完成。由总承包商、分包商各自分散地对保险做出投保安排，极容易出现漏保，或者分包商承担风险的能力本来就较弱，总承包商很难做到实质性的风险转移。基于上述原因，一般大型工程项目的保险由业主在招标文件中给出方案，与总承包商协商达成一致意见，再由总承包商进行办理保险事宜。被保险人一般为业主、总承包商、主要的分包商以及金融投资（银行）单位，可根据融资条件确定被保险人或保险受益人。

3. 免赔额

保单中的免赔额（或称自付额）由被保险人如承包商及供应商承担。

4. 保险期限确定

保险期间由开工通知书发出后，或保险合同签署后开始，整个工程完成建筑、安装、调试，直至承包商移交业主开始全面运营为止。

5. 保险金额确定

工程项目的保险金额的确定应为工程概算价或合同价，其中涉及的财产项目（包括机械设备）的保额应为该财产的重置价。

【保险安排要点】

1. 保险金额的设定

保额的设定直接影响保费的数额，决定承包商受保障的程度。因此，在设计保险方案时，应该明确保险金额设定的原则。在建筑安装工程方面，保额主要是指被保险工程的总承包价，包括永久工程和临时工程的原材料费用、机械设备费用、建造费、安装费、运输费、保险费、关税以及其他税项。总之，其保额不少于该项建筑及安装费用的总重置成本价，保额厘定也必须考虑通货膨胀率，包括货物、机械设备本身、人工费、运输、存储、检查等费用的上涨。

设定工程保险保额时，需要了解贷款银行的还本付息的要求以及承包商企业的固定开支和预期的利润，还要考虑保险的期限。保期期限分为 6 个月、12 个月和 24 个月。

另外，海洋、内陆运输保险的保额应结合供货合同的总价，包括设备的重置成本总价，按运费、保险费的 110% 来厘定。另外，对清除残骸费用和专业费用也可单独投保。

保险经纪人建议合理设定建设安装期所需的保额，已取得足够的保障。合理的保额可作为寻求优惠的保险费率的基础，以较小的费用获得最大的保障。

2. 免赔额的设计

免赔额在保单中有以下几个方面：首先，免赔额作为保险人是减少运营成本，避免风险的工具之一。被保险人在遇到保险风险时，首当其冲，必须承担事先约定的某一数目的损失额，这就是我们所说的免赔额。免赔额是被保险人根据自己的承担能力确定的自留风险，免赔额越高，则保费就越低，这样设定免赔额可以有效地降低保费。设立免赔额可以使保险双方减少工作量，节约人力、时间。因此，设定免赔额是保险双方自愿的。

综合上述情况，为保障施工期间遇到风险事故时不至于由于免赔额定得太高，而遭受大的损失，保险经纪公司建议，在确保被保险单位的利益前提下，制订合适的被双方都可以接受的免赔额。

3. 利用国内保险市场的竞争

国内的保险市场是一个具有很大发展空间和潜力的市场，国外保险公司的纷纷进入，希望在我国抢夺一部分保险市场的份额，他们往往以降低承保条件的方式向国内的保险公司招手，向他们提供更为优惠的再保险条件，有些国外保险公司已经获得保监会的同意，可地域性地接受直接的保险业务。再者，国内的许多大型保险公司下属地域性的分公司，本身就具有独立承保的权利，不受区域的限制，他们相互竞争，以获取更多的保源，这就形成了国内保险市场竞争激烈的局面。

4. 广泛利用国际再保险市场

由于受国内保险市场承保能力的限制，国内大多数大型基础建设项目的风险都要通过国际保险经纪人分散到国际再保险市场，由国际上众多的再保险公司承担风险。国际再保险市场价格水平理论上讲要通过国内保险人的定价机制传输到投保人身上，但由于国内保险市场的定价机制不透明，往往使保费价格与国际市场价格相背离，如果能够最大限度地了解国际再保险市场的价格系统，则能最大限度地保护被保险人的利益。为此，投保人可以委托一个可信的保险经纪人询价，这是一个有效的途径。

选择保险公司时，投保人应从安全角度，以合理的保费支出，寻求最充足的保险保障，投保人应考虑以下因素：①保险公司的资信实力；②保险公司的经营与管理水平；③对保险公司的理赔权限和承保权限；④再保险渠道的畅通和支持能力；⑤保单的保险范围、费率计免赔额；⑥保险公司的理赔服务的便利、便捷；⑦保险公司的售后服务水平。

**【保险建议方案】**

本保险方案只包括最基本险种：建筑安装一切险（第三者责任险）、内陆/海洋运输险、雇主责任险。保险安排方案中的保险金额、免赔额及保险期限等可根据项目的实际情况及合同的有关条文加以修改，建议保险安排方案如下：

保险险种：建安工程一切险及第三者责任险

被保险人：某公司和/或其分公司、子公司和/或承包商/监理方和/或有关权益方。

工程地点：项目所在地

保险期间：建筑期：预计（×××）个月，各工程按完工先后分段试车。

保证期：完工之日起（×××）个月。

保险项目：

第一部分（物质损失）

1. 合同工程

建筑或安装的，在建筑或安装中的永久性和临时性工程，以及位于工地内的，根据工程合同应由被保险人承包商负责的所有其他财产，其金额应包括在保额当中，并且不包括建筑用机械设备及临时建筑物。

2. 专业费用

损失发生后，为恢复保险财产而支付的合理的建筑师、检验师及工程咨询人的费用，但不包括准备索赔的任何费用，此项下的赔偿金额不得超过有关管理部门规定的收费标准。

3. 清理残骸费用

由于保险风险造成的第一部分的财产损失，经过保险人同意，被保险人支付合理的清理残骸费用。

第二部分（第三者责任险）

赔偿被保险人履行合同过程中的以下法律赔偿责任：①意外的人身伤亡；②意外的第三者财产损失；③包括应付索赔人的法律费用以及保险人同意支出的被保险人的法律费用。

保险金额：

第一部分（物质损失）

(1) 合同工程：按工程概算价。

(2) 专业费用：根据项目规模确定。

(3) 清理残骸费用：同上。

第二部分（第三者责任险）

(1) 赔偿限额：根据工程规模和所在地点确定。

(2) 确定工期内总赔偿金额或每次事故赔偿限额。

司法管辖权：中国

承保范围：

保险公司标准保单条款，另加以下附加条款：

(1) 自动恢复保险金额条款。

(2) 交叉责任保险。

(3) 设计师责任保险。

(4) 现有建筑及周围财产保险。

(5) 扩展责任保鲜期条款。

(6) 预防措施条款。

(7) 加班、夜班、节假日加班、快运及空运额外费用条款（限额：损失的 10%）。

(8) 急救费用条款。

(9) 内陆运输条款（限额：每次运输 RMB10 000 000 元）。

(10) 工程完工后扩展条款。

(11) 建筑、安装施工机具、设备条款。

(12) 铺设管道、电缆条款。

(13) 场所外存储条款（限额：每次事故及累计 RMB10 000 000 元，中国境内）。

(14) 预付款条款。

(15) 赔偿董事、高级行政人员、经理及授权雇员条款。

(16) 图纸及文件条款。

(17) 专业费用条款（限额：200 万元）。

(18) 公共当局款。

(19) 清理残骸费用条款（限额：1000 万元）。

(20) 罢工、暴动及民众骚动条款。

(21) 扩展承保测试及使用条款。

（22）时间调整条款（72 小时）。

（23）震动、移动及减弱支撑条款（限额：每次事故及累计 RMB10 000 000 元）。

（24）放弃代位追偿权利条款。

（25）60 天注销保单条款。

（26）境外理算人条款。

（27）水险分摊条款。

（28）免检条款。

（29）地面下陷条款。

（30）埋管查漏条款。

（31）赔偿受益人条款。

免赔额：

第一部分（物质条款）

（1）自然灾害（根据项目特点确定）。

（2）其他（同上）。

第二部分（第三者责任险）

第三者财产损失（待定）。

第三者人身伤害（无）。

保险险种：海洋货物运输保险（开口保障）。

被保险人：某公司和/或其分公司、子公司和/或承包商/监理方和/或有关权益方。

营业性质：电力生产。

保险期限：自申报之日持续有效。

保险财产：机械设备及相关配套装置。

运输方式：任何经核准的船/汽船/航空/火车/卡车或联运。

每次运输限额：（待告知）。

保险金额：预计保额（待告知）。

（实际装船金额待报）。

保额的确定：货物或商品的全部金额加上被保险人应负责的有关运输费用、保险费并加成 10%。

适用条款：协会货物保险条款（A）

扩展条款：

（1）协会罢工条款（货物）。

（2）协会战争条款（货物）。

（3）协会偷窃或提货不着条款。

（4）协会船级条款。

（5）协会重置条款。

（6）海运进料口货物运输保险特别条款。

（7）进口集装箱货物运输特别条款。

免赔额：（待定）。

保险金额：（待定）。

保险费：（待定）。

保险险种：雇主责任险。

被保险人：某某公司和/或其分公司、子公司和/或承包商/监理方和/或有关权益方。

工程地址：某某地。

保险期限：待告知。

地址范围：中国境内、全球范围（仅指雇员公差海外）。

业务性质：电力建设和管理。

司法管辖：中华人民共和国法律。

承包范围：凡被保险人雇佣的员工，在本保险的有效期内，从事被保险人业务有关工作时，遭受意外而受伤、死亡或与业务有关的职业性疾病所致伤残或死亡，所需要的医药费以及经济赔偿责任，包括应支付的诉讼费用，保险公司负责赔偿。

赔偿范围：（1）死亡——最高赔偿 36 个月的工资。

（2）永久性残疾——最高赔偿 48 个月的工资；临时性伤残免赔额为 5 万元。

工伤医疗：待定。

适用条款：保险公司标准条款及附加的扩展条款。

扩展条款：（1）特殊天气条款。

（2）社会/康体条款。

（3）保费调整条款（最高退费为已交保费 25%）。

（4）员工食堂条款。

（5）员工宿舍条款。

（6）扩展工作范围为中国境内。

（7）30 天取消期条款。

（8）自动承保新地址条款。

预计投保人数：实际投保人数，需提供明细。

预计年薪总额：按投保人数确定。

保险费率：待定。

保险费：待定。

**【案例提示】**

（1）由于火力发电站项目属于大型复杂项目，火电站往往一般采取 EPC 合同模式，而 EPC 模式的保险种类涉及较为广泛，保险周期长，且火电站在建筑与设备安装期的风险比较集中。因此，承包商应根据火力发电工程特点和实际，对建筑与安装期的保险计划做出科学、统一的安排，在保险成本最低的条件下，达到对风险的有效控制，成为火电建设承包商在保险安排中需要重点考虑的问题。

（2）我国 EPC 模式应用时间不长，缺乏保险的知识和经验，承包商自身编制保险计划，有一定的困难。本案承包商委托保险经纪公司对建筑与安装期的工程保险做出计划，该项目的保险咨询公司在全面了解了本案例工程的地质、环境、技术、质量、进度计划等情况后，为本项目的保险提出了初步安排和建议方案，最后，总承包商与业主协商对此安排方案做出采纳的决定。通过保险经纪公司来制订保险安排方案，为同类工程的总承包商的编制保险安排计划提供了有效途径。

## 6.2　水利项目施工期风险分析与保险安排

**【案例摘要】**

通过对南水北调中线干线工程项目风险的认识，重点阐述建设施工期的固有风险中的纯粹风险因素，进而识别可保风险，利用保险转移手段对可保风险进行风险转移策略，承包商邀请保险经纪公司对该项目提出保险安排建议，为水利项目提供了施工期保险安排经验。

**【项目概况】**

南水北调中线工程（以下简称调水工程），是从长江最大支流汉江中上游的丹江口水库调水，导流到北京市颐和园团城湖的输水工程。输水干渠地跨 4 个省、直辖市。中线输水干渠总长 1432km。该工程于 2003 年 12 月 30 日开工，2009 年 6 月底，已累计下达南水北调东、中线一期工程投资 589.7 亿元。2014 年 12 月 12 日，长 1432km、历时 11 年建设的调水工程中线正式通水。调水工程中线干线工程全部实行了建设监理制。同时对项目的可保风险做了周密的保险安排，上述措施在保证质量、节约投资、控制工期、保障安全等方面发挥了重要作用，取得了明显的社会效益和经济效益。

**【水利工程风险特征】**

水利工程是指防洪、除涝、灌溉、发电、供水、围垦、水土保持、移民、水资源保护等工程（包括新建、扩建、改建、加固、修复）及其配套和附属工程的统称。调水工程指水资源一级区或独立流域之间的跨流域调水工程。

水利工程项目具有一定的特殊性，还具有投资大、建设周期长、自然因素影响大、不确定因素多等特点。因此，项目投资风险也更大。水利工程具有以下风险特征。

（1）影响面广泛：水利工程规划是流域规划或地区水利规划的组成部分，而一项水利工程的兴建，对其周围地区的环境将产生很大的影响，既有兴利除害有利的一面，又有淹没、浸没、移民、迁建等不利的一面。为此，制订水利工程规划，必须从流域或地区的全局出发，统筹兼顾，以期减免不利影响，收到经济、社会和环境的最佳效果。

（2）技术复杂、工期长：水利工程一般规模大，投资多，技术复杂，工期较长。

（3）受地质的影响大：调水工程中，如果遇到地质不良，如地质松软将会造成湿陷变形，湿陷变形对渠坡和渠基稳定有危害，甚至发生地基下沉。

（4）自然灾害影响：水利工程项目容易受到自然风险的影响，尤其是洪水灾害、汛期洪水、暴风、雷击、高温、严寒等均会直接影响工程建设进度及质量，发生质量风险和进度风险，而且洪水除了会损害已建成的部分工程、施工机具外，还有可能导致重大的财产损失及人身损害的风险。

（5）风险的周期性：水利工程建设周期长，每年的气候因素、环境因素会对其产生周期性影响，一个大型的水利工程项目可能要经历数个洪水期的影响。

（6）风险的季节性：大部分自然灾害均体现出显著的季节性特点，其在不同的时期会对施工安全产生不同的影响，存在周期性安全风险。

**【本案固有风险分析】**

固有风险又称系统风险，是指项目不可避免发生的风险。对于调水工程，其正式运营后的政治和经济影响显然比其他工程风险要大得多。但是，承包商更加关心是在工程建设施工期间固有风险中的固有风险因素可能带来的损失。比如自然、地质、施工工艺等因素带来的风险。在此，仅针对 EPC 调水工程建设施工期固有风险中的纯粹风险因素进行重点分析。

### 1. 洪水风险

洪水是指江河水量迅猛增加及水位急剧上涨的自然现象。洪水的形成往往受气候、下垫面等自然因素与人类活动因素的影响，按地区可分为河流洪水、融雪洪水、冰川洪水、冰凌洪水、雨雪混合洪水、溃坝洪水等六种。

调水工程主要面临的洪水风险大多属于河流洪水中的暴雨洪水，多发生在夏、秋季节，特别是伏牛山、太行山东侧的总干渠区段，汛期暴雨频繁、雨量大，具有雨期集中、暴雨历时短、强度大等特点。

总干渠沿线交叉河流的洪水均由暴雨形成，洪水发生时间与暴雨一致，多在 6～9 月。总干渠基本沿伏牛山、嵩山、太行山山脉山前地带北上，沿线交叉河流基本都位于山区，因此交叉河流洪水具有洪水过程陡涨陡落、峰形较尖瘦的山区性河流洪水特性。一次洪水过程历时一般不足 3 天，历时较长的特大暴雨，可延长 3～7 天，洪水洪量集中，3 天洪量可占 7 天洪量的 80% 左右，中小河流可超过 90%。

工程项目建设施工期的洪水风险进行评估时，通常应当从建设项目的地理位置、洪水重现周期和工程施工进度三个方面进行考虑。总干渠沿线各交叉河流，资料条件差异较大，少数大的交叉河流有实测的水文资料，其他均没有完整的水文资料数据。对建设施工期而言，洪水风险的大小在很大程度上取决于项目的地理位置，一般来说，江河上游流域的面积越大，可能形成的过程雨量越大，则项目的洪水风险也就越大。对调水中线干线工程，应重点关注河流上游流域面积在 20km² 以上的交叉建筑物施工期所面临的洪水风险。

### 2. 湿陷性黄土风险

湿陷性黄土是指在 200kPa 压力下，浸水载荷试验的湿陷量与承压板宽度之比大于 0.023 的黄土。在受压状态下，常造成地基下沉等风险。其主要分布在冲积平原区。

调水工程大部分区段湿陷性黄土危害主要分布在北汝河至北京的渠道沿线，其中填方段累计长 8.8km，挖填段累计长 92.77km，湿陷性以弱到中等为主，均为非自重湿陷型，湿陷深度多在 5m 以内，湿陷的最大深度约为 8m。另外，天津干渠也有湿陷性黄土分布。

黄土状的湿陷性对挖方渠段影响不大，可不考虑渠道的湿陷变形问题。半挖半填段和填方段因在原地层上增加了荷载，则要考虑湿陷变形对渠坡和渠基稳定的危害。湿陷性黄土的地基处理中，有强夯、灰土桩、灰土垫层，一般用强夯或灰土桩来消除全部湿陷性，如果湿陷性黄土土层浅，也可用灰土垫层。对于南水北调工程，应重点关注交叉建筑物和填方渠段的此类风险，具有中等黄土湿陷的渠道应采取强夯措施。

### 3. 基坑涌水、涌砂的风险

存在此类风险的区域主要为沙质粉土地层，地下水位高。基坑开挖时，极易导致开挖面隆起变形，从而引起边坡失稳、基坑涌水等问题，一旦漏水，水和沙有可能会形成"管涌"。调水中线工程存在此类风险的渠段共 277km，需要做好施工期地下水的排水、截水工作。

4. 泥（水）石流风险

泥石流是介于流水与滑坡之间的一种地质作用。典型的泥石流由悬浮着粗大固体碎屑物并富含粉砂及黏土的黏稠泥浆组成。在适当的地形条件下，大量的水体浸透山坡或沟床中的固体堆积物质，使其稳定性降低，饱含水分的固体堆积物质在自身重力作用下发生运动，就形成了泥石流。泥石流是一种灾害性的地质现象。泥石流经常突然爆发，来势凶猛，可携带巨大的石块，并以高速前进，具有强大的能量，因而破坏性极大。泥石流所到之处，一切尽被摧毁。

历史上焦作—苍河长约 100km 区段内的河流曾发生过泥（水）石流，米泉这些河流中也有大量的松散砂硕石的堆积，暴雨期仍有发生泥（水）石流的可能。应对泥石流的风险，除了在设计时考虑其危害，在建设期还应考虑对其加强应急准备，并根据实际情况通过保险进行转移。

**【保险转移策略】**

工程风险具有客观性、普遍性、可变性、风险事故发生的偶然性以及大量风险事故发生的必然性等特点。工程风险的处理是指在进行了风险识别与风险评估之后，根据工程的特点以及投保人和被保险人的实际情况，有针对性地采用不同的措施和手段，以实现用最小的成本达到最大的安全保障的目的。在风险处理过程中，可以应用的技术包括回避、抑制、自留和转移等。下面将从工程保险角度来讨论工程风险的转移策略。

1. 风险转移策略

(1) 项目可保风险的判断。在对调水工程项目风险分析时，通过人的因素、物的因素、环境因素三个方面对项目风险进行了系统分析，并识别出 27 类风险。下面从保险的角度对这 27 类风险进行分析，将风险以及可能造成的损失分为可保风险以及不可保风险。表 6-1 中打钩部分为可保风险，未打钩部分为不可保风险。

表 6-1　　　　　　　　　　　　　调水工程可保风险及损失类型

| 序号 | 风险类别 | 风险因素 | 可能直接造成的物质损失 | | |
|---|---|---|---|---|---|
| | | | 物质损失 | 人员伤亡 | 第三者责任 |
| 1 | 人的因素 | 施工人员道德风险 | √ | √ | √ |
| 2 | | 关键人员流失风险 | | | |
| 3 | | 误操作与违章 | √ | √ | √ |
| 4 | | 人员伤害 | | √ | |
| 5 | | 破坏防护设施 | √ | | |
| 6 | | 盗、抢水风险 | √ | | |
| 7 | 物的因素 | 施工机械的性能 | √ | √ | √ |
| 8 | | 脚手架工程风险 | | | |
| 9 | | 机械设备维护风险 | √ | √ | √ |
| 10 | | 机动车辆风险 | | | |
| 11 | | 电器安全 | √ | √ | √ |
| 12 | | 设备安装风险 | √ | √ | √ |
| 13 | | 边坡和渠坡稳定 | √ | √ | √ |

| 序号 | 风险类别 | 风险因素 | 可能直接造成的物质损失 | | |
|------|----------|----------|------------|----------|------------|
| | | | 物质损失 | 人员伤亡 | 第三者责任 |
| 14 | 环境因素 | 高低温风险 | | | |
| 15 | | 冰情 | √ | √ | |
| 16 | | 洪水风险 | √ | √ | |
| 17 | | 旱灾 | √ | √ | |
| 18 | | 膨胀土风险 | √ | √ | |
| 19 | | 湿陷性黄土风险 | √ | √ | |
| 20 | | 饱和砂土震动液化风险 | √ | √ | |
| 21 | | 基坑涌水风险 | √ | √ | |
| 22 | | 采空区风险 | √ | √ | |
| 23 | | 泥（水）石流风险 | √ | √ | |
| 24 | | 熔岩塌陷风险 | √ | √ | |
| 25 | | 地震断裂带风险 | √ | √ | |
| 26 | | 医疗保障 | √ | √ | |
| 27 | | 治安因素 | √ | √ | |

（2）可保风险矩阵图。承包商委托保险经纪公司通过可保风险的损失频率和损失程度对风险等级进行分析，并绘制出风险矩阵图，如图 6 - 1 所示。

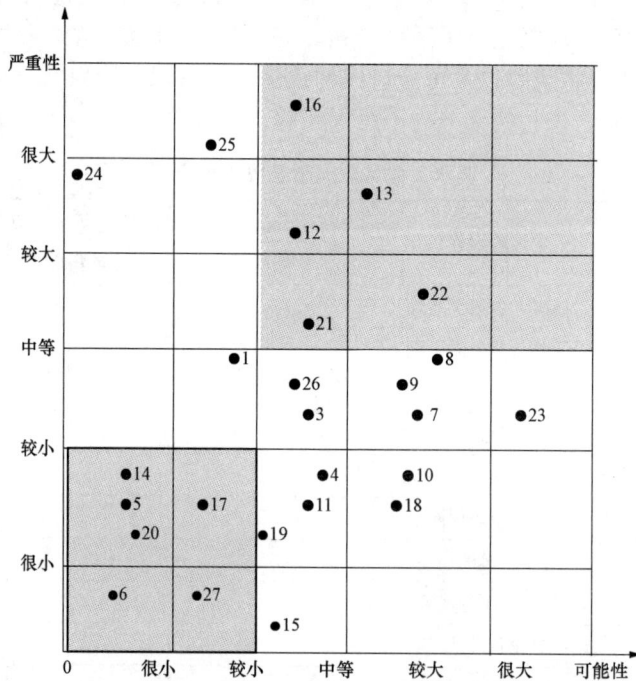

图 6 - 1　本案调水中线干线工程可保风险矩阵

注　1. 编号风险内容即见表 6 - 1。

　　2. 浅灰色表示：低风险区；白色表示：常规风险区；深灰色表示：高风险区。

从图 6-1 可以看出，多数风险都集中在常规风险区，属于常规风险；洪水风险、地震风险、边坡和渠道稳定风险则集中在高风险区，属于较高风险，需要通过保险转移；盗、抢水风险等则集中在低风险区，属于较小风险，可以不通过保险转移。

（3）风险转移手段。经过风险分析，接下来就要对识别出来的风险进行管理。转移是风险管理中最常见的一种形式，是业主或承包商或其他关系方为了避免承担风险损失，而有意识地将损失或与损失有关的财务后果转移给他人的一种风险处理办法。这种转移包括了参与方之间的转移，也包括了向参与方以外的主体进行的转移。风险转移可以分为财务转移和非财务转移，保险就是一种典型的财务转移方式。对于中线干线工程这种大型工程项目，利用保险来转移风险是非常有必要的，调水中线干线工程转移风险工程保险安排见表 6-2。

表 6-2　　　　　　　　　　**本案调水中线干线工程转移风险工程保险安排**

| 施工阶段 | 风险 | 风险转移手段 |
|---|---|---|
| 工程准备阶段 | | |
| 海上运输 | 雷电、海啸、地震洪水等自然灾害 | 海上货物运输保险 |
| | 搁浅、触礁、沉没、失火、爆炸等意外风险 | 海上货物运输保险 |
| 内陆运输 | 雷电、冰雹、暴雨、洪水、地震、海啸、地陷等自然灾害 | 内陆货物运输保险（或在建工险项下扩展内陆运险） |
| | 碰撞、出轨、震动、挤压、违章等意外风险 | 内陆货物运输保险（或在建工险项下扩展内陆运输险） |
| 工程建设阶段 | | |
| 永久性及临时性工程 | 洪水、地震、风暴、暴雨、雷电、海啸、台风、水灾、冰雹、冻灾等意外风险 | 建工险 |
| | 火灾、爆炸等意外风险 | 建工险 |
| | 设计错误 | 建工险项下扩展设计责任风险 |
| 经过验收的工程 | 自然灾害等意外风险 | 建工险项下扩展完工部分条款 |
| 第三方责任 | 洪水、地震、风暴、暴雨、雷电、海啸、台风、水灾、冰雹、冻灾等意外风险 | 无 |
| | 火灾、爆炸等意外风险 | 建工险 |
| 工地上的设施和设备 | 自然灾害或意外风险 | 建工险项下扩展施工机械设备险（或单独投保施工机械设备险） |
| 签证与运营期 | | |
| 已竣工工程 | 履行维修义务的过程中，所造成的工程损失，以及由于施工原因导致保证期内保修工程的损失 | 建工险项下扩展责任保证期条款 |

2. 调水中工程固有风险保险相关险种

本案工程各阶段及相对应的工程险种，如图6-2所示。

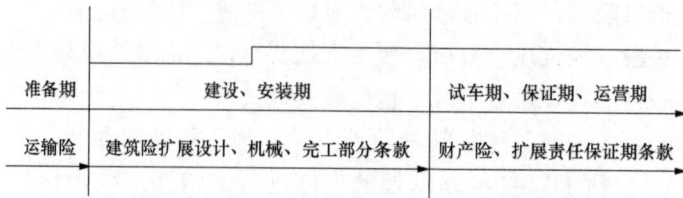

图6-2　调水工程施工期及相应对工程险种图

3. 调水工程项目投保条件

（1）建工一切险项下物质损失部分保险金额的确定方式。调水工程建工一切险项下物质损失部分的保险金额应为调水工程的建筑完成时的总价值，包括原材料费用、设备费用、建造费、安装费、运输费和保险费、关税、其他税项和费用，以及由工程所有人提供的原材料和设备的费用。

根据工程承包方式的不同，建工一切险项下工程物质损失部分的保险金额也有所不同。如果工程承包商以总承包的方式承包工程，则工程项目的总价值一般是工程承包价。如果工程承包商负责工程项目的主要部分，但工程的部分建筑材料和设备由工程所有人提供，则工程项目的总价值一般是工程承包价与工程所有人提供的材料或设备价值之和投保。本项目为EPC总承包合同，按照工程承包价作为保险金额投保。

但是，工程总造价或工程承包合同金额往往包含了一部分不属于保险责任的一次性费用，如设计费用、土地使用费用、预备费、监理费等。在南水北调中线干线工程建筑工程一切险项下物质损失部分的保险金额确定时，应当逐项确认其可保性，剔除上述一次性费用。

（2）建工一切险保险期限的确定方式。

1）建筑期的保险期限。自被保险工程在工地动工或用于被保险工程的材料、设备运抵工地之时起始，至工程所有人对部分或全部工程签发完工验收证书或验收合格，或工程所有人实际占有或使用或接收该部分或全部工程之时终止，以先发生者为准。但在任何情况下，建筑期保险期限的起始或终止不得超过保险单明细表中列明的建筑期保险生效日或终止日。

2）试车期保险期限。试车期保险期限是指机器设备在安装完毕后，投入生产性使用前，为了保证正式运行的可靠性、准确性及工作指标所进行的试运行期间。试车的范围可以分为单机试车和联动试车，同时根据试车的性质可以分为冷试、热试以及试生产。建筑工程一切险的试车期保险期限应根据建筑工程项目的具体情况而定，并应是紧跟建筑期之后的一个明确的期限。

3）扩展保证期期限。保证期的保险期限应与南水北调中线干线工程合同中规定的保证期一致，从工程所有人对部分或全部工程签发完工验收证书或验收合格，工程所有人实际占有或使用或接收该部分或全部工程时起算，以先发生者为准。在南水北调中线干线建筑工程一切险保险单中，要规定一个为12个月的保证期期限。

调水工程项目保险建议方案，见表6-3～表6-8。

表 6 - 3 建工一切险及第三者责任险

| 保险险种 | 建筑工程一切险及第三者责任保险 |
|---|---|
| 投保工程 | 某调水中线干线工程 |
| 投保人 | 某调水中线干线工程建设管理局 |
| 被保险人 | 某调水中线干线工程建设管理局及直管项目管理单位<br>某调水中线干线工程委托项目管理单位<br>某调水中线干线工程代建项目管理单位 |
| 保险公司 | 中国人民财产保险股份公司 |
| 保险经纪人 | 长城保险经纪有限公司 |
| 检验理算人<br>（公估人） | 本保险工程项下物质损失金额超过 50 万元或保险双方就是事故保险责任或赔偿金额不能达成一致时，由双方确认的公估人确定保险责任和损失金额 |

表 6 - 4 建工一切险及第三者责任险的保障范围

| 承保内容 | 保障范围 | 转移风险 |
|---|---|---|
| 第一部分<br>物质损失 | 在保险期限内，若保单明细表中分线列明的保险财产在列明的工地范围内，因本保险除外责任以外的任何自然灾害或意外事故造成的物质损坏或灭失，保险人按照保单的规定负责赔偿 | 财产损失风险 |
| 第二部分<br>第三者责任 | 在保险期限内，因发生与保单所承保的工程有直接相关的意外事故引起工地内及邻近区域的第三人身伤亡、疾病或财产损失，依法应由此保险人承担的经济赔偿责任，保险人按照下列条款规定负责赔偿，包括被保险人因上述原因而支付的诉讼费，以及事先经保险公司同意而支付的其他费用 | 法律责任风险 |

表 6 - 5 建工一切险的扩展责任条款

| | |
|---|---|
| 1. 扩展责任保证期条款 | 16. 震动、移动或减弱支撑扩展条款 |
| 2. 第一受益人条款 | 17. 铺设供水、污水管道特别条款 |
| 3. 时间调整特别条款 | 18. 机械设备试车考核条款 |
| 4. 放弃代位追偿条款 | 19. 制造商扩展条款 |
| 5. 违反保证条款 | 20. 预防措施条款 |
| 6. 错误、遗漏条款 | 21. 工程图纸、文件特别条款（每次事故赔偿限额人民币300 万元） |
| 7. 恶意破坏扩展条款 | |
| 8. 原有建筑物及周边财产条款 | 22. 灭火费用条款（每次事故赔偿限额人民币 300 万元） |
| 9. 工地外储存特别条款 | |
| 10. 运输险、工程险责任分摊条款（50/50） | 23. 业主提供的材料或设备条款 |
| | 24. 地下炸弹特别条款 |
| 11. 内陆运输扩展条款（每次事故赔偿限额人民币2000 万元） | 25. 工地访问条款 |
| | 26. 交叉责任扩展条款 |
| 12. 车辆装卸责任条款（每次事故人民币 50 万元） | 27. 农作物、森林、养殖类特别条款 |
| 13. 意外渗漏及污染条款 | 28. 契约责任条款 |
| 14. 转移至安全地点特别条款 | 29. 罢工、暴乱及民众骚乱扩展条款 |
| 15. 地下电缆、管道及设施特别条款 | 30. 预约检验理算人条款 |

**表 6 - 6**                                                                    **雇主责任险**

| 保险险种 | 雇主责任保险 |
|---|---|
| 投保工程 | 某调水中线干线工程××段至××段工程 |
| 投保人 | 某调水中线干线工程建设管理局 |
| 被保险人 | 某调水中线干线工程建设管理局的雇员<br>某调水中线干线工程建设管理局直管项目建设管理部的雇员<br>某调水中线干线工程委托项目管理单位的雇员<br>某调水中线干线工程代建项目管理单位的雇员<br>某调水中线干线工程设计、监理技术咨询、监督检查等有关方面的现场工作人员即代表 |
| 保险金额 | 死亡、伤残、误工工资赔偿限额：40 万元/人<br>医疗费用赔偿限额：10 万元/人<br>诉讼费累计赔偿限额：15 万元/年 |

**表 6 - 7**                                                                **雇主责任保险保障范围**

| 承保内容 | 保障范围 | | 转移风险 |
|---|---|---|---|
| 雇员自身 | 从事业务有关的工作而遭受意外或患有与业务有关的国家规定的职业性疾病，所致伤、残或死亡 | | 业主责任 |
| | 就餐时间扩展<br>24 小时人身意外条款<br>因公旅行扩展条款<br>临时海外工作条款 | 紧急运输费用扩展条款<br>特殊天气条款<br>临时人员特别扩展条款 | |
| 第三者责任 | 第三者责任条款：由于意外或疏忽，造成第三者人身伤亡或财产损失（5 万元/次） | | 自身责任 |

**表 6 - 8**                                                                **建 议（必 投）保 险 险 种**

| 建议险种 | 承保范围 |
|---|---|
| 建工团体意外伤害险附加意外医疗险 | 在保险期间内，被保险人从事建筑施工以及建筑施工有关的工作，在施工现场或施工制订的生活区内遭受意外伤害，保险人依单约定给付身故、残疾保险金以及相关医疗费用。<br>相关法律依据：《建筑法》第四十八条、《建设工程安全生产管理条例》第三十八条 |
| 施工机械设备险 | 在使用期间承保施工机械设备，由于自然灾害、意外事故造成直接物质损失，但不包括机械设备自身的内在损失 |

**【案例提示】**

1. 保险安排应结合水利工程的特点

首先，由于水利工程具有涉及区域广，施工工期较长，多数为 3～5 年，甚至需要十几年或更长的时间，且有投资较大的特点，在施工和运行过程中必然会受到各种自然环境的影响，如地质、地貌、气象、水文、土壤、植被等条件复杂因素的限制。

其次，由于水利工程施工期长，施工往往要跨越数年的时间，所以水利工程的风险会呈现周期性变化，工程项目要经过多个季节变化以及汛期的影响。伴随着季节的变化，每隔一段时间就要提高对风险的应对等级，这一特点需要水利工程的业主和承包商在编制保险安排时给以充分考虑。

再者，跨流域水利工程往往会对周边自然生态环境和社会环境产生较大影响，在优化水资源调配、兴利除害有利作用的同时，又存在淹没占地、移民搬迁、植被破坏、土壤侵蚀、设施损毁等不利影响。因此，跨流域调水工程还将面临社会、经济、环境，甚至政治风险的影响。因此，做出保险安排时必须结合水利行业风险的特点予以保险安排。

2. 保险安排应建立在项目风险分析基础上

保险是转移风险的重要手段，为此，保险安排必须在对风险进行分析的基础之上。本案调水工程的承包商委托保险经纪公司对本调水项目通过风险识别与评估，对可保风险进行了全面分析，并对可保风险提出了具体的工程保险方案，为工程保险的安排创造了条件，减轻了承包商的工作压力。

3. 应重视对重大风险的保险安排

需要强调的是，对于工程项目所存在的各种风险，并不是所有可保风险都要进行投保，而是对风险影响较大的风险，才作为重点进行投保。例如，本案中保险经纪公司通过可保风险矩阵分析，选择将严重性较大的风险作为重点进行投保。例如本案例中的 16. 洪水风险，22. 采空区风险，13. 边坡和渠道稳定风险，21. 基坑涌水风险等，集中在高风险区，属于较高风险，需要通过保险转移。如 6. 盗抢水风险；20. 饱和砂土震动液化风险；27. 治安因素等，则集中在低风险区，属于较小风险可以不通过保险转移。

## 6.3　铁路项目施工期风险管理与保险安排

【案例摘要】

以我国山区大型高速铁路项目为背景，对铁路工程风险管理进行了阐述和总结，介绍了工程保险安排方案，旨在更好地利用工程保险做好大型铁路项目工程风险管理，切实提高利用保险转移风险的效率，降低铁路工程施工期的财产损失。

【项目概况】

贵州至广州铁路客运专线（简称：贵广高铁）是国家《中长期铁路网规划》的重点项目，该线全长 857km，投资总额 858 亿元，线路穿越我国的 3 个省、自治区，是一条设计速度为 250km/h、国内首条最长的山区铁路客运专线。某总承包商，承建该线其中一个土建合同段全长为 62.65km，工程内容主要包括拆迁及征地、路基、桥涵、隧道、站场、无砟道床、大临和过渡工程等，其中路基 6446m/51 处，占线路总长的 10.29%；主线桥梁 8.528km/55 座，占线路总长的 13.6%；隧道 34 座，总长 48.65km，占线路总长的 77.65%，有 3 座隧道长度超过了 5km。

【铁路工程风险特征】

我国大型铁路建设发展速度很快，一个标段几十亿的大标段铁路项目较为普遍。大型铁路建设部项目的特点是投资巨大、工作量大、施工面广、点多线长、建设工期长、往往涉及长大隧道、特大桥梁、大型复杂的结构、线路通过的地形地貌类型多，自然、气候、施工条件复杂多变、造成受施工地形、气候、水文地质诸多条件限制，容易受到不可抗力因素、意外事故和赔偿责任等较大风险。为此，大型铁路项目建设面临着多种潜在的风险，主要包括自然灾害、地质灾害、意外事故等较大风险，其风险具有以下特征。

（1）地理环境复杂：我国为多山国家，地理环境、地质条件及施工环境最复杂，施工过程中必将遇到危及施工安全的特殊地段，如断层破碎段、软弱围岩、瓦斯地层、富水地层等多种不良地质条件，且受全球变暖导致的地球降雨、降雪强度增加，洪水自然灾害增多，造成铁路物质损失增多。

（2）方针和理念发生变化：我国建设铁路的方针和理念发生变化，多靠山区、少占农田，线路标准减少展线，以长大隧道取代。这样势必造成施工现场管理难度大，劳动作业人员密集，工作场地空间狭小，作业人员健康安全风险大，加之易受不可抗力（洪水、台风、极端天气等）影响，这些因素共同作用将引起意外事故风险相对集中。

（3）投资额大，建设工期长：大型铁路工程项目投资额大，建设工期长，对项目资金来源的可靠性及持续性提出了很高的要求，有可能因后来决定改变建设规模、主要技术标准、重大方案或重大工程措施，需要增加的资金不能落实，这样可能造成施工成本增加或工程建设停工导致工期延误和利润损失。

（4）社会、经济风险的影响：大型铁路建设容易受到社会、经济风险的影响。如受到政策变化、物价上涨、征地拆迁因素影响。而且随着人民群众维权意识的提高和法律赔偿额的大幅提升，铁路建设中的第三者责任、意外事故和伤害事故引发的法律纠纷急剧上升，经济赔偿额巨大，给工程建设带来工期延误、成本增加、计划修改等后果。这些都会影响经济效益下降，影响项目承建单位的社会形象。

（5）突发安全事件：施工期间未能预见、预防的突发安全事件的风险。例如，我国"宜万铁路"野三关隧道突发特大突水、突泥石事件，造成 3 人死亡，7 人失踪，直接经济损失1349 万元；兰青二线八盘峡 2 号隧道发生塌方，造成 8 名施工人员被困，后经多方努力营救，人员全部获救生还；大理丽江铁路南场岭隧道出口地段发生连续塌方，塌方段长约26m，造成 6 名施工人员被困，后经组织全力抢救，全部获救；"洛湛铁路"大桂山隧道进口洞内发生爆炸，当场死亡 3 人，伤 3 人，失踪 1 人，突发安全事件造成了严重的经济损失和不良社会影响。

**【保险的作用】**

工程项目风险管理是指工程项目管理人员对可能导致损失的不确定因素进行预测、识别、分析、评估和有效处置，以最低成本完成最大安全保障的科学方法，风险管理在风险评估后进行有针对性的处理有许多方法。可以选择的方式有风险自留和风险转移。在工业发达国家和地区，风险转移是工程风险管理对策中最常采用的措施。

随着大型铁路工程项目的开工，线路大部分以桥隧形式穿越崇山峻岭、高山河谷。由于地质条件的复杂性，正在建设的大型铁路隧道工程在施工期间安全风险具有多样化、复杂化的特征，其中，最为突出的是地质灾害对施工的影响破坏。

从工程风险管理角度分析，这一风险完全规避显然是不现实的，应积极采取有效的对策。通常的施工风险对策包括技术措施、组织措施和管理措施等。其中，工程保险是项目管理计划的重要有效对策，是风险管理的手段之一。它的主要作用体现在以下几个方面。

1. 减少工程风险的不确定性，增强投保人承担风险的能力

工程保险的基本职能之一就是经济补偿。对于工程承包企业来说，可以通过工程保险将自身技术能力无力防范或无法规避的风险转移给保险人，在风险发生后得到经济补偿，从而

增强抵御风险的能力。同时，保险公司作为专业的处理风险机构，可以为企业提供各种风险管理服务，采取各种防范措施和应急措施，大大降低风险的不确定性。

2. 提高项目各参与方的风险防范和管理能力

工程项目在投保之后，保险公司向投保方提供各种风险服务，包括安全、防灾、减灾的风险措施和意见，通过施工环境和施工条件的现场踏勘和检查，传授有关风险防范的经验等，增强项目参与各方的风险意识和责任意识，促进工程项目各方的风险防范和管理水平。

3. 规避工程新技术风险

大型铁路工程项目施工技术要求高，质量验收标准高，特别是新建大型高速铁路项目中大部分采用了新结构、新工艺、新材料，技术风险比较突出，对工程质量安全提出了新的挑战。按照风险管理的一般原理，在做好"避免风险，控制风险"等环节的工作基础上，工程保险也是转移新技术风险的有效应对措施之一。

【本案风险分析】

1. 项目风险描述

本案例项目属于高原斜坡侵蚀构造中低山地貌区。项目沿线地貌为云贵高原东侧的梯级大斜坡，90％以上面积属于山岳地形。气候属亚热带至南亚热地带、95％地形属于山岳地形。气候属于亚热带湿润季节风气候区，常年气候温和湿润，雨量充沛，4～9 月暴雨较为集中，为汛期、冬期很少严寒，地质特征属于华夏构造体系和新华夏构造体系联合影响带，构造线与线路大角度相交，为砂页岩相间分布区；地下水普遍具有风化带网状裂隙水特征，埋藏较浅，属浅层潜水；不良地质主要为滑坡，另有少量危岩落石、顺断层、岩溶、煤层瓦斯、有害气体和高地热等。

2. 项目风险特征

依据本案项目设计文件和实际施工环境的分析研究，经过充分调研后，本项目组存在以下施工风险。

（1）自然条件与环境风险。该工程项目沿线不良地质主要有岩溶、危岩落石、滑坡、有害气体、顺层、花岗岩蚀变风化带、软土、松软土、膨胀土和红黏土等，这些自然灾害会带来安全风险。依据《铁路隧道风险评估与管理暂行规定》，该项目存在以下安全风险：

1）断裂富水破碎带。该标段的秦岭隧道长 7047m，最大埋深 700m，主要风险是出口端软弱围岩破碎带稳定问题及洞身断裂带高压承压水问题，可能发生涌水突泥地质灾害，对隧道施工安全和洞身稳定性影响较大。

2）断层及褶皱核部破碎带，多数隧道经过区域性断裂、分支断层及褶皱构造发育，主要为深埋洞身段软质岩及岩体破碎，隧洞围岩稳定性差，易发生变形，坍塌等问题。

3）低瓦斯风险。如 3 号隧道等 4 座隧道均穿越软弱地层含碳质页岩，主要风险是存在聚集少量有害气体及瓦斯的可能性。

4）隧道施工中造成自然环境破坏和不良影响。施工过程中可能导致周围建筑物、管线、农田等环境结构物破坏，或不能正常使用，施工噪声、震动、扬尘等对周边居民健康的不良影响，这些环境的不安全条件也是诱发风险事故的直接原因。

（2）施工技术风险。由于本案铁路项目隧道工程量大，交通条件差，地质条件复杂，且变化频繁，施工工艺的复杂性、施工技术和方案操作困难，加上工期紧任务重，需要投入的机械设备和劳务人员数量多，加之施工过程中安全措施不得当，施工工艺设计未达到先进性指标、工艺流程不合理、未考虑操作安全性、违章违规等，为施工埋下了安全、质量风险隐患，造成工期延误的风险。

（3）设计不当风险。由于该铁路全线开工较为提前，设计任务量很大，受当时科学技术水平发展的限制，或工期确定不科学，造成勘测粗放，勘测设计资料有限，设计理论不完善，地质条件的不可预知性，施工中不可避免地遇到一些突发的地质灾害等事件，地质情况复杂多变，工期要求严格，需要设计变更的不确定性增加，使得施工风险的可变性更加明显。

（4）物件不安全风险。本案例铁路项目施工计划使用大型运架梁设备、隧道施工成套机具设备、无砟轨道施工工装机具需求数量大，而且施工使用的机械设备操作失误、施工设施安装失误、脚手架和安全防护装置不安全、施工材料存在质量缺陷、性能不达标等也可能导致人身意外保险安全风险事件发生。

（5）极端天气风险。该铁路沿线属亚热带至南亚热带季风气候区，4～9月暴雨期，常年气候温和湿润，雨量充沛，近年来受全球气候变暖影响，极端天气增多。而天气因素将对高性能混凝土施工及养护造成影响，也可能影响隧道洞身开挖施工安全。同时，项目所需的材料运距长、路况差，物流供应在汛期中存在很大的不确定性。

（6）资金断链风险。由于本案铁路工程线路跨越几个省（自治区、直辖市）、市（地级市）、县，涉及征地拆迁、临时征用土地、地方政策支持、建设资金的筹措方案或计划等方面的原因，在开工不久，受到国家经济环境变化的影响，全线进行了措施调整，改变了建设标准和规模，造成建设资金短缺，施工预付款不能按期拨付，从而造成项目的延期与停工风险。

（7）其他方面风险。本案例铁路工程项目规模浩繁、桥隧相连、工程艰巨，施工期间意外事故造成人员伤亡的财物损毁风险或因工程或事故造成第三者人身伤亡、而应负的民事赔偿责任风险等。

**【保险安排方案】**

依据上述对本案例铁路项目的风险分析，工程保险做如下安排。

1. 案例项目投保范围

本工程项目投保了建筑工程一切险、第三者责任险及雇主责任险，保险范围包括合同工程、临时工程和所有存放在场地内用于合同工程和临时工程的工程物料。具体投保范围为新建铁路正线土建合同段，包括但不限于为施工所需的其他专用施工区域、材料预制构件基地、工程设备和材料运达、存放的场所，其他临时工程、临时建筑、临时设施所在地及被保险人实际使用的与保险工程有关的上述地点的临近区域。

2. 案例保险所涉及的项目

凡是与工程项目建设有关的项目都作为工程保险的标的。具体包括物质损失部分和第三者责任赔偿部分。

（1）物质损失的保险标的。保险人负责赔偿在工程项目所在地范围内，属于被保险人相关方，其负有责任的永久性工程、临时工程、辅助工程和与此有关的设备、材料和车辆系统，包括在保险期限终止前由工程所有人签发完验收证书或验收合格或实际占有或使用或接受的部分，因自然灾害或意外事故导致的损失，包括因此产生的施救费用、清除残骸费用及其他费用项目。

（2）责任赔偿部分的保险标的（即第三者责任）。保险人负责赔偿与保险工程（包括在保险期限终止前由工程所有人签发完验收证书或验收合格或实际占有或使用或接受的部分）直接相关的，以及施工所致意外事故引起工地内及临近区域的第三者人身伤亡、财产损失而应由被保险人承担的赔偿责任范围。

3. 案例项目保险安排策略

为了充分发挥保险的经济补偿功能，本案例项目主要采取了如下保险安排策略。

（1）鉴于保险工程项目合同金额达到 42 亿元，线路跨度大，隧道工程量大，施工难度大，交通条件困难等特点，该项目成立局级单位的指挥部，管段划分给六个项目经理部承建。为有利于风险的防范和转移，投保时实行全额投保，按照保险费率 5‰ 缴纳了保费，并招标不同的保险公司将六个项目经理部分成两个保单，招标不同的保险公司参与工程保险，目的就是为了提高保险公司参与投保的积极性以及相互竞争力。

（2）由于该项目承建施工单位大部分的管理人员对工程保险知识掌握相对匮乏，不是全面熟悉保险合同条款要求意图以及双方的权利义务，可能会在保险灾害损失发生后，缺乏理赔谈判的技巧，该项目借鉴了国内其他类似大型基建项目办理工程保险的经验，将工程保险工作委托给保险经纪公司，全程参与保险方案设计、保险条款以及善后索赔、谈判服务工作。

（3）根据大型铁路项目建设工期的特点，对保险期限和保证期做了延长期限的规定。该铁路全线穿越贵州、广西、广东，考虑施工过程中征地拆迁困难、各方对铁路建设工期的影响，该项目签订工程保险合同时，商议保险期限为 48 个月，工程保险期限的终止期限也不确定具体日期，而是根据保险单的规定和工程验收合格或实际投入使用之日的具体情况确定。如工程项目在保险单规定期限中未按时验收合格或实际投入使用，保险期限将自动延长 90 天，并不因此附加任何保险费。如工程延期超过 90 天，保险人同意按照被保险人提出的延长保险期限，并补缴相应的保费。

（4）根据铁路工程项目施工特点，尽可能地扩展、延伸保险责任。为获得最大限度的风险保障，根据保险合同中规定的物质损失"除外责任"和"总除外责任"除外，该项目在谈判签订工程保险合同时，保险方案引用确定特别条款（含扩展条款），如协商制定了"调整变更约定"等 8 条特别约定和"设计师风险扩展条款""公估人特别条款"等 36 条特别扩展条款，进一步拓展延伸了工程保险的范围。

（5）为避免在工程出险后，保险双方对保险案件的保险责任和损失金额的认定不能达成一致，双方同意与上述双方委托保险公估公司站在独立的立场上，保持等距离的关系，运用科学技术手段和专业知识，通过检验、鉴定、评估、理算等程序，便于以最短时间、最快效率完成保险案件的理赔结案。

综上所述，本案例项目在风险管理中引入工程保险，从而将风险进行了合理的转移，本项目在受到暴雨灾害，隧道严格按照要求快速报案。地质灾害以及其他的物质损失后，现场取证鉴定和定损、出具单证办理索赔手续等程序，经过多次理赔谈判，最终获得了较为满意的保险理赔补偿款，减少了风险损失，保证了工程的顺利进行。

【案例提示】

随着 EPC 模式广泛应用，铁路工程中 EPC 项目风险管理逐步成为人们所关注的问题。铁路工程具有线路长、电气化、信息化标准高、专业化施工程度高，大型站房、高架桥梁、隧道多并且工期长的特点。国内铁路工程专业分工细、牵涉铁路主管部门多、待处理地方事宜复杂、点多线长，这决定了承建铁路工程总承包项目有其独特的承包风险，投资控制难度较大。

国内铁路工程 EPC 总承包业务一般由铁路设计单位承担，工程施工任务由设计单位分包给有资质的施工企业，在地方铁路工程总承包项目过程中，如何有效地实施风险管理，将可保风险转移给保险公司。本案例为同行业项目的工程保险提供了新险经验。

（1）铁路工程项目承建单位既懂保险业务又懂得工程技术的人较少，对于大型铁路项目的保险安排显得有些力不从心，为此，承包商引入保险中介参与项目的风险分析和保险方案的安排工作，成为企业解决保险安排的重要方式。同时，保险中介的介入可以应向被保险人提供索赔方面的技术和知识、现场监督和指导等潜在的服务。同时，承包单位也要注重培养和引进工程保险专业人才，这样更有助于保险双方开展互动，构建外部风险控制体系，共同促进铁路工程项目风险的管理水平。

（2）由于我国的铁路建设工程风险较为复杂，具有技术性、特殊性和复杂性的特征。除非技术风险外，还面临着各式各样的技术风险，包括地质地基条件、工程变更、技术规范、设计与施工技术等。因此，投保人应结合项目具体情况，在基本保险条款的安排基础上，重视保险扩展条款的选择和运用，本案铁路项目结合项目面临的技术性风险，在投保安排时，通过投保相关扩展条款转移了风险出现后的经济损失。

（3）尽管工程保险属于工程风险管理的范畴，是工程风险处理的一种重要技术，但工程保险并不等于工程风险处理，更不能解决工程风险管理中的所有问题。大型铁路工程建设的复杂程度也远远超过以往普通铁路，而且作业人员素质普遍不高，施工行为不规范，工程安全质量、伤亡事故时有发生，致使工程项目风险大大增加，必须通过工程保险来分散、转移风险，防止意外发生或因其他不可预知的因素，给项目承包商带来难以弥补的损失。

（4）大型铁路工程项目施工建设期，利用工程保险进行工程风险管理，必须充分领会保险方案条款，项目各职能部门都要参与工程保险工作，在各个职能部门和其他工作人员中，对保险条款开展学习和宣传，这项工作不仅仅是合同管理人员和工程技术人员要主抓，物资管理人员和安全质检人员也要积极配合，全员增强保险索赔意识，及时发现索赔事件，依据保险合同条款，提供索赔线索和证据，向保险人索赔。

（5）工程保险作为风险转移的主要手段之一，是进行工程风险管理的一个必要外部条件。保险公司无法从根本上起到抑制风险事故发生的作用，仍需要参与铁路项目建设各方，运用风险管理的理论、方法和手段以风险识别和评估为基础，以风险应对与监控为核心，减少非保险损失的发生，不断提升施工安全风险管理水平，确保铁路施工安全，有效控制风险。

## 6.4  新型煤化工大型项目风险与保险安排

**【案例摘要】**

结合甘肃某新型煤化工大型项目风险管理工作，业主通过对风险分析，初步确定项目风险管理策略，并重点分析各种风险转移、分担的可能性。在分析风险的基础上，结合工程保险理论和国际惯例，将该项目建设期的风险管理与保险统一安排，充分发挥工程保险的承担能力和优势，使风险承担主体分担多元化、专业化，有效提高抵御风险能力的经验。

**【项目概况】**

相比传统煤化工，新型煤化工程属于石油化工、煤化工的集成，是清洁能源的最新发展方向。本项目是采取以业主为主体的"IPMT＋EPC＋监理"的管理模式。该煤化工项目以煤为原料生产高附加值的烯烃产品，项目有 56 个生产和辅助装置，占地 210 公顷，该项目甲醇制烯烃装置是世界首套工业化装置先进技术，此外，该项目还引进 5 项国际先进专利技术并进口大量关键设备材料，工艺集成以及进口物资增加了项目自身工艺和设计风险，项目建设高峰期现场近 2 万人交叉作业，施工风险源控制非常大，该项目位于我国西北地区，交通不便，物质运输距离长，气候寒冷、多变的特点增加了潜在的运输风险。此外，工厂开工时需要引入易燃易爆物料，一旦发生泄漏可能引起连锁反应，后果不堪设想。

**【新型煤化工程风险特征】**

新型煤化工项目集成和融合石油、化工、煤化工新技术，呈现出大型化、集成化、系统化、园区化的发展方向，相比传统煤化工、石油化工项目相比较，新型煤化工项目具有建设规模大、产品复杂、施工多样性、工程强度大、能耗高、建设标准参差不齐、参建单位数量庞大、参建人员复杂且流动性频繁、安全风险大等特征。除此以外，还具以下独有的特征。

（1）新型煤化工项目融合了石油化工、煤化工、煤气化等各种先进技术，多技术融合的特点非常明显。

（2）为达到规模经济效应，新型煤化工的建设规模、投资越来越大，动辄投资上百亿。随着项目越来越大，长达 3～5 年建设工期，蕴含的风险因素呈几何级数增加的风险，并且不确定性风险因素发生概率也随之增加。

（3）新型煤化工项目多位于煤炭资源丰富的西部地区，交通条件相对不便，大量建设物资需要长距离运输。

（4）新型煤化工项目中许多设备、材料都需要重新研制和制造，并且有很多的大型、超大型设备，如煤直接液化反应器重达 2000t 等。

（5）由于新型煤化工程项目投资大、建设周期长、技术路线长和复杂，建设过程中发生风险的后果无法忍受。

**【本案风险分析】**

如上所述，新型煤化工项目建设工期长并且各种风险因素多，如果对建设过程中各种风险因素考虑不周，或者采取的风险管理措施不得了或不到位，潜在的损失将十分大甚至是颠覆性的。因此，项目管理者必须重视建设期的风险分析、控制和管理，通过风险识别、分析并采取针对性的管理措施来有效防范和化解项目风险。煤化项目建设期主要风险如下。

（1）项目外部主要风险：国际、国内经济环境引起的风险，如汇率变化、通货膨胀率增长等。风险后果是导致项目投资费用增加。国家政策引起的风险，如相关法律法规和规范的颁布、税收政策调整，外汇管制政策改变，国家鼓励项目政策的调整等。自然环境引起的风险，如重大自然灾害、工程水文和地质条件不确定性等。

（2）项目内部主要风险：承包商技术能力、装备能力、施工力量、管理水平有限，不能满足项目需求。供应商装备能力、业务加工能力有限，无法按期交付设备材料。承包商和供货商资金的周转困难、资金供应不足，资不抵债发生倒闭和破产等。

（3）项目自身风险：设计风险包括工艺、设计方案不成熟，设计错误多、修改量大等。

采购风险包括供应商的任务繁重、运输方式和路线困难、进口设备海关报关组织不到位。施工风险包括承包商任务饱满、施工方案存在问题、施工组织不力等。

（4）开车风险：包括生产准备不足、开车方案不完善、原料和公用工程功能不能满足试车的技术要求等。

综上所述，可以看出，煤化项目建设期风险具有客观性与必然性、多样性，风险在整个阶段都存在，具有影响全局的特点。

**【风险应对策略】**

为防范建设期风险所带来的损失和损害，煤化工项目的管理者需要根据建设项目所面临的风险种类、重要程度、损害程度等制定风险应对策略。可以采用的风险应对策略如下。

（1）回避策略：对于风险发生概率很高、可能损失很大，没有有效对策，应放弃项目、原有计划或改变目标等，避免产生潜在的损失。如不成熟或业绩少的专利技术，可采用回避的策略。

（2）自留策略：项目有选择地承担部分可承受的风险，通过内部控制措施来化解风险或不采取措施。

（3）控制策略：主动、积极策略，分预防损失和减少损失两方面。预防损失是减低、消除损失发生概率，减少损失是降低损失严重性或不使损失扩散。

（4）转移策略：以某种方式将风险后果及权利、责任转移给第三方。风险转移并不能消除风险，只是把风险责任、预期损失和利益转移给第三方。

从工程保险角度看，风险转移可分为非保险转移和保险转移。非保险转移指通过合同把建设期的风险转移给承包商分担，由其分担一部分项目风险的策略。

保险转移指通过购买工程保险，以投保人身份把应当由自己承担的风险转移给保险公司。通过保险公司提供的专业化风险管理，使项目风险管理更加全面、具体和专业，并使风险发生后的钱物理赔得到落实，从而使保险转移成为建设项目风险转移的有效措施之一。

**【项目风险管理】**

要对建设期风险进行有效管理，就必须建立与风险管理相对应的管理组织机构。具体可成立由项目主管领导、与风险管理密切相关的安质环部、施工部、采购部、商务部等组成业主风险管理机构。

此外，项目承包商也要建立对应的风险管理机构并纳入项目风险管理体系中。风险管理要实现定期识别风险、动态跟踪风险和实时控制风险的工作流程。风险管理指通过风险识别、评价去认识项目风险，以此为基础合理确定风险回避、自留、控制和转移策略，采用有效的风险管理办法、技术和手段对风险进行控制，达到预防或减少风险事件造成的不利后果，保证项目总体目标的实现。

项目风险管理是项目管理主要内容之一，国内对建设项目风险管理的理论研究和管理实践都已经比较成熟并且有着较为完善的风险管理工作流程。主要包括对项目潜在的风险进行识别和分析，包括风险源和风险暴露识别；确定项目风险策略，制订规避、降低风险的具体措施；跟踪、督促风险防范措施的落实和实施；定期评估风险管理效果，提出改进和完善建议；形成风险监视、报告管理制度，持续改进和提升风险管理水平。建设项目风险管理分析方法包括财务报表法、流程法、现场查勘、与其他相关部门交流、合同分析、损失记录分析及事故报告等。这些风险管理的成熟工作流程、措施完全可以运用于新型煤化工项目。

煤化工项目风险种类多且集中、后果严重，因此，项目业主对风险管理非常重视。

第一，确定项目风险集中管理以发挥决策效率，分散执行、分工协作达到最佳效果的风险管理原则。

第二，专门建立风险管控体系，明确将管理责任细分到每个责任部门，形成项目风险管理组织体系。

第三，项目启动初期，按照风险管理工作流程，组织辨识、评估项目潜在风险，结合项目合同策略、国内市场竞争状况和承包商承受能力等因素，明确每类风险的应对策略和具体措施。对需要转移的风险，进一步评估风险通过合同转移给承包商、通过保险转移给保险公司的可能性和经济性，在此基础上制订详细的项目保险方案。

**【保险安排方案】**

鉴于项目风险的特点，在项目定义阶段，项目业主就决定对于建设期间的重大风险采用购买工程保险的方式进行合理转移。因此，在制订项目风险管理策略时，通过充分识别、评估项目建设过程中各类风险，对承包商承受风险能力进行调查和评估，在不过多增加负担、有效控制投入费用前提下，确定了尽可能由保险公司承担可转移风险的原则。在此原则下，为统筹合理安排整个项目的工程保险，把项目应当购买的工程保险划分为项目业主购买的保险、承包商购买的保险两大类，并对购买保险的原则、种类、额度标准和相关要求作出详细规定。项目保险安排原则：通过合理安排和分配保险种类，使工程保险达到全面覆盖、相互间交叉最少，同时，工程保险费用对项目业主和承包商最有利。

1. 项目业主购买的保险和额度标准

项目业主购买以下四种保险。

（1）建筑安装工程一切险。该保险可由项目业主统一购买或承包商分别购买。如果各承包商分散购买，不便于统一管理且保险单范围有所重复，项目直接购买可取得更为优惠的保险条件。因此，最终确定由项目业主统一购买建筑安装一切险，项目参与方作为共同被保险人，为工地范围内、与项目有关的永久和临时工程损失或损毁提供保障。

（2）第三者责任险。作为建筑安装工程一切险的附加险种，为项目直接相关意外事故所引起的工地范围内及邻近区域第三者人身伤亡、疾病或财产损失提供保障。通过合理测算事故发生可能性、损失大小和保费投入，最终确定第三者责任险每次事故赔偿为 5000 万元的限额。在保证风险转移的前提下，为节省保险费用，通过测算，确定了建筑安装工程一切险和第三者责任险的合理免赔额：意外事故损失额 30 万元及以下；自然灾害损失额为 50 万元及以下；试车风险损失额为 100 万元及以下。

（3）雇主责任险。项目业主负责自身人员、第三方的服务机构雇用员工的意外事故而造成损失和赔偿，采取统一购买雇主责任险的方式解决。

（4）运输保险。项目业主统一购买进口设备材料海陆联运、空陆联运货物运输保险、业主采购设备材料国内陆路运输险，做到货物运输保险及时足额投保以提高运输货物的保障程度。

2. 规定承包商必须购买的保险和额度标准

（1）员工意外伤害险：用于保证承包商员工发生的意外赔偿，保险赔偿额度下限：死亡、伤残 15 万元/人，医疗事故 2 万元/人。

（2）施工机具保险：用于保证承包商进入项目现场的所有自有、租赁施工机具和设备的保障，保险赔偿额度下限：工地替换价值或重置价值的 110%。

（3）机动车辆购买机动车辆险。

（4）承包商采购设备材料的货物运输险，保险赔偿额度下限：设备材料价格的 110%。

3. 在承包合同中对工程保险的规定

为充分发挥工程保险作用、明确各方权利和义务，除明确保险购买主体和标准外，在合同中也详细规定相关权利的处置。

（1）交叉责任条款：项目业主和承包商购买的保险单，在责任险项下附加交叉责任条款，免除所有被保险人之间相互索赔。

（2）保险凭证：要求承包商及分包商在规定日期内，向项目业主提交购买保险凭证，保证工程保险有效性。如果承包商拒绝购买工程保险，项目业主有权拒绝其进入现场或停止支付工程款。

（3）通知业务：承包商应及时向项目业主通报超过 10 万元的实际或潜在索赔，以及保险单项下的潜在损失事故，保单注销、不利变化及违约有关事项。

（4）保单注销：规定保险未经过项目业主同意，承包商购买工程保险后不允许发生中途注销保单、退保或其他修改保单行为。

4. 保险公司的选择

（1）为提高保单信誉度，要求大额度保险必须选择财务状况良好、偿付能力（充足率）大于 100%、信誉高、有实力且能提供属地保险服务的保险公司承保。

（2）建筑安装工程一切险投保额度超过国内保险公司可承保额度限制，可以由国内多家有实力保险公司组成承保联合体共同承保。

【保险实践成果】

项目风险管理和工程保险安排的实施方案制订后，建设过程中通过与保险公司加强配合，强化检查监督工作，真正把保险各项安排落到实处。具体工作如下。

1. 保险落地实践

（1）严格保险单入场审查环节工作。对不按时提交保险单的承包商，采取暂停支付进度款、扣留保险费用直接支付给保险公司等措施，实现保险单的齐全、有效，始终保证工程保险范围的全面覆盖。

（2）充分发挥保险公司风险管理专业特长，安排保险公司的风险专家分阶段对项目进行风险大检查，采用专家会诊、风险专项咨询服务等多种方式，对项目风险实行全过程的管控。

（3）项目业主与保险公司成立联合工作组并在现场设立办公室，保证各类风险事故踏勘和理赔的及时处理，赔偿费用第一时间可以到位，使工程保险范围内的经济损失得到及时、足额赔偿。

2. 案例项目保险成果

通过积极落实专家提出的整改措施，项目风险始终在可控范围内并实现安全生产 496 万人工时的国内良好记录。经过各方三年多时间的艰苦建设，该煤化工项目最终按照计划目标节点建成并顺利投产。从项目风险管理和工程保险角度看，通过安排合适的保险不仅强化承包商的风险意识，保证损失事故发生后能及时得到经济补偿，把风险降到承包商可以承受范围内，避免了由于风险而无法履约的情况，最终实现双方多赢的局面。通过风险管理与工程保险的有机结合，建设过程中发生的各类风险没有对项目产生实质性的影响。项目建设取得了较好的成果。与国内同类型项目相比，该煤化工项目实现了六个最，"工期最短、质量最好、进度最快、安全最优、试车最快、效益最好"，达到了项目的投资目的。这其中也包含项目风险管理和工程保险的成效。

**【案例提示】**

（1）通过本案例项目新型煤化工风险管理与工程保险进行结合的实践，表明工程保险作为项目风险管理的先进手段和措施之一，合理运用可以使项目风险管理获得不俗的成效。工程保险实现了风险合理转移和分担，可以满足项目风险管理内在需要。

（2）工程保险的实践表明，通过保险公司的专业化管理服务，也可以完善和丰富煤化工项目风险管理的内容和范围。因此，有必要在新型煤化工项目中进一步推广风险管理与保险结合，从而充分发挥保险专业化风险管理的作用，为项目建设保驾护航。

## 6.5　高速公路项目施工期风险与保险安排

**【案例摘要】**

结合高速公路工程项目风险的特点和该高速公路施工阶段项目实际，对工程保险进行了周密的安排，尤其是对于保险的扩展条款的设置，考虑得比较充分，为总承包商在 BOT＋EPC 下高速公路的施工阶段工程保险方案编制，提供了有益的经验。

**【项目概况】**

重庆某高速公路是连接重庆市沿江重要长江港口的最便捷的陆上快速通道，路线沿长江南岸布线，距长江 3～7km 不等，工程项目全长 33km，总体为西南至东北走向。该项目大部分处于山区，项目主要包括隧道、高墩、大跨径、深基坑、高填方等施工项目，其风险具有一般高速公路项目的全部特点，存在安全、质量、资金、物资供应、自然灾害、环境保护等方面的风险，属于总承包商承担高风险的项目。

该高速公路为合资型的 BOT＋EPC 项目，由某高速公路发展有限公司出资 60％，总承包商出资 40％，然后共同组建该高速公路有限公司（以下简称项目公司），由总承包商负责施工总承包。审批概算 31.9187 亿元（其中建安费 23.3683 亿元），工期 48 个月。

本高速公路主要控制性工程互通、大桥 8 处，全线共设隧道 6983m/85 座、大中桥 24 座、互通 4 座、分离式立交桥 5 座、桥梁隧道占到总里程的 41％、深挖路堑 1152m/6 处、高填路堤 1981m/9 处。路基挖方 519 万 $m^3$、路基填方 462 万 $m^3$。

**【高速公路工程风险特征】**

高速公路建设涉及勘察设计、征地拆迁，各种设备、机具、器具的采购，路基、路面、桥梁建设，各种机械、设备、仪表的安装、测试等工作。高速公路工程项目具有以下特点。

（1）造价高、投资大、其建设工程合同的价额基本上是几千万、上亿甚至几百亿，这是一般的建筑工程项目所不可比拟的。

（2）点多、线长、面广：公路工程建设规模一般都比较大，从建设里程上来讲从几十千米到上百千米甚至上千千米的都有，涉及的施工区域可能不止一个省，尤其是国道干线的建设，一般都要跨越几个省以上，施工范围是相当广的。因此，工程的建设不可能只由一家施工企业单独来完成的，需要多家分包商的合作，分点、分段建设完成。

（3）质量要求高，形成时间长。每条公路都是特有的、唯一的，一经建成，在短时间内将不会进行重复性的投资建设。同时，建设一条公路将会耗费大量的人力、物力和财力等。因此，在高速公路工程的建设时间，就要对建设产品提出较强的质量要求，要求建设、设计、施工、监理等单位密切配合，材料、动力、运输等各部门的通力协作。

（4）户外作业环境复杂不可控因素多。公路工程本身的特点要求施工建设采用全野外的作业方式，加上施工的路线一般都较长，所以无论是其面临的气候、地质水文条件，还是社会经济环境，乃至风土人情都有差异。其中的任何一项因素的变化都会影响高速公路工程建设的顺利进展。

综上所述，高速公路工程是一项复杂的系统工程，承包商面临着很多风险，因此，项目风险管理在施工中变得尤为重要。如何正确认识高速公路施工期的风险和分析风险，转移可保风险对高速公路项目建设的顺利完成具有重要意义。

**【高速公路工程保险安排】**

1. 保险安排类型

目前，国内高速公路工程保险分为两类：强制性保险和选择性保险。强制性保险是法律规定的必须投保的保险，否则就不能从事法律所需的业务或活动。

（1）承包商通常投保的强制性险：包括建工一切险及第三者责任险，建安一切险及第三者责任险，机动车辆险，十年质量责任险（建筑主体工程）和两年质量责任险（规模小的工程），其他法律规定的相关社会保险。

（2）其他保险（选择性保险）：选择性保险是指可以根据工程项目实际情况，由承包商与业主协商决定是否投保的保险险种，包括货物运输险，施工机具设备险，工程保证期险，人身保险，汇率保险等。

2. 保险安排依据

（1）法律强制性规定的保险：国家法律明确规定对于高速公路工程项目必须投保的保险，例如：机动车辆险、工伤社会保险等。

（2）合同明确规定的保险：当总承包商与业主签订合同时，合同中对总承包商需要办理的保险一般都有明确的要求，尤其是在工程量清单中存在保险费用列项时，总承包商应该根据合同的特殊条款和附件中对工程项目的险种、保额、保险期限等具体的要求进行投保。

（3）工程风险较大的保险：业主或总承包商一般不会主动投保，但是当高速公路工程项目的风险较大时，业主或承包商处于自身利益的保护，就会考虑将工程保险作为转移这部分风险的有效手段，这样不仅可以将自然风险或者意外事故而造成的损失降到最低点，而且还利用保险管理机构对工程实施过程中的风险进行有效的监控，减少风险事故的发生。

3. 保险安排技巧

（1）力争降低保险费率及免赔额：首先，总承包商在选择保险人时应该尽量争取降低保险费率，以此来控制工程总成本。其次，也应该争取降低免赔额，在费率与免赔额之间寻求最佳点，保证工程保险的经济合理性。

（2）对风险进行有效的评估：在工程开工前，总承包商应根据项目实际存在的各种风险进行评估，根据评估结果和实践经验，决定是否投保以及投保的险种。除去法律和业主的要求外，总承包商依据自身利益考虑，可以自由决定是否投保，以及投保的险种。

（3）尽量增大风险覆盖面：总承包商在投保前应认真分析工程项目的各种可能发生的风

险，与保险人协商，尽量运用保险扩展性条款，尽量提高风险的覆盖面，以最大程度保护承包商的利益。

**【本案保险安排策略】**

1. 与项目相关的保险策略

（1）工程一切险投保策略：工程一切险的承包范围是在建造过程中因自然灾害或意外事故而引起的损失。总承包商通过两种方式对工程一切险进行了投保：一种是依据合同的规定，业主为工程办理投保；另一种是总承包商依据合同规定，由承包商出面，与业主联名进行调投保。工程一切险的投保范围和数量应与工程量清单中的单价和数量保持一致。保险费率由总承包商与保险人协商确定。

（2）第三者责任保险投保策略：属于工程一切险的附加条款，主要是针对施工过程中，如遇到保险事故造成第三方人身和财产损失而承担赔偿责任的保险。第三者责任保险适用于工地周围居民密度较高的工程，或者施工作业时极容易造成对第三者危害的施工项目。

2. 与参与主体相关的保险策略

（1）信用保险投保策略：总承包商在高速公路建设中，面临着来自业主的风险，例如，业主不能按时支付工程款，造成总承包商现金流动出现问题，影响工程进度。因此，按照我国有关工程法规规定，业主应向总承包商提供保险公司出具的担保函，对业主的信用进行担保，一旦发生问题，保险公司应承担责任。

（2）职业责任保险投保策略：总承包商有权利要求他所选择的设计单位、监理单位投保职业责任保险，以此来降低由于专业人员在工作中的疏忽和失误而造成的损失。

（3）质量责任险投保策略：高速公路项目竣工交付使用后，总承包商对承包项目负有质量责任，在质量保修期内总承包商应履行保修义务，保修所产生的费用可以投保质量责任保险，当因工程质量而产生维修费用时，保险人负责赔偿承包商因此而产生的维修费用。

3. 与总承包商自身相关的保险策略

（1）雇主责任险的投保策略：高速公路项目属于劳动密集型项目，在施工过程中，由于意外伤害或由其雇佣工作引起的人身损害、职业疾病等，应由承包商负责，总承包商应对自己所雇佣的参与施工的人员投保雇主责任险，以保障承包商所雇佣的施工人员的利益。有时为节约保险费，总承包商也可以在施工风险较大的环节或阶段投保雇主责任险，以达到节约保险经济成本的目的。

（2）施工机械设备险的投保策略：机械设备属于承包商应承担的风险，总承包商要结合工程项目风险对机械设备的影响程度来决定是投保，从施工规模、工期、出险可能性综合考虑，如果承包商认为其风险造成的损失不足以达到投保要求时，总承包商可以选择不参与投保，以减少成本。

**【本案保险安排原则】**

1. 充分确保总承包商合法权益原则

（1）明确被保主体：本项目总承包商与业主同为被保方，当出现事故后，保险方案明确了被保主体和被保主体的利益，充分确保总承包商的合法权益。

相关条款：如果明细表中所描述的被保险人包括不仅一个被保险方，且每个被保险方视作分开或独立的实体。则（根据多个被保险人条款规定）本条款应如同每个上述被保险方签发单独保单一样，向每个被保险方所提供的承保方式应保持一致，且承保的范围也相同，但是，保险人对上述所有被保险方所承担的赔偿责任的总和不得超过保单的保险金额、赔偿限额以及保单备忘录或批单中列明的内部限额。如果一个被保险方发生损害行为，则不会影响到其在本保单项下拥有的可保利益而且没有发生损害行为的被保险方在本保单项下的权利。

（2）制定公估行条款：在本项目在保险方案中约定，预测第一部分项下的索赔金额超过50万元或双方存在重大异议，保险公司同意委请双方认可的公估行对此赔案进行公估，并负责所有费用。通过这样的条款设定，邀请公正的第三方介入项目索赔的公正与评估，对其合法权益进行维护。

公估人特别条款：工程出险后，如双方对事故的责任和/或损失金额超过50万或双方不能达成一致时，保险公司由被保险人在下列公估公司中自由选择一家公司协助认定责任和/或金额，聘请的公估人的费用由保险人支付。

2. 使用附加条款规避风险原则

为切实规避高速公路风险，本案例项目保险方案共扩展了54条附加条款。

（1）投保项目相关方可能带来的风险。在高速公路建设中，由于设计商、材料供货商、设备制造或供应商、技术顾问等个人的失误造成公路建设过程中的损失，在保险方案中，总承包商充分考虑了相关的风险，现特拟定以下条款保障自身利益。

1）工程图纸、文件特别条款：在保险期限内，如出现因保单内承保风险而造成的工程图纸及文件的损失，例如重新绘制、重新制作的费用，保险人应负责赔偿。

2）设计师责任扩展条款：被保险人向保险人支付了此扩展费用。因此，保险人负责赔偿被保险人因设计错误、原材料缺陷、工艺不善等原因导致的意外事故，此事故引起的其他财产损失而发生的重置、修理及矫正费用。但由于上述事故引起的保险财产自身的损失，保险人不予赔偿（每次事故赔偿限额：人民币1000万元）。

（2）对事故发生后的各项费用应充分考虑。若在保险方案中未考虑事故发生后的各项费用，那么保险公司在事故发生后只能按照工程量清单标准中核定的损失和必要的抢救施救费用给予赔偿，而被保险人自己要承担大量的处理费用。本项目中增添了特别条款以保证总承包商在事故发生后的处理费用最低。

1）清楚残骸费用特别条款：在保险期限内，如出现因保单内承保的风险而造成被保险财产损失而发生清除、拆除及支撑受损财产，保险人应赔偿被保险人此项费用，但赔偿费用应该在本保险单明细表中列明的赔偿限额之内（每次事故及累计赔偿限额：人民币5000万元）。

2）特别费用扩展条款：被保险人向保险人支付了此项条款的扩展费用，因此，保险人负责赔偿被保险人在本保险单下给予赔偿的受损保险项目有关的加班费、夜班费、节假日加班费以及快运费（每次事故及累计赔偿限额：人民币5000万元）。

3）损失的处理和修理标准条款：此条规定，若被保险财产发生损失后进行修理，则该修理必须满足相关的法规要求，必须满足行业要求的质量标准，同时也不能低于原质量标准。

4）施救费用条款：保险标的在遭受到责任范围内的自然灾害或意外事故时，保险人对被保险人采取正常抢救、保护、清理措施以避免损失扩大，减少损失程度所支付的合理费用予以赔付，但赔付金额不得超过保险金额为限。

（3）扩展承保区域。本项目保险方案中，充分考虑了大型机械设备、材料在施工以外区域发生事故的可能性，对承保区域进行了扩展。

1）运输险、工程险分摊条款（50/50）：保险人要求，当原材料及设备运抵工地时，被保险人应立即对原材料和设备进行检验，以确保其在运输过程中没有发生损坏。对于裸装货物，若破损明显，则被保险人必须及时在运输保单下提出索赔。对于未能开箱检验的货物，被保险人要仔细观察货品外包装有无破损，若有明显的破损迹象，则被保险人同样应在运输保单下可以提出索赔金的 50％。

2）内陆运输扩展条款：被保险人向保险人支付了附加的保险费用，因此，保险人负责赔偿被保险人在中华人民共和国境内内陆运输途中（水运空运除外），有合格的包装及装载的财产从供货地点到工地的因自然灾害或意外事故引起的损失（每次运输最高保险金额人民币 200 万元）。

3）场外装配扩展条款：被保险人向保险人支付了附加的保险费用，因此，保险人负责赔偿被保险人因本保险单承保风险发生导致保险财产在工地外或附近区域装配、修理期间的物质损失和损坏。

4）场外修理扩展条款：已经运抵现场的被保险财产如果遭受保险责任范围内的损失而需要进行场外修理，本保单按保险单责任自动扩展承保此部分财产在修理期间的损失（每次赔偿限额：人民币 200 万元）。

【案例提示】

本案例结合 BOT＋EPC 高速公路施工阶段项目，对工程保险进行了周密的安排，尤其是对于保险的扩展条款的设置，考虑得比较充分，为承包商在高速公路的施工阶段工程保险方案编制，提供了有益的经验。

所谓"扩展性条款"是指保险人在基本条款的基础上，扩展和增加其他特别责任的条款。保险扩展条款可分为以下三大类：

（1）扩展保险责任类条款：罢工、暴乱及民众骚动扩展条款、交叉责任扩展条款、震动、移动或减弱支撑条款、设计师风险扩展条款、内陆运输扩展条款、契约责任扩展条款、工地外存储特别条款、地下炸弹特别条款、制造商风险扩展条款、压力反应堆特别扩展条款、核燃料组件条款、公共当局扩展条款、升值条款、机器设备试车考核条款等。

（2）扩展保险标的类条款：原有建筑物及周围财产扩展条款，建筑、安装、施工机具、设备扩展条款，工程图纸、文件特别条款，清除残骸费用特别条款，专业费用特别条款，空运费用特别条款，清除污染费用特别条款，工程完工部分特别条款，灭火费用扩展条款，埋管查漏费用特别条款等。

（3）扩展保险期限类条款：保证期特别扩展条款，有限责任保证期扩展条款和扩展责任保证期扩展条款，保险期限自动延长条款等。

在保险实践中，承包商应结合项目实际选择相应的附加扩展条款，以确保风险管理的需要。

# 第7章 EPC工程融资保险安排

在境外EPC工程项目中，海外业主往往对承包商提出融资的要求，由承包商提供一定比例的资金参与建设。因此，承包商参与境外项目融资将面临投资所在国的战争和政治暴乱、国有化（征收）、汇兑限制以及政府，或其授权机构在相关特许经营权，或其他销售合同项下的违约风险。融资银行为确保贷款安全，往往要求借款人投保信用保险，以防范项目的融资风险。

## 7.1 融资银行对借款人的保险要求

在境外工程项目贷款过程中，融资银行往往充分利用行业惯例、商业谈判和法律赋予他的权利，与借款人和保险公司签订全面而严格的商业合同，转嫁风险，保证贷款的安全使用和收回，从而保护贷款银行自身的合法权益。这些合同包括保险协议、保险权益转让协议和再保险安排担保协议。了解融资银行对借款人的保险要求，对于提高借款的发起人、借款人对项目融资保险的认识有重要帮助。

### 7.1.1 融资特点与融资担保条件

1. 项目融资的概念

境外项目融资又称境外项目贷款，指金融机构向一个特定的工程项目提供资金融通，贷款人依赖该项目所产生的收益作为还款的资金来源，并将经营该项目的资产和收益作为还款保证。这些大型的工程项目一般涉及建筑、电力、水利、化工、交通运输、林业和农业等行业。项目贷款通常只占工程投资总额的65%～70%，其余的由举办该项目的主办人投资，以体现发起人或借款人和贷款人共担风险的原则。融资类型分为无追索权的项目融资和有限追索权的项目融资。

一是无追索权的项目贷款：即贷款人对项目主办人没有任何追索权。贷款人把资金贷给项目公司，以该项目产生的收益作为还本付息的唯一来源，并用在该项目资产上设定的担保权益来保障自身利益。除此之外，项目的主办人不再提供任何担保。

二是有限追索权的项目贷款：即贷款人除要求以贷款项目的收益作为还本付息的财源和在项目公司资产上设定担保物权外，还要求项目公司以外的其他与项目有利害关系的第三方提供各种担保。第三方包括项目的主办人、项目产品的未来购买者、东道国政府或其他保证人。项目本身的资产或收益不足清偿债务时，贷款人有权向上述各个担保人追偿。国际上普遍采用的是有限追索权的项目融资。

2. 项目贷款的特点

项目融资具有"以项目为导向"和"无追索权或有限追索权"的特点。贷款银行在与借款人（或称为：项目公司）签署贷款协议的同时，还通过在贷款协议之上设置各种方式物权担保来保证贷款的安全使用和收回。

"以项目为导向"是指以贷款项目自身的经济强度（即项目未来可用于还贷的现金流量

和项目自身的资产价值）作为是否放贷的决定因素，而非传统意义上的以借款人的公司资信和债务偿还能力为决定因素。

如上所述，"无追索权"指如果项目在建设和运营过程中由于种种原因使得项目破产或营业收入不足以偿还贷款，贷款银行不能向发起人主张其贷款协议项下的权利，而只能以项目自身的现金流量和资产价值为限进行追讨。"有限追索权"是指在上述情况下，银行贷款人可以要求借款人（项目公司）的其他资产偿还债务的权利。项目贷款银行面临的远远高于其他融资方式的风险，银行往往通过订立严密的合同，要求贷款人设立各种形式的保险成为贷款银行实施风险管理的手段。

3. 项目融资的保险方式

具体来讲，国际银行通常要求借款人（项目公司）提供以下信用保证保险：项目和不动产的抵押；运营收入的转让；银行存款的抵押；该项目项下，所有以借款人（项目公司）为受益人的信用证、履约保函、完工保函等的转让；借款人（项目公司）动产的质押或抵押；保险权益的转让；该项目所有协议项下的所有权益的转让；借款人（项目公司）股票的抵押或合伙人利益的转让；借款人（项目公司）的所有专利权、商标权和其他知识产权的转让。

但由于法律体系和司法实践的差异，上述信用保证保险方式在中国不能完全实现或实现手段不同，但保险在项目融资中对银行的重要性可见一斑。

### 7.1.2　融资银行对项目保险安排的干预

1. 通过保险协议，全面介入项目保险安排

首先，除贷款协议之外，贷款银行会与借款人（项目公司）签订一份保险协议约定作为贷款的先决条件，借款人（项目公司）应按照贷款银行的要求，项目建设过程中，应及时、全面、足额地购买并维持协议中列明的所有保险，该保险一般包括以下险种：财产损失险：针对自然灾害、意外事故；锅炉、压力容器和机器设备损坏险；综合责任险；雇员补偿险；机动车责任和车损险；伞形保险和超赔责任险。

此外，针对某个项目的具体需要，可能进一步要求借款人购买另外一些较为昂贵、承保条件十分苛刻，但对贷款银行又至关重要的险种：利润损失险（因财产损失或机器损坏所导致的）；履约保证保险；延期开工险（因延期开工所导致的利润损失）；职业责任险（因涉及错误和疏漏给客户造成的损失）；污染责任险。

保险协议阐明，贷款银行对该融资项目具有可保利益，应与借款人（项目公司）一起成为上述各保险单的被保险人。不仅如此，贷款银行还在上述所有要求购买的险种中，根据项目的投资总额和贷款的额度等综合条件，设定了具体的免赔额、保险限额和必要的扩展条款，借款人（项目公司）只有在不影响该保险范围和保险额度的情况下，方可根据自身情况，设计、调整保险安排。

当然，一般来说因项目融资时间较长，保险协议还应体现一定的灵活性和可操作性，使该协议在变化而市场中仍然适用，如协议规定：

（1）借款人应根据市场许可的情况下，本着善意、诚信的原则及时、全面、足额地购买并维持上述保险。若保险市场发生变化，或承保能力不足，或险种缺失，使借款人投保或续保无法满足保险协议的某个要求，只要借款人如实地告知，贷款银行在确认属实后，会同意借款人按照当时的市场供给，最大限度地满足保险协议的情况下进行投保和续保。

（2）如保险协议中要求购买的保险风险已通过合同其他手段转移给其他方即该风险出现了保险和合同责任双重保障，借款人可以要求贷款银行取消或修改保险协议中的险种或其有关条款，并放弃行使该项目权力。

（3）假设借款人由于种种原因未能购买保险协议中的保险，贷款人会及时代替借款人缴纳保费，并保留贷款人向借款人要求该保险的权利，而借款人仍然必须履行协议中的保险义务。这样，该项目就会避免在主观和客观的情况下出现没有保险保障的可能性。

（4）有许多发展中国家的保险公司，没有进行或达到同行的国际评级（标准普尔或穆迪），不能符合贷款银行的风险管控指标，而且多数项目所在国的法律又明令禁止国内项目直接向国外的保险公司投保。因此，为了满足项目所在国的法律规定，同时进一步分散风险，该贷款协议还会要求保险公司对承保的上述风险进行一定比例的国际分保，而对再保险公司的信用等级也有严格的要求。

（5）银行和贷款人都不是专业的从事保险业务的，如何确保保险协议中双方的权利、义务得到实现和履行？其做法是贷款银行会邀请独立的保险顾问、全面、深层次地协助银行在保险协议的框架下，监督项目保险的具体安排和实施，特别是对条款的审核、每年续保的审核和保险市场的调查等，对等的协议一般会要求借款人也聘请专业的保险顾问或经纪人，并促使该保险顾问承担一定的法律责任或合同义务，确保该项目的保险安排和风险管理在专业、规范、高效的环境下进行。

2. 借助保险权益转让协议，全面规避或有风险

保险权益转让协议是贷款银行真正运用行业惯例和法律赋予的权利进行风险管理的典型手段之一。除了保险协议，银行和借款人之间还要签署一份保险权益转让协议，其逻辑推理和产生的原因：鉴于贷款人作为合同一方，已同意依据贷款协议向借款人发放贷款，用于某某项目，为使该贷款协议生效，作为合同的对价和前提条件，贷款人同意签署保险权益转让协议，以示担保。随后，协议还要详细规定借款人向贷款人转让的权力内容（获得保险赔付和向保险公司索赔的权利等），转让生效的条件，登记、公证和告知和具体的转让方式。对于借款人的保险权益转让协议规定：虽然其在保险单项下的权利业已转让，但为了项目的正常实施，借款人仍应严格履行保险单约定的义务和行使其权利，如缴纳保费、按时续保、出险后进行索赔等。因保险权益的转让，使贷款银行对保险具有可保利益，因而可以与借款人（项目公司）一起成为各险种保障下的被保险人。

3. 借用再保险担保协议，全面规避所有风险

除了保险权益转让协议外，再保险担保协议同样是银行真正运用行业惯例和法律赋予的权利进行风险管理的又一典型手段，即贷款人和保险公司之间的再保险担保协议，它是银行向借款人发放贷款的条件之一，也是对保险权益转让协议的补充。在再担保协议中，保险公司将其在再险合同中的权利，即项目出险后，从再保险公司处，保险公司获取一定比例的保险赔偿的权利，全部抵押给贷款银行。

贷款银行在上述两个协议中承担了两个角色：在保险合同中，贷款银行是被保险人和保险赔偿的受领人；在保险权益转让协议中，贷款银行是保险权益的受让人。这样一来，银行除了获得来自借款人的保险赔款的全额担保，还拥有来自保险公司的赔款一定比例（等于再保险分出比例）的担保，最大限度地保证了在出现违约情况下贷款的安全收回。

4. 权益转让和再保险担保协议的合法性

借款人（项目公司）向保险公司转移列明的风险，支付保费，后者承诺出现保单限定的责任事故时，按照保单约定进行赔付，二者间是典型的民事合同关系，按照大陆法系的分类，属于债权中的合同之债。如果依据中国的法律，该保单则受到保险法的法律保障。借款人和银行间的保险权益转让协议从字面上看，"转让"系保险单项下被保险人是（借款人）将获得赔偿的权利转让给了第三方——银行，该行为符合我国《保险法》第七十九条的规定，似乎也是合同之债。但从其条款和内容来看，该协议实为依附于贷款协议这个主合同之上的担保合同。系从合同即借款人将他在保险合同中的获取保险赔付的权益抵押给了银行，在借款人不能按时偿还贷款等违约情况下，允许银行根据保险权益转让协议向保险公司主张其权利，获得保险赔付。

再保险担保协议则是典型的担保行为，是保险公司将其在再保险合同中的权益转抵押给贷款银行，抵押行为属于大陆法系中的物权范畴。中国的《担保法》对此有具体的规定。在大陆法系中。有"物权破除债权"和"物权对债权的优先受偿权"的原则，就是说，在同一标的物上同时存在物权和债权时，物权有优先性效力，使成立的债权归于消灭。在涉及的这种情况中，项目保险单项下的保险赔付（标的物）之上同时存在两种权利：物权——借款人对贷款银行的抵押，债权——保险公司向被保险人（借款人）的承诺。因此，依据"物权优于债权，债权归于消灭"的原则，该保险赔付可以不支付给被保险人（借款人），而支付给抵押权人——贷款银行。这就是我国《担保法》第四十一条和第五十三条可以找到的法律依据。

也就是说，银行设计并要求的上述一系列担保安排是合法的，是建立在法律赋予各方权力和自由的商业谈判基础上的合法权益。另外，国内建设项目在境外进行融资，建议在签署上述所有协议时，应统一要求其适合中国的法律，否则会产生司法管辖方面的冲突和处理争议时的被动。国家计委、国家外汇管理局制定的专门管理国际项目融资的《境外进行项目融资管理暂行办法》（计外资〔1997〕第 612 号），为项目的融资开发和实施提供了法律依据。

最后需要强调的是，商业金融活动是环环相加，每两个环节之间都有合同详细的规定运作方式。项目融资涉及各方之间的所有协议均存在有机的联系，如因贷款协议和特许权协议派生出的保险协议、保险权益转让协议、再保险担保协议、其他担保协议、建设承包合同、原材料采购合同、产品销售合同等，它们之间互为因果，环环相扣，为避免法律上、合同条款上的冲突和空白，所有这些协议、合同均应在融资交割日或约定的某天同时签署。

5. 融资保险安排的法律和经济意义

市场经济是法治经济，只有在法治经济条件下，市场经济才能健康发展。国外的贷款银行正式充分利用民法赋予平民主体民事权利能力和民事行为能力，依据行业惯例和商业谈判规则，再借助成熟的法律环境和保险市场，设计出全面而严密的合同条款，有效地转移了融资风险，从而保护了自身的合法权益。

另外，在整个项目贷款过程中，贷款银行、借款人（项目公司）、保险公司三方作为民法上平等的三个民事主体，从项目融资的交易中获得了各自期望的经济利益，即银行放贷收取利息、借款人运营项目获得利润、保险公司承保收取保费，因而实现了经济学意义上的整个社会利益的最大化。

## 7.2　出口项目信用保险

### 7.2.1　出口信用保险的基本概念及特点

1. 出口信用保险的定义

出口信用保险不同于一般的工程保险即商业保险，它是通过信用保险来实现的，因此，人们又常常将"出口融资保险"称为"出口信用保险"。出口信用保险是国家鼓励本国企业进行出口贸易而形成的一种政策性保险。

出口信用保险是一种在商品出口或相关经济活动中发生的被保险人与保险人之间签订的一种保险协议，根据该保险协议，被保险人向保险人缴纳保险费用，保险人负责赔偿保险协议项下被保险人向国外买方赊销商品或贷放货币后因买方信用或相关因素引起的经济损失。在理解出口信贷保险概念时，应注意以下几点。

一是出口信用保险与商品（项目、设备、产品）或资本等输出有紧密关系，并以支持、鼓励输出上述商品为宗旨。

二是出口信用保险不与某一具体事件相关，即不承保某一主体事件，它主要承保的是被保险人向国外买方提供信用后，由于国外买方及其有关各方不遵守约定的契约或其他项目所在的突发事件，而给被保险人造成的损失，因此，出口信贷保险也可以理解为债务人的"信用"保险。

三是被保险人对债务人的信用包括商品的赊销、货币的借贷和货币支持下的商品赊销，不能把出口信用保险仅仅视为对出口的信贷保险。

2. 出口信用保险的特点

（1）非营利性经营。出口信用保险（Export Credit Insurance）产生的直接原因是出口贸易发展的需要，开办出口信用保险业务的各类机构开诚布公地宣布称其经营目标是保护本国出口商的利益，为出口商扩大出口提供安全保障，在政府的支持下，各出口信贷保险机构不惜亏损来支持出口，以实现国家整体经济利益要求。但不以营利为经营目标并不意味着信贷保险机构不讲究经济效益，恰恰相反，出口信用活动中的风险要求出口信用保险机构严格控制风险，加强管理，力求以最小的成本换取最大的利益。

（2）高风险、难控制。出口信用保险承保的标的不是某一事务，而是出口商的收汇安全。造成出口商不能安全收汇的风险主要是指政治风险和商业风险。政治风险一般包括买方所在国家颁布的法令实行外汇管制、禁止或限制汇兑，买方所在国家进口管制，买方所在国家或有关第三国颁布延期支付命令，买方所在国家或有关第三国发生战争、革命、暴乱等。商业风险一般包括买方无力偿还债务或破产；买方提货后，拖延支付货款；货物运出后买方拒绝收货及付款等。由于出口方和进口方属于不同的国家，彼此在政治、经济、外交、法律，以及经营作风、贸易习惯等方面相差很大，造成买方违约的原因比较复杂，因此，出口信用保险业务出险的概率不但较高而且不容易控制。

（3）政府参与办理。出口信用保险的经营目标、所承包经营的风险性质以及承保的标的决定了它是一种离不开政府支持和参与的政策性很强的险种。政府对出口信贷保险的支持和参与主要体现在：①财政上鼎力相助，为了充分发挥出口信用保险对国家出口的作用，各国通过贷款、设立赔偿准备金、贴现票据和再保险等不同方式，向出口信用保险注入大量的资金。②规范经营和管理，许多国家在开办出口信贷保险业务伊始和过程中，都颁布专门的法律或有关政令，国家通过专门立法或政令规定其出口信用保险机构的性质、地位、经营方针、承保原则、财务核算办法、机构设置和人员以及归属等。以使出口信用保险的经营符合本国利益和达到支持出口的目的。③参与重大经营决策。很多国家政府设立有关政府部门，如外交、贸易、中央银行、财政等官员组成的部级委员会（或咨询为委员会，或顾问委员会），部级委员会定期召开会议，批准出口信用保险的承保方针、地区政策和进行重大经营项目的决策。一些国家的出口信用保险机构的年度财务报告要交国会或议会审批。④提供各种优惠政策。为了扶植出口信用保险业务的开展，几乎所有国家的政府都为此项业务提供优惠政策，如免征一切税赋、赋予资金较大的权限等。

综上三条特点外，出口信用保险还具有以信息为依据承保、再保险以向政府分出为主、损失可追偿等特点。

3. 出口信用保险的作用

出口信用保险是一国政府为提高本国产品的国际竞争力，推动本国的出口贸易，保障出口商的收汇安全和银行的信贷安全，促进经济发展，以国家财政为后盾，为企业在出口贸易、对外投资和对外工程承包等经济活动中提供风险保障的一项政策性支持的保险，属于非营利性的保险业务，是政府对市场经济的一种间接调控手段和补充，属于世界贸易组织（WTO）补贴和反补贴协议原则上允许的支持出口的政策手段。通过国家设立的出口信用保险机构（ECA，官方出口信用保险机构）承保企业的收汇风险、补偿企业的收汇损失，可以保障企业经营的稳定性，使企业可以运用更加灵活的贸易手段参与国际竞争，不断开拓新客户、占领新市场。

出口信用保险对项目的推动和风险保障作用主要体现在以下三个方面。

（1）境外投资往往面临着诸多风险如战争、征收和汇兑、违约等风险。通过保险，保险人对投资所在国发生的战争和政治暴乱、国有化（征收）、汇兑限制以及政府或其授权机构在相关特许经营权或其他销售合同项下的违约风险承担责任，可以使承包商所面临的这一部分风险通过保费对价进行合理的转移，保障投资人和融资银行资金的安全。

（2）消除了银行对高风险业务的顾虑，提升了借款人的信用等级。银行对于高风险行业实施贷款充满顾虑，在规定期限内，银行是否能够收回贷款额和利息，是银行风险管理的焦点。国内借款人（项目公司）在境外投资或提供相应服务办理了出口信用保险后，将保险权益转让给贷款银行，贷款银行向借款人提供融资业务，可以提高借款人的信用等级，使银行消除高风险业务贷款的顾虑。

（3）境外投资保险不但提供借款人的信用等级，提高借款人在银行贷款的概率，而且保险公司还要对借款人项目提供风险管理服务，协助承包商对项目实施有效的风险管理服务。为此，投资者可以借助境外投资保险搭建有效的风险防范机制，提升企业投资风险的管理水平。

中国出口信用保险公司是我国唯一承办政策性信用保险业务的金融机构，2001 年成立，资本来源为出口信用保险风险基金，由国家财政预算安排。主要目的是积极配合国家外交、外贸、产业、财政和金融等政策，通过政策性出口信用保险手段，支持货物、技术和服务等出口，为企业开拓海外市场提供收汇风险保障，并在出口融资、信息咨询和应收账款管理等方面提供服务。

近年来，我国进出口信用保险有力地促进了我国的经济发展，带动了国民经济发展。据国务院发展研究中心和中国出口信用保险公司联合发布的报告显示，2017年，中国出口信用保险拉动我国出口金额超6000亿美元，占同期出口总额的26.6%，对GDP的贡献率为4.9%。对"一带一路"建设支持作用突出，对企业面向沿线国家的出口和投资的承保金额达1298.5亿美元。

4. 出口信用保险的分类

国际上对出口信用保险的分类方法有以下几种：

（1）根据卖方向买方提供的信用期限的长短，可分为短期出口信用保险（Short - term Export Credit Insurance）、中长期信用保险（Medium - and long - term Credit Insurance）和长期信用保险。短期出口信用保险的信用期限一般为180天，通常适用于原材料以及消费品的出口；中期信用保险承保的信用期一般在180天至3年之间；长期信用保险承保的信用期一般在3年以上。中长期信用保险适用于EPC工程出口项目信贷、成套设备、船舶等出口。

（2）根据保险责任的起止时间，可分为出运前出口信用保险（Pre - shipment export credit insurance）和出运后信用保险（Export credit insurance after shipment）。出运前出口信用保险起始于贸易合同生效之日，止于货物出运日。主要承保合同签字后，出口商支付产品的设计、制造、运输及其他费用。出运后信用保险起始于货物出运日，止于保险合同终止日，主要承保商品出运后由于国外买方政治风险和商业风险造成的不能及时收回货款的风险。

（3）根据承保的方式的差异，分为综合保险单（Comprehensive insurance policy）、特别保险单（Special insurance policy）和选择保险单（Select Insurance Policy）。综合保险单适用于大宗货物多批次、全方位出口；特别保险单适用于逐笔交易的资本品出口；选择保险单虽然原则上规定了一些承保条件，但允许出口商再保险合同对定的范围和限制内进行选择。

（4）根据贸易活动项下使用银行融资方式的差异，分为卖方信用保险（Seller's credit insurance）、买方信用保险（Buyer's credit insurance）和延付合同再融资保险（Late payment of contract refinancing insurance）。卖方信用保险适用于卖方使用银行贷款项下的出口合同，买方信用保险适用于买方使用银行贷款项下的出口合同，延付合同再融资保险适用于将"卖方信用"买方化的合同，这是一种常用的分类方法。

（5）根据保险承保风险的不同，可以分为只保商业风险（Business Risk Only），只保政治风险（Political Risk Only），既保商业风险、又保政治风险（Both Commercial and Political Risk）的出口信用风险以及汇率风险保险（Exchange rate Risk Insurance）。

（6）根据出口合同商标的不同，分为海外存货和加工保险（Overseas inventory and processing insurance）、服务保单（Service insurance policy）、银行担保（bank guarantee）、保函支持（Guarantee support）和贸易展览会保险（Trade Fair Insurance）等。

### 7.2.2 中长期出口信用保险

中长期出口信用保险（简称中长期险）可分为海外投资信用保险、卖方信用保险（再融资保险）、买方信用保险三大类。中长期险放账期在一年以上，一般不超过十年。主要通用于EPC、BOT、BOO或合资形式在国外的工程项目、大型机电产品和成套设备出口等。中长期险是出口信用保险业务中非常重要的险别，它是指保险责任期限为中期（1～5年）或长期（5～10 年）的出口信用保险险种。中长期险旨在鼓励我国出口企业积极参与国际竞争，特别是海外工程承包项目以及高科技、高附加值的机电产品和成套设备等资本性货物的出口，支持银行等金融机构为出口贸易提供信贷融资。

中长期险主要承保的风险分为两类，政治风险和商业风险。政治风险包括汇兑限制、延期付款令、战争、革命、暴乱、恐怖主义以及保险人认定的其他事件。商业风险包括债务人破产、倒闭、解散和清算；债务人拖欠应付的本金和利息。

下面我们就上述三种中长期险以及与卖方信用保险相关的出口"延付合同"再融资保险进行介绍。

1. 海外投资信用保险

保险含义：海外投资信用保险简称海外投资保险，是指资本输出国政府对本国投资者可能因东道国国内政治风险或违约风险而遭受的损失，由出口信用机构（ECA）向本国投资者提供的保险。海外投资保险承保的政治风险主要包括战争、革命、暴动风险；不能自由汇兑的风险；政府征用；没收或国有化的风险；政府停止支付或迟延支付、违约风险等。该保险旨在鼓励本国出口企业积极参与国际竞争，鼓励国内资本的输出，支持银行等金融机构为出口贸易提供信贷融资。

按照投资性质划分，境外投资可分为股权投资和债权投资。股权投资是指对海外项目公司以分红形式回收的投资，界定为股权投资；对海外项目公司有本金利息要求的（银行贷款、股东贷款），则界定为债权投资。

保险标的：海外投资保险承保的标的是投资者的股权、债权协议。投保人为海外投资人，凡向境外进行投资的合格投资者，均可成为海外投资保险的被保险人。在约定风险发生并导致损害时，政府专门保险机构根据保险契约向投资者支付保险金并有权继承该投资者对被保险项目所享有的一切权益，代位向东道国政府进行索赔。海外投资保险的赔偿比例根据发生风险的项目来具体确定，基本政治风险项下赔偿比例最高不超过 95％；违约项下赔偿比例最高不超过 90％；经营中断项下赔偿比例最高不超过 95％。承保业务的保险期限不超过 20 年。

保险适用：海外投资保险对中国投资商的海外债权和投资权益进行直接保障，间接保障银行贷款。海外投资保险适应于银行项目股权贷款、结构性无追索项目贷款以及境外 EPC 贷款项目，尤其是 BOT 项目。海外投资保险各方关系图，如图 7-1 所示。

2001 年 5 月 23 日，国务院批准组建国有独资的中国出口信用保险公司，2001 年 12 月 18 日在北京挂牌成立，公司资本金约 300 亿元，现有 15 个职能部门，营业机构包括总公司营业部、18 个分公司和 6 个营业管理部，已形成覆盖全国的服务网络，并在英国伦敦设有代表处，向俄罗斯、巴西、

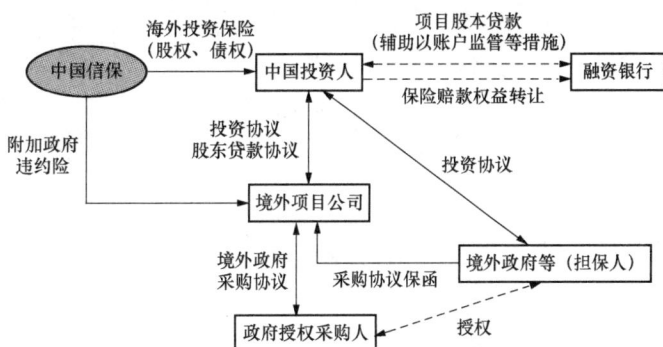

图 7-1　海外投资保险各方关系图

南非和迪拜派驻了工作组。2013 年以来，中国信保支持我国企业向"一带一路"沿线国家

出口和投资达到 7124.3 亿美元，业务范围覆盖沿线所有国家，为"一带一路"项目出具保单 2300 多张，累计向企业支付赔款超过 27 亿美元。

海外投资保险是中国信用保险公司开展的重要险种之一，在我国得到广泛应用，如中国信用保险公司承保的约旦油页岩循环流化床发电厂项目，该项目是典型的投建营一体化项目，建成后将成为全球最大的油页岩电站。中国信用保险公司基于项目融资模式设计了覆盖政治风险、政府违约风险和商业风险、涉及多个险种的保险方案。因此，带动中资银团为项目提供约 16 亿美元的融资。再如，云南电力开发有限公司在缅甸丽江水电站项目，总投资4.6 亿美元，银行融资 2.86 亿美元；云南东南亚经济技术投资实业公司老挝斯登沃代水电站 BOT 项目，总投资 2.6 亿美元，银行融资 1.85 亿美元。

### 2. 出口卖方信用保险

（1）保险含义：出口卖方信用保险简称卖方信用保险。卖方信用保险是在卖方融资模式下，出口信用机构（ECA）向出口方提供收汇风险保障的政策性信用保险。卖方信用方式是指出口方和本国的融资银行直接签署贷款协议，融资银行通过直接向本国的出口方提供贷款，为进口方提供延期付款的便利，从而使得国内出口方获取境外项目的机会。

工程项目领域在建设期间，承包商和融资银行直接签署贷款协议，按工程进度从国内融资银行取得工程进度款。项目建成投产后，境外业主按商务合同规定的延期付款安排支付余款和利息，承包商再向国内融资银行偿还借款本金和利息。因此，对承包商而言，卖方信用保险项目属于延期付款合同项目，所以卖方信用保险又称"延付合同保险"。

（2）保险责任：卖方信用保险所承保的风险包括政治风险和商业风险，出口方（承包商）可以将卖方信用保险的赔款权益转让给银行作为保证，获得出口融资贷款，卖方信用保险对承包商的出口权益进行直接保障，间接保障银行贷款的安全。卖方信用保险的投保人和被保险人都是出口商（项目承包商）。

（3）保险标的：由于卖方信用保险承保的是境外进口方业主或其担保人不付款的风险，保险责任是基于商务合同项下的买家的支付货款的责任。因此，卖方信用保险标的是出口商务合同而不是出口卖方信贷协议，卖方信贷保险的赔付比率为 90%，保险货币与商务合同一致，一般以人民币计算，也可以是美元。出口方（项目承包商）一般将利息等资金成本费用计入出口货价中，将贷款成本转移给进口方（业主）。卖方信用保险适用于银行卖方信贷模式，适用于企业海外 EPC 项目出口等。

（4）保险优劣势：卖方信用保险的优势为承包商在具有一定自有资金的情况下，可先行启动项目，不受贷款银行审批的影响，融资结构相对简单，保险可覆盖出运前的风险。对于进口方（业主）而言，比较倾向于这种保险类型，因此，出口方的承包商在项目谈判中往往处于较为主动的地位。保险劣势是出口方承包商需长期负债，需要承担汇率风险。

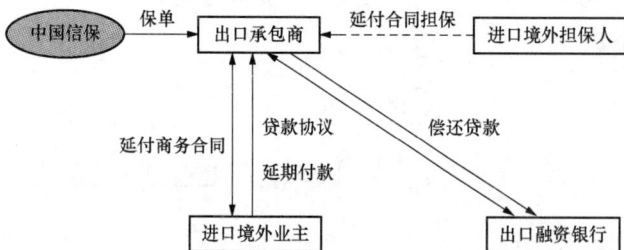

图 7-2　卖方信用保险各方关系图

卖方信用保险各方关系图，如图 7-2 所示。

中国信用保险公司作为国内唯一提供出口信用保险服务的专业公司，卖方信用保险是该公司开展较早的业务之一。出口卖方信贷保险在出口项目融资中，得到广泛的应用，并发挥着重要作用。例如，中国信用保险公司为中国建筑设计院海外收购项目提供了卖方信贷保险，支持了设计院从中国进出口银行获得项目贷款，该卖方贷款保险是我国第一次为国内高端服务业走出国门的一次有益尝试，为中国勘察设计行业海外收购项目保驾护航的第一案例，受到海内外的高度重视。又如，中国信用保险公司为江苏其元集团提供卖方信贷保险，从而使该集团获得中国进出口银行提供的贷款，用于支持其境外贸易合作区——埃塞俄比亚东方工业园一期建设。再如，中国信用保险公司向葛洲坝集团承建的赤道几内亚首都马拉博城市污水管网与污水处理厂工程提供的贷款签订卖方信贷保险，该公司从中国进出口银行获得贷款。该项目是赤道几内亚政府为完善城市基础设施建设，促进城市经济快速发展，改善城市环境，防止水污染而修建的，具有良好的社会效益。上述项目企业均是采取卖方信贷保险方式，通过卖方信用保险而取得贷款的项目，有效地规避政治、违约等风险。

3. 出口买方信贷保险

（1）保险含义：出口买方信用保险简称买方信用保险，是指在买方融资模式下，出口信用机构（ECA）向贷款银行提供还款保障的政策性保险。所谓买方信贷是指本国融资银行为境外进口方提供商业贷款，促成该项贸易获得成功。

在工程领域，国内的承包商承揽境外的某项工程，境外进口方业主缺少资金，向出口方融资机构申请贷款，工程项目由国内承包商承担。买方融资模式下的贷款协议是由融资银行和境外业主或境外借款人（转贷行）直接签署，承包商通过境外业主审核批准的发票从国内融资银行直接取得的工程进度款。因此，对承包商而言，出口买方融资贷款等同于"现汇项目"。

（2）保险责任：在买方融资方式下，融资银行同样存在一定的风险，包括政治风险和商业风险，为化解风险，中国信用保险为出口买方融资设置了出口买方信贷保险。由于买方融资模式下，国内融资银行直接与进口业主（或转贷行）签署贷款协议，国内融资银行会对项目的可行性和未来的还款能力进行严格的审查，而且会进一步要求境外项目担保人提供主权担保或可接受的其他综合担保措施以转移风险，确保贷款安全。出口在买方融资模式下向保险公司投保的投保人可以是出口商或融资银行，被保险人是融资银行。

（3）保险标的：买方信用保险所依据的基础合同是出口买方融资贷款协议，为此，保险标的是贷款协议而不是商务合同。出口买方信用保险赔付比率为 95％。保险货币与贷款协议货币一致，一般是美元。

（4）保险优劣势：出口买方信贷保险的优势为承包商无负债且不需提供担保，相当于现汇收款，无须承担汇率波动风险和进口商的信用风险。劣势为由于是境外业主承担债务，主权国家负债往往受限制，融资结构不确定性大；融资成本容易受国际金融市场的影响；项目谈判结果不确定性大；项目的进度受境外业主和转贷银行的制约。

由于买方融资方式有两种，相应买方信用保险也分为两种运作模式。

第一种模式：融资银行直接贷款给项目所在国政府或境外业主。在此模式下，承包商与境外业主洽谈贸易合同，并商定由哪家融资银行提供买方贷款，境外业主以双方的贸易合同为基础，再同融资银行签订贷款协议，融资银行向信用保险机构投保买方信用保险，境外业主用其借到的买方融资以现汇向承包商支付货款，境外业主在以后的一段期限内，按照商定的合同条件向融资银行还本付息。第一种模式的买方信用保险各方关系图，如图 7 - 3 所示。

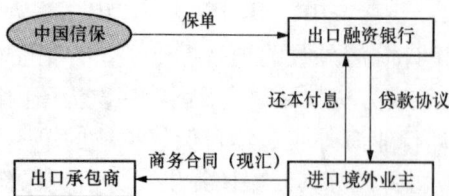

图 7-3　买方信用保险各方关系图（一）

第二种模式：融资银行贷款给境外业主指定的银行，然后再由境外业主银行转贷给业主。在此种模式下，境外业主银行与融资贷款银行签订贷款总协议，规定一项总的贷款制度，承包商与业主达成商务合同，融资银行向出口信用保险机构投保买方信用保险。承包商与业主商务协议签订后，境外业主向其商定的银行提出贷款申请，业主方银行批准后，即按照原来规定的总贷款协议，向融资银行申请使用贷款额度，批准后，融资银行向进口方银行拨付贷款，再由业主方银行转付给业主，业主得到贷款后，以此款现汇支付给承包商。在以后的一段时间内，境外业主按照合同约定向境外业主方银行偿还贷款，再由业主方银行转还给融资银行。第二种模式买方信用保险各方关系图，如图 7-4 所示。

买方信用保险是中信保险信公司开展业务的重要险种，在建设工程行业应用较为广泛。例如：2017年西亚某国的大型炼油项目部分工程就采用了出口买方信用融资方式。该国社会制度健全、基础设施、通信设施良好，在中亚、南亚

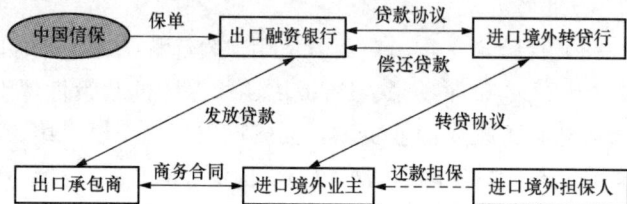

图 7-4　买方信用保险各方关系图（二）

及高加索地区有一定的影响力。在中国推进"一带一路"倡议中，该国的重要性日趋凸显。但该国地缘风险较高，国民经济过分依赖于石油出口，宏观经济易受国际油价波动的影响，抵御外部风险能力相对较弱。目前，该国宏观经济有所转好，通胀率稳步下降，但货币贬值压力依旧存在，外汇管制非常严格。为了化解偿债风险及可能的地缘政治风险，中国政府要求该国为此项目出具主权担保作为提供资金的先决条件。在业主自筹资金 15％作为承包商预付款的情况下，融资银行为该项目融资 85％的剩余资金，承包商作为申请人在中国信用保险公司就 85％的贷款以融资银行为受益人，申请投保"出口买方信用保险"。融资银行贷款给境外买方，需要对项目风险及买方还款风险进行评估，在这其中，需要借助中国信用保险公司的力量，对项目风险给予保障。

4. 出口"延付合同"再融资保险

（1）保险含义：通常情况下，在卖方融资贷款中，企业需要投保中国信保用保险公司出口卖方融资保险，以覆盖建设期和还款期的政治风险和商业风险。由于卖方信用保险的赔偿率较出口买方信用保险要低，且保单中的除外责任也较多，同时，为了更好地管控风险，承包企业可以将"卖方融资"买方化，即实现出口"延付合同"再融资保险（以下简称再融资保险）。

从实际操作来说，再融资保险是指无论是出口商是否已经投保过卖方信用保险，在金融机构无追索地买断出口商商务合同项下的中长期应收款，信用保险机构（ECA）向金融机构提供用于保障金融机构资金安全的保险险种。

应用到工程承包领域，再融资保险是指承包商在商务合同项目下的履约义务履行完毕，并且其债权体现于一套可转让的中长期应收账款凭证，融资银行在承包商投保再融资保险的前提下，通过买断该应收账款，实现即期支付承包商的工程款的目的。再融资保险各方关系图，如图 7-5 所示。

（2）保险标的：再融资保险的被保险人是再融资银行，投保人一般是再融资银行或承包商。保险标的为项目应收账款凭证。

（3）保险责任：保险责任主要涉及商业险和政治险。商业险为由于债务人和担保人的原因导致的无法付款；政治险为由于战争、征收、汇兑等原因导致的无法付款的风险。

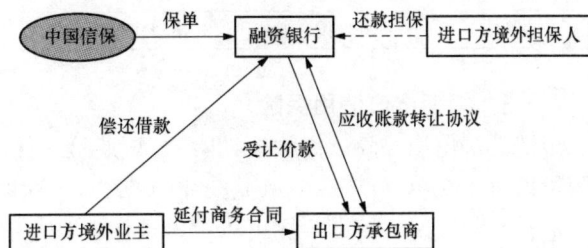

图 7 - 5　再融资保险各方关系图

（4）保险优势：与卖方信用保险比较该险种的除外责任大大减少；赔偿比例提高，卖方信用保险对保险责任的赔偿比例为 90％，而再融资保险的赔偿最高比例为 95％；同时，赔款等待期缩短。

再融资保险的劣势是融资银行应对收账款是有规定的，对未形成银行认可的应收账款，如设备采购装船后的单据才能被银行认可，设备发出订单、制造环节的费用不能形成应收账款，这样承包商需要垫资 6～12 个月，出现负现金流的风险。另一方面当业主违约时，如果业主资金短缺或支付审批逾期，导致建设期利息不能按期归还，此时，融资银行会停止买断应收账款，并向中国信用保险公司理赔，为确保项目进度以及建设资金持续到位，承包商需要代业主暂时垫付利息，因此，承包商还面临业主不能还款的风险。

总之，再融资保险其优势是可以解除银行为承包商贷款的后顾之忧，同时也有利于承包企业规避汇率风险，优化财务结构，释放融资能量，再融资保险是卖方信用保险的一个重要补充的保险产品。

中国信用保险公司于 2007 年 6 月推出再融资保险业务以来，已经为多家融资银行或承包商提供了再融资保险业务。以 A 公司开发的老挝 M 项目为例。该项目合同金额为 1.5 亿美元，投保金额为 1.8 亿美元，预付款比例为 15％，融资比例为 85％，业主为老挝的国有公司 N，担保人为老挝财政部。该项目为卖贷融资项目。项目在拿到最终验收证书（Final Acceptance Certificate，FAC）之后，实现了应收账款无追索买断，当年成功实现了会计出表。随后，该项目实施了卖方信贷保险转再融资保险，从而进一步缩小了项目的风险敞口。

5. 中长期信用保险产品的比较

中长期信用保险产品的比较见表 7 - 1。

表 7 - 1　　　　　　　　　　中长期信用保险产品的比较

| 内容 | 海外投资保险 | 卖方信用保险 | 买方信用保险 | 出口再融资保险 |
|---|---|---|---|---|
| 投保人 | 投资人 | 承包商 | 承包商或融资银行 | 融资银行或承包商 |
| 被保险人 | 投资人 | 承包商 | 融资银行 | 再融资银行 |
| 保险标的 | 股权、债权协议 | 商务合同 | 贷款协议 | 延付票据 |
| 保险责任 | 政治风险与商业风险 | 政治风险与商业风险 | 政治风险与商业风险 | 政治风险与商业风险 |
| 赔偿最高比例 | 90％～95％ | 90％ | 95％ | 95％ |
| 保费计算基础 | 投资本金与利息之和 | 延付金额与延付利息之和 | 贷款本金与利息之和 | 票据本金与利息之和 |

| 适应融资方式 | 海外投资方式 | 出口卖方融资方式 | 出口买方融资方式 | 再融资方式 |
|---|---|---|---|---|

### 7.2.3　短期出口信用保险

短期出口信用保险（简称短期险）。短期险承保的是放账期 180 天以内的收汇风险，主要用于以付款交单（D/P）、承兑交单（D/A）、赊账（O/A）等商业信用为付款条件的出口。根据实际情况，短期险还可以扩展承保放账在 180 天以上，360 天以内的出口，以及银行或其他金融机构开具的信用项下的出口。

我国现行的出口信用保险中的短期出口信用保险主要分为基本保险险种与其他险种两大类。其中，基本保险险种包括特定合同保险、综合保险、统保保险、信用证保险、特定买方保险和买方违约保险六个保险产品；其他险种主要是针对市场特殊需求开发的新险种，包括外派劳务信用保险、农产品出口特别保险、出口票据保险等。我们仅介绍两种与工程有关的短期信用保险，即特定合同保险和外派劳务信用保险。

1. 特定合同保险

（1）保险概念：特定合同保险属于短期信用保险，是指在特定合同融资项下承保企业某一特定合同的收汇风险。特定合同保险采取一个合同（或项目）一保的方式，承保单一的商业合同项下，以任何支付方式进行交易。由于保险风险发生，导致出口企业的直接经济损失，包括应收账款损失或/和实际投入成本损失。特定合同保险有两种保单，一种是买方违约保单，另一种是特定合同保单。两种保单，不同保障，如图 7‑6 所示。

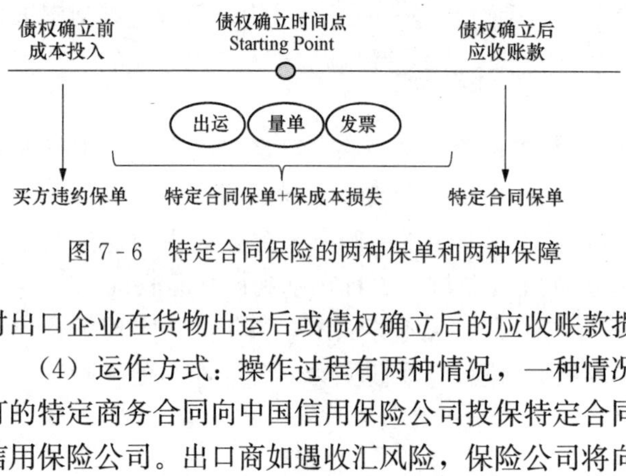

图 7‑6　特定合同保险的两种保单和两种保障

（2）保险标的：特定合同保险的投保人、被保险人均为出口商；保险标的为出口企业的商务合同。

（3）保险责任：特定合同保险承保出口企业在出口商务合同执行过程中因买方违反合同约定不履行付款义务或因政治风险而遭受损失的风险，对出口企业在货物出运后或债权确立后的应收账款损失提供补偿。

（4）运作方式：操作过程有两种情况，一种情况是出口商并不涉及融资银行，对其所签订的特定商务合同向中国信用保险公司投保特定合同保险，同时进行索款权利的转让给中国信用保险公司。出口商如遇收汇风险，保险公司将向被保险人进行赔偿。无融资项下的特定合同保险各方关系图，如图 7‑7 所示。

另一种情况是出口商需要融资贷款，涉及融资银行。其运作模式是出口商向中国出口信用保险机构投保特定合同保险，并将赔款权益转让给融资银行后，融资银行向其提供出口贸易贷款，在发生保险责任范围内的损失时，保险人——中国信用保险公司依据《赔款转让协议》的规定，将按照保单的规定理赔后应付给出口商的赔款，直接全额支付给融资银行。融资项下的特定合同保险各方关系图，如图 7‑8 所示。

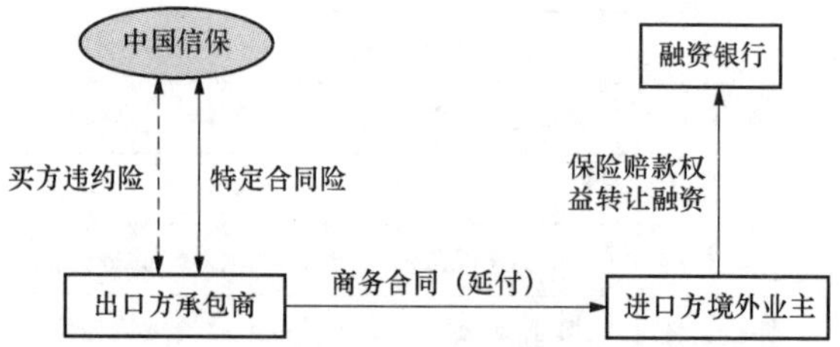

图 7‑7　无融资项下的特定合同保险运作示意图（一）
注：虚线部分表示出运前可办理的业务。

（5）保险适用：特定合同保险适用于较大金额的对外工程承包和劳务合作、机电产品、成套设备以及与之相关的服务等的出口，保障信用期限最长不超过 2 年。单笔合同金额在 100 万美元以上，且商务合同应规定一定比例的预付款。特定合同保险一般无须境外主权担保，运作简单，深受市场欢迎。

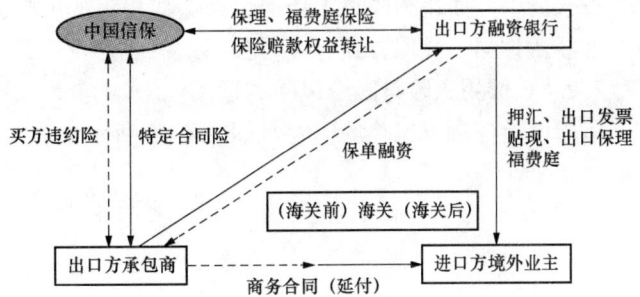

图 7-8　融资项下的特定合同保险运作示意图（二）

注：虚线部分表示出运前可办理的业务。

（6）保险优势：特定合同保险为出口承包商或企业分担了风险，提高了企业内部风险控制水平。通过保单融资直接解决了国内出口承包商或企业授信额度不足，垫资压力过大的问题；利用"延付合同"帮助出口承包商或企业争取订单，同时，间接解决了境外业主现金流的问题，取得双赢的局面。

特定合同保险在工程领域得到很好的应用。例如，某境外承包商在中国中标某石油管线项目，拟从中国采购一批机械设备，但由于资金紧张，希望中国设备供应商给予一定的账期，由于涉及多家供应商，谈判比较困难。中国信用保险公司得知这一项目情况后，主动和该境外承包商联系，联合中方供应商和融资银行为其设计了特定合同保险项下的融资模式。

在设备出口后，境外承包商在发票上进行确认，承诺同意中方出口供应商将应收账款转让给融资银行，融资银行将贷款支付给中方出口供应商，待两年后，境外承包商直接将货款支付给融资银行，否则，如遇收汇风险将由保险公司赔付给融资银行。特定合同保险解决了境外承包商融资问题，出口供应商放账风险问题和获得银行贷款难的问题。

2. 外派劳务信用保险

外派劳务信用保险是中国出口信用保险公司开发的属于短期出口信用保险的保险产品。外派劳务信用保险是指在《对外劳务合作合同》项下，如果项目所在国的风险造成外派劳务损失而提供的风险保障。保险标的为对外劳务合作合同。投保人为外派劳务公司，被保险人均为外派劳务公司或人员。

外派劳务信用保险适用于已经与境外业主签订了《对外劳务合作合同》的出口企业，承保因政治风险、巨灾风险以及境外雇主违约风险造成外派劳务企业在《对外劳务合作合同》项下合同收益的损失。

外派劳务信用保险由三个保险产品和一个保函组成的产品系列，被保险人可以根据自身情况选择一个或多个保险产品进行投保。

（1）对外劳务合作经营公司海外风险保险：该保险为对外劳务合作经营公司提供因劳务所在国发生政治风险、巨灾以及境外雇主违约等所造成的损失风险保障。投保人、被保险人为劳务公司。

（2）外派劳务人员海外风险保险：该本保险为外派劳务人员提供因劳务所在国发生政治风险、巨灾以及境外雇主违约等所造成的损失风险保障。投保人、被保险人为外派劳务人员；投保方式：经营公司组织代办投保。

（3）外派劳务人员履约保险或外派劳务人员履约保函：该保险为劳务经营公司提供因外

派劳务人员单方面违约脱离工作岗位而造成损失的风险保障。投保人为外派劳务人员；被保险人为经营公司；投保方式为经营公司组织代办投保。

### 7.2.4　信用保险与融资风险的适配

信用保险与融资风险的适配，如图7-9所示。

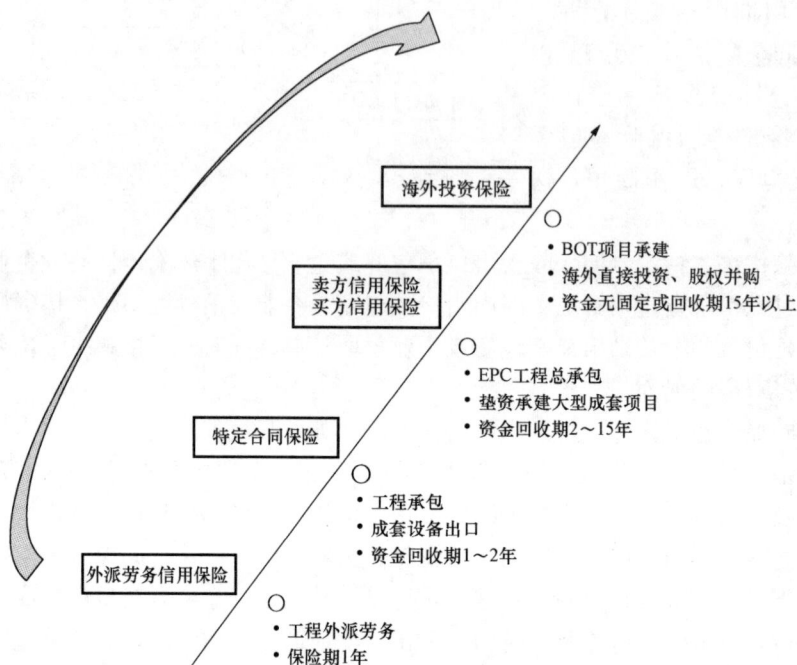

图7-9　信用保险与融资风险的适配图

## 7.3　出口信用保险申办流程

### 7.3.1　中长期信用保险申办流程

1. 申办大致流程

我国经办出口融资与保险的机构为中国进出口银行和中国出口信用保险公司两个机构。企业投保出口信用保险的业务，中国出口信用保险公司负责办理。

由于中长期险的保险金额较大，还款期限较长，风险程度相对短期保险要大得多。因此，在安排中长期出口项目时，要特别注意按规定预先落实保险事宜，出口企业投保中长期险需按下列程序逐一落实。

（1）企业在对外投标或草签中长期出口商务合同前，至少提前一个月，向经办机构递交《投保申请书》即填写"询保单"、申请保险机构出具的融资保险兴趣函或意向函。同时提供下列材料：①项目名称、项目规模、合同金额、项目所在地等；②拟定信贷方式、信贷条件等（进口方一般需要支付15%的预付款）；③进口方名称、地址和资信材料；④借款人或转贷行（在中国提供买方信贷时）名称、地址和资信情况；⑤还款担保人的名称、地址和资信情况；⑥出口项目可行性分析报告（包括技术、专利、换汇成本预测、经济效益等）；⑦进出口双方拟草签的商务合同，或出口企业拟投标书中商务部分；⑧出口企业的营业执照及要求的其他文件。

（2）对外投标或正式签订商务合同后，保险机构对上述《投保申请书》及所附文件后，即对投保项目进行初步审评，如符合国家政策性出口信用保险支持条件，将在规定期间内出具《承保意向书》，承包企业可凭此意向书向银行申请信贷。

（3）在进出口双方就商务合同条件、融资银行与借款人就有关出口信贷协议条款达成一致后，经办机构将对整个项目和全部合同文件进行审定，核定保险费率（2014 年我国平均保险费率为 0.45%），并按国家有关规定履行报批手续后出具保险单或签订保险协议。

经办机构按国家政策规定，在授权范围内，代表政府办理具体保险业务。为确保国家出口信用保险的正常经营，对出口企业的下列情况，经办机构不能办理保险事宜：①未征得经办机构同意，擅自对外承诺或签署合同；②先出运后投保；③其他不符合国家有关规定的行为。中长期信用保险程序如图 7-10 所示。

2. 卖方信用保险申办详细步骤

卖方信用保险申办详细步骤如下。

（1）投标人询保：投保人应在正式签署商务合同前进行询保，填写《出口卖方信用保险询价单》，并按《申报材料清单》提供有关的资料。

（2）出具兴趣函：保险人为支持出口企业竞争项目，对于商务合同和融资条件尚未明确的投标和议标项目，如基本符合投保条件，保险人可以应投保人要求出具《出口卖方信用保险兴趣函》，为进出口双方签订商务合同服务。

（3）签订商务合同：①出口方承包

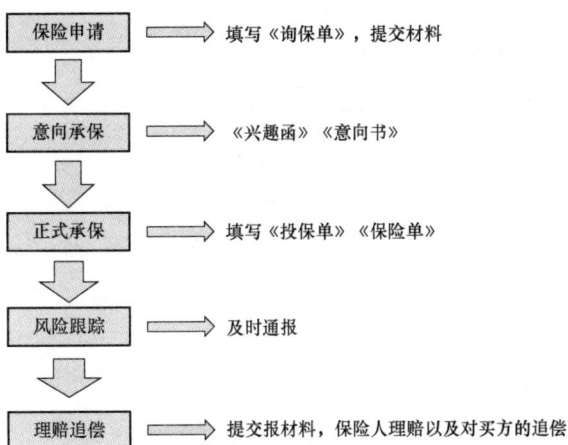

图 7-10　中长期信用保险程序

商与进口方业主签订商务合同，并约定以延期付款方式支付款项。②开立延期付款保函：进口方业主向本国银行申请针对延期付款的保函，由该国银行机构对延期付款进行担保。目的是对于业主的付款增加一层来自境外银行的担保，成为保险人的追偿对象，进一步提高业主延付款项的安全性。③保函的转递：进口方业主将境外银行所开具的保函转递给出口承包商，出口承包商凭此保函以及有关项目资料向保险公司投保，提高可信赖度。

（4）出具承保意向书：保险人收到对上述有关文件、资料后，即对投保项目进行初步审评，如符合国家政策性出口信用保险支持条件，可依据投保人的要求，将在规定期间内出具保险公司《出口卖方信用保险承保意向书》；承包企业可凭此意向书向银行申请信贷。

（5）出具保单：在进出口双方就商务合同条件、境外业主保函、融资银行与借款人就有关出口信贷协议条款达成一致和落实后，经办机构将对整个项目和全部合同文件进行审定，确定《保险单明细表》的内容，核定保险费率，签发《出口卖方信用保险投保单》。

（6）缴纳保费：保单签发后，保险人发放《保险费通知书》，投保人按约定缴纳保费，至此，保险合同生效成立。

（7）保险责任生效：保险人收到全部或分期缴费条件下第一笔保险费后，出具《保险单生效通知书》，保险责任期开始。

（8）索赔权益转让：①保险合同生效以后，出口方承包商与融资银行签订融资协议，由融资银行向承包商发放贷款。同时，双方签订索赔权益转让书，约定一旦发生保险责任范围内的损失，索赔权益转让给融资银行，保险赔偿款直接支付给融资银行；②价款结算：承包商按照商务合同向境外业主提供了产品或服务后，业主则开始按照有关协议向开立保函的该国担保银行分期支付货款，而业主所在国担保银行接到业主的工程款后，则将其转递给卖方融资银行，卖方融资银行接到转递过来的工程款后，再和承包商进行结算。

（9）保险理赔：如果境外业主的分期付款出现风险，最终导致卖方融资银行损失，投保人将向保险人递交《可能损失通知书》，保险等待期满后，再正式提出索赔，保证卖方融资银行的受偿。

（10）保险人追偿：保险人理赔后，向进口方境外业主及其国的担保人进行追偿。

卖方信用保险申办详细流程，如图 7 - 11 所示。

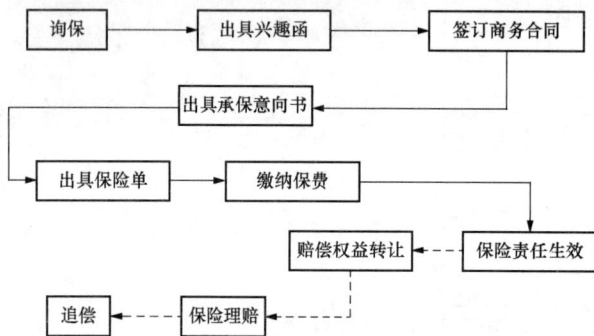

图 7 - 11　卖方信用保险申办流程图

3. 买方信用保险申办详细步骤

买方信用保险申办详细步骤如下。

（1）投保人的询保：投保人应在正式签署商务合同前询保，填写《出口买方信用保险询价单》，并按《申报材料清单》提供有关的资料。

（2）出具兴趣函：保险人为支持出口企业竞争项目对于商务合同和融资条件尚未明确的投标和议标项目，如基本符合投保条件，保险公司可以应投保人要求出具《出口买方信贷保险兴趣函》。

（3）签订商务合同：保险人出具保险兴趣函后，出口方承包商与进口方境外业主正式签订商务合同，并约定以即期付款方式支付款项。

（4）出具意向书：①保险人对于符合受理条件、项目情况明确、资料齐全的项目，应投保人的要求，可以出具《出口买方信贷保险承保意向书》；②境外业主在本国寻求银行支持，作为融资的转贷银行，境外转贷银行与出口方融资银行签署转贷协议。

（5）签订贷款协议：投保人获得承保意向书后，借款人境外业主与融资银行借贷双方签订融资贷款协议。

（6）出具保单：投保人项目条件最终确定后，投保人填写《出口买方信贷保险投保单》，并补充相应的资料；保险公司提出保险方案，确定《保险单明细表》的内容。

（7）缴纳保费：承包方案批准后，保险人出具《保险费通知书》，投保人按约定缴纳保险费用。

（8）保险责任生效：保险公司接收到全部或分期缴费条件下第一笔保险费后，出具《保险单生效通知书》，保险责任期开始。

（9）保险索赔：如果被保险人发生保险责任范围内的风险损失时，被保险人——融资银行应按照规格向保险人递交《可能损失通知书》，在保险等待期满后，正式提出索赔，保险人按照实际损失金额和赔偿比例，直接向融资银行支付。

（10）保险人追偿：保险人理赔后，向进口方境外业主和转贷银行追偿。

买方信用保险申办详细流程，如图 7 - 12 所示。

### 7.3.2　短期信用保险申办流程

短期信用保险申办流程如下。

（1）出口承包商选定投保险种，填写保险人提供的投保单，提出投保申请以及相关投保资料。

（2）出口承包商与保险人商定投保方案，包括投保范围、保险金额、费率等，正式签订保单；签订保单后，投保人必须缴纳保险费用。

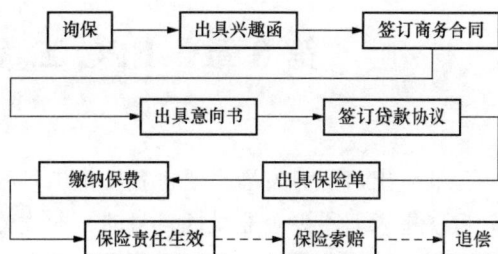

图 7 - 12　买方信用保险申办详细流程图

（3）出口承包商就保单范围内的进口方境外业主向保险人申请信用限额；出口业务在与境外业主有合作意向阶段，就可以提交《信用限额申请书》，超过一定数额的填写《信用限额申请附表》或《200 万美元以上非信用证限额申请附表》与出口方承包商合作的背景、合作历史等资料。

（4）申报出口：限额批复和限额生效后，依据批准的信用限额与商务合同条件，安排出口业务；如果出口承包商在限额生效日前出口（运），出口承包商应到保险人处办理倒签手续，将出口/运日涵盖在信用限额生效日之后，但这需要满足有一定条件的。

（5）索赔理赔：填报、提交《短期出口信用保险可能损失通知书》《案情说明》等保险人要求的其他报损材料、保险人理赔以及对进口买方的追偿。

值得注意的是：出口卖方信用保险的申办流程与以短期出口信用保险的申办流程较为类似。不同之处在于，在出口卖方信用保险中，保险人往往要求出口商获得了进口国担保银行的保函以后才愿意进行承保，而在以短期出口信用保险申办时，出口方承包商一般无须获得境外担保即可获得出口信用保险。

短期信用保险申办流程图，如图 7 - 13 所示。具体险种流程在此不再累述。

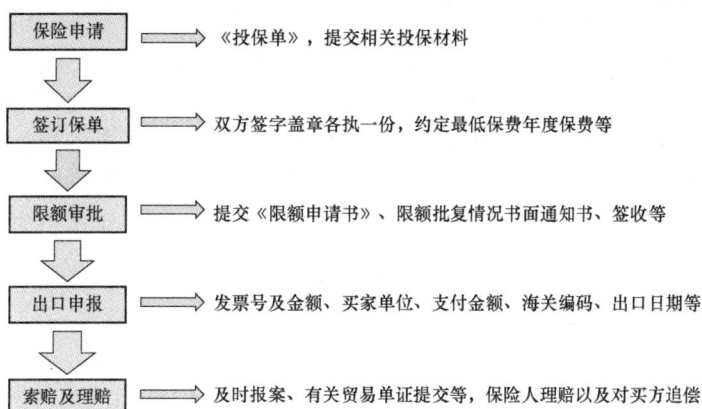

图 7 - 13　短期信用保险申办流程图

# 第8章 EPC 工程融资保险安排案例

为顺应出口形势发展需要，我国推出各种信用保险产品，为企业出口融资安全提供了保障。近些年来，不少企业发挥自身的行业优势，充分利用中国出口信用保险公司的各种信用保险获得各种出口贷款，有力地促进了我国出口项目的发展，同时，也为企业信用保险的安排提供了丰富的经验。本章收集、整理了海外投资保险、卖方信用保险、买方信用保险、再融资保险安排案例共 7 例，供读者参考。

## 8.1 海外投资保险安排案例

### 柬埔寨某水电站海外投资保险安排

#### 【案例摘要】

海外投资面临着政治、征收、汇兑、违约的众多风险，这些风险一旦发生往往导致投资人遭受巨大损失，而海外投资保险则是规避这类风险的有效策略，投资保险对于投资资本的安全具有保障作用。EPC 是 BOT 项目的基础，为全面反映出海外投资保险的作用，在这里我们举一个 BOT 项目海外投资保险的案例。本案通过海外投资保险对柬埔寨 A 水电站项目中具体风险的分析，详细阐述了海外投资保险在规避风险和落实银行融资中的作用，为工程建设对外投资企业规避海外项目风险，提高企业融资效率提供了有益的经验。

#### 【项目概况】

A 水电工程项目是 20 世纪 60 年代由苏联某水电公司提出并开展规划和设计的，需要更新改造，为此，柬埔寨王国工业矿业能源部（MIME）代表柬埔寨政府，按法律规定程序进行国际竞标，要求开发商成立专门的项目公司开发、实施和运行该项目。我国大型企业中国某水电公司（以下简称中方公司）中标，并与柬埔寨方签署了《项目实施协议》（IA）、《土地租赁协议》（LA）和《项目购电协议》（PPA）。

柬埔寨财经部（MEF）代表政府对该项目出具了无条件不可撤销主权级别的担保，担保支付 MIME 和柬埔寨国家电力公司（EDC）在 PPA 和 IA 项下所有应付但是未付的款项，具体做出承诺：一是若 EDC 购电不付款，则保证付款；二是若由于政治不可抗力事件致使投资人无法运营电站而终止 PPA/IA，则保证付款。柬埔寨颁布了国王令，对该项担保以法律的形式予以确认。

#### 【风险分析】

BOT 项目是指政府通过特许经营权协议，授权私营企业（也可以是外资性质企业）进行项目（目前以基础设施和资源开发为主）的融资、设计、建造、经营和维护，在规定的特许经营期（一般不超过 30 年）内向该项目的使用者收取适当（政府监管下）费用，由此回收项目的投资、建设、运维等成本，并获得合理的既定回报，特许经营期满后项目移交给政府的一种项目操作模式。针对该类项目，由于授予投资人的特许经营权可以在项目建成后的一定期限内实现稳定的现金流收入，所以能为项目融资提供稳定的还款来源。对于 BOT 项目而言，针对项目公司提供贷款，以项目公司作为借款人、股东提供有限的还款担保的融资方式，是目前国际主流的 BOT 项目融资的主要模式。

　　通常来说，BOT 项目的种类比较繁多，但以基础设施建设类项目为主，其行业特点因目标用户的不同，所面临的风险会有些许差异。总体来说，BOT 项目有一些共同的风险，见表8-1。

表 8-1　　　　　　　　　　　　BOT 项目融资面临的主要风险

| 风险 | 具 体 内 容 |
|---|---|
| 不可抗力风险 | 主要指地质灾害、自然灾害、生化污染等不可抗力引起的风险 |
| 政治风险 | 包括战争和政治暴乱、法律政策变更、国有化（征收）、取消或者在合同条件下违约导致项目不能顺利经营 |
| 财经风险 | 包括通货膨胀、利率、汇率贬值、外汇兑换/可兑换性等风险 |
| 竞争风险 | 失标、压价和类似项目间竞争导致预期收益不能获得 |
| 环境保护风险 | 在项目进程中对环境造成的意外破坏引起的法律风险、赔款风险和声誉风险 |
| 土地拆迁补偿等社会风险 | 土地征用、当地劳工聘用、劳动报酬水平处理不当引起的社会问题，群体事件导致政府对项目叫停 |
| 施工风险 | 成本超支、工期延误、质量不合格等风险引发项目发起人不能按计划开始项目与运营实现既定利润 |
| 运营风险 | 运营商的资质、能力和经验、产品数量和质量、生活规范化、合法化等方面均可引起运营风险导致现金流不能实现、引起项目风险 |
| 设施/设备状况风险 | 设施和设备的质量直接影响项目是否能在特许期限内正常使用，出现相关风险后可能导致项目失败，最终不能成功移交政府 |
| 原材料供应风险 | 建设期和运营期的原材料（如电站项下的煤炭、天然气和水量），事前的材料协议供应条款、供应商资质、储量风险、期限风险、原材料质量和规格达标风险等均会影响正常运营 |
| 销售风险 | 项目所提供的设施或服务的市场需求：客户的消费能力、相关税项的变动、终端价格的浮动、成本与价格的对应关系等方面如出现异常情况可导致项目还贷逾期，甚至导致项目的失败 |
| 文件合同风险 | 主要指法律条款，如投融资文件的歧义、争端及仲裁机制，包括法律和仲裁结果可执行性方面，一旦出现问题得不到公平结果，损失者最终是发起者 |

　　表 8-1 所罗列的各种风险中，不可抗力风险、设施/设备状况风险一般通过投保商业性财产保险进行规避；财经风险一般通过购买银行风险对冲产品（利率掉期、汇率掉期和套期保值交易等）进行转移；环境保护、文件/合同风险和法律变更风险在事前必须进行充分的法律尽调，一般通过合理的环评报告和环保应对措施以及法律事务咨询进行合理规避；施工风险一般通过预付款保函、完工担保或者质保函进行规避；运营风险通过对运营商的国际公开招标和资质审查进行规避；原材料供应风险一般通过签署长期原材料供应协议并审查供应商资质、履约记录和原材料储量/生产能力等因素进行规避；销售风险一般通过可研阶段对目标产品和市场容量、消费者习惯、经济发展情况、同类产品竞争性等因素进行预判和规避。

　　除此之外，核心风险包括政治风险，即战争和政治暴乱、征收或者国有化、禁止或限制汇兑、法律/政策变更，以及由此延伸出来的由于政府意志的改变导致的竞争风险、土地拆迁补偿风险、土地租赁协议风险、税收等其他优惠政策变动风险、特许经营权限制风险等。这些风险一般不能用普通的商业保险产品予以覆盖，而在 BOT 项目中的特许经营权协议中予以涵盖，属于不可抗力风险，是由政府或者相关部门所做出的承诺与保证等，但政府信用也不是绝对安全的，这种不确定性可能导致银行或其他金融机构在做出贷款决策时产生疑虑，阻碍项目融资的落实。

　　其实，上述种种风险都可以通过购买海外投资保险进行规避，而且这种方式的效率往往是极高的，承保的方式具有一定的灵活性，也是国际上通行的一贯做法。

**【投资结构分析】**

　　A 项目总投资 2.805 亿美元，其中股本 8050 万美元，贷款资金来源 2 亿美元。资本金部分由中方公司以自有资金投入，融资部分由国内某政策性银行在有限追索权的前提下提供项目融资贷款。

　　中方公司作为 A 项目发起人，在柬埔寨成立了全资拥有的 A 水电项目公司，由其具体负责水电站的设计、建设与运营，中水公司已经将项目协议的主体变更为 A 水电项目公司，本项目的融资结构，如图 8-1 所示。

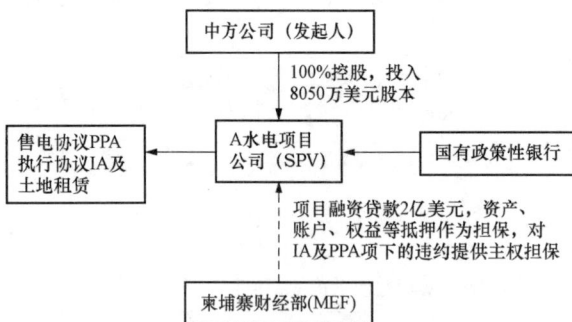

图 8-1　A 项目投融资结构图

**【投资风险分析】**

　　由于该项目是中国企业赴境外投资的项目，而项目资产（主要是水电站）在境外，柬埔寨作为东道国的风险就成为投资人中方公司所面临的主要风险。综合来看，该项目面临的风险主要有以下几种。

　　1. 政治风险

　　政治风险主要包括东道国发生战争和政治暴乱、征收或国有化、汇兑限制、生产限制、税制变更、进出口政策变更、环保立法变更等。在该项目项下，投资人中方 ZS 公司作为投保人，向中信保险公司（中国官方 ECA 机构）投保了海外投资保险，被保险人为该项目企业，保险权益受让人为提供项目融资的中国政策性银行，保险范围为战争、征收和汇兑限制三项基本政治风险和违约风险。考虑到柬埔寨政治体制结构脆弱，党派矛盾和纷争较多，经济结构单一，工业基础赢弱，风险相对较高等情况，投保海外投资保险确实为银行提供融资增强了信心。

　　2. 信用风险

　　该项目中，由于水电站建成后的唯一收入来源就是 PPA 项下的售电收入，这个现金流来源主要用于投资人中水公司收回投资赚取利润，以及偿还银行项目融资项下的本息。因此，该项目的信用风险主要指柬埔寨国家电力公司（EDC）的信用风险。虽然柬埔寨政府对 PPA 项下 EDC 的支付义务出具了无条件且不可撤销的主权担保，并以立法形式加以确认。但是，由于 EDC 的支付能力和未来同类电站的电费给付压力带来的不确定性，加之柬埔寨政府外汇储备在基础建设原材料和设备进口支付上的压力，政府主权的担保能力存在一定限制。因此，该项目投资人向中信保险公司投保的海外投资保险中加投了一项附加险，即政府违约风险，保证如果 EDC 在 PPA 项下违约，在仲裁获得胜诉的情况下，中信保险公司将在违约风险下给予现行赔付，即支付银行贷款本息及投资人收益等。

3. 建设风险

建设风险存在于建设阶段和试运营阶段，主要包括项目工程无法按期完工、完工后无法达到预期标准、建设成本超支等相关风险。由于项目融资的核心就是以项目建成运营后产生的现金流偿还债务并为投资人带来成本回报，所以项目建设风险是项目融资的主要风险之一。对这种风险的控制和规避手段主要包括与承包商签订锁定价格的 EPC 合同、提供履约保函、投资人背靠背向银行提供完工担保等。在该项目项下，由发起人中水公司国内的母公司即资金财务实力较强的集团公司提供完工担保，进一步降低了建设风险。

4. 市场风险

电站类项目的市场风险主要体现为当地电力系统的配套建设、电价的合理性、电量的需求以及电力采购方的资金支付实力等。电站类项目的终端产品销售方，一般是由项目公司与当地国有电力公司签署"照付不议（Take or Pay）"方式的电力销售协议。从项目本身来看，由于甘再水电站的电价非常有竞争力，符合柬埔寨政府和当地电力消费市场的需求，在宏观层面上，即使电站建成投产，所发电力供应也不能完全满足用电缺口，因此，电力的销售风险相对较小。

5. 金融风险

海外投资类项目的金融风险包括利率和汇率两个方面。面对复杂多变的国际经济金融环境，如汇率波动、利率上调、通胀、国际贸易壁垒等风险因素，金融行业内部可使用期权、掉期、套期保值、期货和远期等一系列衍生产品对相关风险进行对冲，但是也会产生一定的金融成本。该项目中，柬埔寨对外资开放程度很高，该国也没有外汇管制，在项目自身收入结构中，电费的 80％以美元支付，与融资项下币种匹配，电费的 20％以当地币瑞尔支付，可用于当地的项目运维，可以足额进行消化，因此，项目面临的金融风险可控。

6. 环保风险

海外投资项目中，由于项目建设地在东道国，因此不免涉及环保风险，若东道国政府出台一系列新的环保法规要求，可能导致企业成本增加、生产效率降低、投资回收期延长、投入新的资本开支，甚至被迫停产。该项目中，发起人中水公司在投标阶段即完成了项目环保评估报告的编撰，并提交柬埔寨环境部审批通过。另外，项目建设不涉及移民问题，因此，总体环保风险不大。

7. 法律风险

海外投资项目中，法律风险主要包含两个层面内容，一是税收体系变动的风险；二是对于融资银行提供贷款的前提，至关重要的是抵质押等担保措施能否符合当地法律规定并顺利办理相关登记手续。在该项目项下，柬埔寨投资法律环境相对健全，投资法规定政府不实行外资项目的国有化，保证了款项汇兑，并提供一定期限内的所得税减免、设备原材料的进口关税豁免，以及仲裁方式遵循国际标准等政策。

8. 不可抗力风险

不可抗力风险主要是指项目本身不能直接控制的、无法预料的、突发性的事件对项目造成的物质损失或灭失。例如地震、洪水或者极端天气等。规避手段主要是投保各类商业保险。一般情况下，承包商需要将该类保险的收益权转让到融资银行，保证相关情况发生后，其能在商业险项下得到相关赔付，尽可能避免贷款本息的损失。

**【保险对落实融资的作用】**

为便于说明海外投资保险对于投资资本安全的保障作用和落实融资的促进作用，下面按照三项基本政治风险（战争、征收、汇兑）加违约风险的方式逐一进行说明。

1. 战争和政治暴乱风险

柬埔寨经历了较长时期的战乱，民主政治尚处在初级阶段，战争和政治暴乱风险较高，而且水电站项目还涉及水权、环保等其他敏感问题，因此，项目引发政治暴乱的风险也较高。在 BOT 项目融资中，虽然相关各方应该承担最善于处理和规避的风险，但战争和政治暴乱风险属于政治风险，类似于不可抗力的情况，如果强行加在东道国政府身上，若真的发生战争，东道国政府对项目损失进行赔偿或补偿的能力低，赔付或补偿的可能性也几乎很小。因此，项目投保中信保险公司提供的海外投资保险的战争和政治暴乱风险是唯一能转嫁该类风险的方式。在具体赔付程序方面，对于股权投资部分，如果涉及部分损失，中信保险公司会直接对损失金额进行核定审计，同时将修复成本与重置成本进行比较，按照"孰低原则"进行赔付。在债权项下，部分损失会引起还本付息逾期的情况，则对还本付息金额按照原定计划进行代偿。全损项下，则可以选择一次性赔付，或者按照原定还本付息计划分期赔付。

通过对政治风险的投保，融资银行彻底规避了由于项目所在国发生战争和政治暴乱导致项目企业资产损失最终导致贷款本金利息损失的风险，打消了银行为项目提供融资的顾虑。

2. 征收风险

柬埔寨对外资企业给予了相当于内资企业同等地位的待遇，不能无故进行征收或国有化，若根据法律需要进行征收则需要给予赔偿，而且还提供相对较为优惠的税收和土地租赁政策。柬埔寨与中国的关系相对较好，经贸往来甚密，因此，该项目项下的直接国有化的风险相对可控。但不可能完全排除政府看到项目盈利后，通过缩短特许期或者全部或部分征收项目企业股份来获得相关利益，因此，征收风险也不容小视。

为打消项目融资银行对贷款风险的顾虑，投保出口信用保险至少可以在保单项下先行获得中信保险公司的赔付。中信保险公司再根据政府支持协议或投资法、双边保护协定对债务向东道国进行追偿。对银行来说，也可以彻底避免由于东道国政府对项目资产实施国有化的风险，避免类似缅甸密松水电站项目或者斯里兰卡港口项目政府征收导致的投资人和融资银行的损失。

3. 汇兑限制风险

汇兑限制主要指的是"汇"的限制和"兑"的限制，即东道国政府的外汇交易管理的机构禁止、限制投资人将当地货币兑换成国际通用货币或其他可自由兑换货币，或者将上述货币或可自由兑换的货币汇出东道国。此外，还包括相关监管部门对项目公司或者投资人的兑换行为执行歧视性的汇率。

柬埔寨对外资开放程度比较高，没有成型的外汇管制措施，经常账户和资本账户项下都可以自由汇兑。从项目本身来看，电费中的 80% 以美元支付，与贷款币种匹配，有利于规避汇率风险，因而敞口在剩余的 20% 以瑞尔结算的电费部分。一旦美元出现贬值的情况，经济损失可能会比较大，会引起一定的汇兑风险波动。

另外，从极端的情况来看，如果项目公司的现金流的收入导致项目公司获得巨额利润，也有可能造成东道国政府通过限制项目公司的红利汇出，或者出台歧视性汇率等惩罚性措施。因而对于银行来说，如何保障项目融资的主要还款来源，即该项目项下的电费收入是否能足额兑换成通用货币（美元或其他）汇出境外，以进行贷款本息的按期足额偿还，是在对项目提供融资过程前必不可少的考虑因素，因此，项目汇兑风险的投保非常有必要。

　　4. 违约风险

　　（1）违约险承保范围和操作模式。违约险是中信保险公司海外投资保险中较为灵活的一个险种，它所承保的主要是东道国政府或政府授权机构与项目公司签署的相关协议、合同等具备法律效力的文书，例如，电力项目中的 EPC 合同协议或 BOT 特许经营权协议、购电协议，还有矿业项目中矿权的开发协议等，承保的主要风险是东道国政府或相关授权机构作为协议外方主体在合同项下，违反相关约定，从而根据条款需要支付款项或进行赔偿。一旦相关风险事件发生，首先要对争议事项进行仲裁，在获得有利于投资人的判决且明确赔偿金额的情况下，中信保险公司给予相应的赔付，再向原违约主体进行追偿。

　　在实务操作中，违约风险承保模式是投保人在相关协议（标的）中挑选出显著影响项目顺利实施的关键条款，一般是若干条，可以分属于不同协议。例如，在 PPA 协议项下的购电义务、PPA 协议的期限、特许经营权协议的期限、政府在发生不可抗力的情况下对电站进行回购的义务、提供优惠税率的义务，包括土地租赁期限和面积等一系列与项目建设和开发运营息息相关的客观条件。

　　（2）本项目的保险转移。在违约风险承保范围方面，近年来有一定的拓宽趋势，主要是从政治风险到商业风险之间有所倾斜。其实，中信保险公司的违约风险借鉴了世行下属的多边投资担保机构（MIGA）的违约风险，此处主要对中信保险公司保单项下的违约险进行阐述：在 A 工程项目项下，投资人中方公司和银行将其最为关注的相关违约风险纳入了保单承保范围，见表 8 - 2。

表 8 - 2　　　　　　　　　　　A 水电站项目项下投保违约条款的内容及投保目的

| 项目协议 | 投保条件及具体内容 | 实质性投保目的 |
|---|---|---|
| 购电协议（PPA） | 商业运行后，EDC 按"照付不议"原则购买基本电量 | 电费支付义务 |
| | EDC 保证在商业运营期间内，按"照付不议"原则购买基本电量，但是如遇到特殊不可抗力导致当年发电量低于基本电量，不足电量可由此后年份的超额电量中按照规定金额抵扣 | 电费支付义务，或取或付的相关支付约定 |
| | 自 1 号厂房首台机组完成调试前到第 15 个商业运行年末，EDC 应按固定单独缴付电费 | 支付期限 |
| | EDC 支付电价，由 80% 的美元支付比例和 20% 现定汇率折算成当地币瑞尔支付比例构成 | 支付币种结构 |
| | 经贷款人和中信保认定的严重违约的事项导致企业无法继续经营，并经银行和中信保事先统一，EDC 应按照约定的价格支付价款 | 终止情况下的回购款支付 |
| | 法律变更引起企业成本上升，导致利润下降，EDC 应相应上调电价或给予补偿 | 保证投资人既定收益原则 |

| 项目协议 | 投保条件及具体内容 | 实质性投保目的 |
|---|---|---|
| 实施协议<br>（IA） | MIME 确保项目公司用水部分免税 | 政府税收优惠承诺 |
| | MIME 确保企业享受与他国公司同等待遇 | 政府相关支持承诺 |
| | MIME 确保公司只需支付约定的土地租金，且承诺工程建设范围内不涉及移民安置问题，锁定赔偿和/或获取私人土地的费用 | 政府保证不额外增加土地租地租金，对移民安置费用进行锁定 |
| 土地租赁协议<br>（LA） | MIME 确保公司所承租的土地上不存在第三方的任何使用权或担保权利 | 对土地所有权专属性进行保护 |
| | 出租人违约需赔偿相应损失 | 出租人赔偿承诺 |

从表 8-2 中可以看出，中信保险公司的海外投资保险项下的违约保险对于境外投资人的风险保障范围的规定是比较广的，主要涵盖了以下几个方面。

1）PPA 项下电费支付期限和支付义务，指或取或付的支付方式，包括因成本增加需要进行的相应补偿。

2）一旦项目公司因为严重的违约事项导致企业无法经营（这里主要指购电方破产或者其他原因导致不付电费达到一定时长），EDC 需要按照约定的终止价格支付价款至投资人中水公司或中方贷款银行。

3）保证了土地使用权的非他项权利性以及出租人违约需要进行赔偿。

上述三点类似于商业主体的商业承诺，因为相关主体并非柬埔寨中央政府，在项目融资的价值观里，项目的风险应该由最适合规避和处置相关风险的主体来承担。但是，由于项目融资成功落地的前提条件是落实银行融资，而银行提出因柬埔寨国家电力公司（EDC）的财务情况一般，虽然电价在当地电力市场行情中有一定的竞争优势，但因为项目期限较长，还是需要在中信保险公司投保海外投资风险项下的违约风险，才能规避相关风险。

4）关于实施协议 IA 项下的违约险投保具体条款，主要涵盖了政府给予项目公司的一系列优惠政策，包括免除水费和税赋、公平待遇及移民安置等。一般情况下，这些风险应该由东道国政府承担，但由于柬埔寨政府主权评级不高，因此，银行认为还是有违约的可能性，而费用调整导致成本上升、项目公司遭受不公平待遇及拆迁安置不公导致的乱民问题，可能会直接影响项目公司的经营和收益，因此，希望在海外投资险违约险项下予以投保。

5）柬埔寨政府为了表示对项目的支持，针对项目公司投资人出具了不可撤销的、无条件的第三方担保，主要担保范围包括两方面：

一方面是如果 EDC 在 PPA 项下违约，柬埔寨政府必须代偿电费；另一方面是如果因为政府不可抗力事件发生导致项目公司无法继续运营，PPA 协议或 IA 协议相应终止，政府需要按终止价款进行偿付。

因此，对融资银行来说，对于相关违约事件的担保变为了双重担保，一旦出现违约情况，可以先行向中信保险公司就海外投资保险项下的违约保险进行索赔，也可以同时向柬埔寨政府（由其财经部代表）索偿，直接增加了贷款和投资股本的安全性。

当然，为了避免投境外投资人或者融资银行的不当得利，一般情况下，中信保险公司在违约险项下会尽快进行赔付，赔付前提一般要求项目公司或投资人向中信保转让担保函项下的相关权利、贷款协议项下的本金和利息的债权、项目公司的相关股权以及其他一些向融资银行提供的抵质押担保措施。后续中信保险公司的追偿部门会协同审计及法律团队，向柬埔寨政府或相关过错方进行追索。

【案例提示】

随着国际招标工程越来越大型化、复杂化，起点高、标准高、金额大、融资多元化变为常态。项目业主不仅要求承包商承担项目的设计和施工、运作，还需要承包商承担工程所需的融资、管理、运行、维护等工作，如 DB、EPC、BOT、PPP 等，带资承包方式成为国际大型工程项目中广为采用的模式。这不仅要求投标企业具有一定的硬实力（固定资产规模、流动资金等），同时，还需要具有一定的软实力（品牌、知识、经验、管理、融资能力等）。

境外企业除了具备上述硬实力和软实力后，还要考虑所承担项目的政治风险和商业风险，金融机构一般比较关注国内承包企业自身的能力和实力，而中信保则更加关注东道国政府的政治风险和借款人的商业风险，应该说，中信保在一定程度上帮助企业解决了金融机构贷款的后顾之忧，以往是企业间的强强联合闯世界，现在则是银企强强联合闯天下，因此，国内中国信用保险公司和融资银行的合作充分体现了优势互补，从而保证了项目的顺利进行，由于目前国外银行的融资贷款利率较低，中国信用保险公司也可以为外国的贷款提供信用保险，从而为国内海外承包企业提供更为有竞争力的服务。

中国信用保险公司在承保海外中长期信用保险时，通常要经历兴趣函、意向书、承保、审批等环节，当项目出现风险移动时，还要进行损失处理、理赔、追偿等工作，遇到主权担保风险时，尚需债务重组谈判等。BOT、PPP 等方式由于建造完后需要一定时间的运行管理（比如 10 年、20 年），在此期间可以投保中国信用保险的海外投资保险服务。当前，海外形势复杂多变，政治、经济、外交、社会环境变化万千，如何科学充分地运用海外投资保险产品规避项目所在国的政治风险、法律法规风险、违约风险、商业风险和不可抗力风险，是保障我国海外资本安全的关键，为此，应引起融资项目的总承包商的高度重视。

通过本案例的分析和对海外投资保险在该案例中具体承保的风险的分析，以及对落实银行融资的促进作用的论证，我们将海外投资保险的重要作用总结如下。

（1）本案例投保了海外投资信用保险，可以覆盖投资者因战争和政治暴乱这类政治不可抗力风险带来的损失。

（2）在极端经济恶化情况下，本案例项目的海外投资信用保险能够避免因政府出台的汇兑限制令而造成企业不能将资本和利润兑换成硬通货并汇回投资东道国而造成的损失。

（3）本案例项目的海外投资信用保险，覆盖包括征收、土地征用、PPA 购电违约、其他与政府签订的相关协议项下政府违约导致项目不能运营，而对企业造成相关可预见的和不可预见的风险。

（4）投保信用保险可以打消银行对相关风险的疑虑，尤其是在极端情况下，可以在违约险项下对政府无法对电站资产回购进行赔付，赔偿股东股本投入和银行贷款本息，从而促成对 BOT 项目银行融资资金的落实。

（5）通过投保信用保险，能够提升借款人的信用等级，承包商投保出口信用保险，使其更容易在资金市场上获得融资支持，可以通过出口信贷、项目融资、资本市场发债等多种模式筹措项目所需资金。

## 8.2 出口卖方信用保险安排

### 8.2.1 孟加拉某电站卖方信用保险安排

**【案例摘要】**

出口卖方信用保险是在卖方融资项下，出口信用保险机构为扩大本国出口，保障企业收汇安全，对买方付款风险使出口承包商造成的损失承担赔偿责任的一种基本属于商业性的保险产品。该产品以商务合同为保险标的，投保人、被保险人均为承包商。本案例是我国开展出口信用保险早期的一个卖方信用保险案例，以中方企业建设孟加拉B电站项目为例，分析了项目的融资过程以及卖方信用保险的投保情况。

**【项目概况】**

孟加拉西北部的B电站，设计安装两台125MW发电机组，静电输出2305MW，每天耗煤2250t，满负荷条件下年耗煤81万t。电站建成后将通过132kV输电线路将电送出，满足孟加拉西北部工农业生产的需要。A公司对此项目进行了开发工作，并为此投入了大量的人力物力，付出了相当艰苦的努力，在项目开发过程中，两国政府一致给予高度重视和支持。中国进出口银行出具了出口信用保险意向书，此后，中方A公司为主的联合体与业主——孟加拉电力发展署，签订了正式合同，合同总金额2.12亿美元，项目建设期3年，还贷期12年。该项目属于大型EPC交钥匙工程，项目内容包括勘探、场地回填、设计、设备采购、土建、安装调试和试运行以及两年保质期。

**【卖方融资分析】**

A公司开始运作此项目时，出口卖方信贷在我国还属于早期阶段，适用范围和资金都很有限，随着国家支持成本套设备出口和海外承包工程的政策性金融机构——中国进出口银行成立，也给公司带来了难得的机遇。双方就该项目前期投标过程中遇到的困难和难点问题进行了多次磋商。最后，进出口银行出具的出口信用保险意向书为项目最终中标起到了关键的作用。本案例项目融资结构如图8-2所示。

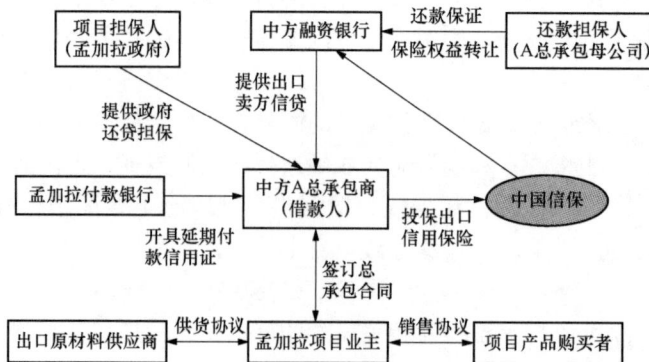

图8-2 案例项目融资结构图

1. 项目业主

该项目业主为孟加拉电力发展署，隶属于孟加拉能源部，在孟加拉国内为垄断地位的电力建设和运行管理机构。目前拥有 90％以上的电厂，项目业主依据合同履行自己的职责和义务。

2. 项目产品购买者

电力的购买者是孟加拉电力发展署，电站建成后，直接并入国家电网，通过现有的 132kV 输电线路将电送出，来满足周边地区的需要。目前，孟加拉电力总装机容量 4005MW，其中孟加拉电力发展署拥有的电站装机容量 33205MW，孟加拉只有 35％的人口使用电力，人均年用电量为 130 度，电力供应远远满足不了工业和生活的需要。孟加拉总体缺电约 50％，每年用电负荷按 10％递增。孟加拉电力发展署计划在未来 5 年内将增加装机容量 4000MW，目前电力发展署有 4 座电站正在建设中。巴普电站就是其中的一座。孟加拉电力发展署既是业主，又是电力产品的购买者，在该项目融资中起到市场风险的担保作用。

3. 项目原材料供应者

该电站每天耗煤 2250t，满负荷条件下每年耗煤 81 万 t，煤炭供应全部由距离电站 1km 的巴普煤矿解决。巴普煤矿同样正在建设中，预计未来 4 年后竣工。建成后年产量 100 万 t，其中 80％的煤炭由该电站消耗。

4. 国外付款银行

该项目除 10％预付款外，其余 90％的款项由孟加拉 SONAI 银行开立远期信用证支付。据了解，SONAI 银行成立于 1971 年，是孟加拉国四大商业银行之一，也是全国最大的商业银行。虽然项目的最终还款人是孟加拉电力发展署，但是选择当地最大的商业银行开立信用证无疑为项目的安全收汇起到了保证作用。

5. 项目担保人（国外政府）

近年来，虽然孟加拉政府很重视经济发展，国家政局也比较稳定，十分重视与中国发展友好关系，两国经济贸易关系呈现出良好态势，但本项目金额大，执行时间长，政治风险仍难以预期。承包商要求孟加拉财政部出具还款担保，保证了该项目到期能够按时收回延付的本金和利息，将项目的商业信誉上升到国家信誉，进一步加强了项目贷款的安全。

6. 项目借款人（总承包商）

中方公司为中央大型企业实力强信誉良好，有丰富的国际贸易和工程承包经验。其中施工承包商——上海电气集团总公司有较强的设备供货和工程承包实力，具有出口和承建国外类似电站工程的业绩，具有承建本项目的能力。

7. 还款担保人

这里的还款担保人是指借款人由于自身经营不善或其他原因导致无力偿还贷款银行的贷款时，由还款担保人负责赔偿。也就是说，借款人向融资银行申请出口卖方融资，需要向融资银行提供有关的担保手续，担保可以采用保证、抵押、质押等多种方式。上述项目由借款人母公司提供担保，对该融资承担了连带担保责任。

【卖方信用保险分析】

孟加拉 B 电站虽然有该国商业银行开具的远期信用证、孟财政部开具的还款保函，应该说具备了很好的签约条件。但本项目投资大、执行时间长，政治风险难以预测。另外，孟加拉外汇收入很少（当年外汇储备仅为15.83亿美元），外汇储备不足，国家风险总体来说还是存在一定的收汇风险。为此，中国出口信用保险公司向中方承包商建议，投保中长期卖方信用保险。为此，承包商按照保险人的建议，向其投保了卖方信用保险，以规避因当地发生政治事件、动乱、战争、自然灾害或违约等而造成承包商的经济损失。同时，该保险也间接保护了银行的收汇安全和利益。

中国出口卖方信用保险公司是我国支持国内企业开展境外承包工程等投资项目的政策性保险机构。在卖方信用保险支持下，中方承包商成功地获得了中国进出口银行的贷款。中方承包商凭借本项目融资金额较大、期限长（项目贷款长达15年）、贷款利率低的优势，成功中标孟加拉巴普电站项目。实践说明，在卖方信用保险项下的卖方融资相对于其他融资方式相比较，在大型境外工程承包中发挥着重要作用，而卖方信用保险为这种融资方式起到了保驾护航的作用。

一般来讲，对外工程承包项目在中国采购的成套设备、施工机具、技术服务（包括劳务输出）和材料部分占合同总额的15%以上，即符合进出口银行的融资条件。孟加拉项目在中国的采购部分占合同额的50%以上，执行期长达15年，是典型的卖方信用保险下的融资支持项目。卖方信用保险为本项目的顺利开工提供了风险保障。

**【案例提示】**

在本案例中涉及保函、远期信用证、还款担保人的概念，下面对上述三个概念在出口卖方信用保险中的作用作简要分析。

1. 关于卖方信用保险项下的政府保函

在担保法中规定，担保方式可分为保证、抵押、质押。在出口卖方信用保险中，可以使用其中的一种担保方式，也可同时使用不同的担保方式。在质押担保中，融资银行可接受的权力凭证包括银行本票、国外银行信用证、保函、承兑汇票、债券及存单等。

本案例项目中，孟加拉政府提供了保函。保函又称保证书，一般是指银行、保险公司、担保公司或担保人应申请人的请求，向受益人开立的一种书面信用担保凭证，以书面形式出具的，并提交与承诺条件相符的书面索款通知和其他类似单据即行付款的保证文件。保证在申请人未能按双方协议履行其责任或义务时，由担保人代其履行一定金额、一定时限范围内的某种支付或经济赔偿责任。对于使用外国政府或者国际经济组织进行融资的，使用国政府也可以为企业提供担保，也就是我们所说的"政府保函"。政府保函具有一定的担保作用，为出口卖方信用保险减轻了收汇风险的压力，增加了风险损失的追索对象。

2. 关于卖方信用保险项下融资的信用证

信用证（letter of credit，L/C）是银行（开证行）根据买方（申请人）要求及指示向卖方开立的在一定期限内凭符合信用证条款单据即期或在一个可确定的将来日期兑付一定金额的书面承诺。这种承诺是有条件的，要求提交信用证规定的单据和单证必须相符。在出口贷款中，进出口双方不了解对方信誉，为确保贷款安全，规避商业或国家风险时，卖方经常要求买方在合同中规定使用信用证付款方式。

我国在出口卖方融资项目项下票据质押贷款有关规章对于贷款申请条件规定：申请人除提交申请出口卖方信贷必备的材料外，还应另行提交境外银行开立的不可撤销的有效信用证正本；或银行保函；或交单后申请人收到的银行承兑汇票、银行本票。远期信用证相对于即期信用证来说的。开证行或付款行在收到出口方银行寄来单据时，虽经审单相符，但不是立即付款，而是等到远期付款汇票到期日才履行付款承诺的信用证。本案中的境外银行远期信用证为出口承包商以及融资银行防范进口方——业主的还款风险提供了又一层保障。

2. 关于卖方信用保险项下的承包商还款担保

我国进出口银行关于出口卖方信贷有关办法中的贷款条件规定：借款企业必须提供经中国进出口银行认可的还款担保。还款担保是融资银行针对承包商的还贷风险而采取的一种防范措施，承包商的还款担保人的作用是如果承包商由于自身经营管理不善以及其他原因导致的不能按约偿还贷款，将由其担保人承担偿还责任。还款担保是从防范借款人自身风险角度，为融资银行的融资安全提供了一层保护伞。

4. 关于出口卖方融资方式的信用保险

政府保函、远期信用证虽然为项目融资安全提供了一层保障，但是对于投资大、执行时间长的项目也是有风险的，可能会受到进口国国家风险、市场风险等方面的改变而发生变化，因此，投保卖方信用保险是防范收汇风险的最后一道防线。卖方信用保险是为了防范进口方的国家风险、市场风险、违约风险而设置的保险，当买方遇到保险约定的风险不能兑现融资偿还时，由信用保险公司负责赔偿承包商的损失。直接保护了承包商的出口权益，也间接保护了融资银行的利益。我国出口卖方信贷项目提供贷款担保和投保出口信用险的有关规定中明确规定：申请出口卖方信贷，下列情况需要投保出口信用保险：一是向高风险国家（地区）出口的贷款项目；二是以 D/P、D/A、OA、CAD 等方式收汇的贷款项目。借款人需投保出口信用保险的，应在申请出口贷款的同时办理有关投保出口信用保险的手续，出口信贷项目正式受理以保险人出具的保险意向书为前提，并在保险权益转让融资银行后放贷。

### 8.2.2　非洲某磷化工项目出口卖方信用保险安排

【案例摘要】

通过以非洲某磷化工项目为例，在对出口卖方融资风险详细分析的基础上，对出口卖方信用保险的作用、承保标的、责任范围进行了介绍。

【项目概况】

中方企业拟投标非洲某磷化工综合一体化 EPC 项目，业主以议标的方式选择 EPC 承包商，EPC 项目内容包括承包商承担设计、采购、施工和试车服务，该 EPC 工程项目投资约 10 亿美元，项目工期 36 个月。

本磷化工项目的业主在招标文件中规定，本项目的资金来源，采用递延付款的方式支付承包商工程款，也就是通常说的卖方融资模式。境外银行提供银行备用信用证作为担保，出口承包商凭备用信用证向我国国内融资银行贷款，融资银行将贷款直接发放给 EPC 承包商，由承包商投入工程建设使用，由承包商负责偿还银行本金和利息。项目结束后，业主分期偿还工程款。项目完成前、后的信贷流向如图 8-3、图 8-4 所示。

这种延期付款模式规定，如发生 EPC 承包商不能履行还款义务时，国内融资银行将启动境外业主银行备用信用证，由境外业主银行的备用信用证代替 EPC

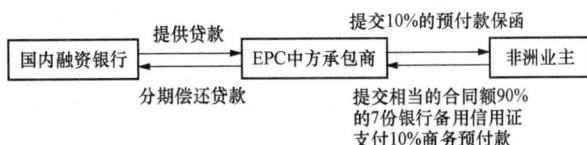

图 8-3　项目完成前的信贷流程

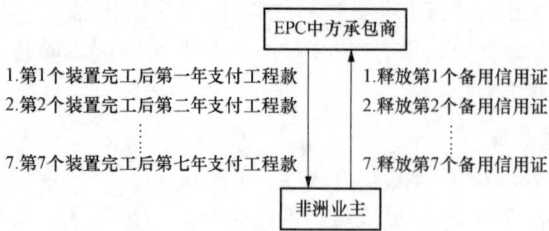

图 8-4 项目完工后的还款流程

注：项目完工后，业主释放预付款保函。根据合同约定，由业主分 7 期按不同比例向 EPC 承包商支付工程款，EPC 承包商则逐个释放银行备用信用证，同时按约定偿还银行贷款本息。

承包商还款。如境外业主不能履行支付工程款的义务，则 EPC 中方承包商将启动境外银行备用信用证，由境外业主银行备用信用证代替业主向 EPC 承包商支付工程款。

另外，本项目中业主的 7 期延期付款从装置全部完工的第一个年末开始，实际上从第 1 个装置完工到最后一个第 7 个装置完工，时间跨度长达 3 年，EPC 中方承包商的垫资时间为 4 年，涵盖整个建设期。

**【卖方融资风险分析】**

1. 卖方融资方式特点

（1）相对于打包放款、出口押汇、票据贴现等贸易融资方式，出口卖方信贷主要用于解决本国出口商承包国外工程项目或延期付款销售大型设备所面临的资金周转困难，是一种中长期贷款，通常贷款金额大，贷款期限长，例如，国内贷款银行发放的出口卖方信贷，根据项目不同，期限不同，贷款期限可长达 10 年。

（2）出口卖方信贷的利率一般比较优惠。一国利用政府资金进行利息补贴，可以改善本国出口信贷条件，扩大本国产品的出口，增强本国出口商的国际市场竞争力，进而带动本国经济增长。所以，出口信贷的利率水平一般低于相同条件下资金贷放市场利率，利差由出口国政府补贴。

（3）出口卖方信贷的发放与出口信贷保险相结合。由于出口信贷贷款期限长、金额大，发放银行面临着较大的风险，所以一国政府为了鼓励本国银行或其他金融机构发放出口信贷贷款，一般都设有国家信贷保险机构，对银行发放的出口信贷给予担保，或对出口商履行合同所面临的商业风险和国家风险予以承保。在我国主要由中国出口信用保险公司承保此类风险。

（4）工程承包领域的出口卖方信贷，由于是融资银行通过直接向本国承包商提供贷款，出口卖方信贷模式下贷款协议由承包商和国内融资银行直接签署，从而使得国内承包商获得主动权。与海外项目业主在谈判中占有优势，更以利于获取工程承包权。

2. 卖方融资风险分析

在卖方融资中，承包商将面临以下主要风险。

（1）国内银行贷款办理的不确定性。银行贷款受一国经济形势影响，放款规模不大，且审查严格，审查条件包括但不限于：业主开证行的资信、银行授信、担保条款约定、国内外管局要求、公司在银行的授信、银行的放贷规模以及经济形势影响等因素。

以本案例非洲某磷化工项目为例，即使银行同意放贷，也是基于 7 份备用信用证分 7 期完成，如果 EPC 承包商可以凭业主的第一份备用信用证办成贷款，也不意味着业主能顺利拿到后续 6 份银行备用信用证，因为业主很可能是一年办一次，办 7 份所需时间跨度大，不确定性也大。

另一方面，如果没有境外银行备用信用证，国内的后续贷款也无法办成，对 EPC 承包商来说意味着没有连续的资金保障，也直接关系到项目的盈利与否和公司的财务安全，同时，承包商也无法获得业主的延期付款。

（2）业主不能按期还款的风险。在卖方信贷模式下，如境外业主不按期支付工程款，则 EPC 承包商无力偿还国内银行贷款，国内银行可以凭备用信用证向业主的担保银行要求付款。理论上开证行具有独立性，可以直接偿还。但实践中，融资银行会首先向 EPC 承包商追要贷款，如何确认 EPC 承包商没有偿还能力，可能还会涉及通过法律途径解决，之后才会启动境外业主的担保银行偿还。

即使得到银行的无力偿还确认，这期间的审查程序也很复杂，持续时间也需半年至一年而实际上 EPC 承包商的还款能力很难升级到通过法律途径来确认，即境外业主银行的备用还贷功能基本上用不到，所有还款风险仍由 EPC 承包商来承担。因此，境外业主的信用和未来的还款能力是承包商面临的较大风险。

（3）汇率风险。承包商和国内银行签署的贷款合同以人民币为计价，而 EPC 承包商和境外业主签署的合同一般以美元或欧元计价，项目完工后，业主支付承包商的延期付款也是以美元或欧元计价的，如果人民币升值，EPC 承包商要承担汇率风险。

为此，出口卖方信贷在人民币升值前是我国出口企业和国际工程承包企业最常用的一种融资形式，由于存在汇率风险，在人民币不断升值期间，该种模式也曾给工程承包企业和出口企业带来巨大的损失。正因如此，随着人民币的不断升值，该种模式因为较大的汇率风险，承包商逐渐趋于谨慎选择。

（4）境外项目完工风险。以非洲磷化工项目为例。业主 7 期递延付款从项目完工开始，前面已经述及的磷化工项目是逐步实施，逐步投产的，从第 1 个装置完工到最后一个第 7 个装置完工时间跨度是 3 年，境外业主要求以最后一个装置投产后一年支付第一笔延期付款，EPC 承包商的垫资时间大概是 4 年。时间跨度长意味着境外业主还款的不确定性增加，同时也意味着 EPC 承包商完工的风险加大。

（5）承包商再融资风险。在卖方融资方式中，向融资银行还款付息的责任由 EPC 承包商承担，风险相对较大。同时，也会提高承包商的负债率，从而降低再融资的能力，故 EPC 承包商应注意适当控制卖方融资的总规模。根据公司资产负债率情况，考虑承受的卖方融资规模，一般应将公司的资产负债率控制在 70% 左右。

出口卖方融资方式是 EPC 承包商直接与国内银行签署贷款协议，承担向银行还款付息的责任。承包商的融资能力总是有限的，但由于境外工程项目投资大的特点，一定程度上降低了 EPC 承包商的再融资能力。承包商不可能无限度地取得债务性资金，当企业的债务数额达到一定程度时，债权人会因为 EPC 承包商所在企业的风险过大，而拒绝再向 EPC 承包商企业借入资金。

**【卖方信用保险分析】**

通过上述对卖方融资的风险分析可以看出，承包商在选择出口卖方融资的模式下，承包商面临着许多收汇的不确定性，承包商希望通过保险来转移大部分风险。另外，由于出口卖方信贷贷款期限长、贷款金额大，融资银行同样也面临着融资安全问题。因此，国内融资银行也需要通过卖方融资与融资保险相结合的方式来规避卖方融资的风险。

一国政府为了鼓励本国银行或其他金融机构发放出口信贷贷款，要由国家信贷保险机构，对银行发放的出口信贷给予担保，或对出口商履行合同所面临的商业风险和国家风险予以承保，通过在中国信用保险公司投保中长期出口卖方信用保险，以转移各种商业风险和政治风险。

出口卖方信用保险承保的国家风险包括：①进口国政府颁布法律、法令、命令或采取行政措施，禁止或限制进口商以商务合同约定的货币或其他可自由兑换的货币履行商务合同项下对被保险人的付款义务；②进口国、项目所在国或进口商付款须经过的第三国颁布延期付款令；③进口国或项目所在国颁布的法律、法令、命令或采取行政措施（包括撤销，或不予以展延进口许可证），致使商务合同部分或全部无法履行进口国采取措施而使商务合同无法履行；④进口商所在国或项目所在国发生战争、敌对行动、内战、叛乱、革命或暴动，致使商务合同部分或全部无法履行。

出口卖方融资保险承保的进口方风险包括：①进口商及其担保人破产、倒闭、解散；②进口商违反商务合同项下对被保险人的付款义务，且进口商的担保人（如有）也未履行担保合同项下的担保义务；③进口商违反商务合同的规定，致使商务合同提前终止或无法履行。

卖方融资保险的除外责任包括：①被保险人违反商务合同规定或违反有关法律、法规引起的损失；②由于进口商拒绝支付或推迟支付商务合同下的应付款所引起的间接损失；③被保险人在其出具的履约保函或其他保函项下发生的损失；④汇率变更引起的损失；⑤除进口商及其担保人外的任何与商务合同付款相关的机构和人员违约、欺诈、破产、违反法律或其他行为引起的损失；⑥因进口商违约，被保险人按商务合同规定应向进口商收取的罚款或惩罚性赔偿；⑦在商务合同履行过程中，属于货物运输保险或其他财产以及责任保险范围内的损失；⑧商务合同生效后，被保险人得知在合同条款中已经列明的某些不能继续履行合同的损失事件已经发生，但被保险人仍继续履行合同引起的损失；⑨被保险人无权直接从进口商收取的款项的损失。

【案例提示】

（1）出口卖方信用保险标的。出口卖方信用保险承保的是境外进口商和担保人不付款的风险，保险责任是基于商务合同项下的买家的支付货款的责任，因此，出口卖方信用保险标的是出口商务合同而不是出口卖方融资协议。

（2）从理论上讲，出口卖方信用保险并不一定和出口卖方融资产生必然相联系，其逻辑是承包商在工程中自有资金垫付，投保出口卖方信用保险，同样对境外的政治风险加以防范，能够有效防范垫付资金的安全。实践中，出口商投保出口卖或买方信用保险往往缘于融资银行的要求。出口商通过投保出口卖方信用保险，可以有效地提高承包商自身风险防范的能力和有效地提升出口承包商自身的信用等级，符合了融资银行的信贷要求，从而能够顺利获得贷款。

（3）承保条件：商务合同在100万美元以上的项目；出口货物中本国制造的成分占70%以上，还款期限一般不超过10年，最多不超过12年；预付款一般不低于15%。预付款是指境外业主（买方）向出口方承包商（卖方）预先支付的工程款，是境外业主诚意的体现。

## 8.3　出口买方信用保险安排案例

### 8.3.1　非洲某铁路改造项目出口买方信用保险安排

【案例摘要】

出口买方信用保险是出口信用保险机构向融资银行提供还款风险保障的一种政策性保险

产品，该产品是以贷款协议为保险标的，投保人是承包商或贷款银行，被保险人为贷款银行。本案以非洲某国国有铁路改造项目为例，在介绍出口方中方公司对出口信用保险类型选择的决策过程基础上，较为详细地分析了买方融资结构，介绍了投保整体方案的组织操作过程。

**【项目概况】**

非洲某国国有铁路负责为国家电力公司的燃煤电厂运输燃煤。由于该国铁路公司拥有的原有铁轨、机车和车厢老化、陈旧，设备已经没有维修的价值，严重影响到电力公司电厂的用煤需要，为改变这一现状，该国家铁路公司急需改造、重新购置机车和车皮，满足运输燃煤的需要。该项目整体估计 6000 万美元，由于受经济限制，该项目需要承包商融资，该项目提供现金流担保的是国家电力公司，可以将付给铁路公司的运输费用部分支付到融资银行指定的监管账户。

中方承包商得到这一商业信息后，引起高度重视，利用海外各种资源和渠道对项目具体情况、项目所有人的资质和财务状况以及项目所在国的情况进行尽可能多地了解，并组织现场调查，认为项目可行。项目所有人对此项目的态度是严肃的，鉴于项目所有人面临的严峻形势，项目工期要求比较严格，此外考虑到项目需要融资机构的支持，组织融资方案、确定融资参与方、取得中国信用保险公司的承保支持，这些工作都是存在很大难度的。因此，公司管理层对项目十分重视，不仅仅希望通过这一项目打开非洲铁路工程市场，拓展自己的业务范围，而且希望通过此项目锻炼出一支有国际承包工程能力的队伍，决定承揽这一项目。

**【项目风险分析】**

境外项目风险主要来自进口国的政治风险和来自进口商的商业风险。政治风险是系统性风险，是从宏观层面判断项目可行性的重要依据，是决定项目成功的重点因素。商业风险属于非系统风险，是从微观层面判断项目安全性的重要依据。对于国家风险的规避一般可采取：①政治风险担保；②要求进口国政府对相关政策的持续有效性做出正式的义务承诺；③要求进口国政府当发生某些政变、法律变动时给予适当补贴；④从项目所在国政府央行获得长期的外汇支持；⑤项目融资引入多边机构，如政府支持、出口信贷、多边机构等；⑥投保出口信用保险。

对于规避商业风险的办法有：①要求项目所有人增加股本金；②签署照付不议合同；③要求项目有长期产品销售协议；④要求项目所有人提供担保；⑤投保出口信用保险。

具体到本案例项目，对于可以采用规避进口国政治风险的办法进行了认真细致的分析：政治担保、政府补贴、所有国外汇支持等方法办理过程较为烦琐、耗时也比较长，且最终结果未知，同时由于项目的紧迫性，其工期要求比较严格。因此，上述办法不可行。

对于规避商业风险的办法，出口商中方公司也做了全面的认真分析：项目所有人增加股本金、签署照付不议合同、要求项目有长期产品销售协议等措施。由于项目不涉及融资问题，也不涉及项目产品长期销售问题，所以增加股本金、签署照付不议合同等方式对此项目具有不可行性。同时，项目所有人所能提供的担保只是未来国家电力公司付给国际铁路公司的运费部分支付到融资银行指定的监管账户，在中方承包企业与融资银行沟通后得知，这一现金流的担保很难被融资银行所接受。因此，项目业主所提供的担保也不能被采用。

综上所述，中方承包企业排除了各种常规可以用于规避进口国政治风险和进口商的商业风险的办法后，决定采用投保出口信贷保险的方式，对此项目风险进行管理和防范，进口商在前期组织项目方案时,除了要寻找提供资金融通的银行,最重要的工作是取得中国进出口信用保险公司的承保意向,这不仅对于项目风险管理和防范的手段,同时,也是取得银行融资的基础,也是项目能否可以进行的关键问题。

【融资方式分析】

对于我国企业来说,在境外总承包工程项目进行融资时,一般可以采用:出口融资、租赁融资、补偿贸易和项目融资。通过上述对项目特点和情况的分析,租赁融资、补偿贸易和项目融资方式都不是适用于本项目。所以决定采取出口融资方式对此项目贷款。

在出口融资中,如果采用卖方融资方式,则出口融资的资金来自银行的中长期人民币贷款,采用固定利率,并采用延期付款条件,中方承包企业发货后不能即期收汇,中方承包企业的财务报表显示负债,而且需要承担汇率风险。如果采用出口买方融资方式,则出口融资的资金为中长期跨国外汇贷款;采用浮动汇率,并采用即期付款条件,出口商发货后即期收汇,不承担汇率风险和境外的信用风险,并且承包商也不承担负债。

出口买方融资和出口卖方融资的主要不同点比较见表 8 - 3。

表 8 - 3                      出口买方融资和出口卖方融资的主要不同点比较

| 项目 | 融资方式 | |
| --- | --- | --- |
| | 买方融资 | 卖方融资 |
| 借款人 | 进口国政府、银行、进口商 | 出口商 |
| 付款方式 | 即期付款 | 延期付款 |
| 融资风险管理 | 无（如出现还款问题，承包商需要协助银行和保险公司追讨） | 利率风险＋汇率风险＋收汇风险 |
| 企业财务状况影响程度 | 无 | 企业的长期负债 |
| 项目前期工作量 | 与进口商签订商务合同、安排并协调贷款银行和保险公司的谈判 | 与进口商签订商务合同，并与进口商落实所有融资条款：贷款条件、保函格式、信用证格式等 |
| 进口商对信贷方式的倾向 | 由于金融机构介入多，工作难度大，银行费用高、既要支付担保费，也可能要支付转贷费 | 进口商安排一家金融机构担保还贷即可，操作便捷。进口商一般更倾向卖方信贷 |

在本案例项目中,项目金额达到 6000 万美元,如果采用出口卖方融资方式,有利于提供出口商在商务谈判中的地位,这样一笔贷款,虽然中方承包企业是国内的著名大型企业,但对于提供覆盖全部贷款的担保,也会面临自身的困难。此外,境外项目业主可提供的现金流担保,将国家电力公司未来付给国家铁路公司的部分运输费支付到融资银行指定的账户,得不到融资银行的认可,也增加了此项目的融资难度。

综合以上分析,传统的以借款人自身综合经济实力和提供足额担保为依托的出口卖方融资方式无法满足承包企业对于风险控制和资金融通的需要,所以,中方承包企业决定采用出口买方融资的方式组织此项目的资金融通。

【整体方案组织】

由于该非洲某国出现过信用违约,属于违约较高的违约风险国家,融资银行不愿意参加该国项目。在这种情况下,中方承包企业利用自身较强的商务能力,找到了在世界金融领域有着丰富经验的国际大型银行，如英国的渣打银行、法国兴业银行等，寻求这些国际大型银行对本项目的参与的可行性，向他们发出了邀请。其中一家银行表示对此项目有兴趣，并同意可以提出贷款，并向中方承包企业发出了兴趣函件。但考虑到项目所在国的国家风险，这家银行要求必须得到中国信用保险公司提供的出口信用保险，而且对于出口买方融资方式，也要求采用转贷的方式，并要求在转贷框架下的借款银行是贷款银行认可的金融机构，以减少风险，增加对过程风险的可控性。

在这种情况下，中方承包企业利用自身较强的海外商务关系网，找到一家实力雄厚、有良好信誉、并获得融资银行认可的进口国当地银行，寻求其作为借款（转贷）银行参与该项目出口信用保险的可能性。在告知该项目的基本情况和融资参与各方的情况后，中方承包企业与这家进口国本地银行以及贷款银行进行了多方交流和谈判。最终，中方承包企业获得了这家进口当地银行愿意作为借款银行参与到本项目出口融资的确认答复。

在与境外金融机构进行紧张的谈判过程中，中方承包企业找到中国信用保险公司寻求出口信用保险的可能性。在"寻保"阶段，中方承包企业非常详细地向中国信用保险公司介绍了该项目各方面的情况，并提供了详尽的资料，使中国信用保险公司对项目有一个较为全面的了解。保险公司在认真审查了项目情况、进口国的政治经济状况，以及贷款银行、借款银行的资质和信誉后，经过其综合分析判断，认为该项目有利于我国出口企业的发展，技术性和经济性较好，参与各方的资信在中国信用保险公司的接受范围，符合承保的条件，可以对该项目承保买方信用保险，并出具了承保的兴趣函。

至此，此项目的出口融资方案为买方融资的转贷方式，参与各方基本敲定。由一家国际知名大型银行作为融资银行，境外国当地一家银行作为借款人。中国信用保险公司向贷款银行提供出口买方信用保险，承保进口国的风险和借款人的风险。中方承包企业在和境外业主签订商务合同后，境外业主即向该国转贷银行提出贷款申请，该国转贷银行批准后，即向融资银行申请贷款，融资银行向转贷银行拨付贷款，再由转贷银行转付给境外业主，业主得到贷款后，即以此款现汇支付给中方承包商。之后，境外业主按照合同约定的条件向转贷银行偿还贷款，再由转贷银行转还给融资银行。

在这样的融资结构下，中国信用保险公司的政策性承保经验和能力解决了中方承包企业在该项目中的融资难题。同时，中方承包企业规避了远期收汇的汇率风险，积累了宝贵的海外融资和市场开拓的经验，为企业进一步打开国际市场，拓宽自己的业务范围，奠定了坚实的基础。

**【整体方案结构】**

根据以上分析，本案例项目的融资保险整体方案结构简图，如图 8-5 所示。

**【案例提示】**

1. 关于买方信用保险项下融资转贷银行

在买方信用保险项下的融资方式中，融资银行往往要求通过开立境外银行进行转贷，以减少收汇风险。境外转贷银行是作为支持本国进口商购买国外产品，向本国进口商发放贷款的银行。其贷款资金来源于与本国进口商签订贷款合同的出口方

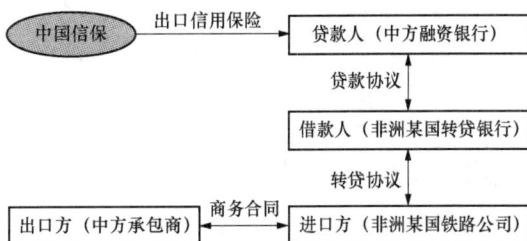

图 8-5　项目融资保险整体方案结构简图

融资银行。其特点是为本国进口商提供转贷服务。

在买方信用保险项下的融资中，办理转贷行的一般程序如下：①进出口双方就使用买方信贷业务达成一致；②进口商与进口商银行磋商有关在进口中使用买方信贷事宜；③进口商银行就项目情况进行了解；④出口商进行商务谈判，进口商银行直接或间接参与支付条款的谈判；⑤进出口商签订商务合同，将买方信贷订入商务合同；⑥进口商银行与出口买方信贷提供者签订买方信贷协议；⑦进口商银行与进口商签订转贷协议；⑧商务合同生效并开始执行。

2. 关于买方信用保险的作用

从上述案例，我们可以对买方信用保险得到以下几点认识。

（1）出口买方信用保险是化解商业风险和政治风险的有效手段。投保出口买方信用保险是化解商业风险和政治风险的最佳手段之一。中国信用保信公司为出口买方信贷设置了出口买方信贷保险，赔偿比例最高不超过 95%。买方信贷的融资、担保、保险条件由国内融资银行和中国信用保信公司与业主（或转贷行）商定，承包商需要从中协调斡旋，相对于出口卖方信贷，前期人工与时间投入相对较大。在人民币预期升值的前提下，采用出口买方信贷可以最大限度地规避升值带来的风险。

（2）出口买方信贷保险是加强境外工程风险管理的重要工具。承包商投保出口买方信用保险同卖方信贷保险的目的一样，对海外工程承包、对外贸易和对外投资中的收汇风险进行风险控制管理，特别是对发展中国家或地区的项目，投保出口信用保险为项目建设提供了有力的保障。出口信用保险机构在承保的过程中，作为风险管理的参与者会分析并识别进口方以及进口国的风险状况，为出口企业提供全面的咨询服务，提供最终的风险转移机制，帮助企业形成完整的风险控制体系。

（3）出口买方信用保险是出口企业获得信贷融资的条件。中方 T 公司在为此项目咨询提供贷款的银行时，获得中信保险机构的支持，成为融资银行贷款的一个必不可少的条件，否则融资银行不给予贷款。由此可见，出口信用保险对出口企业获得融资银行的贷款起到关键性作用。

在我国"一带一路"倡议下，企业"走出去"的过程中，运用"买方信贷保险＋出口卖方信贷"的融资模式，为我们提供了一个新的选择，有效地提高了我国企业在国际市场上的竞争力，其中，与国际金融机构的合作，进一步拓宽了信贷融资的渠道，为自己搭建了一个更加广阔的发展平台，为未来国际市场的开发有着重要的意义。

（4）依据企业、项目实际选择贷款方式和保险类型。融资贷款方式与信用保险的类别选择要依据企业自身情况和项目实际来加以确定，本案例对于卖方信贷与买方信贷保险进行了分析和比较，最后决定采取出口买方贷款方式，投保出口买方保险。出口买方信用保险和出口卖方信用保险都是以借款人的信用为标的的保险，两者区别如下：

在出口卖方信贷中，向贷款银行还款付息的责任由承包商承担，风险相对较大，同时也会提高承包商的负债率，从而降低再融资的能力，故承包商应注意适当控制卖方信贷的总规模。根据公司资产负债率情况，考虑承受的卖方信贷规模，一般应将公司的资产负债率控制在 70% 左右。而买方信贷保险项下的卖方信贷，其贷款协议由融资银行和境外业主或境外借款人（转贷行）直接签署，承包商通过业主审核批准的发票从国内融资银行直接取得的工程进度款，因此对承包商而言，出口买方信贷等同于现汇项目，不存在负债问题。另外，由于买方信贷的融资、担保、保险条件由国内融资银行和中国信用保信公司与业主（或转贷行）商定，承包商需要从中协调斡旋，相对于出口卖方信贷，前期人工与时间投入相对较大。在人民币预期升值的前提下，采用出口买方信贷可以最大限度地规避升值带来的风险。

总之，以上两种融资方式与保险业务，应根据项目承包商能够针对业务需求情况，灵活地运用中国信用保险的保险产品，妥善解决银行的融资问题，将会对企业的长期出口业务，带来更好的机遇和发展机会。

（5）买方融资及其保险需要经过严格的审核。出口企业在申请买方信用保险时，应注意的是，出口买方融资方式是国内融资银行直接与业主（或转贷行）签署贷款协议，国内融资银行和相应保险机构对项目的可行性和未来的还款能力需要进行严格的审查，而且会进一步要求项目担保人提供主权担保或可接受的其他综合担保措施以转移风险，确保贷款安全。为此，由于买方信贷涉及国家主权或可接受的其他综合担保措施，给审批程序增加了难度。因此，选择买方信贷融资与保险安排时，出口承包企业应有足够的认识。

### 8.3.2　南亚某国建材项目信用保险组合安排

**【案例摘要】**

对于境外承包工程项目，机电产品、成套设备等，承包商投保出口买方信用保险是不错的选择，出口买方信用保险是在出口买方信贷项下，以境内融资银行为被保险人、以贷款协议本息为保险标的的政策性保险。本案例以中方 A 企业项目融资为例，在境外投资行为与工程承包行为并存的情况下，如何对信用保险进行安排进行详细的剖析。

**【项目概况】**

中方 A 企业是中国的一家著名的民营建材企业，在国内市场的专业资质较好、业务增长较快。近年来，A 企业逐步参与国际市场竞争，并打算在南亚某国投资设厂，从事建材生产加工和初级品生产。为此，中方 A 企业专门在投资项目所在国设立了工程项目公司 B，由国内一家著名的工程总承包商 C 公司与境外工程项目公司 B 签署 EPC 总承包合同，负责项目施工建设，带动国内设备出口。A 公司接洽中国出口信用保险公司，希望获得政策性信用保险的支持，进而获取我国政策性银行的出口买方融资。

**【融资业务的审核条件】**

贸易融资业务的背景真实性审核职责，主要由商业银行通过尽职调查工作来履行；出口融资业务的背景真实性审核，更多地是由我国政府相关部门、驻外使馆、行业协会和商业银行共同来完成。因此，相较于国内贸易融资的背景真实性，出口融资业务主要支持的机电产品与成套设备出口、境外承包工程和境外投资等项目的背景真实性较强。

为确保中国"走出去"企业开展的境外项目符合我国的相关政策，银行在出口融资业务尽职调查过程中，应要求客户提供相关政府部门和行业协会的支持性文件。比如，工程承包公司赴海外开展境外工程项目总承包和劳务合作，应提供中国对外承包工程商会支持函和我驻外使馆经济商务参赞处就该项目的协调函；机电产品出口和大型成套设备出口企业，应提供中国机电产品进出口商会支持函；对外投资项目，应按照国家发展和改革委员会制定的《境外投资项目核准和备案管理办法》（2014 年第 9 号令）和《国家发展改革委办公厅关于调整境外收购或竞标项目信息报告报送格式的通知》（发改办外资〔2016〕2613 号）的相关规定，办理相关核准和备案手续，获取国家（或省）发展和改革委员会制定的《境外投资项目备案通知书》，并获取商务部（或厅）颁发的《企业境外投资证书》。这些政府部门或行业协会出具的支持性文件，具有权威性和专业性，为银行审核出口融资业务的背景真实性和政策合规性，提供了极有力的支持。

**【两种信用保险安排分析】**

境外融资存在来自各个方面的风险，信用风险应是融资银行评估的主要风险之一。要从本质上认识出口融资风险，要从出口融资风险缓释措施——出口信用保险说起。目前，我国银行受理的出口融资项目，主要基于中国信用保险公司承保的中长期政策性保险，包括海外投资保险、出口买方信用保险、出口卖方信用保险、出口延付合同再融资保险、租赁融资保险以及其他各类短期信用保险等。

对于资本性货物出口（比如境外承包工程项目、机电产品、成套设备等），中国信用保险公司可承保"出口买方信用保险"，出口买方信用保险是以境内融资银行为被保险人、以贷款协议本息为保险标的政策性保险。该保险为出口合同即总承包合同的买方或称业主提供出口买方信贷。该险种的赔付比率上限是 95%，即最高涵盖贷款本息合计的 95%，保障范围是 95% 政治险和 95% 商业险，俗称"双 95"出口买方融资项目。其中，"政治险"包括汇兑限制、贸易禁运或吊销进口许可证、颁布延期付款令、战争、动乱、恐怖主义行动及保险人认定的其他政治事件。承保的"商业风险"则是指借款人拖欠贷款协议项下的本金和利息；借款人破产、解散。目前，"双 95"出口买方信用项目是我国银行界公认的最优质出口融资方式。因为其保险标的是借款协议的本息，被保险人是融资银行，因此，该保险为银行债权提供了直接的保障。从本质上看，该险种是中国信用保险公司以中华人民共和国财政部的名义来承担境外主权风险和借款人的商务风险。自开展该项保险以来，中国信用保险公司在"出口买方信用保险"险种上，从未有过引用除外责任条款而拒赔的案例。

出口买方信用保险费用计算以业主或转贷银行与中国融资银行所签订的借贷协议金额为依据，保费＝贷款金额×保险费率。保险费率是以项目为单位进行确定和收取的；项目费率的高低主要取决于以下几个因素：项目国家风险类别、项目宽限期和还款期的长短、债务人和担保人的信用等级、项目风险保障安排；对于每一个项目，保险人综合以上几个因素，参考基础费率表，确定项目适用的费率。基础费率表是根据国别风险分类和项目期限制订的。中长期基础费率表根据国别分类分为四类，每一类中根据项目宽限期和还款期不同可以确定相应的费率，一般而言，中长期基础费率一般为 0.49%。

海外投资保险是中国信用保险公司为鼓励中国投资者的海外投资行为而设的信用保险险种，被保险人只限于海外直接投资，而这种海外直接投资只有符合一定的条件才可以作为被保险人。一般说来，作为保险对象的海外投资不仅需要东道主国批准，而且还要对资本输出国有利；海外投资保险承保范围仅限于政治风险，政治风险主要包括战争、征收、汇兑限制以及政府违约，对于商业风险则不予承保。在约定风险发生并导致损害时，政府专门保险机构根据保险契约向被保险人（投资者）支付赔偿金，并有权继承该投资者对被保险项目所享有的一切权宜，代位向东道国政府进行索赔。损失赔偿比例：基本政治风险项下赔偿比例最高不超过 95%；违约项下赔偿比例最高不超过 90%。海外投资险的保险费用是以被保险人在海外的投资金额为计算依据，保险费用等于海外投资额乘以年费率：保费＝当年实际投资额×年费率。保险费率一般根据保险期间的长短、投资接受国的政治形势、投资者的能力、工程项目以及地区条件等因素确定。保险费在当年开始时预收，每年结算 1 次，这是因为投资期有变化。续年保费需在年度保险基础上加差额保费，长期投资项目期满时按实际投资额结算。我国投资保险的年度基础费率一般为 0.65%。

海外投资保险与出口买方信用保险的主要区别见表 8-4。

表 8-4　　　　　　　　海外投资保险与出口买方信用保险的主要区别

| 内容 | 海外投资保险 | 出口买方信用保险 |
| --- | --- | --- |
| 投保人 | 投资人 | 承包商或贷款银行 |
| 被保险人 | 投资人 | 贷款银行 |
| 保险标的 | 投资金额 | 贷款协议 |
| 承保范围 | 政治风险 | 政治风险与商业风险 |
| 赔付金额百分比 | 90% | 95% |
| 基础费率 | 0.6% | 0.4% |
| 适用融资方式 | 海外投资 BOT/EPC 项目 | 买方融资 EPC 项目 |

在本案例项目中，出口方企业既有境外投资行为，又有工程承包行为，那么，如何安排信用保险？

首先，出口买方信用保险的投保条件，比海外投资保险更为严格。根据担保条件不同，出口买方融资方式可分为主权项目（即某国财政部作为借款人）、主权担保项目（即某国财政部作为担保人）、银行担保项目（比如银行作为转贷行或出具保函）和企业担保项目（法人保证、抵质押等）。而"海外投资保险"并未对担保条件进行严格的要求。

其次，对于融资银行而言，出口买方信用保险的保障，要比海外投资保险的保障更加全面。出口买方信用保险既保障政治风险，又保障商业风险（借款人不偿还贷款本息、借款人破产、解散）；而海外投资保险仅仅保障一般政治风险（汇兑限制、征收、战争及政治暴乱）和附加政治险（违约险），并不包括商业风险（借款人破产、拖欠本息等）。

在本案例项目中，A 企业采取了比较灵活的措施：针对境外总投资的基建部分投保海外投资保险，由国内一家商业银行提供融资；针对总投资的设备出口部分投保出口买方信用保险，由国内另外一家银行提供出口买方融资。出口买方信用保险的投保要求比海外投资保险更为严格，应中国信用保险公司的要求，A 企业在为出口信贷协议提供了法人保证以及房产抵押等担保措施的基础上，中国信用保险公司出具了出口买方信用保单。属于上述四种买方信用类型中的最后一种，即企业担保项目。

由此可见，作为出口融资项目最重要的风险缓释措施——出口买方信用保险以及海外投资保险发挥着以我国主权名义支持中国企业"走出去"、转移境外"授信主体"信用风险的重要作用。进出口银行在信用业务过程中，重点是根据项目情况对出口信用保险的品种、除外责任条款等进行评估、分析，提出建议，在此基础上提供出口贷款。

【买方融资的资金流向】

在出口信用保险下的融资方式，贷款银行是国内的银行，借款人是境外企业、转贷银行或境外财政部。贷款资金的用途是支付中国出口承包商或工程总承包商的出口应收款或应收工程承包款等。因此，出口信用保险下的买方融资方式是国内银行在审核境外借款人的提款条件后，直接将款项支付给国内出口承包商或总承包商，买方融资安排中，贷款的实际借款人在境外，贷款的实际收款人在境内，实现资金的不出境"受托支付"。买方融资项目实施地在境外，为什么放贷资金在国内呢？依据中国信用保险公司受理出口信用保险的要求，获得出口融资支持的境外承包工程项目，中国成分不低于 35%（这个比例被称作为"国产化率"），事实上，企业开展境外承包项目，国产化率往往要高于 35%，通过工程总承包有效带动了中国产品、设备、劳务"走出去"的，这意味着总承包合同项下的绝大部分工程款要汇回中国境内，但仍有一部分款项会留在实施国，用于当地支出（如当地劳务费、当地采购料件费用等）。在实际操作中，融资银行之所以将资金全部支付给国内总承包商主要是考虑到总承包商对于境外项目的实施负总责，包括分包、采购、技术服务、劳务等。由总承包商负责资金的统一支付使用，既能实现工程款的统一调配、优化使用，又能防止资金在借款人和业主手中发生挪用，这对于出口融资后管理具有很大的益处。

**【抵/质押品与保险的法律关系】**

本案例中，A 企业在为出口信贷协议提供了法人保证以及房产抵押等担保措施。作为从属合同，房产抵押合同的主合同是出口信贷协议，融资银行享有房产的抵押权。中国信用保险公司出具的买方信用保单的被保险人是融资银行，那么，融资银行作为抵押权人和作为被保险人的法律关系，以及其业务的风险实质是怎样的呢？

目前，国内融资银行处理此类业务的经验并不够丰富。保险不同于担保，如借款人无法按时偿还融资款项，融资银行须先执行法人保证、抵押和质押，若所获款项不足以偿还出口买方融资本息，中国信用保险公司才会将 95% 的不足部分赔付给保单的被保险人（即融资银行）。

融资银行在处置法人保证、房产抵押时，需要充分考虑到处置难度（包括市场接受程度、处置耗时、司法程序、市场价值等），并与中国信用保险公司保持密切沟通，避免中国信用保险公司对融资银行执行担保和处置抵质押资产的处置时间、处置程序、公允价值等事项提出异议，进而避免该异议构成保险拒赔的理由。在实操中，一旦出现借款人未能偿还贷款本息或借款人破产、解散等情况时，被保险人融资银行应及时向中国信用保险公司提交《可能损失通知书》，中国信用保险公司即介入担保财产或权益的执行。因融资银行和中国信用保险公司对于此类项目的担保处置和保险赔付经验并不多，因此，融资银行在评估担保与保险并存的出口融资项目时，一般都格外关注可能的信用风险和操作风险。

**【案例提示】**

通过本案例对项目融资保险的组合，我们可以看出在境外工程项目承包中，承包企业应根据本项目的实际情况，优化保险方式，采用信用险种搭配策略，打好险种的组合拳，以较低成本，提高保险的效率，有效规避境外的融资风险。

## 8.4　出口再融资保险安排案例

### 8.4.1　中东某大型炼油工程项目再融资保险安排

**【案例要旨】**

再融资保险是"出口延付合同再融资保险"的简称，再融资保险是在金融机构无追索权买断出口商务合同项下的中长期应收款后，中国信用保险公司向金融机构提供的、用于保障金融机构资金安全的保险产品。本案例以中东某大型国外炼油项目为例，阐述了再融资保险的申请条件、EPC 承包商的融资架构、在该模式下的信用证作用，以及分析了再融资保险对项目所带来的特有风险，为中国企业承担同类型融资模式下的项目提供借鉴和参考。

**【项目概况】**

中东某大型国外炼油项目，合同额约 30 亿美元，业主以议标的方式选择 EPC 承包商，EPC 承包商除了承担项目的设计、采购、施工和试车服务外，还需协助业主从中国获得融资。该国中央银行与中国信用保险公司签订了融资框架协议，在协议项下，该国的能源、基础设施项目可以通过"出口延付合同再融资保险"模式从中国获得商业贷款，贷款期限一般为 9 年，其中建设期 4 年，还款期 5 年，中国信用保险公司提供"出口延付合同再融资保险"。

**【再融资保险】**

随着市场竞争的日益激烈，国际工程总承包业务 EPC 的利润空间逐渐缩小，国外业主的要求却越来越苛刻。例如，要求带资投标、承包、延期付款等条件。面对这样的形势，不少企业发挥自身的行业优势，充分利用国家"一带一路"倡议，通过中国出口信用保险公司的中长期出口融资产品，在国际工程市场上承包中大型项目，并按照国家的要求带动高新技术产品、大型机械设备、成套设备等资本性货物的出口。

中国信用保险公司的中长期出口信贷产品包括出口投资保险、出口买方信用保险、出口卖方信用保险及再融资保险，其目的在于鼓励本国银行为本国出口商、外国进口商提供贷款，以满足外国进口商对本国出口商支付工程款的需求。

买方融资及出口卖方融资在工程承包中广泛运用的同时，再融资模式也广泛得到应用。承包商通过给予业主延期付款（Deferred Payment）的安排，分担了境外业主的资金压力，进而通过议标拿到工程项目，而再融资保险模式是在金融机构无追索权买断出口承包商在商务合同项下的中长期应收款后，中国信用保险公司向金融机构提供的、用于保障金融机构资金安全的保险产品。

再融资保险申请条件主要包括商务合同预付款现金支付比例一般不低于商务合同金额的 15％，延付金额（也就是融资比例）一般不超过商务合同金额的 85％；承保的风险包括政治风险和商业风险，赔偿比例最高为 95％；满足中国政府对中国成分的最低要求。

**【融资结构分析】**

在境外业主和承包商签署固定总价的 EPC 商务合同的前提下，根据中国信用保险公司和融资银行的要求，运用再融资保险模式，商务合同的 15％作为预付款必须以境外业主自有资金支付，其余 85％的工程款按照此模式由中方融资银行通过买断以境外业主为申请人、境外业主所在国商业银行（开证行）开具的以承包商为受益人的信用证（L/C）的方式，为境外业主提供延期付款。

此模式下需要中方融资银行与承包商签署《应收账款转让协议》。同时，承包商作为投保人就 85％的延期付款（应收账款）部分向中国信用保险公司以中方融资银行为被保险人和受益人，以应收账款作为被保险标的，申请投保"出口延付合同再融资保险"，保险费用由境外业主一次性或通过融资的方式支付给中信保。一旦出险，中国信用保险公司按照 95％的最高比例为上限（商业风险和政治风险损因）对 85％的延期付款提供保险。再融资保险单由中国信用保险公司与承包商签署。

开证行作为债务人按照信用证的规定在项目建设期只偿还贷款利息，不偿还本金。项目建成投产后，开证行将在五年内分 10 次等额向融资银行等额偿还借款本金和利息。

从以上模式可以看出，境外业主首先通过开出以承包商为受益人的信用证，采用延期付款的方式支付承包商 85％的工程款，融资银行通过与承包商签署《应收账款转让协议》，买断被中国信用保险的应收账款。工程建设过程中，随着承包商对每笔"工程量单"的确认，融资银行以"见单即付"的方式支付承包商工程款，代替了原来境外业主需要等项目完工投产后支付承包商应收账款。

对境外业主而言，仍然是项目完工投产后支付工程款，但支付对象从承包商，变成了融资银行，延期支付带来的政治风险和商业风险也相应地转移到了中国信用保险公司和融资银行。

在再融资保险模式下，《应收账款转让协议》《延付合同再融资保险单》和《信用证》是三份关键的文件。在信用证中，境外业主延付的对象是承包商；在《应收账款转让协议》中，承包商将境外业主出具的相关延付单证转让给了融资银行，延付的对象由承包商转移到了融资银行；在《延付合同再融资保险单》中，中国信用保险公司为融资银行，也间接为承包商承担了延期支付带来的政治风险和商业风险。三个文件结合在一起，完成了整个融资的闭环。

在上述融资安排中，由于中国信用保险公司和融资银行的加入，既满足了承包商能及时收款的诉求，也满足了境外业主延期支付的要求，中国信用保险公司和融资银行在其中起到了承担风险和提供融资的作用。

【信用证在融资中的作用】

信用证是一个契约文件，该约定不可撤销并因此构成开证行对于相符交单予以兑付的确定承诺。该契约文件受到国家法律的管辖，当事人的权利、义务和责任受到法律的保护和制约，并通过履行契约的条款而实现。信用证是独立于商务合同之外的另一种契约。

本案例项目信用证由境外业主作为申请人，承包商作为受益人，由开证行开具的是可修改、不可撤销的即期支付与延迟支付混合在一起的信用证。

信用证中的即期支付包括商务合同 15％的预付款、中国信用保险公司 15％保险费，以及融资银行的管理费。当承包商提交履约保函和预付款保函后，信用证生效，随后境外业主采用即期付款方式分别将上述款项支付给承包商、中国信用保险公司和融资银行。

对境外业主来说，商务合同 85％的工程款和中国信用保险公司 85％的保险费是延期支付的，随着工程的进度，承包商向境外业主提交发票及信用证规定的相关文件后，业主以延期支付的方式支付给承包商和中信保。

在承包商与融资银行签署了《应收账款转让协议》后，受益人为承包商的信用证作为一种物权由融资银行买断，随着承包商按照工程进度提交的发票及信用证规定的相关文件后，融资银行按照业主签发的由中国信用保险公司确认的承兑函及时支付相应的款项。也就是说承包商即刻从融资银行获取该笔付款，完成了该笔工程量的融资。

在本案例项目中，此信用证不但规定了付款和还款方式，交单内容及相关方的权利、义务和责任，而且最关键的作用是通过买断方式，使信用证由延期支付变成了即期支付，解决了出口承包商在建设期的资金压力。

**【再融资风险分析】**

再融资保险模式下，通过《应收账款转让协议》，承包商可以即期获得工程款，等同于现金项目，通过《延付合同再融资保险单》的签署，境外业主延迟支付带来的政治风险和商业风险也转移给中信保。换言之，在该模式下，承包商的风险是基本可控的。但项目执行期间，除了 EPC 项目自身的一些共性风险外（此处不做分析），承包商还面临着一些由于采用"出口延付合同再融资保险"模式而带来的特有的风险。

1. 负现金流风险

选用再融资保险模式执行项目，一个突出特点是项目设计（E）和施工（C）是按工程进度付款，以即期支付的方式收款，采购（P）部分除了 15％ 的预付款外，承包商其余 85％ 的付款需要设备装船后，向境外业主提交商务发票、装箱单及相关证明，经业主确认才能向融资银行转让应收账款，进而从融资银行获得受让价款，支付给承包商。

由于 85％ 的采购付款安排需要等到设备装船后才可获得，承包商在实际操作中，一般按照发出订单时，支付给制造商订单额度的 15％ 作为预付款。最终版本制造图纸得到确认，并且制造商准备好原材料后，承包商还要支付给制造商订单额度的 40％，周期长达 6～12 个月。一般而言，EPC 合同额的 60％ 为采购。由此可知，项目执行期间将面临长时间的巨大的负现金流风险。针对这个问题，为了更好地控制风险，承包商可以向中国信用保险公司购买特殊保险，转移由于垫付资金产生的风险，一旦发生政治和商业风险事件，项目被迫终止，承包商垫付的资金损失可获得 90％ 的赔偿。

2. 业主不能按期还款的风险

在再融资保险模式下，承包商将应收账款转让给融资银行，从融资银行获得工程款的即期支付，融资银行获得应收账款的债权和义务。项目执行期间，境外业主按照信用证的规定，每半年对已支付给承包商的账款支付利息，项目建成投产后，业主按照信用证的规定，将项目本金和利息分 10 次等额直接支付到承包商在融资银行开立的还款账户上，承包商有义务将该还款账户的资金定期转移给融资银行，承包商不承担业主在该项目项下的任何偿债责任或担保风险。

根据融资协议安排，建设期内境外业主需要每半年偿还一次利息。由于项目所在国的特殊政治经济环境，在项目执行期间可能面临资金短缺或支付审批逾期等情况，存在着境外业主应支付的建设期利息不能按期到位的问题。如发生此类情况，融资银行会停止继续买断应收账款，发生"停贷"现象，融资银行会及时将情况汇报给中国信用保险公司并要求索赔。为了确保项目进度以及建设资金持续到位，承包商在得到境外业主的确认后，需要代业主暂时垫付该笔利息。针对这种风险，承包商可以通过与业主签署合同补充协议，在补充协议中明确如果发生建设期利息垫付，业主应将垫付资金及该笔资金所产生的利息一并偿还，并设定一定的利率水平。同时，承包商最好于利息支付日前至少两个月开始提醒、监督、督促业主启动资金筹措和汇款，全力避免此类事件的发生。

**【案例提示】**

再融资保险是目前是中国信用保险公司提供的常用中长期信用保险融资模式之一。为了规避汇率风险，承包商逐渐趋于谨慎选择出口卖方信贷模式，而对于承包商而言不需要直接融资贷款，不必承担汇率风险等优势，使得"买方融资保险"和"出口延付合同再融资保险"成为承包商乐于接受的融资保险模式。

再融资保险模式下，承包商获得即期付款、即期收汇，不承担汇率风险和境外业主方的信用风险。但这只是通常的理解，具体项目由于融资的具体要求不同，承包商面临的风险也不同，承包商应首先做好深入的风险分析，在此基础上进行选择和判断，项目执行期间应持续地识别和控制风险，确保项目的利润水平。

### 8.4.2　老挝某水利工程项目再融资保险的安排

**【案例要旨】**

本案例以老挝某水利工程项目为例，通过对比"出口卖方信用保险"和"出口延付合同再融资保险"这两种保险业务，并结合出口买方信用保险的特点，进一步说明出口卖方信用保险转为出口延付合同再融资保险所具有的优势。对承包商融资保险的选择具有一定的启示意义。

**【项目概况】**

中方某承包商承包开发老挝某水利工程项目。该项目合同金额为 1.5 亿美元，投保金额为 1.8 亿美元，预付款比例为 15%，融资比例为 85%，业主为老挝的某国有公司，担保人为老挝财政部，该项目为卖方融资项目。项目在拿到最终验收证书（Final Acceptance Certificate，FAC）之后，实施了应收账款无追索买断，当年成功实现了会计出表。随后，该项目实施了出口卖方信用保险转出口延付合同再融资保险，从而进一步缩小了项目的风险敞口。

**【再融资保险含义】**

通常情况下，在卖方融资中，企业需要投保中国信用保险公司的出口卖方信贷出口买方信用保险，以覆盖建设期和还款期的政治风险和商业风险。鉴于卖方信用保险的赔偿比例较出口买方信用保险要低（前者 90%，后者 95%），且卖方信用保单中的除外责任也较多，为了更好地管控风险，企业可以将"卖方融资买方化"即实现出口延付合同的再融资保险。

所谓出口延付合同再融资保险是在金融机构无追索权的买断出口商（承包商）商务合同项下的中长期应收款后，中信保险公司向金融机构提供的用于保障金融机构资金安全的保险产品。本案例再融资保险示意图，如图 8-6 所示。

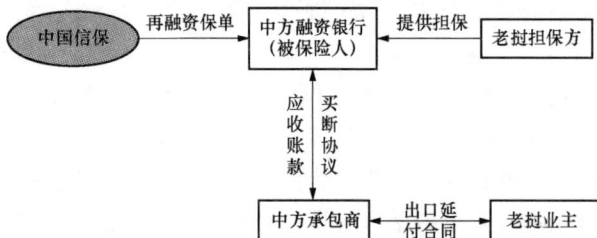

图 8-6　再融资保险示意图

**【再融资保险优势分析】**

通过对比卖方保险和再融资保险这两种保险业务，并结合买方保险的特点，进一步说明卖方保险转为再融资保险所具有的优势。

1. 除外责任大大减少

由于卖方保险与再融资保险的被保险人不同，前者是出口承包商，后者是融资银行。项目所处的阶段也不同，前者尚未获得预验收证书（Pre-Acceptance Certificate，PAC）或 FAC，后者已经获得。因此，两者保险的除外责任有较大差别：再融资保险的除外责任仅有三条，范围比较卖方保险大大减少，基本等同于买方保险，从而可实现卖方融资的买方化。三种融资保险的除外责任对比表见表 8-5。

| 表 8-5 | 三种融资保险的除外责任对比表 |
| :--- | :--- |
| 保险类别 | 除　外　责　任 |
| 出口卖方信用保险 | （1）被保险人违反商务合同规定或违反有关法律、法规引起的损失；<br>（2）由于进口方拒绝支付或推迟支付商务合同下的应付款所引起的间接损失；<br>（3）被保险人在其出具的履约保函或其他保函项下发生的损失；<br>（4）汇率变更引起的损失；<br>（5）除进口方及其担保人外的任何与商务合同付款相关的机构和人员违约、欺诈、破产、违反法律或其他行为引起的损失；<br>（6）因进口方违约，被保险人按商务合同规定应向进口方收取的罚款或惩罚性赔偿；<br>（7）在商务合同履行过程中，属于货物运输保险或其他财产以及责任保险范围内的损失；<br>（8）商务合同生效后，被保险人得知第二章第二条（即保险责任，主要涉及商业险和政治险。商业险为由于进口方和担保人的原因导致的无法付款；政治险为由于战争、征收、汇兑等原因导致的无法付款）列明的损失事件已经发生，仍继续履行合同引起的损失；<br>（9）被保险人无权直接从进口方收取的款项的损失；<br>（10）其他不属于本保险单第二章第二条列明的损失事件引起的损失 |
| 出口延付合同再融资保险 | （1）被保险人未能合法有效地取得中长期应收款项下的所有权和收益权；<br>（2）因被保险人的过失导致损害或丧失中长期应收款项下的权利；<br>（3）本保险条款第二条（即保险责任，主要涉及商业险和政治险。商业险为由于债务人和担保人的原因导致的无法付款；政治险为由于战争、征收、汇兑等原因导致的无法付款）列明之外的事件 |
| 出口买方信用保险 | （1）被保险人违反保险单或贷款协议的规定，或因被保险人的过错致使保险单或贷款协议部分或全部无效；<br>（2）本保险条款第二条（即保险责任，主要涉及商业险和政治险。商业险为由于借款人的原因导致的无法付款；政治险为由于战争、征收、汇兑等原因导致的无法付款）未列明的事件 |

2. 赔偿比例提高

卖方保险对保险责任的赔偿比例为 90%，而再融资保险的赔偿比例为 95%，与买方保险相同，实现了卖方融资的买方化。仍以本案例项目为例，如果未来项目出险并获得中信保险的及时足额赔付，则卖方保险项下的最高赔偿金额为 1.62 亿美元，再融资保险项下的最高赔偿金额为 1.71 亿美元，后者比前者获得的赔付多出 0.09 亿美元。根据融资银行与承包商企业签订的应收账款无追索买断协议的要求，如果项目未来出险，企业需要回购中信保赔付不足额的部分，即 10% 的部分；而通过将卖方保险转化为再融资保险，承包企业需要回购的部分则降至 5%。对本人案例项目而言，这意味着未来可少回购 0.075 亿美元。

3. 应收账款所有权和项目的担保权益发生转移

买断协议中，融资银行仅要求承包企业将中信保险"卖方保险"项下的赔款权益转让给银行，其他权益并不发生转移。对于借款人境外业主来说，承包企业作为贷款人的地位不变。当卖方保险转为再融资保险之时，融资银行要求承包企业将应收账款的所有权进行转移，融资银行从而成为真正的贷款人。按照再融资保险的要求，担保权益也应随之发生变化，承包企业应征得境外业主及担保人的同意，将担保权益也转让给融资银行。若境外业主未按时还款，融资银行将向境外业主和担保人发起索赔，由担保人将款项付给融资银行，而不再是卖方融资下的承包企业。

通过权益的变化，承包企业从贷款人的身份中转移出来，融资银行成为未来境外业主还款的主要监管人，与买方保险一致。

4. 赔款等待期缩短

根据相关定义，赔款等待期的含义为自实际损失发生之日，或应付款之日起至中国信用保险公司支付赔款的最短期限。在卖方保险项下，赔款等待期按不同的保险责任分为 4 个月或 6 个月（表 8 - 6）。而在再融资保险和买方保险项下，赔款等待期为 90 日；对于连续的、相同的原因导致的损失，赔款等待期为零日。

**表 8 - 6　　　　　　　　　出口卖方信用保险的保险责任和赔款等待期**

| 项目 | 保险责任 | 赔款等待期 |
|---|---|---|
| 商业风险 | （1）进口方及其担保人破产、倒闭、解散；<br>（2）进口方违反商务合同项下对被保险人的付款义务，且进口方的担保人（如有）也未履行担保合同项下的担保义务；<br>（3）进口方违反商务合同的规定，致使商务合同提前终止或无法履行 | （1）被保险人出运前或完工前，自实际损失发生之日起 6 个月；<br>（2）被保险人完全履行或按商务合同规定阶段性地履行完毕后，自商务合同规定的应付款之日起 6 个月 |
| 政治风险 | （1）进口方所在国政府颁布法律、法令、命令或采取行政措施，禁止或限制进口方以商务合同约定的货币或其他可自由兑换的货币履行商务合同项下对被保险人的付款义务；<br>（2）进口方所在国、项目所在国或进口方付款须经过的第三国颁布延期付款令；<br>（3）进口方所在国或项目所在国颁布法律、法令、命令或采取行政措施（包括撤销或不予延展进口许可证），致使商务合同部分或全部无法履行；<br>（4）进口方所在国或项目所在国发生战争、敌对行动、内战、叛乱、革命或暴动，致使商务合同部分或全部无法履行 | （1）被保险人出运前或完工前，自实际损失发生之日起 4 个月；<br>（2）被保险人完全履行或按商务合同规定阶段性地履行完毕后，自商务合同规定的应付款之日起 4 个月 |

一般情况下，融资银行在买断协议中会要求由承包企业承担等待期的利息，该利息的利率为逾期利率，远高于正常还款的融资利率。如果卖方保险转为再融资保险，由于等待期缩短，承包企业承担的等待期利息就会大大降低，进而也降低了承包企业的财务费用支出。

**【案例提示】**

通过案例项目对再融资保险的分析和工程承包商的实践体会，选择再融资保险时应注意以下事项：

（1）随着市场竞争的日益激烈，项目融资问题能否顺利解决，成为项目能否落地的关键一环。面对这样的情况，出口卖方融资方式再次成为国际工程企业关注的焦点。相较于出口买方融资，出口卖方信贷融资可以使企业更快地获得项目，提前实现融资关闭。但缺点是项目收款期较长，收汇受当期汇率波动的影响较大，存在收汇风险和汇率风险。针对出口卖方信贷融资还款期限长的问题，承包企业可以通过与融资银行开展应收账款无追索买断业务，将建设期的应收账款买断给银行，从而获得融资，以解决项目建设期现金流吃紧的问题。目前，许多国际工程企业都开展了应收账款买断业务。

多数承包企业在通过应收账款买断业务解决了项目融资问题之后，可能因业绩考核已经尘埃落定，加之又将精力集中于项目建设，很少会考虑对出口卖方信贷融资再进行进一步的优化。其实，此时若能将原本的出口卖方信用保险升级为出口延付合同的再融资保险，就可使企业获得更多的风险保障。

（2）将卖方保险转化为再融资保险，一般需要在项目取得 PAC 或 FAC 之后，且申请再融资保险还需要符合以下条件：商务合同预付款现金支付比例一般不低于商务合同金额的 15％，相应的延付金额（也就是融资比例）一般不超过商务合同金额的 85％；申请的保险期限原则上最长不超过 15 年；出口商品或服务符合中国成分要求。

（3）从卖方保险转为再融资保险，保险费用会有微小增加。融资银行一般会要求，卖方保险转为再融资保险的保费须由承包企业承担，即企业除了支付卖方保险费用，还需支付再融资保险费用。但由于再融资保险费用的计费基础为中国信用保险公司按 95％和 90％赔偿比例赔付部分之间的差额，费率一般约为千分之几，且还会根据国别和还款期限有所调整，因此，承包企业增加的财务成本支出并不算大。

（4）由于再融资保险的被保险人为融资银行，因此，企业将卖方保险转化为再融资保险需要提前征得融资银行的同意。鉴于企业获得 PAC 或 FAC 通常需要 2～5 年的时间，卖方保险转化为再融资保险的间隔时间较长，为确保该事项的顺利实现，企业应将卖方保险转再融资保险前置在融资协议中，将未来权益的可能转让提前与融资银行达成一致。

# 第3篇 保 险 采 购

## 第9章 EPC 工程保险采购

采购方式是指承包商或业主在落实保险安排计划或方案过程中，寻求保险人承保的具体途径或形式的总称。编制工程项目保险安排计划后，需要寻求最佳的保险公司承保，实现以转移项目风险的目的。投保人采用何种投保方式或途径去寻求最佳保险人承保，事关重大，其涉及保险安排计划是否能够很好落实的问题，是工程项目保险程序的关键环节，因此，保险采购成为工程项目保险研究的重要内容。

### 9.1 工程保险采购程序

无论是承包商还是业主，在实施保险采购时，应按照下列程序进行：了解保险市场、确定保险采购方式、选择保险人，完成投保程序后签订保险合同。工程保险采购流程，如图9-1所示的暗影部分。

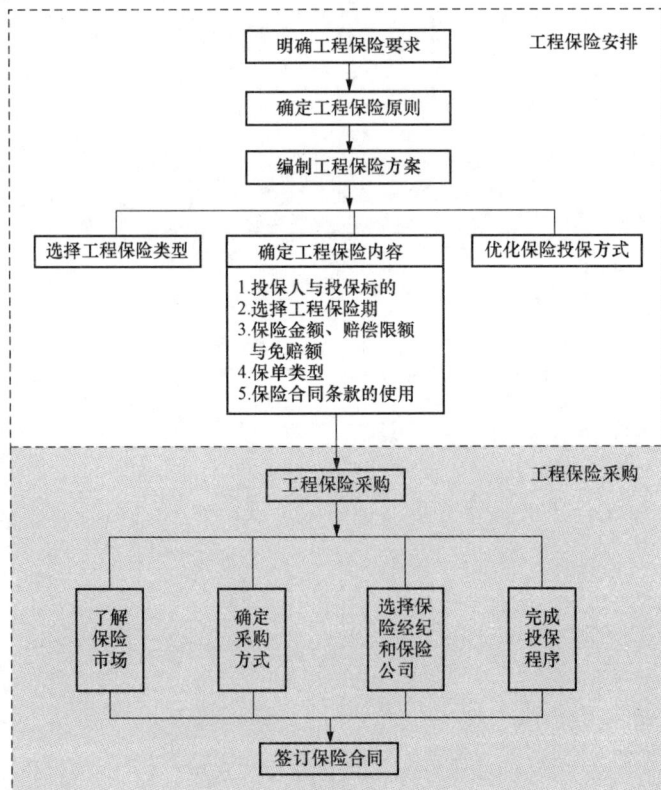

图 9-1 工程保险采购流程图

工程保险采购的具体工作大致包括以下五项工作：

（1）了解保险市场：投保人要了解保险市场的运作方式，便于选择投保方式和提出保险要求，确保通过有效途径，将所采购保险产品能够对工程风险进行有效的防范。

（2）确定采购方式：在了解保险市场运作的基础上，投保人如何落实保险安排计划，通过何种途径进行投保？是邀请保险中介协助投保，还是直接对保险人进行询价投保？投保人结合实际确定采购方式。

（3）选择保险人：制定选择保险人的原则、标准、途径，选择赔付实力强、服务全面的优秀工程保险承保人。

（4）递交保险申请：确定保险人后，向保险人提出投保申请、配合保险人实地勘察、接到保险人的保险建议书后，投保人阅读保险建议书，及时调整详细投保计划；完成投保手续。

（5）投保人与保险人签订保险合同。

## 9.2　工程保险市场分析

EPC 工程项目一般来说规模比较大，往往超出项目所在国保险公司的承保能力，需要国际工程保险公司的支持。在大多数条件下，保险的承保条件和费率是由国际保险市场确定的，其对项目保险的影响是决定性的。同时，项目所在国的法律法规、监管程度、市场规模与竞争情况等诸多因素也会对项目保险产生影响。我国国内保险公司通过各种方式积极参与中方企业在海外的项目保险，并取得可喜的成绩。

### 9.2.1　国际工程保险市场

国际 EPC 工程项目保险通常涉及的主要国际保险市场，包括欧洲大陆的国际再保险公司。例如，全世界最大的两家大保险公司，总部设在德国莫尼黑的莫尼黑再保险公司（Munich Re）和位于苏黎世的瑞士再保险公司（Swiss Re）。此外，还包括德国的安联保险公司（Allianz）、瑞士的苏黎世保险公司（Zurich）、意大利的忠利保险公司（Generali）、法国的安盛保险公司（AXA）等，都是国际保险市场的主要组成部分。

在伦敦这一传统的国际保险中心，以劳合社（Lloyd's）为核心的保险市场也是国际保险市场的重要组成部分。同时，国际保险市场还包括一些区域性市场如日本保险市场，以新加坡和中国香港为中心的亚洲保险市场，位于西亚的中东保险市场及位于百慕大的保险市场。

另一个值得适当关注的国际保险市场是美国的保险市场，虽然这一市场具有巨大的承保能力，除美亚保险公司（AIU）、安达保险公司（ACE）和利宝保险公司（Liberty Mutual）等外，其他保险公司因为较少承保美国以外地区的项目，因此，通常其在国际项目方面并不十分活跃。

国际保险市场凭借其在资金、技术和经验方面具有巨大的优势，在很大程度上决定了国际工程项目承保的条件和费率等核心要素，同时通过再保险的方式成为这些项目投保风险的最终承担者。

一个大型的工程项目，国际保险市场会根据项目的具体情况，保单承保条件以及费率综合考虑各种因素，确定其在项目保险安排中承担的一定份额，这一份额确定的基础除上述因素外，还包括项目的"最大可能损失金额"。"最大可能损失金额"是国际保险市场根据项目的情况，依据一定的计算模式推导出来的，项目可能遭受到的最大可能发生的损失。

国际工程保险市场中的公司承保能力是不同的，按照承保能力的大小，国际保险组织对国际保险市场的保险公司进行了排列，以下是来自标准普尔公司针对主要国际保险市场的评级分析，见表 9-1 和表 9-2。

表 9-1　　　　　　建筑/安装工程险及第三者责任保险领域的七大保险公司评级

| 公司 | 标准普尔评级 | 公司 | 标准普尔评级 |
| --- | --- | --- | --- |
| AIU（美亚保险公司） | A | Allianz（安联保险公司） | AA |
| Swiss Re（瑞士再保险公司） | A+ | Liberty Mutual（利宝保险公司） | A− |
| Munich Re（莫尼黑再保险公司） | AA− | Lloyd′s（劳合社） | A+ |
| Zurich（苏黎世保险公司） | AA− | | |

表 9-2　　　　　　　　　货运保险领域的七大保险公司评级

| 公司 | 标准普尔评级 | 公司 | 标准普尔评级 |
| --- | --- | --- | --- |
| AXA（安盛保险公司） | A | Liberty Mutual（利宝保险公司） | A− |
| Allianz（安联保险公司） | AA | Lloyd′s（劳合社） | A+ |
| Swiss Re（瑞士再保险公司） | A+ | AIU（美亚保险公司） | A |
| ACE（安达保险公司） | AA− | | |

这些保险市场都是声誉卓著的一流首席承保市场，拥有经验丰富的承保人、工程师和技术支持力量，同时，根据惯例以上保险公司均有 A-以上或相同的财务评级，确保其具有良好的资金和偿付能力。

通常来说，国际工程保险市场的承保能力为 30 亿美元。如果单个项目规模超出这个限额，就会对国际保险市场提出较大的挑战，也就使项目保险安排更加受承保能力的限制，从而削弱了各保险公司、再保险公司之间的竞争。这就需要业主、承包商与其专业保险顾问、经纪人根据实际情况制订完善的方案，充分利用市场上的承保能力，促进保险市场的竞争，从而争取到最优的承保条件和费率，使其利益得到充分保障。

### 9.2.2　国别工程保险市场

国别工程保险市场是指项目所在国的工程保险市场。由于中国企业参与海外工程项目的地域特点，我们所讨论的主要是亚洲、非洲和拉丁美洲的发展中国家保险市场，这些国家的保险市场主要有以下特点。

（1）为保护本国的保险业利益，大部分国家保险的相关法律都规定，建设项目的标的由当地保险公司承保。有些国家的法律法规的规定甚至相当苛刻，非洲法律就规定：所有出口到该国的货物，自其起运港开始，须在当地保险公司投保。

（2）保险市场规模比较小，保险公司的资金和偿付能力相对较弱，相对缺乏承保大型工程项目的专业技术和经验，因而严重依赖国际保险市场。

（3）因为相当部分的国家属于前殖民地国家，其保险的相关法律法规较多借鉴其前宗主国的法律法规。例如，在非洲部分法语国家，保险法规定：所有工程项目都必须强制投保工程保险及十年责任保险，该险种为法国及法国殖民地的国家特有的强制性保险险种。而在巴西法律则规定：被保险人必须聘请保险经纪人，而不得与保险公司商谈保险安排。

（4）相当多的国家因经济发展水平有限，保险市场不够发达，垄断程度较高，竞争并不十分激烈，其服务水平与国际保险市场，甚至中国国内保险市场都有较大差距。例如，安哥拉的保险市场就被国营保险公司所垄断。

（5）这些国家对保险的监管水平不一，通过国家再保险公司或法定的再保险公司，对保险市场进行间接调控。

上述项目所在国的保险市场的特点，均会对项目保险采购产生重要的影响。

（1）由于当地法律规定强制承包商投保一些保险，可能增加项目的总成本。

（2）一些国家由于法律规定，项目保险标的必须在当地保险公司进行投保，保险公司一般会收取部分手续费，从而增加项目保险成本。

（3）项目所在国有处于垄断地位的国家再保险公司，相关保险安排程序将会更加复杂，成本也可能因国家再保险公司收取手续费而成本有所提高。

（4）鉴于大多数发展国家的保险市场规模较小，资金和常怀能力有限，一旦当地的保险公司破产，清算和常怀能力不足而无法履行保单项下的赔偿责任，则会给项目带来巨大风险。

（5）因保险市场的法律法规较为全面详细，相关环节较多，市场不甚发达，竞争激烈程度较差，服务水平和效率较低。基于上述原因，往往会造成项目保险采购进展迟缓，甚至影响工程进度乃至影响承包商在业主方面的信誉。

### 9.2.3　国内工程保险市场

1. 国内工程保险的市场现状

我国国内工程保险的市场主要有人保、平安和太平洋保险公司，它们占据了大约 70% 的市场份额。中国保险市场得到国际上的再保险公司的大力支持，如慕尼黑再、瑞士再、通用科隆再和其他再保险公司，这种支持是通过相当规模的合约在保险安排来实现的。

中国的保险业发生了很大的变化，人保、平安、太平洋纷纷上市，重组了股东结构，吸引了投资机构和普通大众的股份，在多数情况下，国内保险公司在承保业务上比国际市场更为激进，价格也更具有竞争力，如果不需要临时分保的支持，国内大型工程项目的保险费率可能比国际市场低 20%，甚至更低些。在再保险合约安排上，一方面，国内保险公司合约能力大幅提高，另一方面在保险公司对部分高风险行业设置了较多的限制，其中包括炼油、化行业以及地铁、隧道行业超过 60 个月的工程保险。同时，国内保险公司在参与海外工程保险安排方面出现了积极态势，人保、平安的分支机构以及华泰保险公司对于承保海外项目较为积极，且积累了一定的经验。

需要指出的是，国内保险公司参与国外工程保险的方式主要有两种：即直接在国内出单承保和通过再保险临时分保。第一种方式的运作有可能与项目所在国当地的法律法规、合同及业主要求相冲突；第二种方式的运作使国内保险公司的承保能力可能会受到其再保险合约的限制。另外，某些国家、业主或项目所在国的法律法规，或直接/间接的监管要求可能对国外保险公司的财务评级提出最低的要求，例如，标准普尔 A- 或 BBB 以及类似的国际信用评级机构财务评级。到目前为止，相对应于国际保险市场的财务安全评级，国内保险公司获得的安全评级情况，见表 9-3。

表 9 - 3　　　　　　　　　　国内保险公司获得的安全评级情况表

| 公司 | 评级 |
|---|---|
| 人保 | 穆迪 A1 |
| 平安 | 标准普尔 A |
| 太平洋 | N/A |
| 其他（中国再保险集团） | A. M. Best A |

**2. 国内外工程保险市场的衔接**

鉴于国际承保项目的规模绝大多数都超出项目所在地保险市场的承保能力，需要再保险市场的支持，所以承保采购通常会涉及两个或三个保险市场。例如，当地保险市场与国际保险市场、当地保险市场与国内保险市场等，相关的风险责任通过再保险的方式转移。海外工程项目保险采购流程，如图 9 - 2 所示。

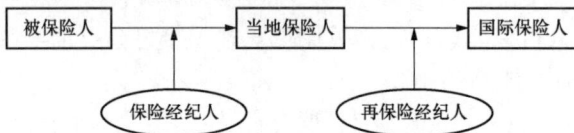

图 9 - 2　海外工程项目保险采购流程

通常情况下，由于项目保险的条件和费率主要是由国际保险市场决定的，因而在实际保险采购中，被保险人通过保险经纪人与国际保险市场进行商谈，初步确定项目保险安排的结构、条件和费用，然后经过被保险人批准同意后，与当地项目所在地的保险公司国际再保险公司落实上述保险采购。为保证整个保险安排的顺利实施，应考虑以下几个因素：①承保合同中的保险条款规定；②所在国的保险相关法律法规；③项目所在国的保险监管水平；④当地保险市场的状况，包括资信状况、承保能力、技术水平、竞争程度等。

在整个的保险安排中，因国际保险市场、当地保险市场、国内保险市场的地位和作用不同，而且各个市场的运作模式、技术水平、管理经验和文化背景的差异，良好的沟通与协调是保证整个保险安排顺利实施的关键性因素。不论是在保险安排阶段，还是在保险理赔和后续日常保险服务阶段，沟通和协调的力度和水平在很大程度上决定了整个保险采购工作的效率。

目前，由于国内保险公司承保均在 30 亿元以内，往往需要拆分为几个保单投保，几家保险公司组成共保体来共同承保等形式。同时，考虑到是几家保险公司共同承保，当保险事故发生后，理赔是需要由几家保险公司共同确认，因此，容易产生赔付款不及时、手续烦琐等问题。为避免此类情况的发生，往往采取由一家保险公司做首席承保保险，与另外几家保险公司组成共保体，必要时还可以考虑引入保险经纪公司，加强出险后与保险公司的谈判能力。协助投保人办理保险赔付事宜。

**3. 国内参与国外保险市场的优势与障碍**

国内保险人参与国际市场的优势是与国内企业沟通的方便性；同时，国内涉足海外工程项目很多，市场潜力很大；保费价格一般合理且较低。国内保险人参与也存在国际市场的障碍，首先是缺乏权威机构的财务安全性评级；再有就是服务网络范围狭小。由于我国工程保险市场形成历史较短，其技术水平与国际保险市场相比还有一定的差距。

## 9.3　确定保险采购方式

保险采购实际操作中，承包商首先要确定项目保险的采购方式，是通过保险中介协助采购，还是投保人自己直接寻求承保人的问题。本节对保险市场的保险业务承保方式进行介绍，这将有助于承包商选择正确、有效的途径进行采购，提高保险的采购管理水平。

### 9.3.1　保险中介

保险合同的主体除保险人、投保人、被保险人外，还有保险中介和再保险公司。我们在这一节中主要介绍保险合同的主体之一即保险中介。

随着工程保险市场不断扩大和保险业规模的发展，工程保险中介是保险市场中不可缺少的力量。在国际保险市场上，大量的保险业务是由保险中介来实现的。保险中介是接受保险公司或投保人和被保险人的委托，提供展业、风险管理、理赔等专业性服务，并收取佣金、手续费或咨询费的自然人或法人机构。其中，包括保险经纪（Insurance Broker）：指基于投保人的利益，为投保人与被保险人订立保险合同，提供中介服务并依法收取佣金的人；保险代理（Insurance Agent）：是受保险人的委托，向保险人收取代理手续费，并在保险人授权范围内代为办理保险业务的单位或个人；保险公估（Insurance Assessor）：指依照法律规定设立，受保险人、投保人或被保险人委托，办理保险标的查验、鉴定、估损以及赔款的理算，并向委托人收取酬金的公司。保险中介的存在有利于促进保险交易活动顺利进行，降低市场交易费用成本，维护市场公平竞争。工程保险中介就是向保险买方或卖方提供各种可能的保险价格、保险特性以及所要承保的危险性知识，并将被保险人和保险人联系在一起，最后达成工程合同的媒介。

由于保险中介的存在，保险采购可以分为直接交易和通过中介交易两种方式，如图 9-3 所示。

引入保险代理人、保险经纪人或保险评估人可以弥补保险人和被保险人在风险管理、制订损失等专业知识方面的不足，优化使用人力资源；公平、合理、高效理赔、降低理赔成本，保障保险人与被保险人的双方利益。

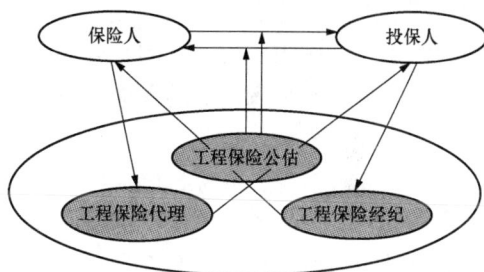

图 9-3　通过保险中介交易的模式

### 9.3.2　再保险

按照业务承保方式的分类，可以分为原保险、再保险和共同保险。原保险又称第一次保险，是指保险人对被保险人因保险事故所致的损失直接承担原始赔偿责任的保险。原保险是保险人与投保人之间直接签订保险合同而建立的保险关系，保险需求者将其风险转嫁给保险人，当保险标的遭受保险责任范围内的损失时，保险人直接对被保险人承担赔偿责任。在这里我们主要介绍再保险和共同保险的有关概念。

工程保险可以将工程项目的风险转移给保险公司，从而补偿项目因遭遇风险而造成的损失。这些保险公司的承保能力决定了保险是否能够有效的实施，他们可以根据自身的财力和承保业务的状况，将其所承保的风险责任在国内或国际再保险市场上转移给再保险公司。承包商熟悉再保险业务承保方式，并实施恰当的采购方式，有助于提高风险管理水平。

再保险也称分保或"保险的保险"，是指保险人将自己所承担的保险责任，部分转嫁给其他保险人承保的业务。再保险业务中分出保险的一方为原保险人，接受再保险的一方为再保险人。再保险人与本来的被保险人无直接关系，只对原保险人负责。作为保险市场一种通行的业务，再保险可以使保险人不致因一次事故损失过大而形成对赔偿责任履行的影响。再保险公司可以提高保险原公司的承保能力，达到分散风险的目的。我国《保险法》规定，保险公司在被核定的保险业务范围内从事保险经营活动，经金融监督管理部门核定，保险公司可以经营分出保险、分入保险的再保险业务。再保险是国际保险市场中常见的一种承保模式，属于国际保险市场的二级市场。再保险与其他保险主体的关系如图9-4所示。

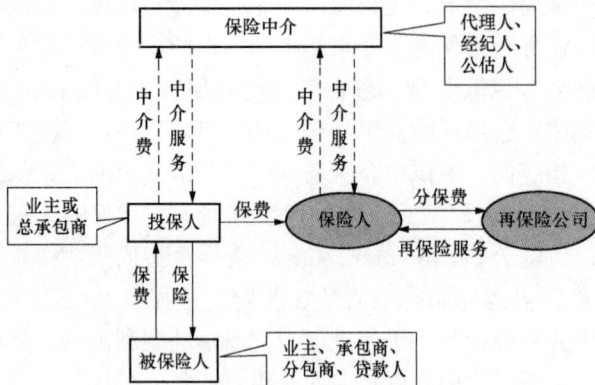

图9-4 再保险与其他保险主体的关系

在国际工程保险实务中，再保险是如何实现的？在当地投保工程险后，当地保险公司是否将其业务进行再保险。投保人是否可以要求保险人必须到国际市场上去进行再保险？再保险是保险的一种派生形式，分为法定分保和商业分保。

首先看法定分保，亦称强制再保险，是指按照国家的法律或法令规定，原保险人必须将其承保业务的一部分向本国的再保险公司或指定的再保险公司进行分保的再保险。在保护本国的再保险市场方面，一些国家，尤其是发展中国家普遍采用了建立国家再保险公司以及强制分保的措施，不同国家强制分保比例不同，如埃及为30%，肯尼亚是25%，印度、加纳、尼日利亚则为10%。我国的法定再保险业务始于1996年我国第一部保险法颁布实施之后。在加入世贸组织前，再保险市场一直是以法定强制分保为主。中国再保险（集团）公司作为国内唯一专业再保险公司，每年有20%的法定分保进账。但按照加入世贸的承诺，法定分保的比例自2003年起逐年递减5%，直到2006年1月1日完全取消，至此，国内再保险业务全面实行商业运作。

其次是商业分保，亦称自愿再保险，是指原保险人与再保险人双方按照自愿的原则，约定双方权利和义务，确定再保险的条件和收益，签订再保险合同而产生的再保险关系。

投保人可以要求保险人必须到国际市场上去办理再保险，但是方式可能有所变化。因为非洲国家保险公司一般会选择英国、瑞士等发达国家的那些再保险公司作为依靠，也有联合的保险财团进行投保，例如United Insurance。投保人可以调查一下其所洽谈的保险公司的再保险公司的状况、其所属国家和公司的能力状况，以及保险公司是否容易更换再保险公司，但是他们一般不只选择一家再保险公司作为后盾。

### 9.3.3 共同保险

共同保险简称"共保"。两个或两个以上保险人联合承保同一笔保险业务或共同分担同一笔损失的保险行为。共同保险总金额不超过保险标的的实际价值。若被保险人投保保险金额低于实际价值，其不足额部分应视作被保险人自保。共同保险的保险费率、保险期限、保险责任等都是由各保险人与投保人共同商订。若保险标的发生损失，各保险人按各自承保的比例分摊损失。共同保险有两种形式：

（1）对外共同保险（External Coinsurance）。即保险人在接受某一笔业务时，由于自身能力有限，为分散其承保责任，而邀约其他保险公司共同承保，由各个共同保险人联合签单，分别约定其责任额度，将来被保险人损失发生时，按其责任额度予以赔偿。

（2）对内共同保险（Internal Coinsurance）。即接受投保的保险人为首席公司（Leading Company）负责签单，直接对被保险人负保险责任，各个共同保险人则另外签订共同保险合同，将来被保险人损失发生时，其承担全部赔偿责任，而后再向各个共同保险人摊回其应分摊的赔款。

### 9.3.4　保险中介参与采购程序

我国《保险法》规定，保险人可以对保险标的的安全状况进行检查，及时向投保人、被保险人提出消除不安全因素和隐患的书面建议。在工程保单确定后，保险公司就可以定期检查风险因素、损失状况和被保险人的其他情况，以便观察这些条件和因素是否发生了重大改变。如果被保险人的风险因素增加了，那么承保人员就要对风险进行重新归类。尤其是当项目进行的风险比较大的部位时，保险公司的承保人员应当旁站，参与到施工单位、设计单位以及监理单位制定项目实施方案的过程中，并从减少项目风险，维护保险公司利益角度提出对实施方案的意见。要做到这一点，首先要求保险公司的承保人员既懂得工程技术，又要精通风险管理和保险实务的复合型人才。另一方面，业主、承包商、监理单位等各个参建主体能为保险人提供必要的资料和技术上的支持。

综上所述，工程项目保险可以采用图9-5的操作模式。这种模式具有以下特点：工程保险代理/经纪人展业；保险公司核保；保险代理人/经纪人和保险公司参与项目的风险管理；工程保险公估人理赔；保险公司核赔。

### 9.3.5　采购方式的选择

（1）EPC承包商可以通过保险经纪公司办理保险。

保险经纪公司可以代表承包商的利益涉及保险方案，选择保险公司、商定保险费用、进行保险索赔等，还可以帮助承包商加强工程风险的管

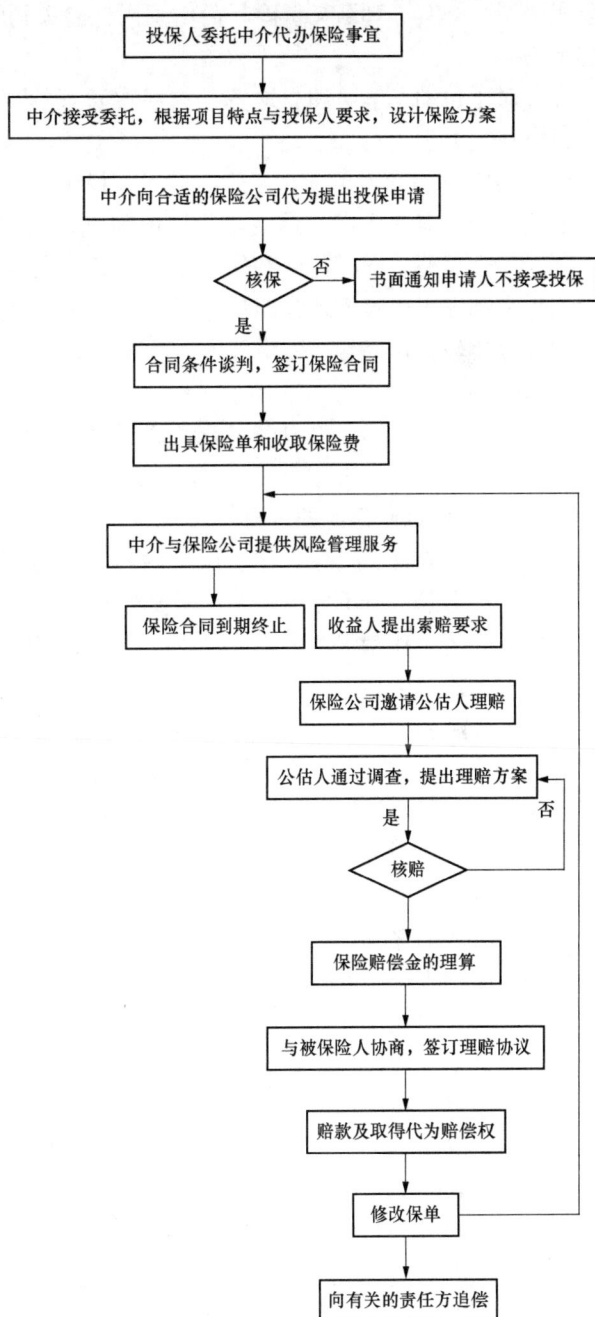

图9-5　保险中介参与采购操作程序

理，保险经纪公司的费用由保险公司在保费外给予支付。EPC 承包商不承担费用。由于保险经纪公司是保险公司的大户，而且经验丰富，所以通常其代理投保的费率并不高，可以为 EPC 承包商节省开支。

（2）EPC 承包商也可以通过当地保险公司办理名义保险。

通过当地保险公司办理名义保险，由中国保险公司实际承保。如果业主、合同、当地法律法规规定需要在当地保险公司投保，而承包商希望在本国投保，可以找项目所在国当地保险公司协商，与其办理名义保险，而由国内保险公司实际承保，当地保险公司只收取少量的代理费用。

（3）对于机动车辆险和当地劳工的雇主责任险或者团体意外险，EPC 承包商一般选择在项目所在地办理。

（4）EPC 承包商也可选择招标的形式，择优选择保险公司。

通常有公开竞争招标、弹性竞争招标和直接谈判三种方式，其中直接谈判方式简便易行，利于广开思路，同时，谈判的过程就是对潜在的保险人的考察、了解的过程，也是承包商学习提高和完善风险管理措施的过程。通过参与保险的投保人做出保险方案和报价，承包商从中加以比较，选择合适的保险人。

## 9.4　选择保险经纪与保险公司

### 9.4.1　工程保险经纪的选择

工程保险的险种、投保程序、保单内容等十分复杂，EPC 承包商在承保国外工程项目时，对当地的保险市场不熟悉，不仅需要耗费承包商大量的精力，而且不易得到优惠的保险条件和价格。虽然现在很多中国承包商已经意识到保险在工程风险管理中的重要地位，但在保险索赔中仍然会遇到很多困难。承包商采用国际通行的办法，即聘请保险经纪或保险咨询公司做顾问来解决上述问题。因为保险是一个非常专业的领域，一个好的保险经纪人可以为承包商提供从确定保险人、洽谈保单内容、风险防范措施、索赔等全过程、全方位的有价值的建议和服务。保险经纪对于提高保险的效率和承包商保险的效果具有极其重要的作用。

1. 保险经纪的作用

成熟而且规范的保险市场一般至少由五类机构组成：保险公司、再保险公司、投保人、为保险公司服务的保险代理和为投保人服务的保险经纪。保险经纪是指基于投保人的利益，为投保人与保险人订立保险合同提供中介服务，并依法收取佣金的机构。一般而言，在国际上可以由保险公司支付这笔佣金，这是因为保险经纪做了一些如设计保单等本属于保险公司的工作，节约了保险公司的成本；也有由投保人基于保险经纪提供的保险咨询服务向其支付佣金；还有保险公司和投保人共同支付保险经纪的佣金。

保险经纪受雇于投保人，其职责是帮助投保人在所有保险公司的所有险种中选择最适合投保人的险种，协助投保人用最少的钱换取尽可能多的保险利益，并提供风险管理服务。

首先，工程风险的客观性、普遍性、偶然性、必然性、可变性要求风险管理专家——保险经纪，来帮助承包商规避风险。保险经纪站在承包商的立场上，可以为他们提供科学的风险分析和评估，以及制定高效的风险应对策略，帮助承包商以最合理的价格买到充分的保险保障。保险经纪公司虽属保险中介，但从世界范围看，其主要业务应当是风险管理，这类风险管理企业的壮大有利于提高承包商的风险意识。

其次，由于很多大型项目牵涉到项目融资，因此保险经纪对融资方需求的了解可以有效地协助投保人与融资方谈判，处理融资方最关心的风险，使得保险验证工作得以顺利通过。保险经纪在工程融资、设备供应与建设的合同管理方面的专长，可以协助投保人在合同中改进风险有关条款，如赔偿条款、保险需求条款、责任条款与不可抗力条款等，以保护他们的利益。

最后，资深保险经纪的专业经验与对建筑业第一手的信息加上全球风险资金管理与自保管理的资源，应该为绝大部分的工程风险问题提供最合理、最合适的建议与方案。保险经纪可以通过国际保险市场，寻找优惠和充分的承保能力来应付不同类型的项目以及其不同的保障范围。他们掌握了大量的国际保险市场信息，可以更有效地比较国际保险市场与本土保险市场，从而给投保人提供更有利的建议。自动检查保险人包括直接承保的保险公司与再保险公司的财政状况，按照不同项目的规模，确保风险转移的安全性。

工程项目所伴随的风险是独特的，诸如高技术设计风险、履约风险等，保险安排往往也非常复杂，涉及业主、承包商、分包商、项目融资方与咨询顾问等。安排工程保险首先需要在做出保险安排之前，对项目结构、风险特点、风险转移等情况有非常深入的了解，保险安排本身也需要特别的经验。因此，选择有相应专业技能和经验，可以了解和解决这些独特风险的保险经纪公司变得尤为关键。

2. 工程保险经纪的服务

保险经纪的业务主要包括两个方面：工程项目的保险服务和工程项目的风险管理服务。

（1）协助风险管理。协助识别和评估风险包括研究工程事故记录、分析合同条件与条款、撰写全面的风险计划报告、进行事件发生和错误发生的因果关系分析、评估风险，并提出预防对策和风险分担建议、风险监控等。另外，协助监督风险管理包括建立风险档案、风险管理手册、制订应急措施、培训风险管理人员等。

（2）设计投保计划和签订保险合同。设计项目风险投保计划包括收集资料、制订保险方案、识别可投保与不可投保风险、保证不重复保险、不遗漏保险。签订保险合同包括选择保险合同条件、洽谈保险费率和免赔额，确保被保险人的利益。在对风险进行分析与评估的基础上，保险经纪要本着经济的原则针对投保人的可保风险，向保险市场上的众多保险人寻求合理的报价，并把报价做一个表格及分析说明，在与投保人协商后，协助投保人完成保险单的签订，完成风险的转移。同时，在合同的签订过程中，保险经纪可以从投保人的利益出发，避免不足额保险或重复保险的现象发生，保证风险的及时和有效转移。

（3）协助处理保险索赔。一旦风险发生，并对投保人造成损失后，起草并发出索赔通知，推荐理算师，收集并整理索赔资料，催付赔偿等。在理赔谈判的过程中，保险经纪会保证投保人被公正对待，以便在保单基础上获得最大限度的补偿，并且提高索赔效率。另外，保险经纪要制订定期的理赔与分析报告，经常查核承保范围，使保单能符合工程变更后的需要。这样可以提高索赔效率，同时培养承包商的索赔能力。

（4）在海外工程承包市场上提供对工程所在国法律和保险市场的信息，尤其是一些不发达国家，不同程度的在本国的法律中对保险有着限定性的规定。中国的承包商往往缺乏对当地国家保险方面法律的了解，于是给合同的执行带来了很多法律困难。同时，当被要求在项目所在国投保时，如何选择有实力的保险公司，如何及时地得到赔付也是中国承包商在执行项目过程中面临的难题。

### 9.4.2　工程保险公司的选择

无论是聘用保险经纪，还是承包商直接选择保险公司都应重点遵循安全、便利、服务、时间价值原则。

#### 1. 安全性原则

安全性原则即遵循保险人赔付能力较高为原则。赔付能力取决于保险人的财务指标、业务规模、盈利能力、管理能力、承保政策和再保险机制等。但主要取决于保险公司的注册资金和赔偿风险资金能力的高低，EPC 承包商应根据工程规模大小确定与承保能力相当的保险公司，同时，还要选择那些信誉高、口碑好的保险公司作为保险人。

#### 2. 便利性原则

便利性原则即对于国外承包项目和国内外资项目，中国的承包商应首先考虑国内保险公司作为保险人为原则。目前，人保、平安或者太平洋都有财产保险公司，都提供国外工程保险的承保业务，也可选择其他股份、合资或者外资保险公司。如果合同有严格限制，可以争取中国保险公司与外国保险公司的联合承保，或有由中国保险公司进行分保，还可以让国外保险公司或保险中介充当保险公司的前方代理人，实际上则完全由中国保险公司承保，这样做的好处是外汇保险金不会外流，便于处理索赔事宜，还可以避免国外保险公司推卸保险责任。

#### 3. 服务性原则

服务性原则即保险人有能力提供较好的保险服务为原则。考察一个保险公司的服务质量可以通过以下几个方面进行评估。

（1）能否帮助被保险人识别和评估风险，能否提出尽可能减少或消除这些风险的既经济又可行的办法。

（2）能否评审全部遗留风险可能得到的保险赔偿金额，以及为此保险所需付出的费用。

（3）能否推荐应由客户自我保留的某些风险（或其中一部分风险）。

（4）能否提供满足被保险人特殊需要的保险合同，能否制订内容全面的保险计划，能否指导执行此计划。

#### 4. 时间价值原则

选择成本时，应考虑资金的时间价值。资金时间价值是指资金随着时间的推移而发生的增值，是资金周转使用后的增值额，也称为资金时间价值。货币时间价值原则的首要应用是现值概念。由于现在的单位货币比将来的相同单位货币的经济价值大。不同时间的货币价值不能直接加减运算，需要进行折算。通常，要把不同时间的货币价值折算到"现在"时点，然后进行运算或比较。把不同时点的货币折算为"现在"时点的过程，称为"折现"，折现使用的百分率称为"折现率"，折现后的价值称为"现值"。财务成本估价中，广泛使用现值计量资产的价值。选择保险成本时也应考虑资金的时间价值。

## 9.5　完成工程投保程序

完成工程投保程序包括递交保险申请、协助保险人现场勘查，根据保险公司建议书完善、调整保险安排计划方案等环节等工作。

### 9.5.1　递交保险申请书

保险申请书又称要保书或投保单，是投保人向保险人递交的书面要约，保险申请书经保险人承诺，即成为保险合同的组成部分之一。保险申请书一般由保险人事先按统一的格式印制而成，以建工险为例，保险申请书内容主要包括：①工程关系方、承包人、所有人、转承包人、其他关系方的姓名和地址、是否被保险人；②工程名称及地点；③工程期限；④物质损失投保项目和投保金额；投保项目、投保金额、免赔额；⑤特种危险赔偿限额；⑥工程详细情况；⑦工地及附近自然条件情况；⑧是否投保第三者责任；⑨是否投保保证期保险；⑩被保险人中的任何一方是否已向其他保险公司投保与本工程有关的保险。

随同本申请书提供下列文件：工程合同投保人签章、承包金额明细表、工程设计书、工程进程表、工地地质报告和工地略图。保险申请书是保险合同文件中的重要组成部分。

### 9.5.2　保险公司现场勘查

保险人接到保险申请，到被保险工程项目现场进行勘查，了解项目的实际情况，投保人应积极配合保险人的工作为其提供便利。根据勘查情况，保险人提出保险建议书。

### 9.5.3　调整保险计划

通过保险公司人员到施工现场的勘查，会出现一些新的隐含的风险源或可能存在一些风险估计过高，保险金额、免赔额等的设置不太理想，保险公司人员会对保险安排计划做出进一步的建议，投保人依据保险人提出的保险建议书，调整保险安排计划，使保险计划更为完善、更符合项目实际。

## 9.6　签订工程保险合同

### 9.6.1　保险合同的形式

保险合同是投保人与保险人约定保险权利义务关系的协议。保险合同形式主要包括：

#### 1. 投保单

投保单也就是在上面我们提到的投保申请书，是投保人向保险人递交的书面要约，投保单经保险人承诺，即成为保险合同的组成部分之一。在保险的实践中，有些险种，保险人为简化手续，方便投保，投保人可不填具投保单，只以口头形式提出要约，提供有关单据或凭证，保险人可当即签发保险单或保险凭证，这时，保险合同即告成立。投保人应按保险单的各项要求如实填写，如有不实填写，在保险单上又未加修改，则保险人可依此解除保险合同。

#### 2. 暂保单

暂保单暂保单是保险人在签发正式保险单之前的一种临时保险凭证。暂保单上载明了保险合同的主要内容，如被保险人姓名、保险标的、保险责任范围、保险金额、保险费率、保险责任起讫时间等。在正式的保险单做成交付之前，暂保单与保险单具有同等效力。正式保险单签发后，其内容归并于保险单，暂保单失去效力。如果保险单签发之前保险事故就已发生，暂保单所未载明的事项，应以事前由当事人商定的某一保险单的内容为准。使用暂保单的情况大致有三种：一是保险代理人或保险经纪人所发出的暂保单。保险代理人在争取到保险业务而尚未向保险人办妥保险单之前，可以签发暂保单作为保险合同的凭证。保险经纪人与保险人就保险合同的主要内容经协商已达成协议后，也可向投保人签发暂保单，但这种暂保单对保险人不发生拘束力，如果因保险经纪人的过错致使被保险人遭受损害的，被保险人有权向该保险经纪人请求赔偿。二是保险公司的分支机构对某些需要总公司批准的业务，在承保后，总公司批准前而签发的暂保单。三是保险合同双方当事人在订立保险合同时，就合同的主要条款已达成协议，但有些条件尚须进一步协商；或保险人对承保危险需要进一步权衡；或正式保险单需由微机统一处理，而投保人又急需保险凭证等，在这种情况下，保险人在保险单做成交付前先签发暂保单，作为保险合同的凭证。

3. 保险单

保险单简称保单，是保险合同成立后由保险人向投保人签发的保险合同的正式书面凭证，它是保险合同的法定形式。保险单应该将保险合同的内容全部详尽列说。尽管各类保险合同因保险标的及危险事故不同，因而保险单在具体内容上以及长短繁简程度上亦有所不同，但在明确当事人权利义务方面，则是一致的。保险单并不等于保险合同，仅为合同当事人经口头或书面协商一致而订立的保险合同的正式凭证而已。只要保险合同双方当事人意思表示一致，保险合同即告成立，即使保险事故发生于保险单签发之前，保险人亦应承担保险给付的义务。如果保险双方当事人未形成合意，即使保险单已签发，保险合同也不能成立。但在工程保险中，保险单与保险合同相互通用。保险单的交付是完成保险合同的最后手续，保险人一经签发保险单，则先前当事人议定的事项及暂保单的内容尽归并其中，除非有诈欺或其他违法事情存在，保险合同的内容以保险单所载为准，投保人接受保险单后，推定其对保险单所载内容已完全同意。保险单除作为保险合同的证明文件外，在财产保险中，于特定形式及条件下，保险单具有类似"证券"的效用，可做成指示或无记名式，随同保险标的转让。在人身保险中，投保人还可凭保险单抵借款项。

4. 保险凭证

保险凭证是保险合同的一种证明，实际上是简化了的保险单，所以又称之为小保单。保险凭证与保险单具有同等的法律效力。凡保险凭证中没有列明的事项，则以同种类的正式保险单所载内容为准，如果正式保险单与保险凭证的内容有抵触或保险凭证另有特订条款时，则以保险凭证为准。

中国在国内货物运输保险中普遍使用保险凭证，此外，汽车保险也可以使用保险凭证。

5. 批单

批单又叫背书，是保险双方当事人协商修改和变更保险单内容的一种单证，也是保险合同变更时最常用的书面单证。批单实际上是对已签订的保险合同进行修改、补充或增减内容的批注，一般由保险人出具。

6. 其他书面形式

在一般情况下，保险合同由投保单、保险单（或暂保单、保险凭证）及其他有关文件和附件共同组成。其中以投保单、暂保单、保险单、保险凭证最为重要。

### 9.6.2　保险合同的签订

我们所说的保险合同的签订是指对保险单的签订，它是投保人与保险人签订保险合同，是保险采购程序的最后一步。保险单是投保人与保险人约定保险权利义务关系的协议。订立保险合同，应当协商一致，遵循公平原则确定各方的权利和义务。除法律、行政法规规定必须保险的外，保险合同自愿订立。投保人提出保险申请，经保险人同意承保，保险合同成立。保险人应当及时向投保人签发保险单或者其他保险凭证。

　　订立保险合同，保险人就保险标的或者被保险人的有关情况提出询问的，投保人应当如实告知。订立保险合同，采用保险人提供的格式条款的，保险人向投保人提供的投保单应当附格式条款，保险人应当向投保人说明合同的内容。对保险合同中免除保险人责任的条款，保险人在订立合同时应当在投保单、保险单或者其他保险凭证上做出足以引起投保人注意的提示，并对该条款的内容以书面或者口头形式向投保人做出明确说明；未做提示或者明确说明的，该条款不产生效力。

　　工程保单应当包括下列事项：保险人的名称和住所；投保人、被保险人的工程名称、所在地点、签署人的姓名，以及被保险人的单位名称、地质等；保险标的；保险责任和责任免除；保险期间和保险责任开始时间；保险金额；保险费以及支付办法；保险金赔偿或者给付办法；违约责任和争议处理；订立合同的年、月、日；投保人和保险人可以约定与保险有关的其他事项。

　　被保险人应如实填写投保单。对于保单上要求填写的内容投保人要如实填写，不得欺瞒，以免在索赔时保险公司以此作为拒绝赔偿的理由。

# 第 10 章  EPC 工程保险采购招标

多年来的实践证明，承包商通过招投标方式，可以选择信誉好、承保经验丰富、积极响应保险需求的保险公司，获得全面保障和优质服务，有效规避工程建设风险。例如，三峡、田湾核电站、南京地铁工程保险的招标实践，就证明了这一点。正因如此，为被保险人的保险招标工作提出了更高的要求，如何制订严格科学的保险招标计划，在保险招标文件中精准表达出对保险要求，成为承包商需要研究的课题。

## 10.1  保险采购招标的意义

### 10.1.1  国内保险现状分析

#### 1. 保险市场的状况

进入 21 世纪以来，我国保险市场出现迅速发展态势，据统计数据显示，2017 年上半年全行业共实现原保险保费收入 23140.15 亿元，同比增长 23.00%。财产保险业务积极向好，实现原保险保费收入 4852.44 亿元，同比增长 12.80%。其中，与宏观经济相关性较强的企财险、货运险分别实现原保险保费收入 245.54 亿元、52.50 亿元；与国计民生密切相关的责任保险业务继续保持较快增长，实现原保险保费收入 236.18 亿元，同比增长 21.07%。人身保险业务稳中尚好，实现原保险保费收入 18287.71 亿元，同比增长 26.03%。

国内保险公司数量不断增加，据统计，国内保险集团控股公司 8 家；财产险保险公司 44 家；人身险保险公司 64 家；再保险公司 6 家，共 118 家。截至 2017 年第三季度末，全国共有保险中介集团 5 家，全国性保险代理公司 223 家，区域性保险代理公司 1549 家，保险经纪公司 483 家，保险公估公司 336 家，全国银行类保险兼业代理机构 1936 家，开展相互代理的保险机构法人机构 57 家。

上述统计数据表明，尽管在国家宏观经济政策的调控下，工程保险市场在业绩和规模方面都仍然得到较快的发展，保险市场处于激烈竞争时期。因此，投保人只有通过保险招标，才能选择出好的保险公司。

#### 2. 传统观念的转变

鉴于保险行业在国内的兴起只有短短的 20 多年时间，目前，工程保险更是保险业中发展相对较为迟滞、技术比较不成熟的险种。在保险实务中，工程保险成为发生争议较多的行业。另外，过去政府长期作为基础建设的投资主体，由于保险意识的缺乏以及保险行业自身的制约，导致工程保险往往成为纸上的保障，保险费的缴纳仅仅成为一种项目投资者的强制性支出，人们普遍存在忽视风险、轻视保险的心理，对于风险存在较强的侥幸意识，保险真正的保障功能并未能充分得到发挥，起到其应有的作用。

随着市场经济的一体化发展，国外工程管理的新理念不断渗透我国工程管理领域，建设者的传统观念发生了变化，对工程保险的意识逐步增强，尤其是各种总承包模式不断应用推广，项目风险逐步增大，在 EPC 项目中"效益第一"理念的影响下，工程保险已经逐步成为投资人或承包人一种值得信赖的风险转移手段。这不但有效地破除了以往轻视风险、忽视保险的传统意识，同时，也间接地促进了工程保险业不断提高自身的素质，以适应客户不断觉醒的风险意识和风险诉求。

3. 存在的技术瓶颈

尽管国际工程保险行业发展具有 200 年的历史，现代工程保险伴随着市场的发展以及 FIDIC 系列合同条件的发展与推广而日趋完善。但由于我国工程保险业务起步较晚，国内保险人的技术水平以及国内工程行业独特的发展历史所限，国内保险产品的单一性、条款的适应性较差以及保险人工程技术素质不足等原因，在一定时期内限制了国内工程保险领域的发展。

例如，目前，国内各大保险公司所使用的《建筑工程一切险条款》通用条款均来自《慕尼克工程再保险条款》原文，国内翻译人员只是对原文的结构做了一定的调整，同时，还删除了其第三部分——延迟竣工所导致的"预期利润"损失保险，主要原因是国际再保险人对国内保险公司类似险种的承保能力信心不足，不予支持，而该点的缺失往往令保险的保障功能大打折扣。

另外，国内从事工程行业的人员当中鲜有涉足保险领域的经历，而且鉴于工程保险学科交叉性极强，涉及工程工艺、造价、合同、法律等各方面的知识，导致目前此类专门人才在国内极其稀缺，因此，承包商（被保险人）在面对工程保险公司时由于行业隔阂往往陷入有理说不清的状况，相当程度上也给保险公司带来许多不必要的负面影响。

例如，在保险理赔过程中，保险公司或公估人会以工程间接费、利润税金不属于保险标的不予赔偿等理由，扣减被保险人——承包商所提出的索赔单价，承包商也往往被这种缺乏依据的论点所牵制，在不愿意拖延等待的心理影响下，轻率地接受了保险公司远远低于实际损失的赔偿金额。但事实上只要有一定的保险常识和造价经验的人都应该清楚工程量清单中所确定的是综合价格，其中不仅仅包含人机料的消耗，还包含了各种间接工程费以及预计利润和建设税金等。而投保人以工程量清单投保的话，相当于保险双方约定清单价为合理的赔偿单价，即构成清单价的所有项目均为保险标的，应该得到赔偿，而从保险的可保利益原则出发，并未排除任何非实体标的的投保。

其实，所谓的技术瓶颈对于投保方来说并不是不可逾越的，只要被保险人具有一定的保险知识以及对保险合同有充分的信心完全可以在合同赋予的权限范围内，最大限度地保护自身的利益。目前，限于国内保险业务的发展水平，保险企业不但缺乏有扎实的工程专业背景的人员，而且真正能够了解和辨别国内外工程领域差异以及工程保险领域有相当造诣的人才更加稀缺，由此造成了保险双方相互信息、技术的极大不对称性。而这种不对称性，通过工程保险采购招标将得到大大缓解，保险招标人可以根据自己的意愿开展招标，选择自己认为更符合意愿的保险公司。

### 10.1.2　保险采购招标意义

我国《政府采购法》第二条明确指出：本法所称政府采购，是指各级国家机关、事业单位和团体组织，使用财政性资金采购依法制定的集中采购目录以内的或者采购限额标准以上的货物、工程和服务的行为。本法所称服务是指除货物和工程以外的其他政府采购对象。国家发展和改革委员会令第 16 号颁布的《必须招标的工程项目规定》（国函 2018 第 56 号）规定：勘察、设计、监理等服务的采购，单项合同估算价在 100 万元人民币以上的必须实行招标。

工程保险采购属于工程服务类对象，由上述规定可知，属于必须招标的一种，如建工、建安一切险、第三者责任险等均属于工程服务范畴。工程保险采购实施招标，具有以下重要意义。

1. 控制保险成本

随着 EPC 总承包模式在我国的广泛推广，工程项目投资规模越来越大。随之而来的就是保险费用支出的绝对金额也越来越大。从项目管理的角度考虑有必要对保险费用支出的成本进行有效控制。因此，在充分考虑项目的实际风险水平，结合国内保险市场的具体情况后，制订合理的保险费用成本控制目标很有必要。而通过公开招标或邀请招标，最大限度地利用保险公司之间的竞争，为本项目提供性价比最高的保险商品是最佳的选择。但招标人必须对工程造价以及保险原理有一定的认识水平才能在既不影响合同风险转移功能的前提下，能够较好地达到成本控制的总体目标。

例如，常规的工程保险合同都是以工程概预算总额或清单总价（有时候会扣除暂列金）作为投保金额，保险双方通常对投保金额实质所反应的投保意愿模糊不清。其实在有明确清单的情况下，是完全没有必要以概预算投保的，因为概预算中包括征地费、投资方向调节税、贷款利息等是属于工程保险不予承保的内容，即使承包商为其缴纳了保险费用，按照现行规定也不可能得到赔偿。一方面，工程概预算的精度低于实时性工程量清单，也不利于后期的索赔。以招标的方式选择承保公司，完全可以通过工程量清单进行处理，在这一方面最大限度地降低保险费用。另一方面，也可以最大限度地获得更大的保障范围。例如，某项目对保险金额设定做了如下的技术调整：

"保险金额工程部分：

（1）工程量清单第 100 章至 700 章合计为 RMB1 554 693 524.00。

（2）剔除第一章总则中的第 101 节和第 102 节金额：RMB89 585 484.00。

（3）增加投保不可预见费，其金额为 RMB10 000 000.00，投保项目为由于保险事故所引起的保险财产损失所产生的施救、清理、预防措施、重新设计等费用以及在施工期间由于建筑材料、油料或人工等价格调整导致修复或重置受损标的所额外增加的费用。

（4）增加投保驻地建设费用，金额为 RMB3 000 000.00，投保项目为除土建费用以外的驻地装修费、固定资产（包括但不限于工程器材、家具、办公设备、试验设备）购置费及其他相关建设费用。

（5）以上各项合计后本工程项目的投保金额为 147 810 804 000。"

2. 建立强势索赔基础

保险合同属于射幸合同，其条文体例着重于措辞的准确性和逻辑的严密性，保险合同不同于工程合同，更倾向于算术和技术指标的精确性。因此，不能纯粹依靠商务指标（保险费率和免赔额）就判定保险合同是否有利于被保险人，还要看保险合同中所设置的对保险人约束条款如何。对保险人的约束条款力度越大，越严格，越有利于保险招标人，反之，则不利于招标人今后的保险索赔的实现。而通过招标的方式，在确定合同的主要基础条文之后，保险招标人与保险投标人双方再经过议标的方式，斟酌和修订双方都可以接受的约束性条款，则可以达到被保险人将项目的保险利益最大化的要求。

保险合同的核心是风险的分配，而合同的签订对于双方而言都具有极其重要的意义，因为合同是双方真实意愿的表达，实质上也是建立强势的索赔基础，必须签订一份从责任分配、履约保证以及争端解决等都有利于招标人的保险合同。而在合同中加入保险人的违约条款，则是制约保险人的一种典型的手段。

例如，保险法第二十三条【保险人承担保险责任的义务】规定：保险人收到被保险人或者受益人的赔偿或者给付保险金的请求后，应当及时做出核定；情形复杂的，应当在 30 日内做出核定，但合同另有约定的除外。保险人应当将核定结果通知被保险人或者受益人；对属于保险责任的，在与被保险人或者受益人达成赔偿或者给付保险金的协议后 10 日内，履行赔偿或者给付保险金义务。保险合同对赔偿或者给付保险金的期限有约定的，保险人应当按照约定履行赔偿或者给付保险金义务。保险人未及时履行前款规定义务的，除支付保险金外，应当赔偿被保险人或者受益人因此受到的损失。

保险法第二十五条【先予赔付】规定：保险人自收到赔偿或者给付保险金的请求和有关证明、资料之日起 60 日内，对其赔偿或者给付保险金的数额不能确定的，应当根据已有证明和资料可以确定的数额先予以支付；保险人最终确定赔偿或者给付保险金的数额后，应当支付相应的差额。

尽管法律条文对保险公司进行了严厉的约束，但保险公司往往抓住被保险人不愿意轻易走司法程序的心理通过拖延或变相拖延理赔工作进度，而达到减少赔偿费用的目的。

针对此情况，招标人可以在招标文件中进行以下约束条款。

（1）保险人在接到被保险人报案后 24 小时内需指定专人指导和协助被保险人进行索赔。

（2）在被保险人按照保险人（或公估人）出具的资料清单，提交必要的和合理的索赔资料后，3 个工作日内，保险人必须向被保险人出具正式资料收取回执（回执格式作为合同附件之一），回执内容必须包含：

1）确认被保险人已将完成该索赔案作为索赔义务。

2）保险人将于资料收取当日起 10 个工作日内向被保险人出具书面（加盖公章）的核损方案。但如果发生案件复杂或损失金额较大（等于或大于 100 万元的案件），核损时间为 30 个日历日。

（3）被保险人核损结果后，保险人应在 3 个工作日内向被保险人出具书面（加盖公章）损失确认函（回执格式作为合同附件之一），确认函中必须确认赔付金额以及赔款划付时限。

而违约的代价，则是在二期保费中被扣除 1% 的违约金。

实践证明，违约条款对保险公司的履约行为将产生极为明显的约束力。保险人如果因为自己的违约行为遭受罚款，将导致应收保费和实收保费不平衡，不仅面临着相关部门的责任承担问题，更重要的是将带来的财务、再保等一系列难以处置的困难。但是，要想保险公司愿意签订严厉和影响重大的约束性条款，仅仅通过议价、协商或谈判是无法达到理想的效果。

3. 规避行业惯性思维

目前，就国内工程保险市场而言，各保险公司背景不同、实力存在差异，保险条款各异，理赔实务缺乏统一性，保险行业普遍存在以自我为中心的各种惯性思维。而由于在保险合同义务中被保险人是义务先履行方（即通常是客户支付保险金后保险人才开始承担风险），而且在合同中往往缺少对保险人的相应的控制手段。因此，被保险人在索赔时面对保险人的各种惯性思维所导致的不公做法总是缺乏申诉和反制的渠道，往往侵害被保险人索赔权益的完整性，不能保障招标人最大索赔利益。

例如，在工程建设中经常会遇到的第三者农田受淤泥污染的事故中，对于清淤费用的核定往往纠缠于单价的争议当中。在保险合同无明确约定清淤单价的前提下，保险人会以以往赔付案例中所使用的单价或者经验性单价作为核定的依据。完全不会顾及市场人工价格的波动以及赔付单价在实际落实中的合理性。而由于保险合同中未有明确规定，被保险人即使在工程造价角度完全不认可该结论，但由于缺乏明确的保险合同条款支持而无法维护自己的利益。

针对上述问题或其他类似清单中未明确约定单价的问题，保险招标人则可以在招标文件中列入以下的响应条件：

损失单价：兹经双方同意，本工程的保险事故损失单价的核定将遵照以下原则：

（1）索赔项目在工程量清单中有对应项目的，直接采用清单价。

（2）投标清单未有的项目，而后又作出增补的，应在被保险人提供相关清单价增补文件后采用该增补单价。

（3）其余情况应采用被保险人参照投标文件中的造价规则拟定的合理单价；如此一来，在合同技术的角度完全堵死保险人讨价还价的余地，只能依照施工方增补清单价的模式认可缺漏的单价。

又如：在隧道事故中，保险人往往会主观认定每次事故中受损的标的物仅限于受损隧道的实际长度。而后以所谓"每延米平均造价"（即用总额除以隧道总里程）去限制最终的赔偿金额。实际上隧道事故所导致的实际工程损失往往是远大于受损隧道前期投入的工程费用，而保险人这种简单的算术平均方式认定所谓的单位标的保额是缺乏工程素养和契约精神的表现。但是普遍缺乏保险理论知识的客户往往被保险公司这种似是而非的观点所迷惑，半推半就地接受保险公司提出的各种不合理赔偿方案。本质上其实保险公司是在利用保险合同条款没有就理赔实务给予详细约定的漏洞与客户玩文字游戏以减少其保险赔偿金的支出。

针对该问题同样可以专用条款的方式予以解决，招标人可以在招标的合同文本中就工程标的定义加以明确如下：

工程标的：

（1）保险标的：本项目设计文件中所有类型结构物及其建造过程中所涉及的临时结构物、材料连同相关人员、设备所投入的费用和本合同约定的其他项目及费用。

（2）受损标的指发生事故时，受损结构物所属的有独立设计文件的分部工程。

类似的事例不胜枚举，但可以肯定的是只要保险合同签订的主动权掌握在招标人手中，并且有足够的索赔经验完全可以通过合同技术手段规避甚至是打破保险人长期以来的保险人说了算的惯性思维，提高理赔核定的准确性，最大限度维护招标人的利益。

我国的保险招投标最早起源于政府机关车辆，目前，随着我国保险事业的发展和工程风险管理的需要，已由机动车辆保险扩展到工程险、责任险、财产险和意外伤害保险等保险业务，随着保险公司经营地域限制的取消和大型商业保险承保条件的不断放宽，承包商维护自身利益的意识和对保险服务的要求不断提高，保险招标的运用日趋普遍，并逐渐成发展趋势。工程保险招投标对于保险公司在平等条件下公平竞争，优胜劣汰，从而实现保险资源的优化配置，防止保险业务经营中的腐败行为，降低招标单位的投保费用，促进保险公司提高服务水平等方面有着十分重要的积极作用。

## 10.2　保险采购招标与评标

### 10.2.1　保险招标与保险法

保险服务招标在满足《招标投标法》的前提下，同时应满足《保险法》的规定，在市场的准入、保险人资格条件以及各类保险条款基本条款的设置上有别于其他服务类招标，同时，对于从事招标活动的人员要求高，在熟悉招投标程序的基础上，必须对保险法及保险的相关法律有所了解。然而，在招标过程中存在不少问题，招标过程中专业性不强、信息披露力度不够、合同条款设置不科学、部分保险公司又不能做到全面提供服务的问题。因此，解决不好，将影响招标人甚至影响到保险招标市场的发展。

1. 合理设定投标人的资格

保险服务招标市场的准入应按类分别要求。根据中国保监会制定的《保险公司业务范围分级管理办法》（保监发〔2013〕41 号）的规定，保险业务范围分为两级：基础业务和扩展业务。

财产保险公司基础类业务包括以下五项：机动车辆险，企业、家庭、个人财产保险以及工程保险，责任保险，船舶货运保险，短期健康/意外伤害保险；财产保险公司扩展业务包括以下四项：农业保险、特殊风险保险、信用保证保险和投资型保险。

人身保险公司基础类业务包括以下五项：普通型保险，包括人寿保险和年金保险；健康保险；意外伤害保险；分红型保险和万能型保险。

人身保险公司扩展类业务包括以下两项：投资连接型保险和变额年金。

依据上述保险公司业务范围分级管理的规定，建工险、安装险、第三方责任险属于财产保险公司的基础类业务；而意外伤害险则属于人身保险公司的基础类业务。新设保险公司，只能申请基础类业务。因而依据保险的类别在招标中设定合理的资格条件是能否选择一家服务好、价格优、风险低的保险公司至关重要。

2. 合理设定保险公司资金

《保险公司业务范围分级管理办法》对新设的财产保险公司和人身保险公司资金做了明确的规定：

"新设的财产保险公司申请基础类业务时，应当符合以下条件：

当新设的人身保险公司申请基础类业务时，特别规定：申请以人民币两亿元的最低注册资本设立的，只能申请一项基础类业务；每增加一项基础类业务，应当增加不少于人民币两亿元的注册资本。申请普通型保险、健康保险、意外伤害保险以及分红保险，注册资本不低于人民币十亿元；

申请全部基础类业务的，注册资本不低于人民币十五亿元。"

3. 合理设定合同保险条款

（1）建工一切险一般以施工合同价为基数计算保费，包括材料费、设备费、建造费、安装费、运保费、关税、其他税项和费用以及由工程所有人提供的原材料和设备费用。在实际施工过程中，由于各种原材料上涨、工程变更等原因，超出合同价，依据保监会审批通过的建工险条款，工程造价中的各种费用因涨价或升值原因超出原保险工程造价时，必须尽快地以书面形式通知保险人，保险人据此调整保险金额，因而，招标人应在招标文件专用条款中明确是否对保险金额进行调整、如何调整、调整方式、额度等分别做出要求。

（2）根据《保险法》第十七条：订立保险合同，采用保险人提供的格式条款的，保险人向投保人提供的投保单应当附格式条款，保险人应当向投保人说明合同的内容。对保险合同中免除保险人责任的条款，保险人在订立合同时应当在投保单、保险单或者其他保险凭证上作出足以引起投保人注意的提示，并对该条款的内容以书面或者口头形式向投保人作出明确说明；未做提示或者明确说明的，该条款不产生效力。故保险公司应按照招标文件的要求提供表现条款，除基本条款和保险明细表外，针对工程特点还应设计特别条款，将设置适合本项目的保单样本附在投标文件中，作为评审的条件之一。

（3）建设行业的部分人员属于高风险工种，业主或承包商从风险对策的角度考虑，转移风险，为从业人员购买组合型保险，现有的保险险种已不能满足其实际需要，于是增加相应的条款或针对项目的特点要求保险公司设计特别条款来规避此风险。然而根据保监会行政审批事项目录：关系社会公众利益的保险险种、依法实施强制性的险种和新开发的人寿保险险种等的保险条款和保险费率需要保监会审批。如果待评标工作结束后，新增加的保险条款或新开发的保险如报到保监会未被批准，合同无效，对于招投标双方来说损失是巨大的。所以结合工程项目合理设置保险条款是必须考虑的问题。

（4）明确是否允许保险转让。工程保险招标不同于工程项目招标，是允许保险人转保、转分保及再保险。依据保监会《再保险业务管理规定》（保监发〔2010〕8号）和《保险公司业务转让管理暂行办法》（保监会令2011年1号），保险人可以转让全部或部分承保业务，保险人业务转让是指保险公司之间在平等协商基础上自愿转让全部或者部分保险业务的经营行为，保险公司通过业务转让，达到自愿退出保险市场或者剥离部分保险业务的目的；再保险是指保险人将其承担的保险业务部分转移给其他保险公司的经营行为；转分保是指再保险接受人将其分入的保险业务，转移给其他保险人的经营行为。招标文件合同专业条款应对此部分内容做明确的约定，是否允许保险人转让、再保险或转分保部分保险业务，如允许应约定转让业务的限额，最高不超过责任限额的多少。

（5）将保险人的履约信誉纳入评审中。为了确保保险公司全面及时地提供，进一步提高保险公司资本管理能力、风险管控水平与合规经营意识，保监会发布《保险公司经营评价指标体系》，监管评价体系分别从经营效果、服务水平和风险状况三个不同的角度对保险公司进行评价。其中，经营评价指标体系主要从速度规模、效益质量和社会贡献三个方面评价保险公司的经营效果；服务评价指标体系主要从销售、承保、理赔等保险消费者直接感知的服务环节评价保险公司的服务水平；分类监管则是从保险公司面临的各种风险、拥有的资本实力和风险管理能力来评价公司的风险状况。三套指标体系既相互独立，又相互依存，一起构成了"三位一体"完整的保险公司监管评价体系，共同促进保险业防范风险、科学发展、提升服务质量。

评价结果分为A、B、C、D四类，A类是经营状况优良的公司；B类是经营正常的公司；C类是经营存在一定问题的公司；D类是经营存在严重问题的公司。对存在问题的保险公司进行相应的惩罚，在招投标活动保险市场的准入上加以限制。

### 10.2.2  保险招标工作重点

1. 制订招标程序

招标制度引入我国已经有相当长一段时间，而工程项目招标制度也已经拥有一整套成熟的管理和运行规范。而鉴于我国保险业的发展时间较短，相关的文本规范、招标法规并未配套颁布。故此，在目前国家尚未出台保险招标的规范性文件的情况下，参照工程招标的方式运作保险项目是较为稳妥的方式，并且可以吸收工程招标制度的众多优点：第一，招标程序规范、严谨；第二，招标过程公平、透明；第三，有利于减少双方的争议和纠纷。相信大部分工程专业人员都比较熟悉工程招投标程序，故此不再赘述。而针对保险工作的特殊性，在此仅强调招标过程中的几点关键工作。

（1）针对项目风险特点编写保险合同。必须针对本工程项目的风险特点编写有利于索赔的保险合同文本。依据工程保险招标经验，招标人自行设计保险合同条款是保障自身利益的有力举措。保险人在投标时往往会以保险行业监督机构的监管为名劝说或要求客户接受其提供的固定格式条款。对此，招标人必须要敢于打破惯性思维。保险监督机构的监管对象为保险企业而非工程企业，只要保险合同不违反现行的法律法规即为有效和受法律保护的合同。至于招标条款是否违反行业监管要求，投标的保险企业会权衡自身利益的，招标人无须担忧。

（2）必须严格落实投标保证金的收取工作。由于保险行业部分不良竞争现象经常会导致部分保险企业出现"抢标"的情况，即投标人为了取得议标或合同签订的权利而罔顾自身的实际情况，全部或大部分响应招标人设置的条件。但在招标人公告其中标或入围的消息后，则会以各种理由推搪签订合同甚至是不惜弃标。针对该种恶意的竞标行为，招标人收取一定额度的投标保证金，对于维护自身的利益以及保证其他投标人公平竞争的机会具有极其重要的作用。

（3）议标的过程必须以投标文件为主导。入围单位在议标的过程中，往往会以各种理由（常见的就是监管机构要求）要求添加招标文件中并无列出的各种限制性条款。此时，招标人必须向投标人明确招投标工作的严肃性。同时，对于任何投标人提出的投标文件以外的要求必须以正式公函的方式递交招标人。招标人将对该种要求具有完全的决断权，并以罚没投标保证金的方式警示投标人严格遵守投标规则。也只有招标人坚持在投标文件的主导下协商签订的保险合同才能最大限度地服务于招标人的利益。

2. 承保方式的策划

目前，工程保险采用的承保方式主要有独立承保和共同承保两种方式。

（1）独立承保：独立承保的优点是可以充分体现竞争，各投标人会充分响应招标文件的要求，力求通过更合理的报价和更完善的服务来确立自己的优势，相应地对被保险人也最有利。缺点是如果独立承保的公司的实力不足够强且未进行合理的分保，一旦遭遇巨灾，可能会出现无力赔偿的情况，也就不能充分地保障被保险人的利益。

（2）共同承保：共同承保的优点是可以平衡各主体的利益，有利于为工程项目获得一个有利的外部环境，而且提前确定了风险的分配方式和比例。缺点是不能充分体现竞争，且容易导致各投标人的"串谋"。

（3）如果工程项目规模很大，标段很多，可先拿出一个较小的标段采用共保的方式承保，被保险人通过保险过程中的一些实际工作，对参与保险的各保险公司的实力特别是服务水平作出更加直观、更加符合实际的判断，并且可以积累一定的经验，为整个项目的综合保险招标工作打下坚实的基础。

（4）如果采用共保的方式，被保险人应该在所有的共保人中择优选择首席承保人以弥补共保方式竞争性不足的弱点。首席承保人作为所有保险人的代表履行保险人的义务与责任，其承保份额不应小于 50％，其余共保人承担连带责任。共保人必须满足首席承保人投标的保险费（率）报价及承诺的服务等所有内容，其负责的份额由首席承保人承担。

3. 编写招标文件

鉴于目前国内无统一的建设工程保险招标范本，招标人应遵守《中华人民共和国招标投标法》《中华人民共和国招标投标法实施条例》等法律法规，参考有关 EPC 工程总承包招标文件（范本）的基础上，结合 EPC 工程项目的实际，以及保险合同招标工作的需要和保险行业的特点编写较为精简和完善的工程保险招标文件。在编写招标文件的过程中，应注意以下事项。

(1) 应引入资格审查环节。资格预审是整个招投标工作中的一个非常重要的环节，尤其是对于投资规模巨大的项目不容忽视。通过资格预审，以进一步筛选出综合实力较强的投标人（二级或以下机构）。被保险人选择实力、经验、服务水平与保险标的——工程相匹配的保险公司进入招标范围，可以避免某些实力较弱的公司采取不合理低价策略投标给评标规则的制订及其后的评标工作带来不利的影响。资格预审应综合考虑以下因素：①公司资质；②展业领域、地域；③承保能力；④承保经验等。

但应注意的是，对于投资规模中等或一般的项目则可以省略资格审查环节。因为受限于注册资本金及再保合约上限，目前，国内有能力承保工程项目尤其是大型基础建设项目的保险公司较少。资格审查的意义不大，仅仅作为选定承保单位的一项参考性指标。

(2) 投标评分规则必须透明。投标评分规则必须透明，并且对招标人关注的重点要有明显的倾向性。由于长期以来保险公司已经习惯客户因为不熟悉保险行业而倾向于以价格决定承保公司的做法。而作为一个成熟的招标人则必须让保险公司清楚地认识到客户最关注的保险产品的性价比，即其成本支出与保障范围的合理比例，促使其认真对待招标人设定的招标条件。

(3) 合同文本设计要合理合法。招标合同文本虽然主旨是服务于招标人的利益，但是其仍然需要遵守国家法律法规以及受部分行业制度约束。例如：招标文件中不能擅自更改《工程一切险》以及其他招标保险的通用条款内容，否则国内任何一家保险公司都无法与招标人签订合同。因为通用条款的变更必须得到保险监督委员会的审核与批准，保险公司为其付出的代价远非单一保险业务所能够承担的。

4. 合同文本设计

我国保险条款，尤其是工程保险现行条款（通用条款）均源自 20 世纪 90 年代编译，从国外同类条款而来。由于国内外工程管理以及语言文化背景的差异导致工程险条款的专业性和严密性非常不尽人意。鉴于此，国内的保险公司均自行编写大量相应的专用条款去弥补通用条款的各种漏洞。但同时，该类专用条款也大大增加了被保险人自行承担的责任，增加了索赔的难度。招标人在合理合法的前提下，只有在编制招标文件的时候，针对本项目的特点及保障需求自行编写专用条款，同时利用保险公司缺乏造价和管理的人才等因素，通过要求响应招标文件的方式才有可能令保险人接受更有利于招标人的条款。但是工程保险条款的设计不仅需要注重措辞的严谨和严密性，更重要的是要融入设计者对工程事故风险的认识和理解。可以说，招标合同文本设计是整个工程保险招标工作中的关键和核心步骤。

设计一份成熟和合理的保险合同文本是对招标人工程素养和保险水平的一大考验，不是任何个人能够单独完成的，必须有赖于法律部门、工程、计划部门的通力合作。同时，通过每个项目的保险索赔工作经验进一步修订和完善招标合同文本对于提高招标人的水平以及减少索赔阶段的争议同样具有重要的意义。

5. 拟定邀标名单

鉴于国内保险市场的特殊性，实际上拥有大型工程项目承保能力的保险公司不外乎国内几家大的保险公司。但是，签订保险合同的和履行理赔服务的是保险公司实行独立核算的二级甚至三级四级机构。不同地区（即使是同一系统）之间的机构实力差异往往比较大。因此，拟定邀标名单的最主要目标是在规避围标串标的前提下，最大限度地增加投标人之间的竞争，以便在众多的保险企业或同一企业内不同机构之间选取条件最优以及综合实力最强的承保单位。就国内保险市场而言，根据工程保险招标的经验，招标单位名单的拟定应遵循以下原则。

一是工程所在地的几家大型保险公司（人保、平安、太平洋）二级（省级）机构将作为首选的邀标单位，二级以下机构鉴于其实际服务资源及理赔权限尽量不列入邀请招标名单当中。

二是通过事前了解项目所在地工程保险市场状况后，可酌情邀请异地投标，如北方工程项目保险招标，可以请南方保险企业参与投标。因为沿海经济发达地区的保险企业竞争意识更强、承保政策更灵活，有利于增加投标竞争的力度。同时，通过本地和异地企业的竞争，有效避免了同一地区的保险企业以围标、串标的方式损害招标人的利益。

三是尽量邀请部分国内小型的保险公司参与投标。小型的保险企业非常清楚自身的承保和服务能力有限，即使中标也无法接纳全部的合同份额。为此，参与投标的目的主要是从主承保公司身上获取一定的份额。招标人则可以充分利用小保险公司的这种心理特征，充分下压投标人对中标费率的心理期望值。

6. 充分发挥保险经纪人的作用

保险人和被保险人是一对利益的对立统一体，但他们在保险这一商业关系中是不平等的，因为保险人拥有大量的保险从业人员和保险招投标及合同谈判经验，而被保险人往往很少有保险专业人员，显然处于比较被动的地位。而保险经纪人作为第三方及保险方面的专家和咨询顾问，可受被保险人委托为被保险人提供专业化的保险服务，包括编制招标文件、清标、评标、参与合同谈判等许多内容，有利于以合理的条件获得最大的保障。

### 10.2.3　保险采购评标方法

1. 保险采购评标因素

（1）保险费（率）报价。

影响保险费（率）报价的主要因素包括保险责任、物质项下的免赔额、巨灾等条件下的最低赔偿限额、国际分保市场的相关保险费率。其中，保险责任一般都在保险条款中明确了，最低赔偿限额也有一定的规律和工程先例可以参考，而免赔额和投保工程的工程特点和风险程度是密切相关的，它的设定在很大程度上影响着投标人的报价，一般免赔额越低，保险费率就越高。工程规模越大，免赔额可相应地设定的大一些。有不少被保险人认为免赔额设定的低，获得赔偿的机会就会增加，经济上就会更加合算。其实这种观点是错误的。

举例来说，对有的工程 1 万元的免赔额和 3 万元的免赔额条件下的保险费可能会差几十万元，这几十万元的差额可以补偿几十个 1 万元左右出险事件的损失，如果出现几十个这种事件的可能性很小，那么3万元的免赔额应该是更加合理的。而且如果免赔额设定得过小，可能会出现大量的小赔案要被保险人参与处理，牵扯过多精力，得不偿失。

如果被保险人对工程的风险情况不能完全地把握，可在招标文件中设立几种不同大小的免赔额，如1万元、3万元、10万元，要求投标人分别报价，并规定招标人有权选择任意一组报价作为评标价，这样就可以将主动权掌握在自己手中。

成熟、谨慎的保险公司承保大型工程项目后一般都会将相当一部分份额分保到国际上信誉良好的再保险公司，以分散风险，增加偿付能力。国际分保市场的相关保险费率将直接影响甚至决定着投标人的报价。因此，不考虑国际分保的过低报价对被保险人和工程未必是一件好事。

(2) 投标人的承保经验。承保经验主要考虑投标人是否有过承保类似工程的经验，以及承保过程中有哪些经验和教训。经验不同的保险公司提供的风险管理措施和保险服务是有相当差距的。

(3) 投标人的偿付能力。考察保险公司的偿付能力主要比较两个指标。

1) 绝对偿付能力指标。绝对偿付能力的大小体现为公司偿付准备金的多少，它与偿付能力成正比。偿付准备金＝实际资产－实际负债＝资本金＋总准备金。招标文件应要求投标人提供监管机构或资质得到被保险人认可的会计或审计单位出具的资本金和总准备金的数据。

2) 相对偿付能力指标。相对偿付能力指标一般用偿付准备金与保费收入的比值衡量。同样，招标文件应要求投标人提供监管机构或资质得到被保险人认可的会计或审计单位出具的偿付准备金和保费收入的数据。

此外，这两个指标应指公司的财产险部分。

(4) 投标人对保险责任条款的反应程度。保险责任条款是界定保险公司承保的责任范围的依据，被保险人应在招标文件中予以明确，并要求投标人在投标文件中给予响应。保险责任条款一般包括以下三个方面的内容。

1) "主保险"条款。建筑工程一切险及第三者责任险、利润损失险等由中华人民共和国保险监督委员会批准的标准的"主保险"条款。

2) 扩展责任条款。国内保险公司采用的扩展责任条款一般也是由中华人民共和国保险监督委员会批准的标准保险条款。

3) 特别条款。特别条款的约定主要包括被保险人认为由工程的特点和风险的特殊性决定的必需的，并且标准"主保险"条款和扩展责任条款没有涵盖的保险责任，以及保险合同履行过程中涉及的一些特殊的保险责任。

由于被保险人确定保险责任条款未必能确实反映工程风险的特点及保险市场的实际状况，所以并不一定要求投标人在投标文件中完全响应。可采取分类的方法，将一部分条款作为基本条款，要求投标人必须给予响应，否则将视为"废标"；另外一部分条款作为辅助条款，投标人可做选择性响应，但应明确投标人的响应程度将作为评标的依据。

(5) 投标人的合理化建议。风险评估及风险管理的合理化建议。理想的保险公司在承保之前应对项目的风险状况有足够的认识和了解，它除了具有雄厚的经济实力能为项目提供充分的财务保障，还应具备足够的技术力量和管理力量，可以协助被保险人以及参与工程建设的各方进行项目的风险管理，完善防灾防损措施。可以通过投标人提交的风险评估及风险管理的合理化建议来考察投标人的技术、管理实力和经验。但考虑到投标人可能会委托第三方来起草这些文件，所以此部分评标的分值分配不宜太高。

（6）投标人的服务承诺。被保险人购买保险除了获得保障之外，还应获得完善的保险服务。因此，招标文件中应要求投标人在投标文件中承诺所提供保险服务的内容，而且应说明一旦中标，该部分内容经被保险人审查后将作为保险合同的附件。服务承诺中至少应包括以下内容：①拟投入的管理、技术力量；②理赔工作制度；③防灾、防损工作制度；④保险支持、咨询等。

（7）投标人的优惠条件。投标人提供的优惠条件一般包括：①增加招标文件规定之外的保险责任和保障范围；②设立小额赔偿基金，委托被保险人管理这部分资金以方便小金额赔案的迅速理赔；③免费的专家咨询、培训。

需要注意的是，由于保险市场目前还存在一些不规范的业务操作，有的保险投标人在保险招标文件中可能会许诺有些保监会明令禁止的优惠，如无赔退款等。在评标过程中应将这些不规范的因素排除在外，以免影响评标的公平、公正。

2. 保险采购评标方法

保险采购招标的评标方法，一般包括对技术标和商务标两个部分的评价，除此之外，招标人还应考虑与投标人以往的合作关系和长远的发展关系。

（1）技术标重点需考虑的因素。在上述评标因素中，属于技术标的因素，应重点考虑以下几项因素。

1）保险条件与条款：保险条件与条款（整体条款和扩展条款）是否符合惯例，更重要的是体现项目自身的风险特点。

2）承保责任范围：承保责任范围同样要考虑项目的特定风险，而不仅仅是越宽越好，因为这样会带来保险费率的上升。

3）保险理赔流程：保险理赔流程的合理性和简便性及出险后理赔期限。

4）保险公司的声誉：保险公司的资质、特色优势、服务质量，尤其是在工程所在国的工程保险和理赔的项目经验和声誉，而这个因素又往往是被忽略的。

目前，我国中保财产保险公司、中国平安保险公司和中国太平洋保险公司等已经积极参与到了国际工程保险的领域中，并积累了相当多的经验。不难看出，承保能力强，服务质量高，理赔及时高效，尊重客户，有丰富国际工程保险经验和有较强的保险经纪人渠道的保险公司将是被建议选择的对象。

（2）商务标需重点考虑的因素。在上述评标因素中，属于商务标的因素应重点考虑以下几项因素。

1）保险费率一般包括建筑/安装一切险、雇主责任险、施工机具险、运输险和人身意外险、一般综合责任险等。

2）免赔额指事先由双方约定，被保险人自行承担部分损失的一定比例的金额。

3）保险费的支付计划是投保人为取得保险保障，按保险合同约定向保险人支付的费用。招标人应考虑投标人所做的保费支付计划是否科学、合理，应比较其缴纳保费的资金的时间价值。

4）有的保险公司甚至会承诺，如保险标的不出险时，给予被保险人保险费部分的返还。以鼓励被保险人加强工程风险管理工作。

对于一般工程，计分权重商务分应占 70%～80%，技术分占 20%～30%。对建设规模比较大、风险比较复杂的建设工程，商务标和技术标的分值权重一般设定为 6：4。对于工程风险特别复杂的大型建设工程，商务标和技术标的分值权重可设定至 5：5。由评委对投标人方案进行密封式综合评定打分，最后综合得分最高者为建议中标单位。

评标之后，承包商通常要求中标的保险公司制订完整的实施方案，包括项目保险各方组织机构、工作职责、协调程序、事故反映程序、事故确定程序、理赔程序等。

我国实践中特别是在建筑领域里有一种使用较多的采购方法，被称为"议标"，实质上为谈判性采购，是采购人和被采购人之间通过一对一谈判而最终达到采购目的的一种采购方式，不具有公开性和竞争性，因而不属于《招标投标法》所称的招标投标采购方式。

### 10.2.4　充分发挥经纪人在招标中的作用

保险招标是一项专业技术含量较高的工作，由于受到专业分工和工作性质等方面的限制，承包商很难独立承担保险招标环节中管理与监督职责，也就无法充分维护自身的保险利益。因此，在保险招标工作中，应充分发挥保险经纪人的作用，可以说，保险经纪人是采用特殊手段开展市场活动的"保险专业性招标公司"。

1. 保险招标中引入保险经纪人的意义

（1）使保险招投标工作具有专业性、公正性。保险招标是一项复杂的系统化工作，保险经人在人员力量和管理经验方面有着得天独厚的优势，有足够的人力和精力对招投标活动进行全过程、全方位的专业化运作，有利于提高保险招标工作的管理水平，有利于招投标活动在"公开、公正、公平"的竞争机制下进行，有利于保护招标单位的利益。

（2）有效地控制市场的准入，保证市场的有序化。保险经纪人通过其日常建立的一套有关保险公司动态的资料库，可以全面审查投标保险公司资质、业绩情况。在招标中充分考虑投标保险公司通过的各种专业机构的评级、以往类似项目、其他大型项目的承保和赔付经验、近三年经济行为受起诉情况和招标单位服务情况以及分保安排等，这些都直接关系到保险公司对本项目的承保能力和承保后的理赔服务。

（3）有利于及时发现、解决招投标中的问题。保险招投标活动是一件非常严肃的工作，作为投标保险公司应积极配合、协助投标单位做好招投保工作，而不应投机取巧、弄虚作假，做出一些有损保险业形象和信誉的事情，保险经纪人的业务水平比较高，经验比较丰富，谙熟保险市场运作规程，比较容易发现招投标活动中提供虚假文件、串标压价等不良投标行为，并能针对出现的问题及时提出操作性强的解决方法，这对提高保险招标工作的透明度、规范保险招标工作起着重要的作用。

（4）明晰法律责任，有利于提高招标工作的安全性。保险经纪在法律上是保险合同一方——招标单位的代理人，站在招标单位的立场上，尽力维护招标单位的合法权益，为招标单位购买保险提供经纪服务。按有关法律规定，由于保险经纪人的过错造成招标单位损失的，保险经纪人要承担相应的经济赔偿责任。

2. 保险经纪人在保险招标中的职能

（1）招标技术咨询、技术支持的职能。保险招标是一个涉及面广、环节多、专业性、操作性很强的一项工作。再保险安排方面，除了主要险种外，还有很多可选择的附加险种和特约承保责任，涉及物质损失、对他人财产损失或人身伤亡的赔偿责任、清理残骸费用、专业费用、施救抢救费用等众多项目，有很多的责任限制、免责条款；在投保时，还涉及保险金额的确定、各种赔偿限额和免赔额的设计等，由于面对这一系列新情况、新问题，作为一个非保险专业人士，如何分析自己的实际需求，选择合适的承保人，确定适当的险种，设计科学的保险金额和合理的赔偿限额，做到既保障充分，又经济合理、节约成本，同时还要能很好地维护自身的权益，确实是一件非常困难的事。

保险经纪人由于熟悉保险市场，具有较丰富的实际操作经验，同时又处于招标单位利益代言人的独特地位，可以在以上几个方面为招标单位提供详尽、全面、周到的技术咨询和技术支持，帮助招标单位很好地解决这些问题。

保险经纪人在这方面的工作主要体现在：

1）为招标单位分析保险需求，对项目进行保险调研和风险查勘，提交专业的调研分析报告和风险评估报告，在此基础上，设定投保险种，确定保险金额及各项赔偿限额，估算、分析和预测保险费水平。

2）针对具体项目特点，综合考虑招标单位经济能力、实际需要，设计科学、合理的保险投保方案建议，精心编制对投标保险公司的基本服务要求、中标合同条款和有关保险条件等内容，完成一整套规范化、专业化的招投标、评标和商务谈判作业流程，并形成具体的招标文件。

3）在此基础上，协助招标单位对各投标保险公司提交的投标书进行初评并参与投标文件澄清会，针对投标书内容及各投标保险公司澄清问题的答复，协助招标单位在对投标行为的严肃性、投标文件的完整性、投标方案的先进性、费率报价的合理性等方面进行评标，分析、汇总报价结果，形成书面评标分析报告。

评标分析报告中包括保险公司的经营状况分析、费率报价、保险条件的接受程度、服务承诺、优惠条件以及相关分析与建议，最大限度地利用好各项优惠条件和优惠政策，协助选定最合适的承保人，制订或审核保险协议或共保协议，协助招标单位完成投保事宜，敦促承保公司建立服务体系。

例如，某保险经纪公司受安徽某发电有限责任公司、安徽某国路有限责任公司的委托，分别对某电厂的财产一切险、合肥某高速公路工程险进行保险招标，按照保险经纪服务协议，该保险经纪有限公司对项目进行了现场风险查勘，根据项目的具体情况并考虑当前国内保险市场的状况，为项目设计了一套完整的保险方案，通过保险招标的方式选择承保公司，帮助承包商在保证服务承诺和服务质量的前提下，以最优惠的价格获得充分、合理的保障，最大限度地降低投保成本，用专业化的水准赢得了投保单位和相关保险公司的赞誉，体现保险经纪人在维护投保单位合法权益方面的重要作用。

（2）监督、监控保险协议条款执行的职能。保险的招标、评标、定标是一个很重要的基础工作和前期工作，而中标后的合同条款的执行，具体的承保、理赔、服务质量则是最根本的内容和目标之所在。而要确保合同条款的完全、真实、充分的履行，承保、理赔、服务质量的不断提高，关键是要拥有一个比较完善的监督机制。

一方面，有的保险公司为了赢得中标、承保的机会，扩大市场占有份额，在招标、投标阶段，往往会在承保条件上给予较多的优惠政策，对招标单位的要求尽量满足，在承保、理赔、管理等服务方面承诺很多，而在中标后保险合同条款的实际履行时往往又会或多或少、有意或无意地打些折扣，比如说在具体承保条件的执行上（特别是投保险种、保险费优惠条件等方面）、在管理和承保、理赔数据信息的提供和沟通交流上、在承保和理赔及其他增值服务承诺的兑现上等。

另一方面，由于专业分工、工作性质、人力、精力、时间及其他方面原因的限制，对于中标保险公司在竞标中的服务承诺，招标单位在如何使自身的权益获得充分的保障等问题上或多或少地处于无助的状态，甚至很难独立承担跟踪、监督、管理这一重要职责，特别是一些大型统保项目按照统保合同条件在中标保险公司当地分支机构投保，上一级保险公司对基层公司执行统保合同条款情况的监控力度不够，投保单位经办人员保险专业知识不足时，这种不能很好兑现服务承诺、违反统一保险协议条款操作的可能性就更大，客观上就会形成招投标和实际操作相脱节、"两张皮"的现象，最终会影响招标的实际效果，投保单位的正当权益难以得到很好的维护和保障。

保险经纪人由于其受招标单位的委托，为了保护好招标单位的权益，可在这方面发挥自己的专业优势，较好地实现这一职能。保险经纪人的监督职能主要体现在对保险公司的监督。

1）在投标阶段，着重要考虑各投标单位对招标文件服务条款的接受程度，同时应注意考虑投标单位实现其服务承诺的可能性，在这点上要结合投标单位以往承保、理赔经验和招标单位服务情况来考察，另外还要综合考虑投标单位的机构数量、机构设立时间、项目小组成员资质等内容。

2）在保险期间，主要是利用保险经纪人的专业知识和业务技术，跟踪中标保险公司所提供的各项服务，监督中标保险公司对投标文件中费率报价条件、保费计算和所做服务承诺的履行、兑现情况，一旦发现违反服务承诺的，立即向招标单位反馈，并及时提供解决的意见和建议。这方面是通过审核保单项目明细，计算、核实应缴保费标准等来监督中标保险公司的承保服务，防止个别公司不规范的业务行为；通过协助招标单位进行重大索赔案件的处理，抽查、调阅相关理赔案卷，监督保险公司理赔案件的及时性、科学性、合理性和准确性。

3）在索赔阶段，保险经纪人作为投标单位的保险律师和顾问介入，能较好地协助招标单位进行索赔。保险单实际上是一种承诺，即当保险合同约定的事故发生时被保险人可以得到赔偿。保险经纪人的职责就是确保这种承诺能够得以实现。保险经纪人在接到出险通知后的第一步工作要查找记录并判断损失是否属于保单的承保范围。虽然不同的性质、不同损失程度的索赔有不同的程序，但应保证的是无论何种索赔，保险经纪人都要立即通知保险人，除有特殊协议以外。在索赔谈判的过程中，保险经纪有责任、有义务保证招标单位被公正地对待，以便能根据保单条款使招标单位得到真正的补偿。对于任何类型的理赔案件，保险经纪人都必须尽其所能密切关注，促使索赔结果的达成，并可以为双方所接受。

（3）保险知识和实务专业培训的职能。鉴于保险条款的专业性、技术性、复杂性较高，保险经纪人非常关注为招标单位提供专业化的技术培训，主要的工作涉及配合承保公司为具体管理人员开设保险专业知识培训班，分析讲解相关保险公司保险条款的主要内容及其权利与义务，讲解索赔程序及技巧，并在实际工作中提供技术咨询，解答相关问题，及时将保险公司在承保和理赔上的最新政策反馈给招标单位，逐步提高其相关工作人员的保险知识水平和实际操作能力，切实增强招标单位维护自身权益的意识和能力。

（4）协助招标单位加强保险管理的职能。保险经纪人作为招标单位的保险管理顾问，可以协助招标单位在实现招标投保的基础上，做好后续服务，进一步加强单位对保险的风险管理，使之步入规范化、制度化、透明化的良性管理轨道。主要通过以下工作来实现：充分利用保险经纪人与中标保险公司之间的保险资料数据共享网络平台，通过定期与保险公司进行相关数据的沟通、交流、核实，跟踪投保承保、索赔理赔等保险服务全过程，及时为招标单位积累保险第一手的统计数据资料，逐步建立起保险经纪人与招标单位之间的基础资料库，向招标单位提交保单、保费的明细情况，定期向招标单位提交赔案处理情况；每季度根据赔案情况进行总结分析，形成保险索赔情况分析报告，并提供风险管理意见和建议，供招标单位决策参考；在积累一个保单年度的基础数据统计资料的基础上，进行年度承保、理赔整体情况总结分析，从而为改进下一个年度的保险工作奠定良好的基础。

## 10.3　保险采购招标沟通与技巧

### 10.3.1　保险采购信息的传播

《招标投标法》第十六条第一款规定，招标人采用公开招标方式的，应当发布招标公告。依法必须进行招标的项目的招标公告，应当通过国家指定的报刊、信息网络或者其他媒介发布。

在公开招标中，招标公告是发布招标信息的唯一合法渠道，凡公开招标的都必须公布招标公告，《招标投标法》第十条规定：公开招标是指招标人以招标公告的方式邀请不特定的法人或者其他组织投标。发布招标公告是公开招标的显著特征之一，也是公开招标的第一个环节，招标公告在何种媒体上公布，直接决定了招标信息的传播范围，进而影响到招标的竞争程度和招标效果，但是无论如何，凡是公开招标方式的，都必须发布公告。这是世界通行的做法。

必须招标的招标公告，应在国家指定的报刊、信息网或其他媒体上发布，通过报刊发布招标公告是一种传统的信息发布方式，在国内外运用比较广泛。在我国《经济日报》《人民日报》（海外版）《中国日报》等都是标讯刊登比较多的报刊。在新加坡《联合早报》是发布政府工程招标信息的法定白报刊。《联合国发展论坛》《欧盟官方公报》则是分别刊登世行、亚行贷款项目招标信息、欧盟各国采购项目招标信息的园地。随着信息技术的发展，世界各国开始运用因特网服务站的方式发布招标公告，使信息传播得更加快速、准确、方便和低成本，招标采购工作质量和效率更加提高。如欧盟的"每日电子标讯"、美国的"采购改良网"、我国的"中国采购与招标信息网"和"中国保险招标信息网"。

### 10.3.2　举办项目风险说明会

举办项目风险说明会的目的是在项目保险招标会前，向保险市场系统介绍工程建设风险概况，使参与投标的保险公司可能对项目风险水平有一个专业、公平、客观又符合保险原则的认识，进而在投标时能够合理报价。项目风险说明会通常由保险经纪人协助承包商或业主共同组织，邀请具备承保能力的保险公司且有承保意愿的公司参加。

在项目说明会中，主办方应对项目实施阶段、项目规模、项目水文、地质状况、主要施工方法、施工风险以及控制措施等内容，依据上报已经批复的《工程可研报告》进行翔实的介绍，同时向各参会保险公司提供相关文本材料，有条件的可以汇编成《某工程项目工程保险核保资料汇编》。另外，在说明会上，还应对保险公司就项目风险方面的问题进行现场答疑。

目前，我国许多项目在保险招标前期均在经纪人的协助下，成功举办项目风险说明会，对项目保险采购起到了很好的促进作用。

### 10.3.3 保险招标议标的技巧

（1）工程项目招标议标的机会不多，即使议标，所涉及的主要为单价等技术指标。而工程保险招标议标的主要内容则包含承保条件、保费支付、法律效力，当中涉及特约、免赔、专用条款、附件等。因此，议标时招标人心里必须非常清晰，不同投标人在投标文件反映出对承保条件不同的倾向。

（2）招标人在议标时要针对不同投标人的心理，充分利用合同预设的规则，规避或抵消投标人提出的限制性条件，或者通过修改条款措辞、设置阶梯式免赔等方式达到理想的议标效果。例如：隧道工程每次事故免赔额招标条件为绝对免赔额 30 万元/每次事故，投标人响应为 50 万元/每次事故，在议标中招标人可以提出隧道工程火灾爆炸事故免赔额为 50 万元/每次事故；透水、透砂事故的免赔额为 40 万元/每次事故；塌方、开裂、冒顶事故免赔额为 30 万元/每次事故。这样一来实际上是淡化了招投标双方对同一条件的差距，在部分损失事故中招标人还是达到了自己的预期风险转移目标。

（3）招标人在设计合同文本及最终签订保险合同的时候，应该为日后的合同修订留下接口，以便双方可以及时对合同中约定不清或不合理的条款进行修改或补充，尽量减少双方的争议，提高理赔工作效率。甚至有时候能够针对某类型特定的事故来扩展保险人承担的风险，在无须额外缴交保费的情况下提高合同的保障能力。例如：某项目因爆破导致的第三者民房开裂事故较为严重。但由于每次爆破事故的具体情况以及第三者财产损失难以准确统计，单次事故的免赔额为一万元。因此，保险理赔工作难以开展，导致项目的损失无法获得补偿。针对这种该情况，保险双方可以经协商后统一签订专门针对爆破事故导致的第三者损失补充协议。协议内容包括承包方应充分遵守爆破操作规程，落实安全工作守则。另外，为便于理赔工作的开展，力争保险人同意对爆破导致的第三者事故签订补充协议，对于免赔方面的具体约定如下：

1）路基、边坡、孤石破解等爆破：从 K0+000 开始，每 3km 作为一个区段；每月从 1号开始，每 10 天作为一个时段。在同一区段，同一时段内发生的所有第三者损失同视作一次事故计算免赔额。

2）隧道爆破：①从隧道进口端开始，每 10m 进尺作为一个区段；②每月从 1 号开始，每 5 天作为一个时段；③在同一区段，同一时段内发生的所有第三者损失同视作一次事故计算免赔额。

3）其他类型爆破：按照每个地点每次发生的第三者损失作为一次事故计算免赔额。

该补充协议签订后实际上等于变相降低该类事故的免赔额，便于保险双方能够更加灵活地处理爆破导致的第三者损失事故。

## 10.4 保险采购招标文件范式

工程保险招标文件是将保险招标的主要事项和要求通过各种媒体广告受众的文件，为此，行文必须规范。工程保险招标文件的编写应符合《保险法》《招标投标法》《合同法》以及其他法律法规。根据工程保险招标对象和招标类型的不同，保险招标文件可划分为对保险经纪服务的招标公告、对保险公司公开招标的招标公告、邀请招标的保险投标邀请书、公开招标的保险招标文件等，本章对上述类型文件范式各举一例，供读者参考。

## 10.4.1　经纪服务招标公告范式

【按】保险经纪服务招标公告是对保险经纪人征召的一种文件。文件主要包括服务项目概况、经纪服务期限、服务范围、保证金要求；经纪人投标条件；报名等具体时间、地点及要求、联系方式等。

**××市地铁工程保险经纪服务招标公告**

××市招标中心受××地铁集团有限公司委托，对××市地铁九号线和十号线工程项目保险经纪服务进行公开招标。按照规定程序已办理了招标备案，通过公开招标择优选取具有资质的法人单位，现将有关事宜公告如下：

一、工程项目概况如下：

1. 项目名称：××市地铁九号线和十号线工程项目保险经纪。

2. 招标单位：××市地铁集团有限公司。

3. 建设地点：××市。

4. 资金来源：政府投资 30%，自筹 70%。

5. 保险经纪服务期限：自中标通知书发出之日起，至××地铁九号线（或十号线）工程保险合同期限结束时止。

6. 招标范围：本次招标共分为两个标段。

一标段：××市地铁九号线工程项目保险经纪服务；

二标段：××市地铁十号线工程项目保险经纪服务。

投标人可同时参与两个标段的投标，但两个标段兼投不兼中。

7. 投标保证金：

一标段：人民币柒万元整；

二标段：人民币壹拾叁万元整。

二、投标人资格条件：

1. 投标人必须是中国境内合法注册，能独立承担民事责任，具有独立法人资格的保险经纪公司。

2. 投标人必须具有中国保险监督管理委员会颁发的《中华人民共和国经营保险经纪业务许可证》。

3. 投标人必须按照中国保险监督管理委员会有关规定缴存保证金或者投保职业责任保险，提供保证金存款协议复印件或职业责任保险凭证复印件等证明材料。

4. 投标人在参加本次招标活动前五年内，在经营活动中没有重大违法记录。

5. 本项目不接受联合体投标。

6. 投标人授权的委托代理人应具有与投标人单位签订的经人社部门认定盖章、一年以上（含 1 年）的劳动合同或社会养老保险关系证明。

三、报名及发售招标文件时间、地点及要求：

1. 报名及截止时间：20××年 2 月 27 日～20××年 3 月 5 日 9：00～16：00（节假日除外）。

2. 报名要求：

法人代表授权书（以上证件提供原件及复印件加盖公章一套，法人代表授权书（复印件留存）于20××年2月27日至20××年3月5日9：00～16：00时（北京时间，节假日除外）到××招标中心419室（地址：××市××区××街××号）报名。

3. 售招标文件时间及地点：20××年2月27日～20××年3月5日9：00～16：00时（节假日除外）。

地点：××招标中心419室（地址：××市××区××东街2号）。

4. 招标文件售价：招标文件售价每个标段500元/套，售后不退。如需邮寄招标文件，请另付特快专递费用50元，招标人及招标代理机构对邮件送达延误、损坏、丢失、毁灭等情形不负任何责任。

四、咨询答疑会：

本项目不举行咨询答疑会，投标人如有疑问，可在招标文件规定的时间内通过书面形式或直接致电向招标人或招标代理机构咨询。

五、投标截止时间及地点：

所有投标文件须于20××年3月5日16时（北京时间）前递交到××市建筑工程交易中心开标室（××市××新区××路1号，××大厦B座五楼）；投标人代表在提交投标文件时，应携带法定代表人委托书和本人身份证。投标人在投标截止时间之前，须按本招标文件的要求提交投标保证金，未按规定提交投标保证金和迟到的投标文件将被拒绝。

六、开标时间及地点：

定于20××年3月21日10时（北京时间），在××市建筑工程交易中心开标室（××市××新区××路1号，××大厦B座五楼）公开开标，届时请参加投标的投标法定代表人或其授权代表务必出席开标会议。

七、联系方式：

招标人：××地铁集团有限公司。

地　　址：××市××区××路28-3号。

联系人：×××

电　　话：×××-××××××

招标代理机构：××招标中心。

地　　址：××市××区××东街2号419室。

开户行：××银行××分行。

账　　号：××××　××××　××××　××××　×××

联系人：×××

电　　话：×××-××××××

传　　真：×××-××××××

邮　　箱：××××××@××·×××

八、招标信息发布与结果公告媒介：

《中国采购与招标网》《××省招标投标监管网》《××建设工程信息网》。

××市地铁集团有限公司保险经纪公司

20××年××月××日

### 10.4.2　保险公司招标公告范式

保险公司招标公告是招标人对保险公司直接、公开的征召的一种招标文件。公开保险招标是以招标公告的方式（竞争性招标）邀请不特定的法人或者其他组织投标。保险公司招标公告与经纪服务招标工公告内容大体相同，除了包括服务项目概况、服务期限、保险范围、保证金要求；保险人投标资格；报名等具体时间、地点及要求、联系方式等条款外，一般还包括开标、评标的方法或细则。

**××市轨道交通 S1 线工程保险项目招标公告**

××轨道交通市域一号线有限公司对其拟采购的××市轨道交通 S1 线工程保险项目进行国内公开招标（资格后审），欢迎具备资格条件的投标单位前来参加投标。

一、招标项目编号：××××。

二、招标内容：××市轨道交通 S1 线工程的建筑/安装工程一切险及第三者责任险（首席承保人）。

S1 - BX01 标：唯亭站～珠江路站（不含）、朝阳路车辆段及出入段线、白马泾主变电所、祖冲之路控制中心及管廊部分（白马泾路路段）建筑/安装工程一切险及第三者责任险，地下线，约 18.669km。

S1 - BX02 标：珠江路路站（含）～花桥站、花桥停车场及出入场线、昆嘉主变电所及管廊部分（青阳路段、金沙江路段、洞庭湖路段）建筑/安装工程一切险及第三者责任险，地下线，约 22.601km。

三、服务期限：2018.12.30～2023.12.30（具体时间以签订合同时为准）

四、投标人资质要求：

1. 具有独立法人资格，且在××地区必须设有分公司或中心支公司；若投标人为法人公司的××地区分支机构的，须经法人单位书面授权，且法人单位只能授权一家在××地区分支机构。

2. 具备中国银保监会（包括原中国保监会）颁发的保险经营许可资格。

3. 法人公司注册资本金不低于人民币 30 亿元。

4. 具有中国境内（不含港澳台）城市轨道交通工程建设项目的承保业绩（不含再保险分入业绩；以苏州分支机构名义投标的，总公司下辖的其他分支机构的承保项目业绩均可）。

5. 项目负责人要求具有 10 年以上的保险工作经验。

6. 本项目不接受联合体投标。

五、招标文件发售信息：

1. 出售招标文件时间：即日起至 2018 年 11 月 26 日（每日上午 9：30～11：30，下午 13：30～16：30，北京时间节假日除外）。

2. 出售地点：××市×××路××号高新创业大厦××楼××室。

3. 售价：招标文件售价为每标段人民币捌佰元整，售后不退。

4. 交款方式：电汇，指定银行账户（名称：××轨道交通市域一号线有限公司 银行账户：×××××，开户银行：中国建设银行××高新区支行）。

5. 报名须提供以下材料，以便进行有效报名登记：

（1）企业营业执照副本复印件（加盖企业公章）；

（2）委托代理人授权委托书原件（如有授权）及身份证复印件（加盖企业公章）。

六、答疑问题截止时间及提交地点：

1 疑问递交方式：盖章扫描件发送至电子邮箱：××××，或直接以加盖公章书面形式递交给招标人。

2. 答疑问题截止时间：2018 年 12 月 2 日 12：00（北京时间），在截止时间后不再接受任何答疑内容，如未提交，视为无疑问。

3. 答疑问题提交地点：××市前进西路××号高新创业大厦××楼××室。

七、投标文件接收信息：

1. 开始接收时间：2018 年 12 月 20 日 9：00～9：30（北京时间）。

2. 接收截止时间：2018 年 12 月 20 日 9：30（北京时间）。

3. 接收地点：××市公共资源交易中心昆山分中心（地址：××市××路××号 A 栋），具体详见当日交易中心大屏幕。

4. 接收人：××轨道交通市域一号线有限公司。

八、开标有关信息：

1. 开标时间：2018 年 12 月 20 日 9：30（北京时间）。

2. 开标地点：苏州市公共资源交易中心昆山分中心（地址：××市××路××号 A 栋），具体详见当日交易中心大屏幕。

3. 投标文件：正本壹份，副本柒份。

4. 勘查现场：各投标单位自行前往勘查现场和周围环境，所产生的费用由投标单位自理。

九、投标保证金及项目对应估算金额：

1. 投标保证金金额：每标段人民币陆拾万元整（￥600 000.00）。

2. 保证金缴纳信息：2018 年 12 月 20 日 9：30（北京时间）前须到达指定银行账户（名称××轨道交通市域一号线有限公司、银行账户：××××开户银行：中国建设银行××高新区支行）。若投标人为法人公司的××地区授权分支机构，可以分支机构名义进行缴纳。

3. 缴纳方式：不接受任何现金形式，接收银行转账或保函形式缴纳（投标截止时间前提交）。投标时必须携带银行转账凭证证明材料，未出示视为未缴纳。

4. 项目对应估算金额：

S1-BX01 标：保险范围内 S1 线及代建工程投资估算暂定人民币壹佰零肆亿柒仟陆佰叁拾伍万壹仟叁佰元整（￥10 476 351 300.00）；

S1-BX02 标：保险范围内 S1 线及代建工程投资估算暂定人民币壹佰壹拾贰亿零叁佰肆拾捌万贰仟陆佰元整（￥11 203 482 600.00）。

十、履约保证金：合同价款的 5%。

十一、联系事项：

采购单位：××市轨道交通市域一号线有限公司

地址：××市××路××号高新创业大厦××楼××室。

联系人：×××

联系电话：×××

备注：请贵单位领取本次招标采购文件后，认真阅读各项内容，进行必要的准备工作，按文件的要求详细填写和编制投标文件，并按以上确定的时间、地点准时参加投标。

十二、发布公告的媒介

本项目招标公告同时在××轨道交通网（www. xxxxxx）、××市公共资源交易信息网（http：www. xxxxxx.com）上发布。

附件：××市轨道交通 S1 线工程保险项目评标细则

××轨道交通市域一号线有限公司

年　　月　　日

### 10.4.3　保险投标邀请书范式

【按】保险投标邀请书是指招标人以投标邀请（有限竞争招标的方式）邀请特定的保险法人或保险组织投标的邀请文件。编写内容包括被邀请单位的名称、工程概况、招标内容（险种、标的）、投标人资格要求、招标文件发售、联系方式等。

**某水电站建设工程保险投标邀请书**

被邀请单位的名称：

受××水电发展有限公司（以下简称招标人）委托，××集团××水源招标有限公司就××水电站建设工程保险组织邀请招标，特邀请贵单位对本项目进行投标。

一、工程概况

××水电站位于主河干流上游河段，坝址位于××省××市××县境内，距××县城 13km，距××市 184km。××水电站为Ⅰ等大（1）型工程。电站装机 3 台（2 台 250MW ＋1 台 13MW），总装机容量 513MW。枢纽建筑物主要由混凝土面板堆石坝、右岸溢洪道、右岸泄洪洞、左岸引水隧洞、地面厂房和开关站等组成。其中，混凝土面板堆石坝坝顶高程为 362.0m，××最高为 114.0m。

××水电站工程主要工程量有土石方明挖 421.42 万 $m^3$，石方洞挖 18.00 万 $m^3$，土石方填筑 334.96 万 $m^3$，混凝土浇筑 41.50 万 $m^3$，金属结构制安 4437t。

二、招标内容

1. 合同项目：××水电站建设工程保险。

2. 项目内容：工地范围内一切属于被保险人的或由被保险人占有、使用、负责的财产，包括但不限于永久工程、临时工程、材料、物料、设备、服务设施；与本工程有关的位于不同工程地点之间（包括被保险人的仓库之间，仓库与工程地点之间）运输途中的财产，以业主发包工程中标合同工程量清单作为投保标准。

三、招标内容

1. 保险期限：自本保险协议生效之日起至 20××年 5 月 31 日，如工程延迟完工，保险期限顺延。

2. 保证期：自施工合同工程移交证书中写明的全部工程完工之日起满 12 个月止。

四、投标人资格要求

1. 具有中国保险监督管理委员会批准开展财产保险业务资格，并经其省级法人法定代表人授权。

2. 具有独立法人资格或经其省级法人授权具有独立投标能力，社会信誉良好。

3. 在承保安排、人员组织、业绩经验、方案设计、经营管理和配套服务等方面具有相关的资格和能力。

4. 具有参与类似项目保险承保的经验。

5. 近3年没有重大违法违规行为。

五、招标文件发售

招标文件将于20××年12月18日8：30—11：30（北京时间，下同）在××水电发展有限公司四楼会议室（××省××县××大道70号）出售。招标文件每套人民币贰仟元，售后不退。

购买招标文件者，须出示单位介绍信、省级法人授权委托书、经办人身份证、企业法人营业执照副本和资质证书副本（提供原件及复印件，原件查验后返还）。

××集团××水源招标有限公司

年　月　日

### 10.4.4　保险采购招标文件范式

保险招标文件是一种较为全面、详细地提供给招标人阅读的保险招标文书形式，其内容一般包括：投标人须知、保险招标承保条件、保险合同、投标书格式、工程项目介绍等内容。

**某地铁线工程保险招标文件**

**目录**

致投标人
第一章　投标人须知
第二章　保险招标承保条件
第三章　保险合同
第四章　投标书格式
第五章　工程项目介绍

**致投标人**

本招标文件依据有关招标投标的法律、法规、规章和规范性文件的规定，根据本招标项目的特点和需要编制。

本招标文件的编制遵循公开、公平、公正和诚实信用的原则，内容已清楚地反映了本招标项目的规模、性质以及商务要求等。招标人要求投标人必须完全响应本招标文件的所有实质性内容。

招标人（盖章）：

某地铁有限公司（业主）：

招标单位地址：

邮政编码：

传真：

联系人：

联系电话：

日期：

# 第一章　投标人须知

## 投标须知前附表

| 项号 | 内容 | 规　　定 |
|---|---|---|
| 1 | 项目名称 | 某地铁线工程保险 |
| 2 | 某市 | 地铁工程建设期建筑工程一切险及安装工程一切险、第三者责任险 |
| 3 | 招标标的 | 某地铁线工程建设期建筑工程一切险及安装工程一切险、第三者责任险 |
| 4 | 资金来源 | 政府投资 |
| 5 | 采用的币种 | 人民币 |
| 6 | 资格要求 | （1）投标人必须持有中国保险监督管理委员会核发的经营财产保险业务许可证和工商行政管理部门颁发的营业执照；<br>（2）投标申请人必须是全国性保险公司，注册资本金不少于人民币 5 亿元，2007 年底公司净资产不得低于人民币 8 亿元（以经审计财务报表为准） |
| 7 | 承保期限 | 建筑期：2008 年 3 月 1 日起至 2011 年 12 月 31 日。<br>附加缺陷责任保证期：某地铁线工程投入试运营后 24 个月 |
| 8 | 保险费率上限 | 本次招标底层保险费率报价上限为 3.5‰，底层保险费率＋上层再保险费率的总体费率上限为 6.8‰ |
| 9 | 投标保证金 | 人民币 50 万元 |
| 10 | 投标文件份数 | 提交书面标书正本 1 份、副本 5 份以及电子标书（包含书面标书正本所有内容） |
| 11 | 定标方法 | 最低投标价法 |
| 12 | 履约担保金额 | 按照本次招标中标底层保费金额的 10％ |
| 13 | 招标会 | 地点：某市建设工程交易服务中心，时间：2008 年 8 月 26 日 16：00 |
| 14 | | 地点：S 市建设工程交易服务中心××楼××号窗口。截止时间：20××年×月×日××：00 |
| 15 | 投标文件递交方式 | 凭投标员指纹或企业法人持企业法人卡在 9 号窗口递交 |
| 16 | 开标会 | 地点：×××市建设工程交易服务中心<br>时间：2008 年 9 月 8 日 15：00 |

## 投标须知前附件

1. 投标文件否决性条款摘要

本章节是本工程招标文件（含招标文件的澄清、答疑、补充文件等）中涉及的所有否决性条款的摘要，否决性条款包括投标文件不予受理、无效标、废标条款。除出现以下情形外，投标文件的其他任何情形均不得做否决处理。招标文件中有关否决性条款的阐述与本章节不一致的，以本章节内容为准。

（1）投标文件不予受理的情形：

①在本须知第九条规定的投标截止时间以后逾期送达的或者未送达指定地点的。

②未按本须知第十一条的规定密封、标记和骑缝加盖投标人公章的。

（2）无效标的情形：

投标文件有下列情形之一的，符合性审查不通过，并予以淘汰：①投标人底层保险费率高过本招标项目的底层保险费率控制价；②投标人未按招标文件规定提交投标保证金；③投标人的法定代表人或委托代理人未在投标函上签字并加盖人公章；④投标人未按要求签署投标函（投标人须承诺完全响应招标文件商务及报价要求、合同条件）。

（3）废标的情形：

①投标人以他人的名义投标或出现串通投标、弄虚作假情形的。

②投标人拒不按照要求对投标文件进行澄清、说明、补正，或不接受对投标文件的计算错误进行修正后的投标报价。

## 投标人须知

本须知是参与本次投标的基本要求和指南，投标人应仔细阅读并严格按照本须知的要求参与投标。

（1）保密：……；（2）招标文件的澄清：……；（3）招标文件的修改与补充：……；（4）投标文件的编制：……；（5）投标费用：……；（6）投标文件的签署：……；（7）投标担保：……；（8）投标文件的有效期：……；（9）投标文件递交地点及截止时间：……；（10）开标地点及时间：……；（11）投标文件的密封和标记：……；（12）投标文件的补充修改与撤回：……；（13）开标：……；（14）标时投标文件的有效性：……；（15）投标文件计算错误的修正：……；（16）定标：……；（17）合同授予：……；（18）履约担保：……

附件：S地铁线工程保险招标定标方法（略）

## 第二章　保险招标承保条件

一、本次招标标的

本S地铁线工程建设期建筑工程一切险、安装工程一切险、第三者责任险。

二、被保险人和保险工程范围

被保险人为某市地铁有限公司，以及参加S地铁线工程建设的勘察设计单位、监理单位、施工单位、监测单位和供应商；保险工程范围包括本地铁线临时工程、交通疏解工程、管线改迁工程、车站与区间工程、停车场及控制中心工程，并延伸到由S线引起的对其他工程的改造。

三、保险开始及保险期限

1. 建设期：自20××年3月1日起至20××年12月31日（S地铁线全线工程预计投入试运营的时间），如果全线工程不能够在20××年12月31日前结束，保险人同意免费延长6个月的保险期限，超过6个月的部分以不超过日比例费率收费。

如果上述停车场或部分出入口等附属工程在地铁线工程全线投入试运营后仍未完工的，保险人同意承保至工程完工止。

2. 缺陷责任保证期：本地铁线工程投入试运营之后24个月。

四、保险标的

## 第一部分　物质损失

1. 建筑工程：包括但不限于地铁 S 线设计概算范围内的建筑工程及所用材料，含装修工程、管线迁改与交通疏解等工程。

2. 安装工程：包括但不限于地铁 S 线设计概算范围内的安装工程及到达施工工地现场或设备合同指定交货地点的设备及安装、调试和总联调。

## 第二部分　第三者责任

建设期间对保险人及被保险人之外的第三方的损害赔偿责任。

五、保险金额、赔偿限额、免赔额

## 第一部分　物质损失

1. 保险金额：

（1）建筑工程一切险：建筑工程保险金额为人民币 1 030 000 万元，其中，建筑工程包括但不限于如下工程内容：①交通疏解、管线迁改（包括地上与地下部分）；②土建工程（包含 13 台盾构机）；③轨道工程；④车辆段及停车场工程；⑤人防工程。

（2）安装工程一切险：安装工程保险金额为人民币 508 000 万元，安装工程范围包括但不限于以下内容：①通信及信号系统；②供电系统；③综合监控系统；④防灾报警、环境与设备监控系统；⑤安防及门禁系统；⑥通风、空调系统；⑦给排水及消防系统；⑧自动售检票系统；⑨车站辅助设备（自动扶梯、电梯及屏蔽门）；⑩车辆。

以上保险金额为暂定金额，最终保险金额按政府批准的上述项目的工程结算额确定。

特别说明：本次保险招标的 S 地铁线工程自 20×× 年 3 月 20 日至 8 月 20 日已经进行了暂保，暂保保费将在本次招标完成后包含在本保险合同范围内，并由招标人支付给暂保人，暂保期间的保险责任由暂保人承担。自 20×× 年 8 月 21 日起以后的保险责任由本次招标确定的中标人承担。

2. 赔偿限额：

本次招标底层赔偿限额：对上述投保工程范围内因自然灾害和意外事故导致的物质损失，每次事故赔偿限额为人民币 1 亿元，无累计赔偿限额。

上层再保险赔偿限额：物质损失每次事故赔偿限额人民币 1 亿元至保险金额的部分由再保险承担。

3. 免赔额：

适用于第一部分物质损失项下的财产损失。每次事故绝对免赔额：

（1）地震、海啸：每次事故，免赔人民币 100 万元。

（2）洪水、风暴、暴雨、台风等其他自然灾害：第一次事故，免赔人民币 10 万元；第二次事故，免赔人民币 30 万元；第三次事故，免赔人民币 100 万元；第四次及以后事故，免赔人民币 200 万元。

（3）意外事故：本保险合同中同一标段在一年内因意外事故导致保险事故的，分别适用于以下的免赔额。

①土建隧道区间部分：第一次事故，免赔人民币 10 万元；第二次事故，免赔人民币 30

万元；第三次事故，免赔人民币 100 万元；第四次及以后事故，免赔人民币 200 万元。

②土建车站明挖部分：第一次事故，免赔人民币 10 万元；第二次事故，免赔人民币 30 万元；第三次事故，免赔人民币 50 万元；第四次及以后事故，免赔人民币 200 万元。第一次事故，免赔人民币 10 万元；第二次事故，免赔人民币 30 万元；第三次事故，免赔人民币 50 万元；第四次及以后事故，免赔人民币 100 万元。

③机电设备安装工程：第一次事故，免赔人民币 10 万元；第二次事故，免赔人民币 30 万元；第三次事故，免赔人民币 50 万元；第四次及以后事故，免赔人民币 100 万元。

④房屋建筑：每次事故免赔人民币 10 万元。

⑤其余保险项目：每次事故免赔人民币 10 万元。

上述各项共同导致的损失，按每次事故扣除一个免赔额并以其中高者的免赔额规定为准。但物质损失部分和第三者责任部分分别扣除各自相应的免赔额。

## 第二部分　第三者责任

1. 赔偿限额：

本保险承保因发生与本保险单所承保工程直接相关的意外事故引起工地内及邻近区域的第三者人身伤亡、财产损失，依法应由被保险人承担的经济赔偿责任。

每次事故赔偿限额（包括第三者财产损失、人身伤亡以及诉讼费用）为人民币 1 亿元，累计赔偿限额为人民币 3 亿元。其中，每人每次事故赔偿限额为人民币 80 万元。

注："每次事故"指不论一次事故或一个事件引起的一系列事故。

2. 免赔额：

震动、移动或减弱支撑条款：第一次事故，免赔人民币 10 万元；第二次事故，免赔人民币 30 万元；第三次事故，免赔人民币 50 万元；第四次及以后事故，免赔人民币 200 万元。地下电缆、管道及设施条款：每次事故免赔人民币 10 万元；其他原因造成的第三者财产损失：人民币 10 万元；人身伤亡：无免赔额。

备注：

每次事故：指不论一次事故或一个事件引起的一系列事故。

上述各项共同导致的损失，按每次事故扣除一个免赔额并以其中高者的免赔额规定为准。但物质损失部分和第三者责任部分分别扣除各自相应的免赔额。

六、保险费付款方式

保险费付款原则上按以下支付进度进行。当工程工期发生重大调整或延误时，双方可协商调整支付进度和支付比例。

1. 保险合同签订后一个月支付暂定总保费金额的 30%。

2. 20××年 12 月 31 日前支付暂定保费金额的 10%。

3. 第一年后的 12 月 31 日前支付暂定保费金额的 20%。

4. 第二年后的 12 月 31 日前支付暂定保费金额的 20%。

5. 第三年后的 12 月 31 日前支付暂定保费金额的 10%。

上述暂定保险费金额为扣除暂保保费后的剩余部分。

每次支付保费应由乙方至少提前 30 天提出付款申请，经甲方复核后支付。最终实际支付保险费在工程投入运营后三个月内根据工程最终结算金额进行多退少补。

七、司法管辖

受中华人民共和国司法管辖。

八、使用的主要条款

经保监会批准的《建筑工程一切险附加第三者责任险条款》《安装工程一切险附加第三者责任险条款》。

九、理赔期限

保险人应在被保险人提供完整的索赔资料并达成一致理赔意见后20个工作日内支付赔款。

十、附加条款

下列附加条款适用于保险合同的各个部分，若其与保险合同的其他规定相冲突，则以下列附加条款为准。

1. 二次运输特约条款

兹经双方同意，本保险单被保险财产部分扩展承保被保险财产在×××市范围内运输至合约工地往返途中遭受的损失。其中，对于盾构机及配件的运输包括水运或空运过程中的损失，对于其他财产不包括上述财产在水运或空运过程中的损失。每次事故绝对免赔额：2万元；本保险单所载其他条件均不变。

2. 扩展责任保证期扩展条款

兹经双方同意，本保险扩展承保以下列明的保证期内因被保险的承包人为履行工程合同在保证期内进行维修保养的过程中所造成的保险工程的损失，以及在完工证书签发前的建筑或安装期内由于施工原因导致保证期内发生的保险工程的损失。本保险单所载其他条件不变。保证期限：24个月。

3. 设计师风险扩展条款

兹经双方同意，本保险扩展承保保险财产因设计错误或原材料缺陷或工艺不善原因引起意外事故并导致其他保险财产的损失而发生的重置、修理及矫正费用。每次事故赔偿限额人民币为1000万元；本保险单所载其他条件不变。

4. 工地外储存物特别条款

兹经双方同意，本保险单扩展承保明细表注明的工地以外的储存物，但该储存物的金额应包括在保险金额中。

工地外储存的地址：各施工单位定点仓库。

储存物的最高金额：人民币500万元。

储存期限：各施工点的施工期限。

每一储存点每次事故赔偿限额：40万元。

每次事故免赔额：2万元。

本保险单所载其他条件均不变。

5. 清除费用扩展条款

兹经双方同意，保险人负责赔偿被保险人因本保险单承保的风险造成保险财产损失而发生的清除、拆除及支撑费用。本项下最高赔偿限额：人民币2000万元。本保险单所载其他条件不变。

6. 专业费用特别条款

兹经双方同意，保险人负责赔偿被保险人因本保险单项下承保风险造成保险工程损失后，在重置过程中发生的必要的设计师、检验师及工程咨询人费用。上述赔偿费用应以损失当时适用的有关行业管理部门制订的收费标准为准。

本项下最高赔偿限额：人民币 500 万元。本保险单所载其他条件不变。

7. 保额自动增值条款

兹经双方同意，倘在保险期限内，合同价超过工程的总预算金额，保险金额将自动增加超额的金额，但总计不得超过明细表中列明的保险金额的 25%，并按照本保险单总则条款的规定向保险人申报实际的全部合同金额。

8. 保额调整条款

本保险单明细表内所列的保险金额为合同价，最终以结算后的工程造价为准。如结算后的工程造价与合同价的差额在 ±5% 内时，保险金额与保险费不做调整；如超过 ±5%，则按结算工程造价增加或减少保险金额和保险费。

9. 工程完工部分扩展条款

兹经双方同意，本保险单扩展承保明细表被保险财产项下的保险财产在保险期限内的施工过程中造成已交付使用的工程部分的损失。本保险单所载其他条件均不变。

10. 特别费用扩展条款

兹经双方同意，本保险扩展承保下列特别费用，即加班费、夜班费、节假日加班费以及快运费。但该特别费用须与本保险单项下予以赔偿的保险财产的损失有关。且本条款项下特别费用的最高赔偿金额在保险期限内不超过以下列限额。若保险财产的保额不足，本条款项下特别费用的赔偿金额按比例减少。本保单所载其他条件不变。最高赔偿限额：500 万元；每次事故赔偿限额：100 万元。

11. 空运费扩展条款

兹经双方同意，本保险单扩展承保空运费。但该空运费须与本保险单项下予以赔偿的保险财产的损失有关。且本条款项下的空运费的最高赔偿限额在保险期内不得超过下列载明金额。若保险财产的保额不足，则按条款项下特别费用的赔偿按比例减少。赔偿限额：50 万元；本保险单所载其他条件均不变。

12. 膨润土损失扩展条款

在无损于物质损失部分项下提供的保险责任的情况下，经双方同意由于突然的无法控制的膨润土损失需要建造挡土墙及排水沟，如果在建造期间发生损失，物质损失部分项下的赔偿将不仅适用于膨润土本身的损失及保险财产的其他直接损失，而且还应扩展负责恢复及完成上述挡土墙及排水沟工程部分的直至工程师对此感到满意的费用，但该费用不包括假设膨润土损失没有发生，仍需建造上述挡土墙及排水沟而产生的费用（对膨润土的技术鉴定由被保险人指定的勘察设计单位负责）。

13. 罢工、暴乱及民众骚动扩展条款

兹经双方同意，鉴于被保险人已缴付了附加的保险费，本保险扩展承保由于罢工，暴乱及民众骚动引起的损失。但本扩展条款仅负责由于下列原因直接引起的保险财产的损失：

（1）任何个人参与他人进行社会骚乱的活动（无论是否与罢工有关）。

（2）任何合法当局对该骚乱进行平息，或试图平息，或为减轻该骚乱造成的后果所采取的行动。

（3）任何罢工者为扩大罢工规模，或抵制厂方关闭工厂而采取的故意行为。

（4）任何合法当局为预防，或试图预防该故意行为，或为减轻该故意行为造成的后果所采取的行动。

双方进一步同意：

（1）除下述特别条件另有规定外，本保险单所有条款，除外责任及条件等均适用于本扩展条款。本保险单的责任范围亦将包括本扩展条款承保的损失。

（2）下述特别条件仅适用于本扩展条款特别条件。

①本保险单对以下原因造成的损失不予负责：

a. 全部停工或部分停工，或工程实施过程中的延迟、中断、停止；b. 任何合法当局没收、征用保险财产造成被保险人永久或临时的权益丧失；c. 任何人非法占有建筑物造成被保险人对该建筑物永久或临时的权益丧失；但保险人对上述 b 及 c 项下被保险人的权益丧失之前，或临时丧失期间的保险财产的物质损失负责赔偿。

②本保险对下列原因引起的直接或间接损失不予负责：

a. 战争、入侵、外敌行为、敌对行为、类似战争行为（无论宣战与否）、内乱；b. 兵变、民众骚动导致的全民起义、军队起义、暴动、叛乱、革命、军事行动或篡权行动；c. 代表任何组织，或与之有关联的任何个人采取的旨在动用武力推翻或用恐怖及暴力行为影响政府的行动（合法的或事实上的），一旦发生诉讼，且保险人根据本特别条件申明损失不属本保险责任范围时，被保险人如有异议，则举证之责任应该由其承担。

③被保险人可随时要求注销本保险，并将该注销通知以挂号信寄至保险人最近提供的地址。本保险单所载其他条件不变。

14. 时间调整特别条款

兹经双方同意，本保险单项下的保险财产因在连续 72 小时内遭受暴风雨、台风、洪水或地震所致损失应视为一项单独事件，并因此构成一次意外事故而扣除规定的免赔额。被保险人可自行决定 72 小时期限的起始时间，但若在连续数个 72 小时期限时间内发生损失，任何两个或两个以上 72 小时期限不得重叠。本保险单所载其他条件均不变。

15. 自动恢复保险金额条款

兹经双方同意，在保险人对本保险单明细表中列明的被保险财产的损失予以赔偿后，原保险金额自动恢复。被保险不再交纳额外部分的保险费。本保险单所载其他条件不变。

16. 漏电、大气放电扩展责任条款

兹经双方同意，本保险单安装工程保险项下扩展承保由于漏电及大气放电原因造成电气设备或电气用具本身的损失。该电气设备或电气用具须在本保险单保险财产项下。本保险单所载其他条件均不变。

17. 地下工程条款

兹经双方同意，保险人对被保险人由于下列各项不负责赔偿：

（1）改变施工方法或地质条件不可预见的变化或地质障碍所增加的费用。

（2）为改善或稳定地质条件，或封闭入水口而采取的必要措施所发生的费用，但为修复受损保险财产所必须采取的措施不在此限。

（3）清除挖掘物，或者清除超挖物及由此产生的回填费用。

（4）排水费用，但为修复受损保险财产所必须采取的排水措施所发生的费用不在此限。

（5）使用备用设施本可以避免的排水系统损坏。

（6）放弃或恢复隧道挖掘设备。

（7）为挖掘进行支撑或加固地面所需的膨润土等任何媒介物。

保险人依照本保险合同应赔偿金额以将保险财产恢复至受损前技术标准所规定的费用为限，但不超过损失发生区域原挖掘费用的百分之一百二十五（125%）。本保险单所载其他条件不变。

18. 恶意破坏条款

本保险扩展承保本保险单中列明的被保险财产因他人的恶意破坏所致的损失。本保险单所载其他条件均不变。

19. 预防措施条款（每次事故赔偿限额为人民币100万元）

如果保险财产发生了实际损失（或即将发生损失，但需事先通知保险人并取得其认可），保险公司将负责支付为了防止降低或减少本可在本保险单项下获得赔偿的此类损失而产生的必要的合理的费用。本保险单所载其他条件均不变。

20. 交叉责任扩展条款

兹经双方同意，本保险单第三者责任项下的保障范围将适用于本保险单明细表列明的所有被保险人，就如同每一被保险人均持有一份独立的保险单，但保险人对被保险人不承担以下赔偿责任：

（1）已在本保险单物质损失部分投保的财产损失免赔额，或赔偿限额规定不予赔偿的损失。

（2）已在或应在劳工保险项下投保的被保险人的雇员的疾病或人身伤亡。本保险单所载其他条件不变。

21. 震动、移动或减弱支撑责任条款

本保单扩展负责赔偿被保险人因震动、移动、降沉或减弱支撑而引致建筑物结构（或构筑物）受损（破坏性）或危害占用者的安全而所致的赔偿责任。已被有关当局宣布为危楼（或构筑物）或已被命令拆除的建筑物，保险人对于该楼（或构筑物）因震动、移动或减弱支撑而引起的损失，不负赔偿责任。在同一个标段内因为同一原因三个月内连续造成的一系列损失视同一次事故所造成的损失。

22. 地下电缆、管道及设施特别条款

兹经双方同意，保险人负责赔偿被保险人对原在的地下电缆、管道或其他地下设施造成的损失。但被保险人须在工程开工前，向有关当局了解这些电缆、管道及其地下设施的确切位置，并采取必要措施防止损失发生。对于以下情况亦负责赔偿：

（1）地下电缆、管道及设施改变后有关图纸未能归档，造成被保险人不知道管线改道情况。

（2）地下电缆、管道及设施系用于军事用途，被保险人不能知晓该地下电缆、管道及设施情况。任何损失赔偿仅限于电缆、管道等地下设施的修理费用，对于任何后果损失及罚金保险人不负责赔偿。

23. 现场保护义务条款

兹经双方同意，当发生保险事故，被保险人在保险人的代表或检验师进行勘查之前，应尽可能保留事故现场及有关实物证据；如因抢险、施救或公共当局要求等原因无法保留现场，则应提供现场照片、人证以及其他能够证明事故情况的证据证人。

24. 不可撤销条款

兹经双方同意，无论是否与保单中的规定相违背，除非被保险人没有按照保单约定的时间支付保险费，则保险人在任何情况下没有权利取消该保单。本保单所载其他内容不变。

25. 共同被保险人条款

鉴于组成被保险人各方为不同的独立团体，每一团体在本保单项下之各人方面权益，均被视同各人自拥有其独立保单以保障之权益。

尽管本保单条文中载有任何相反之约定，保险人特此同意在组成被保险人各方中任何一方因疏忽而不含有欺诈、欺骗、隐瞒或违约成分之行为，以致未能遵从、履行或遵守保单之协议及条件的情形下，其他各方之共同被保险人在本保单项下之权益并不因此而受损。在发生本保单项下之索赔后，而该索赔系因组成被保险人各方中任何一方疏忽引致及其行为并不存有欺诈、欺骗、隐瞒或违约成分之行为，保险人同意放弃对该责任方采取任何代位求偿权力或行动。

本保单明细表中所注之必需金额，并不因本条款所载之任何内容而有所增加。

26. 预付赔款条款

如果被保险标的发生保险责任范围内的损失，在无法迅速确定损失金额的情况下，保险人在可确定损失值的 80％ 以内予以预赔。在确定损失后应立即完成有关索赔及理赔手续。本保险单所载其他条件均不变。

27. 公估师条款

兹经双方同意，本保险单项下发生损失，可委托双方认可的具有公估师或检验人资格的公估师（检验人）进行损失查勘、检验和理算。本保险单所载其他条件均不变。

## 第三章　保险合同

一、总则

1. 保险合同由保险协议书与保险条款（保单）构成。

2. 保险协议书是保险人和被保险人通过协商签订的对双方均具有约束作用的保险服务协议。

二、保险协议书简要

### 某地铁线工程保险协议书

甲方：某地铁有限公司（被保险人）

乙方：　　　　　（保险人）

为了合理转移某地铁线工程建设期间所面临的风险，保障工程建设顺利进行，甲方经公开招标选择乙方承担 S 地铁线工程建设期间保险业务，双方本着友好协商、平等互利的原则，达成协议如下：

（一）经过项目招标，甲方确认乙方作为本保险项目的保险承保人，总保险费金额暂定为人民币元＿＿＿＿＿（大写：人民币＿＿＿＿＿元整），综合保险费率（本次招标确定的底层保险费率＋上层再保险费率）为＿＿＿＿％，最终的总保险费按批准的工程结算总投资额和综合保险费率调整。

（二）甲方有义务向乙方提供保险项目风险评估所必需的与承保有关的资料，并按下列期限向乙方支付保险费用：保险费付款原则上按以下支付进度进行；当工程工期发生重大调整或延误时，双方可协商调整支付进度和支付比例。

1. 保险合同签订后一个月支付暂定总保费金额的30％。

2. 20★★年12月31日前支付暂定保费金额的10％。

3. 第一年后的12月31日前支付暂定保费金额的20％。

4. 第二年后的12月31日前支付暂定保费金额的20％。

5. 第三年后的12月31日前支付暂定保费金额的10％。

上述暂定保险费金额为扣除暂保保费后的剩余部分。

每次支付保费应由乙方至少提前30天提出付款申请，经甲方复核后支付。最终实际支付保险费在工程投入运营后三个月内根据工程最终结算金额进行多退少补。

（三）乙方应严格遵守其投标文件中做出的各项承诺，不得随意更改或增删任何条件。同时，乙方有义务对甲方提供的所有资料保守秘密。

（四）在发生引起或可能引起保险单项下索赔的事故时，保险人或其代表应在接到事故通知后，两小时之内赶到现场勘查（市区外应在四小时内），否则，视为保险人放弃对事故现场进行勘查的权力，被保险人有权对受损财产进行抢修。

（五）在本项目保单履行期间，为了加强现场风险管理，做好防灾防损工作，乙方保证做好以下服务：

1. 保单生效后一个月之内，编制完成本项目的保险理赔手册，并交付有关方使用。

2. 保单生效后一个月之内，乙方向甲方提交本项目保险理赔的机构和人员方案，经甲方认可后实施。乙方安排的直接服务于本项目的工作人员应符合项目保险理赔工作的要求，并保持相对稳定，如需调整时应事先通知甲方。

3. 建立定期防灾防损检查和例会制度。

（1）每年一次由乙方负责聘请国内外专家对现场进行查勘，检查防损情况并提出进一步的防损措施。

（2）每半年一次由乙方派出有经验的专业人员与甲方的有关部门配合，检查工程的安全防范体系，及时消除安全隐患，强化防范措施。

（3）每季度召开一次现场风险管理协调会。

乙方派驻现场的机构提出现场风险防范管理情况的季度报告，以及改进管理的建议，及时完善现场安全管理。

（4）以上为基本要求，可视情况和甲方要求调整次数和内容。

4. 培训

（1）根据甲方要求或现场管理需要，乙方负责对甲方免费提供保险专业知识的培训。

（2）根据甲方要求或现场管理需要，乙方负责邀请国际上有经验的专家进行风险管理方面的讲座和技术交流。

5. 乙方应设立防灾防损和培训基金，用于上述3、4项内容的实施，原则上该基金不得少于本次招标底层保险费金额的3％。

（六）保险条款（保单）是本协议不可分割的一部分，双方均保证严格履行保险条款的各项约定。

（七）本协议有效期与保险单上所列保险期限相同，任何一方如有变更、终止本协议的要求，均需提前三个月书面通知对方，双方达成协议后方可生效。

（八）双方在协议履行过程中如发生争议，均应本着平等、友好的原则协商解决。协商不成的可以向人民法院提起诉讼。

（九）本合同未尽事宜，双方另行协商。协商结果是本协议不可分割的组成部分。

（十）本协议书正本一式两份，甲乙双方各执壹份；副本拾陆份，甲方执拾壹份，乙方执伍份；正副本具有同等法律效力；经双方签字盖章后生效，本项目保单责任终止时失效。

甲方（盖章）：××市地铁有限公司

乙方（盖章）：地址：××市××区××路

地址：××号地铁大厦

法定代表人（或授权代表）

法定代表人（或授权代表）

| | |
|---|---|
| 电话： | 电话： |
| 传真： | 传真： |
| 联系人： | 联系人： |
| 开户银行： | 开户银行： |
| 银行账号： | 银行账号： |

签于＿＿＿年＿＿＿月＿＿＿日

三、工程保险条款

工程保险条款由保险条款（主条款）、特别条款和附加条款组成。

主条款：

主条款由《建筑工程一切险条款及第三者责任险条款》《安装工程一切险条款及第三者责任险条款》组成。对于土建工程部分，适用《建筑工程一切险条款及第三者责任险条款》；对于安装工程部分，适用《安装工程一切险条款及第三者责任险条款》；对于第三者责任部分，适用上述附加《第三者责任险条款》

建筑工程一切险及第三者责任险条款（略）

安装工程一切险及第三者责任险条款（略）

## 第四章　投标书格式

一、投标函格式

### 某地铁线工程保险招标投标函

投标人（盖章）：

法定代表人或其委托代理人（签字或盖章）：

日期：＿＿＿年＿＿＿月＿＿＿日

### 投标函目录

1. 法定代表人资格证明书；

2. 投标文件签署授权委托书；

3. 投标函；

4. 投标人的营业执照、经营保险业务法人许可证复印件；

5. 投标函附件；

6. 银行履约保函格式。

（以上六项格式本书予以省略）

二、商务技术标书格式：

商务技术标书包括下列内容：

1. 承保能力说明。

2. 财务能力说明——总公司财务报表（经审计）。

3. 对再保险安排的承诺［投标人必须承诺接受业主对再保险的要求，并在被确定为中标候选人后与业主共同就物质损失部分每次事故超过1亿元人民币部分保险责任（上层保险责任）进行再保险询价］；

4. 保险服务方案（包括主要服务团队、服务计划等）。

5. 有关保险方面的优惠条件及商务承诺。

6. 投标人类似项目承保业绩。

7. 投标人对本招标项目工程的关于风险管理及风险控制的建议和意见（投标人须设立不少于本次招标底层保险费金额3%的风险防范基金，用于防灾防损和风险培训、风险管理考察和研讨等用途。）

## 第五章　工程项目介绍

《S地铁线工程筹划》介绍仅供投标人参考，招标人认为投标人已经充分考虑了项目开展过程中出现的变化及不定因素等所产生的所有相应风险（包括工程实施范围、时间可能产生的变化等）。

### S地铁线工程总筹划

一、工程概况及特点（略）

二、工程建设总工期和总进度（略）

三、工程进度计划安排（略）

# 第 11 章　EPC 工程保险采购案例

工程保险的采购方式多种多样，各种方式都有各自的优势，投保人应根据项目风险实际和自身所特有资源，选择适合自己的采购方式。本章介绍八个典型的工程保险采购案例，这些案例既有保险采购案例，也有安排与采购的综合案例，从不同的角度阐述了投保人对采购方式的分析、选择和实际操作过程，并介绍了他们在保险采购实践中的经验体会。

## 11.1　通过招标方式选择经纪人采购模式案例

**【案例摘要】**

本案是一起通过招标方式选择经纪人的采购案例。以海外某隧道高速公路工程项目为例，介绍通过招标方式选择保险经纪人，实施保险采购的过程和选择经纪人的标准。

**【项目概况】**

某年9月，中方隧道项目公司得到境外某国公路局的批准，为该国某隧道高速公路工程项目的主要风险进行职业责任保险的招标。经该国家公路局的批准，该隧道项目公司聘用一批保险专家，他们在合同文件出台之前，为了保证保险经纪的服务质量，为隧道项目公司提供咨询建议。隧道项目公司聘用欧盟政府采购法和保险领域的某位专家，就采购和处理职业责任保险方面的问题提供咨询。

**【经纪人招标过程】**

该项目通过招标选择保险经纪公司来为该隧道高速公路项目设计职业责任险。为此，该国城市委员会分别于当年8月底在欧洲委员会官方期刊上，当年9月在全国性报纸刊登了广告，邀请保险经纪公司进行投标。共有六个投标者递交了投标书，包括填写了相关信息表供评审。两个是废标，其中一个因为投标书迟到，另一个是因为服务建议不充分。剩余四个初步被认为满足W国的保险行业协会要求（这一步骤相当于资格预审）。

这四个投标者于当年12月被邀请对他们各自的投标做一个展示。隧道项目公司和该国的保险行业协会的顾问组成评审小组对这四个投标者进行了面试和评审。最终两家公司脱颖而出，并受邀请做出更全面的保险服务建议。通过这个案例可以看出，投保人在进行保险招标时，邀请的是保险经纪而不是保险公司，来提供保险咨询服务。在评价保险经纪公司时，保险经纪的经验、保险方案和战略的质量权重比较大，同时索赔服务质量和风险管理能力也很重要。

**【应注意的问题】**

由于我国对外承包公司在海外工程市场上进入时间比较短，对当地情况缺乏了解，并且工程市场迅速发展的特点，以下几个因素应该给予重视：

一是保险经纪人资质等级：包括保险经纪公司资质等级和关键职员资质等级；二是与保险公司的关系：包括经常合作的保险公司和从未合作过的保险公司；三是投保人同行给出的评价：包括经纪公司的专业水平、工作效率和价格评价。

【案例提示】

1. 保险经纪人的意义

随着工程保险市场的专业化发展，保险经纪在风险管理和保险服务上起到越来越重要的作用。他们可以帮助承包商识别和评估风险，设计项目风险投保计划，洽谈保险合同，监督风险管理并在事故发生后协助处理保险索赔。但是，一个不合格的保险经纪可能由于经验不足，不仅不能提供规避风险的专业建议，从而增加了项目风险。对保险经纪公司进行筛选、评价以得到好的合作伙伴是成功投保工程保险的重要步骤。

2. 通过招标选择保险经纪人

承包商应该像选择商业伙伴一样予以重视，通过招标方式选择经纪人是最佳的选择方式，招标中并应依据科学的程序来进行。在国际工程市场上，通过招标方式聘请保险经纪协助承包商安排、采购工程保险时，承包商需要综合评价考察其专业知识水平、从业经验和服务质量，通过各种渠道了解经纪的真实情况，挑选值得信任的保险经纪人。目前，由于在国际工程保险市场的特殊性，通过招标方式选择保险经纪人将越来越受到中国承包商的青睐。

## 11.2　承包商直接询价采购模式案例

【案例摘要】

本案是一起承包商向保险人直接询价投保的案例。在介绍国际工程保险市场采购准备和运作流程基础上，阐述了对保险人询价的过程，同时分析了通过与经纪人的合作和与当地保险公司合作的两种采购模式。说明应结合项目所在国的具体情况，采取各种灵活的采购模式。

【项目概况】

巴基斯坦卡拉奇 EPC 疏浚吹填项目是以扩大港口为目的，疏浚吹填工程总共需要 30 亿 $m^3$ 回填土，由于该国水域没有足够的回填材料，这些回填土需要到临近国的海域挖取区再运至施工地点，取土区域和回填区域间有较大的航程。巨大的工程量和施工工期要求现场有足够量的大型挖泥船，采用了大型的疏浚设备，使工程存在诸多风险。

该项目的合同文本为 FIDIC99 版，其中对保险的规定是要求购买工程一切险、第三方责任险、雇主责任险、施工机具险、施工船舶险，在特殊条款中明确规定保险要在当地保险公司购买。按照项目所在国法律约束，保险要在开工前 84 天后正式确定并向业主提交副本。

【采购准备】

实施境外工程承包项目时，购买保险成为合同的硬性规定，没有保险的工程是不能够开工的，所以根据合同进行工程保险的采购是非常必要的。事实上购买工程保险不仅仅是为了满足合同的要求，实质是一种风险转移的手段。一般国际工程保险的主要险种有建筑工程一切险（建筑安装一切险）、第三方责任险、雇主责任险、运输保险等。这些保险必须贯彻施工始终，有些要保持到保修期的结束，即使项目安全生产是第一要务，保险也是必须要购买的。

就国际工程而言，一般承包商对项目所在地的法律制度和市场信息了解不多，除非当地有进行的项目或正在执行中的项目，普遍的情况是业主要求承包商遵守当地的法律，而当地的法律会规定保险需要在当地购买。如果单纯在招投标阶段进行估价，可以根据不同险种的费率范围上浮 20%进行估算，当然也是要向当地保险公司进行询价。有些业主甚至需要在投标书中附加保险公司的承诺提供保险意见函，也就相当于承包商在投标阶段就要指定日后的保险人。

承包商在收到工程招标文件后，要有专门人员对保险条款进行研读，主要包括合同条款中保险规定和特殊条款的规定。要整理出全面的工程信息，如项目名称、项目所在地、工期、保修期、工程内容、适用法律等，将特殊条款中对保险的要求一并整理出，然后向保险公司询价。当然保险采购也可以向其他商品采购一样采取招标的方式。但在约定了必须采用当地保险公司的，采用招标方式也未必会选最好的保险人，一般比较不发达地区的保险公司其承保能力十分有限。接下来就是对保险公司的考察。

【市场调研】

要做好保险采购，首先要对保险市场有所了解。承包商所接触的保险公司，也就是承包商签约的保险人，是我们所接触到的最前方的保险供应商。保险人分为前保方和再保方。再保方可以称之为保险的批发商，前保方可以称之为零售商。承包商通常只能和零售商面对面，无法和批发商直接建立联系。能够和再保方直接联系的是保险公司和保险经纪公司。

保险公司与再保险公司有合作关系，通常每年保险公司会和再保险公司签订一定额度的合约，有不同种类的保险，比如财险、寿险等。保险公司每年承接的保险项目只有一部分留给自己承担风险，一部分放在保险合约中，由再保险公司承担风险。如果合约已满，其余部分将向"再保险公司"寻求风险转移。当然，这部分的保险费用要比放在合约中的价格高一些。

保险经纪人是与保险公司和再保险公司有密切关系的机构，客户可以将各种项目需要的保险提供给经纪人，保险经纪人在接受委托后，向保险公司和再保险公司询价，规模比较大的保险公司对一般小型的项目是可以完全吃单的。但是通常海外工程一般金额比较大，单独一个保险公司无法承担巨大的风险，需要将保险进行分担。保险经纪人可以直接向"再保险公司"发出询价请求，再保险公司可以根据项目情况对项目风险进行分担，也就是再保方和前保方全部由经纪公司做出安排。

再保是一个群体，按照标普、穆迪的评价机构的评级也分为不同的等级，对于某个项目的保险，保险公司或保险经纪人会寻求一个再保的 LEADER（领头者）作为再保群体的号召人，LEADER 根据保险的要求会提出保险费率和条款，然后保险公司响应其他的再保险公司跟单，这样才会形成一个保险的报价和条款反馈给客户。也就是说风险是否能分担出去，实际上取决于再保险公司 LEADER。以上就是保险市场运作的模式，可以用图 11 - 1 来表示。

保险市场具有其特殊性：一是再保险人的范围有限，保险条款基本为固定的格式（如常用的慕尼黑再保险条款），二是费率由再保险人主导，也就是说当再保的 LEADER 确定了保险费率和条款

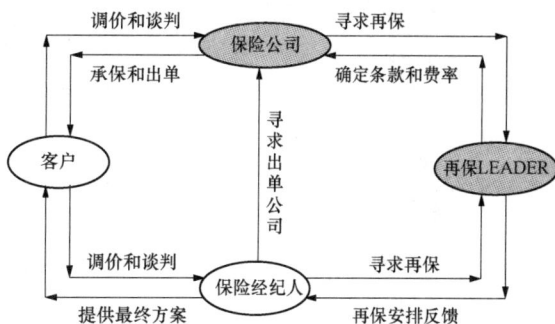

图 11 - 1　保险市场运作的模式

之后，就会要求前方保险公司和其他再保跟单的响应。全球大型的再保险公司有慕尼黑再

保、瑞士再保、法国再保、安联再保、SCOR 集团、Gerling 再保、Berkshire Hathaway、GE Global Ins Holding、ASA Corp Solutions。如果是这些再保公司作为保险的再保险方，那么风险分担是相当可靠的。

**【保险人的选择】**

保险人的选择，除了要满足合同中的要求以外，还要考虑以下三个原则：费率低、条款好、服务好。对于合同或当地法律没有要求必须在当地投保的，可以选择国内的保险公司，例如人保公司、平安公司等大型的信誉较高的中国保险公司。对于要求必须在当地投保的，可以采用直接向当地几家大型保险公司询价或直接通过世界知名的保险经纪公司询价。

询价过程是比较长的，保险公司或保险经纪公司会不断提出要求增加一些资料，承包商需要有专人跟进。承包商再得到各渠道报价和条款后进行充分的比较分析，选择既能满足合同要求和当地法律规定的保险公司，而且价格在项目预算范围之内的保险公司作为承保人。

在保险采购过程中，应注意以下几点：

1. 询价切记不可过多

询价一般不要超过三家，这一点是由保险市场的特殊性决定的。询价的公司越多，保险的费率反而被抬高，这是因为全球的再保险市场有限，当有大型工程项目签约时，都会有保险公司或者保险经纪公司，向"再保险市场"进行询价。例如，有一国际公司向 A、B 两家保险公司询价。A 保险公司向慕尼黑再保险公司询价，并提出费率为 0.45% 的要求。慕尼黑再保险公司收到询价后会审核工程信息，提出自己需要的工程风险分析报告，最终确定 0.45% 的费率是否可以接受，并提出自己的特殊保险条款（如免赔额度、免赔条款和附加条款的赔偿限额等），并反馈给 A 保险公司，本公司可以承担 40% 的风险，其他的风险由其他再保险公司承担。这样 A 保险公司就要去找另外的再保险公司，将剩余的 60% 分担掉。当然如果 A 保险公司有实力的话也可以自留一部分风险。最终 A 保险公司又找到其他再保险公司 5 家，每家分摊 10% 的风险。A 保险公司自留 10% 的风险，确定了保险条款和保险费率为 0.45%。

与此同时 B 保险公司也向再保方询价，由于慕再保公司已经向 A 保险公司确认了 0.45% 费率，所以不会向 B 保险公司报价。B 保险公司选择其他的再保险公司作为 LEADER 进行询价，而其他再保险公司可能对项目并不感兴趣，或者认为慕再保公司已经将费率做得最低已经无利可图。B 保险公司为了找到新的再保险公司合作，可能会抛出更高的利率，如 0.5% 再次向慕再保公司询价，保险条款要求与 A 保险公司一致即可。再保险公司当然会希望同等条件下费率越高越好。再保人的费率报价是有有效期的，如果时间拖久了没有得到客户或保险人确定投保的函件，那么低费率作废，而保险费率就这样会越做越高。

2. 慎重授权

在询价过程中保险公司或者经纪公司都希望从客户那里得到一份授权，即客户授权某一保险公司为唯一提供保险服务的公司或唯一的保险经纪人。其目的是相当于从客户那里得到了唯一授权，拿着这样的授权在再保险市场上询价就可以得到再保险人的认可，认定你是唯一有希望可以和客户合作的保险人或者经纪人。这种情况下再保险人就不会向其他保险公司提供报价和条款。如此，也可以避免寻价越高的状况。但是也不能在最初向保险公司询价时就开始授权给保险公司，要掌握好时机，最好是能够收到第一轮各保险公司或经纪公司报价后进行费率比较和条款比较后，再决定选择哪家保险公司或保险经纪人，然后对保险公司或经纪人进行授权，同时要求其对保险费率进行降低并对保险条款进行改进以更利于承包商的情况。

如果过早地进行保险授权，可能会造成保险公司或经纪人在最初询价时提出很高的费率，虽然更容易使再保险人接受，但是对承包商会造成很大的经济损失，而客户授权后就没有了可以和保险人进行谈判的资本。另外，如果授权，措辞要谨慎，可以在授权书中写明授权的有效时间，或者书面撤销授权等规定，这样当承包商希望更换保险人或经纪人时，可以依据授权书约定撤销授权。

### 3. 注意再保评级

当保险公司或经纪人提供保险费率报价及条款后，客户可以要求保险公司或经纪人提供再保公司的份额分配反馈签单及各家保险公司的保险评级。为确保项目风险可以被可靠的再保险公司承保，最好选择标普或者穆迪评级 A 以上的再保人。可以自行查寻再保人的评级水平，也可以要求保险人或者保险经纪人提供。

保险份额的分配需要由各家再保险公司出具证明。证明已经承担项目保险风险的份额百分比。再保险公司可以直接将此证明发给前方保险公司或者保险经纪人。

### 4. 注意投保时间

一般工程保险中所必须要投保的工程一切险、第三方责任险、雇主责任险、施工机具险在合同中都有明确的约定，必须在开工多少天内提交保单证明已经购买，否则业主会以此为由拒绝承包商的开工申请。所以承包商在保险采购过程中应注意把握好时间，避免由于保险购买延误造成工期延误。

### 5. 保险费支付

工程一切险、第三者责任保险对于工程项目而言是一次性采购，保费金额比较大，一次性支付会对资金流有影响，承包商可以在和保险人谈判条件时约定分期付款，可以分为 2～5 期支付，具体分为几期应根据保险费用的多少和工期的长短而定。

对于施工机具险和雇主责任，为一年期保险，每年需要重新购买保险，保险费率有可能变化，还需要每年跟进保险谈判，来确定每年的保险费金额。

### 【采购方式分析】

#### 1. 与保险经纪人的合作

承包商对巴基斯坦卡拉奇 EPC 疏浚吹填项目中标后就开始准备保险采购工作。通过对合同的整理，合同文本为 FIDIC 合同，其中对保险的规定是要求购买工程一切险、第三方责任险、雇主责任险、施工机具险、施工船舶险，在特殊条款中明确规定保险要在当地保险公司购买。按照巴基斯坦法律约束，保险要在开工前 84 天后正式确定并向业主提交副本。

对于本项目承包商已经在国内进行了询价，希望中国保险公司作为项目保险人，但是这样不能满足当地保险公司承保的条件，因为所在国要求必须邀请当地保险公司承保和承保一定的比例。而从当地三家保险公司询价结果来看，费率高得离谱，超过了 1.3%。为此，承包商要求当地保险公司与中国保险公司合作，中国保险公司作为当地保险公司的再保方，中国保险公司实际上也不是完全承保了此项目，而是通过一家亚洲保险经纪人，由保险经纪人安排了再保险工作，中国保险公司仅仅是再保险公司中的一家。工程项目业主看出承包商希望中国保险公司承保的意图，故要求承包商提供再保险的详细信息，尤其是所有的再保险公司必须是评级 A 以上的保险公司。承包商将要求反馈给保险经纪人，保险经纪人最终安排了由安联作为再保 LEADER 的方案，也最终获得了由八家再保公司分担保险 99.75％的风险。根据项目所在国的法律规定，当地的保险公司要承担项目风险的 0.25％，而这 0.25％的风险也不是由当地保险公司承担，而是由项目所在国的再保险公司承担，这也是一个硬性的规定。

最终敲定的保险是由当地保险公司作为出单的前保方公司，保险经纪人安排了全部的再保份额分配，而通常如果由保险经纪人安排再保分配，前方出单保险公司由于不是自己安排再保，对于出单会有一个费用要求，会按照再保公司费率的基础上要求 5％～10％的出单费。另外，项目所在国当地保险费需要缴纳 2 种税收，共计 11％（10％的国家消费税＋1％的国家保险税），保险费支付分 3 期，每笔支付 1/3，第一期为开付保单时，第二期为第一笔之后 90 天，第三笔为第一笔之后的 150 天。

2. 与当地保险公司合作

保险采购方式是多样的，也可以采取其他方式实施采购。某境外矿石码头项目合同文本为 FIDIC99 版，在特殊条款中规定必须适用当地法律，对于保险，业主有两篇出资人协议需要放在保险条款中，其中包括要根据当地情况购买战争保险要求，需要在开工后 30 天内递交保险公司承保意向书，开工后 60 天递交正式保单。

根据当地的法律规定保险必须在当地采购，但是项目所在国的保险公司都比较小，而且都不具有承保能力，最大的一家是国家保险公司 NASR，每年也只有 250 万欧元的合约，其他的保险公司如 MAR、AGM 之类承保能力就更小了。项目需要遵守当地法律，于是承包商向这三家保险公司询价，同时，也向国内的保险经纪人询价，最后只有 NASR 得到再保支持给出报价，而 AGM 只给出一个虚报价（没有得到再保支持的报价）且费率很高。中国保险经纪公司给出的保险费率也很高，且要求从中给出 15％的经纪费。但是由于必须在当地的保险公司购买保险，如果采用中国保险公司作为再保，当地保险公司作为出单方，那么需要有当地保险公司愿意配合，而在当地三家较大的保险公司中，只有 MAR、AGM 两家愿意出单，MAR 的出单费为 5％，AGM 的出单费为 10％，而这些计算下来依旧没有 NASR 保险费率合理。

最终能够选择 NASR 作为保险人，其中更主要的原因是其再保人中慕尼黑再保作为再保 LEADER，承保 40％的风险，SCOR 承担 20％的风险，其他的再保人如非再等都是评级很好的再保人，风险分担有保障，且 NASR 提供了这些再保人的风险承担函。而中国的保险经纪公司找了中国一家不知名的保险公司作为再保人，费率高而且不能提供再保风险承担函，项目所在国的保险税费为保费的 10％。

通过上述疏浚吹填项目与码头项目两个案例可见，在保险采购中可以灵活采用不同的询价与合作方式，有些国家虽然保险公司的承保能力有限，但是只要有强大的再保作为支持也是可以做好保单的。

【案例提示】

（1）在执行海外工程中，工程所需要保险安排的保险种类基本是一致的，主要包括雇主责任险、施工机具设备险、货物运输险、运输工具险、建筑或安装一切险、第三者责任险。所不同的是每个项目所在地的法律规定、项目的各自的特殊要求。但保险市场的运作模式是固定的。承包商应根据项目合同要求、当地法律法规的规定以及业主的特殊要求选择采购优化保险采购途径进行投保。

（2）保险公司的选择：通过招标方式选择信誉好、费用低、理赔服务好、有一定实力的保险公司。有些国际承包项目合同中，直接规定了由项目所在地保险公司承保条款，如本案所述，需要特别注意，否则国内办理的保险不予承认。

（3）境外项目合同中规定由承包商办理的保险，承包商需要在规定的时间内按照合同要求办理相关保险，并将保险协议的副本提交业主审查批准，否则承包商无法开工，对于需要承包商办理的保险，如承包商未办或未及时办理，业主有权代为办理，发生的费用由承包商合同进度款中予以扣除。

（4）通过代理保险方式，充分利用我国与项目所在国保险费率不同，寻求国内信誉好、较国外保费低的保险公司作为主承保商，以项目所在国保险公司作为代理承包商。代理承包商出具业主认可的保险单，如出险后代主险承保商进行现场勘查，出具现场勘查报告及理赔所需其他资料；国内的主承保商主要承担承保责任、保费收取、保险赔偿、向代理承保商支付代理费用等。这是做好保险工作、降低保费的有效方法。

（5）保险工作是一项综合性很强的工作，不同的险种需要不同的业务部门和专门人员具体负责，各相关部门和人员应加强学习保险专业知识，出现保险事故后，各个部门及人员应共同努力配合保险公司的取证和索赔；同时也需要各基层单位现场的追踪取样和密切配合，没有这些协作与配合要顺利完成保险索赔是不可能的。

## 11.3　国际再保险市场采购模式案例

【案例摘要】

本案例对国际工程保险合同主体、承保方式进行了分析，针对国际再保险市场所关注的问题做了阐述，对于承包企业熟悉国际保险市场的工程保险业务承保方式，选择保险采购途径，落实工程保险安排计划，对提高风险管理水平有一定的实际意义。

【项目概况】

中国工程承包商承建的非洲某国东西高速公路全长 1200 余千米，跨越该国的八个省。该国极端组织的武装分子频繁袭击军队、警察、政府部门和平民。近几年来，该国政府在政治和军事上加强了反恐力度，使国内治安形势有所好转，但恐怖袭击事件在该国部分地区仍时有发生。在建工程项目有可能会受到其威胁。而且，一些自然灾害如地震、台风、暴风雨也时有发生，所以该项目风险很大。因此，中国承包商项目部对该项目风险非常重视，希望通过保险将其转移给保险公司。由于该项目合同金额很高，所以，承包商担心在风险来临时，当地的保险公司是否有能力赔偿其损失，成为承包商十分关注的问题。

【合同主体及承保方式】

在工程保险市场中，保险合同的主体主要包括保险人、投保人、被保险人、再保险公司和保险中介，工程保险合同主体及其关系，如图 11-2 所示。

（1）保险人又称作承保人，或保险公司：是经营保险业务、收取保险费和在保险事故发生后负责给付保险金的人，提供的主要服务包括险前预防、险中抢救和险后赔偿。

（2）投保人：指对保险标的具有保险利益，向保险人申请订立工程保险合同，并附有缴纳保险费义务的某一工程参与方，一般为项目业主或总承包商。

（3）被保险人：指当保险事故发生时，遭受损害，享有赔偿请求权的工程参与方，通常

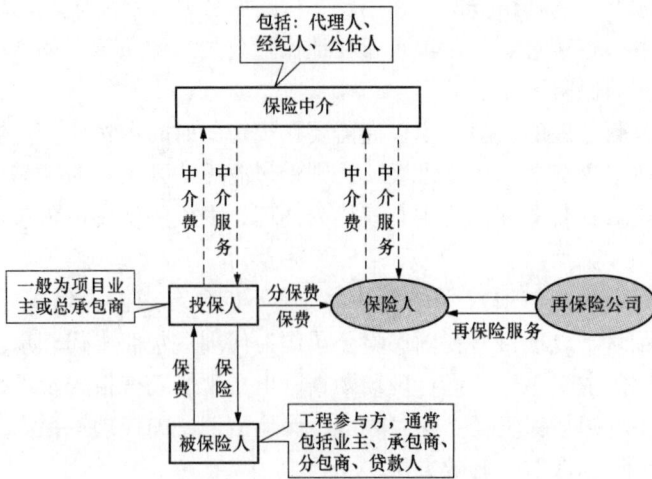

图 11 - 2   保险合同主体及其关系

包括业主、承包商和分包商，有时也包括贷款人。

（4）再保险公司：提供分保服务，是对原保险人（也称分保公司）的危险赔偿责任进行的保险，这可以提高保险原公司的承保能力，分散风险。

（5）保险中介：保险中介是接受保险公司或投保人和被保险人的委托，提供展业、风险管理、理赔等专业性服务，并收取佣金、手续费或咨询费的自然人或法人机构。

其中包括保险经纪（Insurance Broker）：指基于投保人的利益，为投保人与被保险人订立保险合同，提供中介服务并依法收取佣金的人；

保险代理（Insurance Agent）：是受保险人的委托，向保险人收取代理手续费，并在保险人授权范围内代为办理保险业务的单位或个人；

保险公估（Insurance Assessor）：指依照法律规定设立，受保险人、投保人或被保险人委托，办理保险标的的查验、鉴定、估损以及赔款的理算，并向委托人收取酬金的公司。

保险中介的存在有利于促进保险交易活动顺利进行，降低市场交易费用成本，维护市场公平竞争。

按照业务承保方式分类，保险可以区分为原保险、再保险和共同保险。

承包商对遇到的主要保险问题分析如下：

【再保险问题分析】

（1）国际保险实务中，再保险是如何实现的？在当地投保工程险后，当地保险公司是否将其业务进行再保险。投保人是否可以要求保险人必须到国际市场上去进行再保险？

再保险是保险的一种派生形式，分为法定分保和商业分保。

首先，法定分保亦称强制再保险，按照国家的法律或法令规定，原保险人必须将其承保业务的一部分向本国"再保险公司"或指定的再保险公司进行分保的再保险。在保护本国"再保险"市场方面，一些国家，尤其是发展中国家普遍采用了建立国家再保险公司以及强制分保的措施，不同国家强制分保比例不同，如埃及为 30%；肯尼亚是 25%；印度、加纳、尼日利亚则为 10%。我国的法定再保险业务始于 1996 年我国第一部保险法颁布实施之后。在加入世贸组织前，再保险市场一直是以法定强制分保为主。中国再保险（集团）公司作为国内唯一专业再保险公司每年得以有 20% 的法定分保进账。但按照加入世贸的承诺，法定分保的比例自 2003 年起逐年递减 5%，直到 2006 年 1 月 1 日完全取消，至此，国内再保险业务全面实行商业运作。

其次，商业分保亦称自愿再保险，是指原保险人与再保险人双方按照自愿的原则，约定双方权利和义务，确定再保险的条件和收益，签订再保险合同而产生的再保险关系。保险市场业务竞争日益激烈，保险公司"惜分"的意识也越来越强烈。费率高、利润大的业务不愿分出。费率低、风险大的业务，再保险公司同样不愿涉足其中。我国曾经发生多例由于原保险费率太低，而保险公司不能找到再保险公司来转移风险。

投保人可以要求保险人必须到国际市场上去办理再保险，但是方式可能有所变化。因为非洲国家保险公司一般会选择英国、瑞士等发达国家的那些"再保险公司"作为依靠，也有联合的保险财团进行投保，例如 United Insurance。投保人可以调查一下其所洽谈的保险公司的再保险公司的状况、其所属国家和公司的能力状况，以及保险公司是否会轻易地更换"再保险公司"，但是他们一般不只选择一家再保险公司作为后盾。可以参考 2005 年全球再保险市场中拥有最强优势的十家再保险公司，见表 11 - 1。

表 11 - 1　　　　　　　　　全球十大再保险公司排名

按照再保险净收入排列（单位：百万元）

| 名次 | 公司名称 | 国家或地区 | 净保费 |
| --- | --- | --- | --- |
| 1 | 慕尼黑再保险公司 | 德国 | 22 602.8 |
| 2 | 瑞士再保险公司 | 瑞士 | 21 203.6 |
| 3 | Berkshire Hathalway 再保险公司 | 美国 | 11 041.0 |
| 4 | 汉诺威再保险公司 | 德国 | 9190.8 |
| 5 | GE 全球再保险公司 | 美国 | 6697.0 |
| 6 | 劳合社 | 英国 | 6566.8 |
| 7 | 信利金融公司 | 百慕大 | 5012.9 |
| 8 | Everest Re 再保险公司 | 百慕大 | 3972.0 |
| 9 | 美国再保险公司 | 美国 | 3863.0 |
| 10 | Partner Re 再保险公司 | 百慕大 | 3615.9 |

（2）如果办理再保险，一旦出险，被保险人应如何索赔？是通过再保险公司按其承保的比例向被保险人理赔，还是由当地保险公司向被保险人全部理赔之后，再由他向"再保险公司"索赔呢？

在国际保险实务中，通常投保人和被保险人都接触不到这些再保险公司，除非是在标准合同的某些条款需要修订，而这些条款涉及再保险公司的情况。通常所接触到的是保险公司，而保险公司的承保都会由再保险公司进行承担，尤其是工程险，必须由再保险公司进行承担。

再保险合同的存在虽然是以原保险合同的存在为前提，但两者在法律上是各自独立存在的，所以，再保险与原保险的权利义务关系是相互独立的法律关系，不能混淆。因此，投保人不能直接找"再保险人"索赔，因为彼此没有合同关系。若出现索赔，保险人赔偿被保险人后，会找"再保险人"来分担。

随着时代的变迁，企业国际化已是一种趋势，对于投保巨额保险的需求也越来越大，再保险解决了因原保险潜在巨灾风险而无保险人敢承保巨额保单的问题。再保险的存在，使原保险人的承保风险责任分散，对被保险人而言，可因此获得更确实的保障，减少原保险合同违约的顾虑。

（3）当地保险公司投保时，是否允许向当地外国投资的保险公司投保？是否能向当地多家保险公司组成的保险财团投保？

当地关于保险公司资质和限制的规定决定了当地的国外投资保险公司是否接受这样的投保业务，投保人可以根据自己的保险需求和保险公司的实力，考虑向私人保险公司或多家保险公司组成的保险财团投保。后者即为共同保险，指两个或两个以上保险人共同承包同一保险标的，而且保险金额之和不超过保险标的实际可保价值。

共同保险有两种形式。一是对外共同保险（External Coinsurance），即保险人在接受某一笔业务时，由于自身能力有限，为分散其承保责任，而邀约其他保险公司共同承保，由各个共同保险人联合签单，分别约定其责任额度，将来被保险人损失发生时，按其责任额度予以赔偿。二是对内共同保险（Internal Coinsurance），即接受投保的保险人为首席公司（Leading Company）负责签单，直接对被保险人承负保险责任，各个共同保险人则另外再签共同保险合同，将来被保险人损失发生时，其承担全部赔偿责任，而后再向各个共同保险人摊回其应分摊的赔款。

另外，就本案例而言，建议投保恐怖险，因为工程一切险中恐怖活动属于除外责任。恐怖险就是在美国"9·11"事件之后，循着恐怖主义的脚印一路走来的新险种。作为一项独立的险种，恐怖险包括人身、财产等方面的赔偿。

【案例提示】

目前，虽然我国承包商已经逐渐意识到保险在工程风险管理中的重要地位，但由于我国对外承包公司进入海外工程市场上的时间比较短，在投保和索赔时仍然会遇到很多问题。本案例就我国承包商实施工程保险时遇到的关于业务承保方式的几个实际问题进行了分析，这将有利于提高我国承包商的工程保险管理水平。在此，我们就国际再保险市场的有关问题进一步做一下补充说明。

1. 国际再保险市场

国际再保险市场是指保险人与再保险人所达成的国际再保险交易市场，此种市场所交易者为投保人的原始风险的二次分散，属于国际保险市场之二级市场。

2. 国际再保险市场承保人

再保险人可分为专业再保险人、原保险人的再保险部门、再保险集团及承保辛迪加，以及伦敦劳合社承保人和专业自营保险公司5类。

专业再保险人：专业再保险人是专营再保险业务的保险人，它一般不作为原保险人拉斯经营直接保险业务，国际上最大的专业再保险公司是德国的 Munich Re，在再保险人中，据20世纪末统计，纯保费收入在100亿美元以上的保险公司都是专业再保险公司。

原保险人的再保险部门：原保险人的再保险部门，一般允许其经营原保险人承保的同类的风险责任，接受再保险业务可以使原保险人分散其损失风险，同时这样做可以为公司扩大商机。许多对保险人纷纷成立了专营再保险业务的子公司，但这类再保险公司所占的市场份额远远低于专业再保险公司的份额。

再保险集团及承保辛迪加（syndicate）：再保险集团及承保辛迪加是由原保险人或再保险人组成，形成分散集团成员之间风险的机制。通过该集团可以将成员的损失风险分散到许多保险人之间，从而从增加了整个集团的承保能力。能够解决单个的再保险人承保能力不足的问题，并提供一个完美的解决方案。如"非洲石油和能源集团""阿拉伯火险、水险和航空险集团"等，都是成功的再保险集团范例。

伦敦劳合社承保人：伦敦劳合社承保人是世界上最大的、最负盛名的再保险组织，劳合社是由个人和公司成员组成的承保辛迪加来承担风险，作为一个由上百家专业承保辛迪加组成的大市场，劳合社可以办理全球的直接保险和再保险业务，还可以办理集团间的再保险业务。

专业自营保险公司：专业自营保险公司都是大企业自设的保险公司，为其母公司和子公司提供直接保险，同时也承保外界的风险和接收分入再保险业务。许多专业自营保险公司为了享受免税优惠，在百慕大和开曼岛等地注册。1987 年，百慕大的保险收入达 103 亿美元，有人称其为世界第三位再保险市场。但专业自营保险公司一般规模并不大，常常将主要风险转嫁给再保险市场，所以接收分入业务不是很多。

3. 再保险形成的几种关系

从再保险关系形成过程来看，再保险有以下几种情况。

（1）直保 - 直保：再保险的双方都是经营直接保险业务的保险公司，一方将自己直接承揽的保险业务的一部分分给另一方。参与分保的双方都是直接保险公司，前者是分出公司，后者是分入公司。

（2）直保 - 直保相互分保：双方都是直接保险公司，二者之间互相分出分入业务。这种分保活动称之为"相互分保"，双方互为分出、分入公司。

（3）直保 - 再保：参与分保活动的双方，一方是直接保险公司，另一方是专门经营再保险业务的再保险公司（即只能接收分保业务，不能从投保人处接收直接保险业务）。前者把自己业务的一部分分给后者，后者则分入这部分业务。在这种情况下，直接保险公司是分出公司，再保险公司是分入公司。

（4）再保 - 直保：参与分保业务的双方，一方是再保险公司，另一方是直接保险公司，再保险公司将自己分入的保险业务的一部分，再分给直接保险公司，直接保险公司则分入这部分业务。在这里，再保险公司为分出公司，而直接保险公司则为分入公司。

（5）再保 - 再保：参与分保业务的双方都是再保险公司，一方将自己分入的一部分保险业务再分给另一方，另一方则分入这部分业务。前者为分出公司，后者为分入公司。

（6）再保 - 再保相互分保：两个再保险公司之间相互分保，即相互转分保。

以上各种分保业务形式，在各种类型的保险公司之间，形成了你中有我，我中有你，互相渗透，错综复杂，范围广泛的保险经济关系的网络和体系，使保险市场成为一个不可分割的有机整体。

4. 国际再保险市场

目前，国际再保险市场主要是伦敦、美国和欧洲。

伦敦再保险市场：伦敦再保险市场是以劳合社为主，众多保险公司并存，相互竞争、相互促进，完善有序，主要包括劳合社再保险市场、伦敦承保人协会市场、伦敦再保险联营组织（集团）、伦敦保险与再保险市场协会。实际保险市场中航空航天保险和能源等的承保能力有相当一部分集中在伦敦再保险市场。

美国再保险市场：在美国的再保险市场上，最为著名的是纽约再保险市场。纽约再保险市场主要由国内和国外专业再保险公司及直接再保险公司组成，公司规模有大有小，组织结构多种多样。业务来源主要是北美洲、南美洲和伦敦保险市场。纽约的保险市场过去主要是内向型，但随着美国市场在国际市场萨汗国进行扩张，纽约再保险市场逐步演变为国际性的再保险中心。

欧洲再保险市场：欧洲再保险市场主要由专业再保险公司组成，其中心在德国、瑞士和法国。欧洲再保险市场的特点是完全自由化、商业化，竞争激烈，成为世界再保险市场重要的中心之一。德国是欧洲大陆最大的再保险中心，在世界前 15 家最大的再保险公司中，德国占 1/3。德国的再保险市场很大程度上是由专业再保险公司控制，直接由保险公司做得很有限。德国再保险市场擅长承保大型复杂的工程项目。瑞士是欧洲大陆第二大再保险中心。瑞士稳定的社会和经济、成熟的金融业和自由的法律环境，资金流动和货币兑换的无限制，使瑞士成为国际保险和再保险中心，主要从事分保业务。

5. 再保险经纪及其经纪人的作用

再保险经纪是指"保险经纪公司与原保险人签订委托合同，基于原保险人的利益，为原保险人与再保险人安排再保险业务提供中介服务，并按约定收取中介费用的经纪行为"。再保险经纪人则是促成再保险分出公司和接收公司建立再保险关系的中介人。世界上再保险经纪人已经有过 100 多年的历史，目前比较发达的保险和再保险市场估计有一半以上的再保险和超过 90% 份额的再保险业务是通过他们采购的。我国的再保险采购是由保险经纪公司来承担的（目前还没有专门的再保险经纪公司）。再保险经纪人的作用如下。

（1）为保险公司或再保险公司设计在保险方案，有利于再保险采购。

再保险经纪人的任务之一是如何有效地完成再保险的安排采购，为保险公司设计再保险方案是再保险采购的开始，再保险经纪人熟悉再保险市场的情况，对于何种再保险方案适合保险公司，并安排方案能够被再保险市场接受，是经纪人的最佳表现。对再保险的管理技术比较内行，具备相当的技术咨询能力，能为分保公司争取较优惠的条件；并与众多的投保人、保险人和再保险人保持着广泛、经常的联系，以便及时获取有利的信息，为分保公司争取一笔又一笔的再保险交易，也是优秀再保险人的要求。事实上，许多巨额的再保险业务都是通过再保险经纪人之手促成的。由于再保险业务具有较强的国际性，因此充分利用再保险经纪人就显得十分重要，尤其是巨额保险业务的分保更是如此。在西方保险业务发达的国家，拥有特殊有利地位的再保险经纪人能够为本国巨额保险的投保人提出很多有吸引力的保险和再保险方案，从而把许多资金力量不大、规模有限的保险人组织起来，成立再保险集团，承办巨额再保险。伦敦再保险经纪人在这方面表现得比较突出。除了经验丰富外，能得到劳合社和伦敦承保人协会市场的支持也是关键因素。

（2）对各种类型的再保险市场举办讲座和培训。

再保险经纪人的保险知识了解往往甚于核保员，尤其是以伦敦的再保险市场再保险经纪人最为典范，其工作不仅仅是拓展业务，对知识的掌握、经验的积累可以与资深的核保员相媲美。又由于再保险经纪人常常赴各地洽谈业务，因此，常在当地举办讲座，以介绍新的保险知识，新的保险观念，再保险经纪公司作为中介公司，根据保险公司的要求，可以安排培训机会让国内的从业人员赴英国或其他大型的再保险公司接受培训。

（3）做出查勘服务并做出查勘报告，提供原保人及首席再保人参考。

再保险人在考虑再保险业务时均以核保准则为准，对大型再保险业务的承受与否，再保险条件的审核、费率厘定都谨慎，如同核保人员勘察该业务一般，最重要的参考资料就是查勘报告。经纪人公司常有各类专业人员，赴各地查勘工厂或建筑物或特殊业务，做成详细的报告，此报告内容丰富，应有尽有，动则数十页，乃至百页并附有照片、说明书、规模标准及其他相关资料，务必使首席再保险人看完此报告后有亲临现场之感。首席再保险人对内容提出质问，经纪人本人或者撰写报告者需要做出满意的答复，这样首席再保险人可以根据此报告决定再保险的接受量。

## 11.4　借助经纪人联合体采购模式案例

**【案例摘要】**

这是一起借助经纪人联合体实施保险采购的案例。本案例在项目风险进行分析的基础上，决定由承包商统一投保，采购方式采用经纪人联合体协助落实保险安排计划的方式。同时，并对保险经纪人的作用加以总结，为同类工程项目、同类险种的采购工作提供了借鉴。

**【项目概况】**

某铁路建设集团承包京沪高铁土建三段中标价为 142.7 亿元，全长 266.617 正线 km。路基全长 94.190km；99 座大中桥梁，总长 161.574km；隧道 10 座，总长 10.553km；车站 4 座；铺轨 264.596km；联络线特大桥 2 座，总长 9.263km；中标合同明确规定，该段土建工程由承包商统一负责投保。

**【投保方式确定】**

1. 风险分析

总承包商经分析，土建部分主要面临着自然灾害、意外事故风险和第三者责任风险：

（1）自然风险。

1）地质危险：本段工程岩溶区域地基处理及改良土填筑工程量大，预压时间长、存在区域沉降风险，同时还存在松软土基、滑坡、泥石流等风险。

2）暴雨大风风险：分析施工线路地区年降水量年际变化较大，最高为 1296mm，有突降暴雨引发山洪暴发造成河堤冲毁和多处农田受灾的历史纪录。本项目建设中，当山林植被破坏后，一旦遭遇暴雨，可能泥水混合下泄，造成土建标的物损失和施工用机械的损坏、附近农田、农舍以及第三者责任损失。

3）雷暴风险：经分析该地区出现雷暴总日数 491 次，平均每年 31 次，建筑有遭雷击事件纪录。

4）从统计看，雷暴主要袭击目标除高耸建筑物、构筑物、塔架等外，还包括输配电线路、电器设备、机房、通信中心输变电站等供电系统产生损毁，本项目作业机械照明线路、电气设备存在一定的雷暴风险。

5）洪水灾害：当洪水暴发时基础施工（桩基础、钢平台）极可能造成重大损失（如支架倒塌、钻机损毁、钢管套筒及材料冲走等），有时因施工道路在雨期通行不畅或施工道路坍塌，设备难以回撤导致损失。自然灾害该类风险预防困难，当风险发生时破坏力大，必然造成重大损失或局部工期拖延。

（2）意外风险。对于本项目存在因火灾、爆炸、塌方等不可预见的、无法控制并造成物质损失或人身伤亡的突发性意外事故。塌方风险：本段土质属于卵石土或碎石土型，施工期间，遇暴雨或设计支护不当，大块卵石会下落或发生隧道塌方。火灾爆炸风险：本项目施工过程中因闪电、雷击、运转机械过热发生火花有导致火灾的可能，现场办公、民工宿舍、活动板房、堆放木材等建筑材料易燃物较多，极易引起火灾。本工程线路长、开工点多、施工作业面广的特点，施工线路还需穿越当地村镇，施工要用氧气、乙炔等易燃易爆气体和炸药、雷管等民用爆炸物存在发生爆炸的危险。

（3）第三者责任风险。在施工中，可能会造成对第三者的财产或人身的伤害。为此，第三者责任是该工程面临着主要风险之一。项目在运输、施工、爆破、山石清除、吊装、跨线作业过程中可能产生对社会车辆、财产、人员的损失，特别是施工期因植被破坏后，暴雨、山洪对良田、鱼塘、果园、堤坝、农舍造成的损失，更重要的是可能发生的社会责任和社会影响。为此，投保第三者责任可以转移这部分风险责任，一旦风险事件发生，第三者责任保险可以减轻企业的责任负担。

2. 投保方式的确定

承包商与业主协商计划投保工程一切险附加第三者保险。采取由承包商统一投保的方式。但由于承包商对于工程保险缺乏专业人才，保险知识有限，对保险市场不属熟悉，采购方式决定通过经纪人协助落实保险安排计划。

**【经纪人的选择】**

1. 确定保险经纪人

保险经纪人提供服务并不单独收费，而是依据国家相关规定由保险公司向保险经纪人支付保险费一定比例的佣金，此举符合国际惯例，所以，聘请保险经纪人并不会增加工程的采购成本；保险经纪人公司可以凭借自己的经验，用科学的方法识别、衡量项目风险可能造成的损失频率和损失的幅度，对保险策划提出建议；保险经纪人公司会用严谨的"保险语言"向保险公司阐释客户－承包商的客观需求，并正确地理解保险公司用"保险语言"做出的各种承诺；保险经纪人公司可以正确理解保险公司的各种复杂的保险条款，并从中做出正确的选择；保险经纪人会对保险公司所给予的费率、免赔额等承保条件进行充分的研究和正确的判断，经过谈判，合理地选择最佳的保险公司及其产品；保险经纪人可以指导承包商正确履行保险单中所规定的投保人和被保险人应承担的各种义务；一旦出险，在防止损失扩大的同时，按照保单要求，保险经纪人可以及时准确地向保险公司提供保险公司所要求的各种索赔单证和材料。

2. 经纪人的选择

为了充分发挥保险经纪人的作用，克服承包商缺乏保险专业人员的缺陷，转移和化解施工中的自然灾害和意外事故风险，更好地保护承包商的利益。本项目通过综合比较后，确定两家保险经纪公司作为保险经纪人联合体代办保险相关事宜，通过由保险经纪人联合体专业化的风险管理服务、设计保险方案、办理投保手续。

采取保险联合体方式实施采购保险，可以充分发挥发挥两家公司的各自专业和服务优势，强强联合，共同担任该项目的保险经纪人，提供保险经纪服务。在经纪人联合体提供服务时，两家保险经纪人需要与被保险人承包商签订联合服务合同，保险服务内容主要包括保险经纪联合体服务职责、保险经济联合体工作职能划分等。

**【联合体责任】**

保险经纪人联合体根据项目特点，分析工程风险，提出风险评估报告。依据风险报告做出保险初步方案，对投保的险种、保险项目、保险金额、免赔额、保险期限、基本保险条款、扩展条款、公估人选择的程序、争议条款等进行拟定。投保人对初步方案提出意见，形成最终的保险方案，由保险经纪人联合体协助投保人－承包商确定最终的保险采购方案。

　　京沪高速铁路土建某段中标价 142.70 亿元，结合本项目的实际情况，以及可能出现的风险，实际投保工程量为 8 座隧道（整座），其中 34 座桥梁的部分基础、墩柱、运架梁；17 段与既有相平行、建筑高度较高和受水冲击路基段。实际投入金额为 30 多亿元，不到中标价的四分之一。

**【保险公司的选择】**

1. 保险询价

保险经纪人联合体依据保险询价方案协助投保人向多家具有承保能力的保险能力强、信誉好、经验丰富、服务水平高的保险公司进行询价，并对保险公司的响应文件进行初步评审，确定入围的保险公司。

2. 竞争性谈判

保险经纪人联合体协助投保人进行保险竞争性谈判，保险谈判中的两个核心问题是价格和服务。与各家保险公司谈判时，采用背靠背的方式；谈判邀请时，应明确严禁价格联盟，违反者将取消谈判资格，避免保险公司之间形成价格联盟而损害投保人的利益，有效降低投保成本。谈判中，除了洽谈价格之外，对保险服务承诺给予商谈，如服务中的风险勘察、风险管理措施、理赔时效等配套服务进行谈判，获取保险公司的明确而最佳的承诺，确保在保险成本较低的同时，保险服务也要达到投保人的一定要求。

3. 确定保险公司

根据谈判结果，保险经纪人协助投保人确定条件最优秀的一家或多家保险公司进行投保，确定保险费率和条件，从而确定最终的保险方案。保险经纪人通知保险公司出具正式保单，并对保单内容进行审核，协助投保人按时履行缴纳保费义务。

本案工程最终选定平安财产保险公司在内的五家公司共同承保，并以中国平安财产保险公司作为主承保公司，全面负责本工程出单及理赔，其他四家为共保公司，协助主承保公司共同提供保险服务。

**【案例提示】**

保险经纪人是保险市场中的一种重要的中介组织，《保险法》第一百一十八条规定：保险经纪人是基于投保人的利益，为投保人与保险人订立保险合同提供中介服务，并依法收取佣金的机构，包括保险经纪公司及其分支机构。

保险经纪人通过向投保人提供保险方案、办理投保手续、代投保人索赔并提供防灾、防损或风险评估、风险管理等咨询服务，使投保人充分认识到经营中自身存在的风险，并参考保险经纪人提供的全面的专业化的保险建议，使投保人所存在的风险得到有效的控制和转移，达到以最合理的保险支出，获得最大的风险保障，降低和稳固了经营中的风险管理成本，保证了企业的健康发展。

另外，因为保险经纪人的业务最终还是要到保险公司进行投保，保险经纪公司业务量的增加会引起保险公司整体业务量的增加，从而降低了保险公司的展业费用；在保险市场上，保险经纪人把保险公司的再保份额顺利地推销出去，消除了保险公司分保难的忧虑，大大降低了保险公司的经营风险。保险经纪人代为办理保险事务，减少了被保险人因不了解保险知识而在索赔时给保险人带来的不必要的索赔纠纷，提高了保险公司的经营效率。因此，保险经纪人的产生不管是对投保人还是对保险公司都是有利的，它的产生是保险市场不断完善的结果。

一般来说，保险经纪人具有三种组织方式：公司制、合伙制和个人制。

公司制保险经纪人一般采取有限责任公司形式，这是所有国家都认可的保险经纪组织形式。各国对保险经纪公司的清偿能力都做了具体要求，要求最低资本金，缴存营业保证金，参加职业责任保险。

美国、英国、日本、韩国等一些国家允许以合伙方式设立合伙保险经纪组织，但要求所有的合伙人必须是经过注册的保险经纪人。同时，大多数国家也都允许个人保险经纪人从事保险经纪业务活动。

为了保护投保人的利益，维护保险市场的秩序，各国都对个人保险经纪人进行严格管理。2015年9月23日，保监会发布《关于深化保险中介市场改革的意见》，首推独立个人经纪人制度。简而言之，保险代理人不再是某一保险公司的独占，而可以根据规定，运用保险经纪人作为中介代理多家公司的保险产品，使用保险经纪公司的互联网展业软件，形成保险公司与保险经纪机构的良性竞争，促使中国保险行业不断向一个保障更完善、产品更丰富、费率更透明、口碑更正面的方向积极发展。

承包商应该认识到，保险经纪人并非完全一样的，都具有自己的服务特色，具有不同的服务技术优势和保险市场的人脉关系。为此发挥经纪人特色实施经纪人组合，是投保人的重要选择。本案例土建某标段实施保险采购时，紧密结合工程特点和风险特点，选择和确定了两家保险经纪人组成经纪人联合体作为承包商的保险经纪人，协助承包商做好投保工作，经纪人为承包商带来投保专业服务，克服了承包企业缺乏这方面专业人才的缺陷，使投保工作顺利开展、落实。案例证明，通过经纪人联合体模式实施保险采购是一条不错的选择，可供同行工程承包商投保时加以借鉴。

## 11.5　招标经纪人公估人组合采购案例

### 【案例摘要】

本案是一起运用中介组合即经纪人、公估人组合协助模式实施保险采购的案例。案例在确定了业主统一投保后，分析了四种保险采购方式及其优势和不足，同时，运用保险中介的组合参与采购的经验很有特色。本案例为保险采购方式和分段施工项目提供了保险采购的经验。

### 【项目概况】

该项目为国际换流站联网工程项目，总占地面积16.9348公顷，换流站容量1×750MW。中方侧500kV出线1回（至S地变），外方侧500kV1回，换流变压器6+1台，平波电抗器2+1台，中方侧滤波器2大组，外方侧滤波器2大组，500kV主变压器1×360MVA，中方侧220kV出线2回（至H地变），500kV高压并联电抗器1×210Mvar，35kV SVC 100Mvar（100MvarFC＋100MvarTCR）。地面建筑包括阀厅、控制楼等交流建筑物、综合楼、备品备件库、综合泵房等。该工程项目特点是分三期进行建设，一期总投资11.6075亿元，建设期一年半。整个项目完工计划共8年，工期长。另一个特点是工程规模大、大型设备多，且绝大部分为电气设备。换流站项目总占地面积16.9348公顷（围墙内占地面积约13.0781公顷）。业主为国家电网公司，工程总承包商为某电力建设公司和黑龙江某送变电工程公司。

**【投保方式确定】**

本换流站工程整体建设要历经工程决策、工程设计、工程招标、工程施工、设备试车、工程建成投产运营等阶段。对其中工程施工阶段的风险及其保险进行分析后，经过风险评估，该项目的施工阶段的自然风险和意外事故风险等级较高，通过购买保险手段转移此类风险。

该换流站工程是目前我国从境外购电电压等级最高、容量最大的输变电工程，换流站的容量为 750MW，工程主体是安装大型电力设备。该项目涉及的主要设备包括换流变压器、平波电抗器、滤波器、电容器组、整流器、逆变器、主变压器、继电保护器、避雷系统、晶闸管的水冷却和风冷却系统等。上述设备的特点及要求：①大型设备多；②绝大部分是电气设备和装置；③耐压等级高；④设备和设备之间电气连线复杂；⑤电气保护系统严密；⑥电能周波转换的计算机化操作和控制复杂。经过风险评估，在施工阶段的自然风险和意外事故风险等级较高。

从本换流站工程项目整体上看，涉及电力设备安装的工程量已经远超过工程总量的 50%，而安装工程保险与建筑工程保险正是以工程总量 50% 进行界定的，因此，可以初步判定该项目应该按照安装工程保险进行投保。另外，考虑到该工程项目为业主方（国家电网公司）重点建设项目，而国家电网公司又为各大保险公司的黄金客户，同时，结合业主方统一投保的工程险的优势，该项目最终选择采用由业主方投保安装工程一切险（附加第三者责任险）的方式参加保险。

**【采购方案分析】**

1. 业主委托中介机构采购

委托中介机构进行投保即业主委托保险中介机构负责制订保险投保方案，挑选保险公司。保险中介通常选择保险经纪人，保险经纪人是指基于投保人利益为投保人与保险公司订立保险合同提供中介服务，并依法收取佣金的单位。

委托中介公司的优点突出表现在：节省人力，使业主可以有充分的时间、精力处理工程的直接事务。中介公司熟悉运作流程，在投保过程中可以给予投保人——业主适当的提醒。

缺点也很明显，首先，因为业主方和保险公司之间的联系是以中介为纽带的，常出现因信息不对称造成的保险方案不合理。其次，目前中国的保险中介市场发育尚处于起步阶段，保险经纪人在技术、经验等诸多方面尚不能满足大型工程项目的风险管理需求。再次，因为中介市场的不成熟，可能出现的短期行为，致使业主风险不能得到足够的保障和有效的化解，同时还会增加业主成本。

2. 业主通过招标直接采购

此种方式由业主自行或委托招标公司代理制订保险标书、确定标底，保险公司购买标书分别制订保险承保方案，通过竞标确定保险承保方案与保险公司。

模式优点：对于大型工程项目建设，通过招标方式引入竞争机制来确定保险方案和保险公司，可以保证工程项目实施保险过程的公开化、透明化、程序化、规范化。

模式缺点：技术难度高，因各保险公司对风险的认识存在差异，仅根据标书制作保险方案不一定符合风险实际情况。保险公司之间的恶意竞争导致各公司投标的保险方案差距较大，评标难度大。招标确定的保险方案不一定能满足大型工程项目制订的"以合理的成本获得最有效的风险保障"的风险管理目标。

3. 由两家或两家以上的保险公司组成共保体承保

共保是指两家或多家保险公司就同一保险标的、同一保险利益、同一风险共同缔结保险合同的一种保险，各保险公司按照比例进行分担风险。

模式优点：确保保险公司服务质量的同时降低了费率；克服了一家保险公司对风险评估不足的缺点；降低了投保人与保险公司的经营风险。

模式缺点：该模式程序比其他的模式复杂。共保人之间为了共同的利益容易形成价格同盟。

4. 分合同标段由不同保险公司独家承保

此模式由业主针对不同的合同标段与多个不同的保险公司进行合同谈判，然后与一家保险公司签订保险合同。

模式优点：对投保人的约束少，投保人对保险合同的控制强。保险公司之间在价格、服务方面引入充分的竞争，业主能够获得较好的价格和更优质的服务。

模式缺点：逐一谈判，费时费力，成本高。保险公司之间的竞争仅是横向竞争，没有纵向竞争。与其中一家保险公司签订保险合同，不能很好地分摊风险。各个合同标段风险状况差异大，各保险公司的保险方案难以比较，服务也难以比较。当巨灾发生时，容易造成经营风险。

上述四种方式在工程保险的实践中可以单独使用，也可以组合使用。由于这四种方式具有各自的优缺点，为了充分地发挥不同方式的优势，建议投保人在采购保险时，应适当地将几种方式结合使用。本换流站的投保人在采购工程保险前期，应用了招投标机制、中介协助两种有机结合的方式，有效地节省了业主方的成本和人力。

【保险公司的选择】

换流站工程的核心是安装并调试大型电力设备，其重要的风险也是集中在此部分，因此，在实施工程保险过程中，投保人选择了安装工程保险承保专业且到理赔实力较强的保险公司进行投保，并选取联保的方式保险，即为人保财险公司下辖的两家分支公司联合对此工程实施工程保险，切实增强了工程保险对该工程项目的保障作用。

从换流站选择保险公司的方式可以看出：选择一个实力强大、服务质量好的保险公司，是投保人最关心的。因此，对于大型土木安装工程项目，尤其专业性较强的工程项目，如地铁、电站等，在选择保险公司时，应采取开放式的邀请招标方式，应该邀请几家比较有实力的保险公司，分别进行保险方案的设计，由工程业主统一组织，经评审、谈判、修改保险方案后，择优选取保险公司。采用这些方式，可以发挥各保险公司的优势，得到一个符合工程特点、保障比较全面、保险费率较低的保单。另外，在选择保险公司时，还应考虑以下因素：公司信誉、保险费率及免赔额、保险责任范围、偿付能力、再保险安排能力、承保经验及风险评估、合理化建议、对业主要求的响应、服务承诺及优惠条件等。

不论选择哪家保险公司，投保人都应该为保险公司提供现场勘查的机会，并准备好工程的相关资料，例如：工程承包合同、工程预算表、工程场所及邻近地区平面分布图、施工进度表、工程基本图纸等，使保险公司对工程及施工现场有充分的了解。总之，投保方应根据工程及所在地的具体情况，采用适当的方式，正确选择保险公司。

**【保险中介的运用】**

在选择保险公司时，一般工程业主对工程保险专业知识知之甚少。因此，建议：有必要邀请有关方面的专家进行咨询或由工程保险中介机构参与决策。

在本换流站项目的实施过程中，引入了两类保险中介——保险经纪机构和保险公估机构，分别为长城保险经纪有限公司和安恒信保险公估有限公司。下面结合换流站项目保险案例，针对不同保险中介在工程保险中的职能做以分析。

首先，这两类保险中介的代表利益不同。长城保险经纪有限公司是代表国家电网公司的利益；而双方指定的安恒信保险公估有限公司处于中立，并不代表任何一方的利益，仅以换流站工程立场处理保险赔案。

其次，这两类保险中介的职能任务不同。长城保险经纪有限公司的主要职能是为国家电网公司拟定投保方案、办理投保手续、协助索赔人员或为委托人提供防灾防损、风险评估、风险管理咨询服务；安恒信保险公估有限公司的主要职能是在接受国家电网和保险公司的委托后，做好保险标的的评估、勘验、鉴定、估损、理算工作。

最后，这两类保险中介的手续费支付方式不同。长城保险经纪有限公司如果接受国家电网公司委托向保险公司办理投保手续，可从保险公司处收取手续费。若为国家电网公司代办索赔等手续，则由国家电网公司支付佣金。而安恒信保险公估有限公司直接向委托人领取佣金。

**【案例提示】**

（1）保险公估人。保险公估人在保险市场上的作用具有不可替代性，它以其鲜明的个性与保险代理人、保险经纪人一起构成了保险中介市场的三驾马车，共同推动着保险市场的发展。保险公估人的作用主要体现在以下几个方面。

1）保险理赔是保险经营的重要环节。在保险业发展初期，对保险标的检验、定损等工作往往由保险公司自己进行。随着业务的发展，这种保险公司"全程包办"方式的局限性日益暴露：保险公司理赔人员的专业局限性越来越难以适应复杂的情况。保险公司从经营成本考虑，不可能配备众多的、门类齐全的各类专业技术人员。而保险公估人能协助保险公司解决理赔领域的一些专业性、技术性较强诸如经济、金融、保险、财会、法律及工程技术等领域方面的问题，从而促进保险运作在理赔领域良好地进行。

2）保险公估人独立进行理赔分析。保险公司既是承保人又是理赔人，直接负责对保险标的进行检验和定损，做出的结论难以令被保险人信服。保险合同的首要原则是最大诚信原则，由于保险合同订立双方的信息不对称，在承保和理赔阶段，以及在危险防范和控制方面，都存在违背这一原则的可能。而地位超然、专门从事保险标的查勘、鉴定、估损的保险公估人作为中介人，往往以"裁判员"的身份出现，独立于保险双方之外，在从事保险公估业务中，始终本着"独立、公正"原则，与保险人和被保险人是等距离关系，而不像保险人或被保险人易受自身利益的驱使，能使保险赔付更趋于公平合理，可以有效地缓和保险人与被保险人在理赔领域的矛盾。诉讼不如仲裁，仲裁不如调解，而调解又不如预先防止发生法律纠纷，这是不言而喻的。

3）保险公估人理赔的优势。保险公估人代替保险公司独立承担保险理赔领域的工作，从而实现了保险理赔工作的专业化分工。这种分工一方面有利于保险理赔技术的不断升级和横向交流，从而促进整个保险行业的发展；另一方面，由于规模效应以及逆向选择和道德风险的减少，必然会大大降低保险理赔费用从而降低保险成本，最终保障整个企业的权益。

（2）本案例对保险采购的四种方式进行了阐述，即业主委托中介机构采购、业主通过招标直接采购、两家或两家以上的保险公司组成共保体承保、分合同标段由不同保险公司独家承保。分析比较了各自的优势和不足。在本工程保险采购实践中，业主采用招标方式选择保险公司，同时又引入了两类保险中介——保险经纪机构和保险公估机构协助投保人开展采购工作，这种采购组合方式，发挥了经纪人和公估人的各自专业优势，共同为承包商的保险服务，为同行的保险采购提供了经验，值得其他工程在保险采购中加以借鉴。

（3）通过案例提示，类似中俄换流站这种大规模的分期工程项目，工程保险与其他工程保险不同在于，该工程被分为许多工程段。这些工程段往往开工时间不同，完工时间可能也不同，其风险特征及风险大小有所差别。因此，此类项目不可能只签订一个或少数几个保险合同，投保人需要制订一个保险采购计划，只有预先制订一个采购计划方案，建立采购程序，才能在长期的工程实施中，对后续的工程合同标段制订有针对性的保险方案，选择恰当的保险人，为项目提供合适的保险保障。整个工程中的每个工程段一般应由一家保险公司承保，同时，应防止不同工程段保险合同之间的重复交叉或漏保，造成工程成本支出的浪费或部分保险风险的失保。

# 第 12 章　EPC 工程保险综合案例

工程保险策略的实施是建立在对项目风险分析基础之上，针对风险特点制订保险计划安排，最后实施保险采购行动，将风险转移给保险人。贯穿风险分析、安排、采购三个过程。在这一章中，我们选取编排了涉及上述三部分内容的综合保险案例，介绍承包企业的投保经验和体会。

## 12.1　尼日利亚某铁路项目保险综合案例

**【案例摘要】**

以尼日利亚铁路局修复工程项目为例，介绍了非洲地区国际工程保险投保的法律规定，对该项目投保方案采用定量分析方法加以安排的做法；同时，对于保险人公开竞争招标和直接谈判两种采购途径进行分析。实践结果表明，本案例选择了直接和保险人谈判的方式，最终，承包商很好地实现了项目所面临的风险的转移。本案可为参与非洲地区的国际工程承包企业提供保险安排与采购的经验。

**【项目概况】**

尼日利亚境内许多铁路年久失修，铁路主干都不能正常运行，严重制约当地货物运输和经济发展。本案例项目属于尼日利亚东部地区铁路主干线之一，主要将尼日利亚第二大港口至内陆地区工业重镇连接起来，是尼日利亚重要的交通枢纽。项目主要包括：马库尔迪（Makurdi）到卡凡恰（kafanchan）的 274km 铁路修复；卡凡恰（kafanchan）到卡杜纳（kaduna）的 178km 铁路修复；卡凡恰（kafanchan）至库如（kuru）的 66km 铁路修复以及库如（kuru）到乔斯（Jos）的 35km 的铁路修复。项目业主为尼日利亚铁路局，主承包商为 GZB，合同金额为 244 亿奈拉（折合 1.6 亿美元），工期 10 个月。工作主要内容包括 553km 路基、轨枕、轨道的局部修复与改进，箱涵、桥梁、排水设施的修复和新建等的部分设计、采购、施工任务。

**【法律规定】**

从投保意愿方面讲，非洲地区工程保险可以分为两类：一类是强制险，项目关系人必须办理的保险；另一类则是自愿保险即项目当事人根据自己的意愿办理的保险，保险险种、范围等由投保人和保险公司协商。

对于承包商来说，在投标前首先要了解当地法律对于保险承包合同的规定。在通常情况下，承包合同对保险的规定是当地法律对工程保险规定的具体体现和补充，二者的规定一般来说是一致的。但在某些地区其法律可能会对工程保险有些特别的规定，尤其是在雇佣当地施工劳务人员时，有些地区会规定必须办理某些保险，或者会指定到某个机构办理保险。这些都需要承包商事前了解清楚。在国际工程合同条款中，一般都会对工程保险做出明确规定，保险业务的范围可以是整个工程的，也可以是施工材料、机械、承包商对其雇佣的劳务人员要承担的责任和第三方责任等。通常情况下，承包商办理的保险应能够覆盖业主承担风险之外所发生风险可能造成的全部损失。

对于保险的具体金额，对不同的保险种类有不同的规定，对于工程一切险和施工机具保险，其保险最低额度应能够包括工程全部重置价以及拆除、清理费用，在某些情况下，还会要求包括一定的利润。对于承包商雇佣的人员应承担的雇主责任保险以及第三方保险，则一般要求其保险额度不能低于承包合同规定的最低限额。在 EPC 工程中，业主还要求承包商办理设计文件和施工文件的保险。

在非洲地区承包的实践中，承包商办理的保险险种包括建筑工程一切险、设计责任险、雇主责任险和人身意外险、机动车辆险、第三方责任险等。承包商和业主自愿投保的保险包括施工机具险、货物运输险、汇率保险等。

## 【风险分析】

承包商经过对本案的风险分析，制订了风险应对方案，外部主要风险及其应对措施见表12-1，内部主要风险及其应对措施见表12-2。

表 12-1　　　　　　　　　　外部主要风险及其应对措施

| 外部风险类别 | 风险描述 | 应对策略 | 具体措施 |
|---|---|---|---|
| 整体社会风险 | 种族宗教问题错综交织，暴力冲突频繁 | 自留 | 参与各方提高对当地政治形势、社会事件的敏感度，与驻尼使馆、尼政府、尼警察局、当地政府、酋长建立良好的关系以便及时获得信息；避免去集会、人多的地方、宗教节日不外出；施工现场增加保安力量，定期组织现场人员应急演练 |
| | 恐怖主义威胁大 | 自留、转移 | |
| | 持戒犯罪猖狂、严重威胁社会治安 | 自留 | |
| | 劳资关系、失业问题等极易引起社会动荡 | 自留 | |
| | 贪污腐败根深蒂固 | 自留 | |
| 环境卫生风险 | 恶劣的施工环境 | 自留、转移 | 购买保险转移此类风险，此外，项目参与各方应熟知当地自然环境和气候、卫生医疗情况，加强内部管理，做好预警工作和建立相应的应急机制。做好饮水安全、疾病预防工作，从国内选择优秀的医务工作者，一旦发现病情能及时治疗 |
| | 恶劣的气候条件 | 自留、转移 | |
| | 较差的卫生状况 | 自留、转移 | |

表 12-2　　　　　　　　　　内部主要风险及其应对措施

| 内部风险分类 | 风险描述 | 应对策略 | 具体措施 |
|---|---|---|---|
| 技术风险 | 业主提供资料不准确，工程标准、规范与国内不一致 | 自留、转移 | 由于工程难度不高，承包商又具有丰富经验，因此，本项目的技术风险不高，可以自留风险，也可以进行风险转移 |
| 经济风险 | 汇率风险 | 自留、转移 | 通过采取与其币种相同、金额详尽、而方向相反的资金流以此平衡收支，如支付物资采购款、分包合同款、与工程款形成对称的资金流，降低当地货币的时间风险和价值风险 |
| 设计、采购、施工风险 | 设计变更、工程质量、材料、施工机具及采购风险、施工组织风险、安全风险 | 自留、转移 | 制订合理的工作流程、选择合格的分包商、加强与业主的沟通与交流、购买保险 |

续表

| 内部风险分类 | 风险描述 | 应对策略 | 具体措施 |
|---|---|---|---|
| 合同风险 | 工期风险 | 自留、转移 | 加强工期管理，建设工程中注重工期索赔的资料收集和分析 |
| 合同方风险 | 业主信用风险、分包商风险 | 自留、转移 | 工程稳步推进，业主有多少资金预算，就完成相应的工程量，工程不可冒进，应注意保持进度与业主付款相一致，从而避免因工程款拖欠造成损失，加强对包商的管理 |

**【风险值计算】**

在风险分析和应对策略的基础上，对需要进行风险转移的风险因素进行定量计算，根据本案被保险风险的特性，选择自然风险、意外事故风险、卫生健康风险为重点考查重点，依据综合指数法和 RAC 风险评价法，组织专家对各种风险的严重性和可能性打分，并计算出各个风险的综合指数，根据风险分布特点，分析各风险对项目造成的损失情况，为风险管理提供依据。计算结果见表 12-3。

表 12-3　　　　　　　　　　尼日利亚项目主要风险综合指数

| 序号 | 针对风险 | 风险值 | 保险标的 | 投保险种 |
|---|---|---|---|---|
| 1 | 自然灾害 | 125 | 物质损失项目 | 建工一切险 |
| | | | 雇主承担的特定经济赔偿责任 | 雇主责任险 |
| | | | 被保险人的人身安全健康或寿命 | 人身意外伤害险 |
| | | | 工程使用的机动车辆 | 机动车险 |
| | | | 施工现场内或附近的第三方 | 第三者责任保险 |
| | | | 施工所使用的机械、设备、器具和工具 | 施工机具险 |
| 2 | 意外事故 | 106 | 物质损失项目 | 建工一切险 |
| | | | 工程使用的机动车辆 | 机动车险 |
| | | | 施工所使用的机械、设备、器具和工具 | 施工机具险 |
| 3. | 卫生健康风险 | 78 | 被保险人的人身安全健康或寿命 | 人身意外伤害险 |

**【险种优先顺序评价】**

利用德尔非专家调查法对风险值较高的险种进行两轮的排序，邀请 12 名国际工程管理人员，采用李克特五级计量表对险种的优先度打分。计算第一轮调查的平均值、排序、中位数、四分位数间距，反馈专家进行第二轮调查排序。利用统计软件包 SPSS21.0 分析和处理两轮调查打分数据，计算各项指标中每个险种的平均值，以及每个险种中两轮打分的边际同质性检验，分析结果见表 12-4。

表 12-4　　　　　　　　尼日利亚项目保险优先顺序表

| 险种 | 第一轮 | | 第二轮 | | 边际同质性检验 | |
|---|---|---|---|---|---|---|
| | 平均值 | 排序 | 平均值 | 排序 | Sad MH Scatistic | Asymp . Sig（2 - tailed） |
| 建工一切险 | 4.000 | 1 | 4.167 | 1 | -0.577 | -0.564 |
| 第三者责任险 | 3.581 | 3 | 4.083 | 2 | -0.500 | 0.134 |
| 雇主责任险 | 3.583 | 2 | 3.833 | 3 | -0.728 | 0.457 |
| 人身意外险 | 3.083 | 5 | 3.667 | 4 | -0.698 | 0.090 |
| 施工机具险 | 3.417 | 4 | 3.500 | 5 | -0.186 | 0.853 |
| 数量（n） | 12 | | 12 | | | |
| 自由度（df） | 4 | | 4 | | | |
| 肯德尔和谐系数（W） | 0.319 | | 0.534 | | | |
| 显著性水平（p） | 0.011 | | 0.000 | | | |

德尔菲法的调查结果险种优先顺序为：建工一切险、第三者责任险、雇主责任险、人身意外险、施工机具险和汇率险。这样可以有针对性地对保险做出安排，在资金不足的时候，可按顺序优先购买这些保险，起到最基本风险的转移作用。

【保金的确定】

根据上述风险分析对保险的需求，项目部对保险金额进行了系统的分析和计算，得出各项目的投保金额：

(1) 建工一切险（含第三者责任险）：21 170 295 779 奈拉。

(2) 雇主责任险（劳工赔偿保险）：301 440 000 奈拉。

(3) 人身意外责任险：41 280 000 奈拉（暂定，可根据项目实际需求进行调整）。

(4) 施工机具险（机械设备、生产设备）：965 171 040 奈拉。

各种保额的计算方法和说明见表 12-5～表 12-8。

表 12-5　　　　　　　　建工一切险保额汇总表

| 序号 | 保险要求的描述 | 保险金额（奈拉） | 备注 |
|---|---|---|---|
| 1 | 合同工程、材料的损坏或灭失，对第三者造成的人身伤亡、疾病或财产损失 | 21 170 295 779 | 244 亿合同额减去 21 亿风险费、12 亿税费，工程价值为 211 亿奈拉 |
| | 总计（奈拉） | 21 170 295 779 | |

表 12-6　　　　　　　　雇主责任险保额汇总表

| 序号 | 保障责任 | 保险金额（奈拉） | 备注 |
|---|---|---|---|
| 1 | 在工作期间，由于遭受意外事故导致伤亡或患有与工作有关的职业疾病 | 301 440 000 | 按照雇员年薪总额计算（见表 12-9） |
| | 总计（奈拉） | 301 440 000 | |

**表 12 - 7**　　　　　　　　　　　人身意外责任险保额汇总表

| 序号 | 保障责任 | | 保险金额（奈拉） | 备注 |
|------|----------|--|------------------|------|
| 中方雇员 | 人身意外伤害保险 | | 9 600 000 | |
| | 附加战争、绑架、恐怖袭击责任 | | | |
| | 附加突发性疾病、猝死和职业疾病 | | 1 920 000 | |
| | 附加全球紧急救援保障责任 | | 14 400 000 | |
| 本地雇员 | 人身意外伤害保险 | | 4 800 000 | |
| | 附加战争、绑架、恐怖袭击责任 | | | |
| | 附加突发性疾病、猝死和职业疾病 | | 960 000 | |
| | 附加全球紧急救援保障责任 | | 960 000 | |
| 总计（奈拉） | | | 41 280 000 | |

**注**　保险金可根据项目实际需求进行调整。

**表 12 - 8**　　　　　　　　　　　施工机械险保额汇总表

| 序号 | 保险要求描述 | 保险金额（奈拉） | 备注 |
|------|--------------|------------------|------|
| 1 | 机械设备损坏或损失 | 664 931 000 | 见表 12 - 10 |
| 2 | 生产设备损坏或损失 | 300 240 000 | 见表 12 - 11 |
| 总计（奈拉） | | 965 171 040 | |

**表 12 - 9**　　　　　　　　　　　雇员年收入计算表

| 序号 | 雇员描述 | 数量（人） | 年工资总额（奈拉） |
|------|----------|------------|---------------------|
| 1 | 雇主工程师 | 10 | 212 600 000 |
| 2 | 承包商工程师 | 20 | 12 000 000 |
| 3 | 当地工人 | 800 | 267 840 000 |
| 总计（奈拉） | | | 301 440 000 |

**表 12 - 10**　　　　　　　　　　　机械设备货值估值计算表

| 序号 | 名称 | 规格 | 数量 | 单价（奈拉） | 总价 |
|------|------|------|------|--------------|------|
| 一 | 土方设备 | | | | |
| 1 | 挖掘机 | 1.0m³ | 3 | 900 000 | 2 700 000 |
| 2 | 推土机 | 160kW | 3 | 1 000 000 | 3 000 000 |
| 3 | 装载机 | 3.0m³ | 3 | 300 000 | 900 000 |
| 4 | 振动机 | 18t | 3 | 350 000 | 1 050 000 |
| 5 | 自卸汽车 | 25t | 6 | 240 000 | 1 440 000 |
| 6 | 洒水车 | 10m³ | 3 | 120 000 | 360 000 |
| 小计（元） | | | | | 9 450 000 |

续表

| 序号 | 名称 | 规格 | 数量 | 单价（奈拉） | 总价 |
|---|---|---|---|---|---|
| 二 | | | 箱涵桥梁设备 | | |
| 1 | 搅拌机 | JS500 | 1 | 32 000 | 32 000 |
| 2 | 搅拌机 | T430D | 3 | 20 000 | 60 000 |
| 3 | 砂浆搅拌机 | 0.1m³ | 3 | 5000 | 15 000 |
| 4 | 电焊机 | 8kW | 3 | 6000 | 18 000 |
| 5 | 钢筋弯曲机 | 3kW | 3 | 4500 | 13 500 |
| 6 | 钢筋调直机 | 7kW | 3 | 22 000 | 66 000 |
| 7 | 钢筋切断机 | 3kW | 3 | 6000 | 18 000 |
| 8 | 振捣棒 | $\phi30$、$\phi50$ | 9 | 350 | 3150 |
| 9 | 振动打夯机 | | 9 | 2000 | 18 000 |
| 10 | 喷砂机 | | 3 | 9500 | 28 500 |
| 11 | 喷涂机 | | 3 | 4500 | 13 500 |
| 12 | 发电机 | 65kW | 1 | 30 000 | 30 000 |
| 13 | 发电机 | 23kW | 3 | 25 000 | 75 000 |
| 14 | 发电机 | 6.5kW | 6 | 15 000 | 90 000 |
| 小计（元） | | | | | 480 650 |
| 三 | | | 轨道设备 | | |
| 1 | 内燃道岔磨轨机 | 4kW | 2 | 60 000 | 180 000 |
| 2 | 钢轨多功能磨轨机 | 1.5kW | 3 | 30 000 | 90 000 |
| 3 | 钢轨运输车 | | 0 | 35 000 | 0 |
| 4 | 液压气起道器 | 100kN | 9 | 1500 | 13 500 |
| 5 | 轨缝尺 | | 9 | 200 | 18 000 |
| 6 | 铝合金轨距尺 | 600～1435mm | 9 | 800 | 7200 |
| 7 | 锯轨机 | 5kW | 6 | 20 000 | 120 000 |
| 8 | 弯轨机 | 50kN | 3 | 18 000 | 54 000 |
| 9 | 拉轨机 | 500kN | 3 | 4000 | 12 000 |
| 10 | 钢轨探伤仪 | | 2 | 60 000 | 120 000 |
| 11 | 10t 移动龙门吊 | 10t | 0 | 100 000 | 0 |
| 12 | 移动汽车吊 | 11t | 3 | 10 000 | 30 000 |
| 13 | 轨道车 | 带两拖车 | 3 | 600 000 | 1 800 000 |
| 14 | 内燃捣固镐 | 2kW | 9 | 25 000 | 225 000 |
| 15 | 轨距尺 | | 9 | 180 000 | 1620 |
| 16 | 曲线正失尺 | | 6 | 160 | 960 |
| 17 | 平板拖车 | 30t | 3 | 300 000 | 900 000 |
| 小计（元） | | | | | 3 556 080 |

| 序号 | 名称 | 规格 | 数量 | 单价（奈拉） | 总价 |
|---|---|---|---|---|---|
| 四 | 测量设备 | | | | |
| 1 | 核子密度仪 | | 3 | 60 000 | 18 000 |
| 2 | 全站仪 | | 3 | 50 000 | 150 000 |
| 3 | 水准仪 | | 6 | 6000 | 36 000 |
| 小计（元） | | | | | 366 000 |
| 机械设备估值（奈拉） | | | | | 664 931 040 |

注　1. 机械设备估值为南北线合计。

　　2. 汇率为人民币1元＝24奈拉。

表 12-11　　　　　　　　　　生 产 设 备 估 值 表

| 序号 | 项目名称 | 型号 | 单位 | 数量 | 单价（元） | 总价 |
|---|---|---|---|---|---|---|
| 1 | 石子生产线1条（200—221T/H） | 上海龙阳 | 套 | 1 | 4 000 000 | 4 000 000 |
| 2 | 潜孔机 | | | 2 | 500 000 | 1 000 000 |
| 3 | 空压机 | 12m³ | 台 | 2 | 80 000 | 160 000 |
| 4 | 破碎锤 | | 台 | 1 | 400 000 | 400 000 |
| 5 | 挖掘机 | 柳工 | 台 | 1 | 900 000 | 900 000 |
| 6 | 装载机 | 柳工 | 台 | 3 | 300 000 | 900 000 |
| 7 | 载重汽车25T | 斯尔太 | 台 | 3 | 250 000 | 750 000 |
| 8 | 发电机 | 600kW | 台 | 1 | 600 000 | 600 000 |
| 9 | 发电机 | 100kW | 台 | 1 | 450 000 | 450 000 |
| 10 | 发电机 | 30kW | 台 | 1 | 350 000 | 350 000 |
| 11 | 岩口设备 | 红五环 | 套 | 1 | 1 500 000 | 1 500 000 |
| 12 | 基础设施 | | 项 | 1 | 500 000 | 500 000 |
| 13 | 其他配件（电缆、开关、油罐等） | | 项 | 1 | 1 000 000 | 1 000 000 |
| 小计（元） | | | | | | 12 510 000 |
| 生产设备估值（奈拉） | | | | | | 300 240 000 |

注　1. 机械设备估值为南北线合计。

　　2. 汇率为人民币1元＝24奈拉。

## 【保险人的选择】

1. 保险公司的选择方式

在国际工程领域，选择保险公司的方式有两种：一是公开竞争招标；二是和保险公司直接谈判。

（1）公开竞争招标。公开竞争招标是指投保人通过将保险计划的内容公开，并事先设定一定的投标条件，吸引有兴趣的保险公司投标，并就保费提出报价。经投保人评标，最后确定中标保险公司，由中标的保险公司与投保人签订保险合同。

采用公开招标的方式优势：选择范围广，有利于从中选择出"质优价廉"的保险公司，对一些规模较大的工程来说采用公开招标的方式更为有利。这种方式的缺点：一是需要花费大量的人力、物力且周期较长；二是一些变化的因素很难考虑进招标文件之中，给投保人带来很大的风险；三是投保人可能会过多考虑投保价格而忽略其他风险因素；四是公开招标耗时时间长，且中标率低。

（2）直接谈判。直接谈判也是一种选择保险公司的常用方式。直接谈判的对象不仅限于一家保险公司，可以同时选择与多家保险公司进行洽谈，这样有利于降低他们的约束，是他们可以根据自身的实力和意愿制订保险方案，对投保人来说也减轻了负担，有利于对各种保险方案的比较，避免主观决策，这种方式对于工程规模不是很大或缺乏投保经验的承包商较为适用。

无论哪种方式，承包商都要为保险公司提供现场勘查的机会，以及有关工程的资料，使保险人充分了解工程的性质和施工现场的实际情况，从而使保险公司更好地评估风险，提出合理的保险方案。

结合本项目的实际情况，考虑到时间短，本项目确定了与保险公司"直接谈判"的方式。通过当地政府人员、酋长以及其他中资公司的推荐获得保险公司相关的信息。

2. 保险公司的确定

项目部对保险公司进行了详细的考察，主要从报价、赔偿能力、服务质量和理赔能力等四个方面综合确定保险人。

（1）价格方面的比较。根据已经确定的各投保项的保险金额，项目部要求各保险公司提供报价。通过前期询价和一、二轮报价后，项目部最终选择以下三家保险公司进行最后一轮投标报价，各家报价见表 12 - 12。

表 12 - 12　　　　　　　　　　　三家保险公司投标报价表

| 报价公司 | 险种 | 保险金额（奈拉） | 费率 | 保险费（奈拉） | 排序 |
|---|---|---|---|---|---|
| A 公司 | 建工险（含第三者险） | 2 117 029 579 | 0.1% | 21 170 296 | 1 |
| | 雇主责任险（劳工赔偿险） | 301 440 000 | 1.5% | 4 521 600 | |
| | 施工机具险 | 965 171 040 | 0.3% | 2 895 513 | |
| | 合计 | | | 28 587 409 | |
| B 公司 | 建工险（含第三者险） | 21 170 295 779 | 0.12% | 25 404 355 | 2 |
| | 雇主责任险（劳工赔偿险） | 301 440 000 | 1.35% | 4 069 440 | |
| | 施工机具险 | 965 171 040 | 0.45% | 4 343 270 | |
| | 合计 | | | 33 817 065 | |
| C 公司 | 建工险（含第三者险） | 2 117 029 579 | 0.175% | 37 048 018 | 3 |
| | 雇主责任险（劳工赔偿险） | 301 440 000 | 1.5% | 4 521 600 | |
| | 施工机具险 | 965 171 040 | 0.35% | 3 378 099 | |
| | 合计 | | | 44 947 716 | |

注　人身伤害意外险各家单独提供报价。

由表 12 - 12 可以看出，在三家公司的报价中，A 公司的报价最低，C 公司的报价最高。

（2）比理赔。A、B、C 三家公司与当地中资、外资公司的合作显示：三家公司信誉良好，但 A 公司处理索赔手续烦琐，效率低，在证据、资料收集齐全的条件下，28 天才能完成理赔。B、C 两家公司都能严格按照保单条款履行义务，理赔行动快，效率高。

（3）比赔付能力。根据调查，B 公司投资涉及石油、房地产等行业并具有相当可观的资产，赔付能力较强。此外，B 公司还有再保险公司为它来分担风险，而且包括 C 公司在内的其他保险公司所不具备的条件。显然，B 公司在赔付能力方面更具有优势。

（4）比服务。根据调查，B 公司在发生保险索赔争议事件时，会提出有效的处理建议，充分帮助被保险人进行理赔并安排理赔人员专项服务，协助被保险人准备相关文件，并全程处理相关事宜。而 C 公司根据被保险人的需要，定期对被保险人员进行培训，及时制订风险管理计划和防损计划，定期回访，提出风险控制建议；定期提醒被保险人更新进退场人员名单，以及机械设备清单等。就提供的服务而言，C 公司提供的服务更全面、更好。

综上所述，通过对比可以发现，B 公司的保费适中，理赔效率较高，赔付能力较强，因此，选择 B 公司作为本项目工程一切险、雇主责任险以及施工机具保险的承保人。

**【最终保险安排】**

工程一切险和雇主责任险的确定如下。

1. 保险誊清

为了进一步明确保单的内容，尽可能减少双方分歧，项目部与 B 保险公司专门进行了一次誊清会，就保单中的若干问题进行誊清，其要点如下：

（1）部分需要再保险的项，B 公司需要将再保险公司单位的资质材料上报项目部批准。

（2）保险费分两次支付，在签订协议之后，支付保险总金额的 50%，剩余的 50% 保险金额在工程中期支付。

（3）关于施工机具险。投保人需要提供投保设备信息，由保险人派工程师到现场估值。投保设备可以根据项目进展和机械设备进出场情况进行更新，但投保设备总额不应该高于合同约定机械设备保额。

（4）关于人员保险。投保方需要每个月向保险人提供需要投保人员信息，按月缴纳保费，要求必须是长期雇员，投保人提供的信息包括参保人员的 ID，雇佣涵/合同，薪水单等。

（5）承包方必须定期委派工程师到现场指导投保人如何减少风险事件的发生概率，杜绝安全隐患。工程师具体到场辅导的频率由双方协商确定。

（6）保险的最低免赔额为事故理赔中投保人需要承担自留的最低风险，免赔额为最低免赔额和实际损失的 10% 之间的较高值。但免赔额不超过最高免赔额。

（7）保险合同中应加入以下条款：保函扩展条款覆盖了尼日利亚境内的所有在途物资投保，但货物在运前，投保人需要向承保人提交必要的信息，在途物资的保额为 1000 万奈拉。

（8）在项目实施工程中，若投保方损坏了第三方财产，根据尼日利亚法律，应由投保人承担责任，保险人需要代投保人进行赔付。

（9）如果保险当事人双方发生争议，需要请第三方机构鉴定，由于第三方介入产生的咨询服务费用，需要由最终裁定责任方承担。

2. 保单内容

根据与 B 公司的协商结果，确定了东线铁路修复工程的建工一切险和雇主责任险的保单内容（以下为部分内容）。

（1）工程一切险、第三者责任险保单。

1）保险期限：2011 年 9 月 27 日（实际开工日）至 2013 年 8 月 27 日（包含 12 个月的

缺陷责任期)。

2)承保地点:项目沿线(卡杜纳州、纳萨拉瓦州、高原州、贝努埃州)。

3)第"三者责任险"赔偿限额:

财产损失 50 000 000 奈拉;

死亡或人身伤害:无限制。

4)免赔额:

最小免赔额与实际损失的 10% 之间的较高值,但不超过最大免赔额。

合同工程最大免赔额:3 000 000 奈拉,最小免赔额:500 000 奈拉;

生产设备最大免赔额:2 250 000 奈拉;最小免赔额:250 000 奈拉;

第三责任最大免赔额:2 250 000 奈拉;最小免赔额:250 000 奈拉。

5)保额与保费:

保险金额:21 170 295 779 奈拉;

保费:33 817 065 奈拉。

6)支付:建工险保费分两次支付,在签订协议后支付保费的 50%,剩余的 50% 在工程中期支付。

(2)雇主责任保险单:

1)保险期间:2011 年 11 月 28 日至 2012 年 11 月 27 日。

2)被保险人员:业主工程师 10 人;承包商管理人员 20 人和 800 名当地工人。

3)承保范围:根据尼日利亚政府颁布的 1987Workmen's Compensation Decree 规定执行。

4)保险额度:

保险金额:3 014 400 000 奈拉;

保费:4 498 800 奈拉。

5)赔偿金额:见表 12 - 13。

表 12 - 13　　　　　　　　　　雇主责任险保险赔偿金额

| 序号 | 人员致伤种类 | 赔偿规定 |
|---|---|---|
| 1 | 死亡 | 24 个月月工资 |
| 2 | 永久伤残 | 54 个月月工资 |
| 3 | 暂时性伤残 | 支付 24 个月(前 6 个月支付月工资的一半,剩下的 15 个月支付工资的 1/4) |
| 4 | 医疗花费 | 没有限定,但必须合理 |

3. 扩展性条款

(1)建工险的扩展条款。

1)包括材料和设备运输途(陆上或海洋)中的损坏和灭失。

2)施工现场和路途中不可预见的(包括突然的抢劫)人身伤害和现金损失;此项内容包括在承包商人员险中。

3)人身伤害意外保险包括以下情况:

只包含政治事件(如从总统或州的选举中出现的骚乱)所造成的财产损失,不包括种族冲突(如在高原州的穆斯林和天主教之间的冲突);不包括当地恐怖主义(如在博尔诺州博科圣地活动），包括罢工或停工的财产损失；不包括业主接管之后不当使用造成的工程损坏，包括由于设计、材料或工艺缺陷造成的被保险人及其第三人受到的损害；不包括工程移交之后，在缺陷责任期造成的损害，包括地震、暴雨、火灾等自然灾害造成的损失；包括保险期限另加 365 天的缺陷责任期内造成的损失。

（2）雇主责任保险的扩展条款。

1）只包括罢工、暴乱等引起的人身伤害或损失，由于恐怖主义或绑架造成的损失不包括在内。

2）包括由于交通事故、爆炸，以及自然灾害造成的伤害或损失。

3）包括由于疾病造成的损害或损失。

4）包括由于当地医疗限制，而必须进行的急救处理所产生的费用。

5）包括根据当地法律规定的人员伤害必须增加的补偿费用所带来的损失。

6）包括员工在其他国家因出差造成的伤害所带来的费用。

综上所述，本项目风险识别全面，风险值和保险金额的计算准确，并充分考虑购买保险的优先度，并优选保险公司，是非洲地区理想的工程保险方案框架。

【案例提示】

（1）非洲所承揽的工程项目，在政治、经济、社会、自然和卫生健康诸多方面都存在巨大风险，在制订风险管理计划和保险方案时应充分考虑这些因素的影响。制订投保方案应坚持充分评估风险的原则、满足风险分散的原则、实现公平与对价的原则和遵守法律管理的原则。

（2）在选择保险公司时，不能一味地追求较低保费报价，应全面了解保险人，在客观了解分析各家保险公司的承保能力、赔付能力、保险成本、赔付限额、信誉等指标的基础上，科学妥善地做出决定。

（3）非洲项目一般涉及的风险因素多、需要投保的标的多、赔偿限额低，因而承包商需要投保的范围较广，保险程度要深、相应的费率水平也较高。基于非洲国际工程的这些特点，通过本案例的分析可以看出，其最优的制订保险方案的经验可以概括为："全面识别风险、准确计算风险值和保险金额、充分考虑保险的优先度，并优选保险公司"。

## 12.2　广东某发电厂项目保险综合案例

【案例摘要】

本案也是一起 EPC 保险安排与采购的综合案例。以广东某 EPC 发电厂工程项目为例，结合电力工程项目特点，对 EPC 全过程的保险制订了安排计划，决定由业主和承包商分别投保各自承担风险责任的险种。运用保险经纪人＋公估人协助的采购方式落实保险计划。

【项目概况】

广东某 60kW 机组的电厂是按照 EPC/交钥匙工程合同建设的，合同规定，机组必须通过预先设定的机组操作试验，并经过 1 个月的连续运行后才可以签署性能合格证书。在经过 1 个月的连续运行后还要继续进行性能测试，性能测试合格后才能签署性能合格证，机组才能完全交付业主。在 EPC 总承包合同中，不仅规定了提前完工奖，也相应设定了拖期罚款条款，承包商面临工期延误以及其他各种风险。

**【险种安排】**

在传统的承包模式下，建设期的风险绝大部分通过工程合同列明的方式转移给各参建单位，需要参建单位通过保险转移各自的可保风险。保险安排一般按照在合同规定的框架内由承担风险的一方根据自己承受风险的能力自行购买相应的保险。比如，负责运输的分包商需要购买运输保险、安装单位购买建安一切险；这些保险虽然是业主、承包商、供应商分别购买，但最后都会体现在各自的合同价格之中。

在 EPC 工程总承包模式下，投保方式较多，有业主或总承包商分别投保各自保险的项目，也有由业主或承包商统一购买保险的项目。本案采取的是由业主与承包商根据各自承担的风险责任，各自负责投保。

要进行项目建设期的保险安排，就要搞清楚基本的险种。保险市场上的险种有针对财产的、针对承包商的、针对工程方面的、针对职业人员的。也有针对项目特点设计的保险，如电子资料保险和计算机保险等，简述如下：

1. 与财产风险有关的保险

财产保险、财产保险基本险、财产保险综合险和财产一切险。财产一切险的保险覆盖范围大些，运用的也较多。在项目建设过程中，比较合理的安排是由保有财产的一方承担风险。可以根据项目的生命周期来区分在产品成型阶段，业主的财产是制造商财产的一部分，由制造商购买的财产一切保险来覆盖，加以风险转移。产品通过出场试验后，从制造商仓库到业主的工地仓库（有时由业主管理）的运输过程风险，可以购买货物运输保险。货物运输保险是历史最为悠久的保险险种之一，涵盖了船运、汽车运输、空运等各种方式。货到工地后，可以由业主，也可以由承包商代买财产一切险。当电厂交付使用以后，就由业主来购买财产一切保险了。

2. 与承包商风险有关的险种

承包商要承担的风险主要是在电厂建设过程中的机具、人员和业主的财物的安全。承包商可以购买建筑或安装一切险，涵盖自承包商进场安装、调试和移交的整个阶段的机具、人员和业主的财物的安全。在国外还可以购买拖期完工的保险。

目前，国内的承包商可以根据在合同中规定的风险来购买建工或建安一切险、吊装工程责任险、公众责任险等。有时候承包商没有意识到，或者不愿意购买这些保险，业主可以在招标书中做出具体要求。与制造商和承包商有关的还有产品责任险、产品质量保证险，是否购买这两种保险，取决于各国的产品责任法。在国外一些对于产品责任要求严格的地区，购买这两种保险是有利于保障承包商的利益。

3. 职业责任有关保险

国际上，建筑师、结构师、咨询师等行业均被许多国家列为风险较高的行业。职业责任保险在国际惯例中是强制性保险。职业责任保险的安排与项目所在国的法律法规有直接的关系。在欧美一些国家，律师、会计师、设计师被认为是专业人员，要对自己的产品或服务严格承担责任，因为设计失误造成业主损失的，业主可以向设计单位索赔直接损失，而不仅仅是索赔设计费用。因此，他们自己直接购买与自己有关的责任保险。近年来，由于许多工程设计单位越来越多地在大型 EPC 工程中承担总承包商，因此，在国际上 EPC 项目中，业主一般要求承包商为设计风险购买职业责任保险作为 EPC 的前提条件。

涉及工程职业责任的险种包括建筑设计责任保险、结构师职业责任保险、咨询师职业责任保险等。

除了上述保险以外，由于电力工程项目环境的特殊性，这些年来流行购买雇主责任保险和公众责任保险。这些是针对业主在工地工作的人员和其他人员的安全而设计的险种。雇主责任保险由业主、承包商分别对其所属的人员进行购买。

EPC 工程项目常见保险险种，如图 12-1 所示。

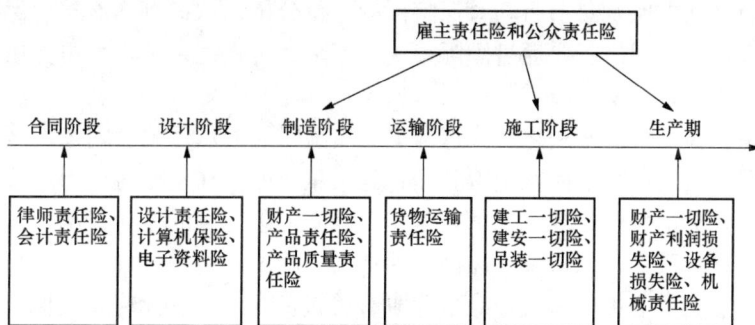

图 12-1　EPC 工程项目常见保险险种

图 12-1 为目前国内保险市场电厂建设项目上常用的各种保险。承包商在项目之初就应该与业主协商，划分好各方应该购买哪些保险，保险覆盖的范围。到底应该由哪一方购买哪一时期的保险，可以结合物权的转移和风险转移的时点、按照各方承担的责任范畴来划分，由照看财产安全的一方来负责购买。

本案 60kW 机组的电厂项目，根据与业主协商、批准，制订了采购计划，决定承包商购买安装一切险、雇主责任险等施工阶段的保险，保险期间包括整个合同执行期间，从设备制造完成出厂到工程项目完工；设计单位购买工程设计保险；制造分包商购买产品财产一切险、质量责任险、运输保险；业主负责购买运营期的财产一切保险、财产一切保险下的利润损失险、机械损坏险、机械损坏险项下的利润损失险等生产期的保险。

【采购方式】

1. 保险经纪人

电力工程项目的保险金额都较高，一般达到几亿元、十几亿元，几十亿元的财产，有些使用大型进口设备的电厂甚至财产高达百亿元。这些特大项目的保险要通过保险经纪人来进行。

按照惯例，保险经纪人是从保险人那里收取手续费，并体现在保险费用总额中。保险经纪人的选择很重要，他不但要熟悉保险业务，而且还要有与保险公司和再保险公司存在良好的业务合作基础，才能为承包商争取到好的保险合同条件和好的服务。这里应注意的是，有些小型的电厂保险业务是通过保险代理人来安排的，经纪人和代理人的主要区别为保险经纪人是独立的第三方，要基于投保人的利益做出保险安排。而保险代理人通常是保险公司的代理，代表的是保险公司的利益。

通过保险经纪人采购保险的做法：投保人在保险经纪人的帮助下，选定保险险种，明确保险范围和投保金额，然后由保险经纪人到保险市场去询价，在考虑到保险人的信誉度后，选择主要的承保人，并基本确定有关条件（如费用、免赔额、免赔期、除外责任、能够承保的保单份额等），寻找能够承保剩余下份额的保险公司，最后达成保单。

一般大型的电厂，尤其是进口设备较多的电厂，通常都要用到海外保险市场的承保力量。因此，选择那些有国际关系的保险经纪人是解决大型工程保险的行之有效的方法。选用有海外经验的保险经纪人的另一个好处是可以把海外最新风险管理理念和做法引进来。

2. 保险代理人

通过保险代理人安排保险的做法：由保险代理人所代理的保险公司承担了保险经纪人的角色，保险公司拿到投保意向书后，对保险标的进行分析，承揽自己能够承保的部分。由于电厂的保额很大，保险公司还要通过国际市场的保险经纪人把余下份额再保出去。

3. 保险公估人

购买保险是转移风险的办法之一，这样电厂出险时能够从保险公司拿回修理和恢复生产的费用。对被保险人来说，如何顺利得到赔付是很重要的。在索赔时，保险公司通常通过保险公估行的判定来决定赔付标准。公估行是一个独立的第三方的专业机构。当出险后，公估行会派出专家到现场取证，分析事故原因，评估损失程度。公估行到现场进行调查时，也会听取有关方面的意见，但主要是直接对出险时有关人员的调查。此时，被保险人要做的是出险后要尽快向保险人发出出险通知单，并保护现场，等待公估机构人员的调查。有时因为需要抢修要破坏现场的，一定要保险公司来人共同拍照、画图，并妥善保管残骸。抢修完后，被保险人应及时提交损失报告以便公估行审查公估行的选定，通常由保险公司指定，但被保险人也可以提出反对意见。在海外，公估行是一个成熟的行业；在国内，一般是由保险公司聘请有名的专家给出专业意见。对于电力行业，承包商可以争取邀请机电学会的有关领域专家出任公估人员。本案例中，承包商邀请了保险经纪人和公估人，为本项目保险安排、采购工作，以及索赔工作提供服务，使工程保险为项目顺利按期完工提供了有力的保障。

**【公估人作用】**

本案 60kW 机组的电厂项目承包商购买了一份承包商一切险、保险期间包括整个合同执行期间，从设备制造完成出厂到工程项目完工。承包商同时还购买了建设工程设计责任保险。业主购买了在运营期的财产一切保险、财产一切保险下的利润损失险、机械损坏险、机械损坏险项下的利润损失险。

本案项目经过紧张的建设、安装工作，机组顺利完成了各种工作，并经过 1 个月的连续运行，在准备开始机组性能测试时，发生了发电机铁芯烧蚀事故，为此，机组终中断运行 3 个月，业主向保险公司提出索赔。要求补偿机械损坏以及由此导致的利润损失。

公估人在保险索赔中发挥了重要作用。经过公估人的评估，事故的根源是发电机铁芯的通风设计存在问题，在索赔中双方争议是：这属于项目建设期的事故还是属于运营期的事故？应该由哪家保险公司理赔？是承包商投保的保险公司，还是业主投保的保险公司？经过研究合同和保单，此事故判定为属于运营期的事故。业主的保险公司支付了 2 个月的利润损失，业主自负 1 个月自留责任（免赔期 1 个月）。由于机组还在保修期，机械损坏由总承包商负责修复，业主的保险公司不负责支付机械损失（救济性原则）。但总承包商购买了承包商一切险，总承包商的保险公司要支付除免赔额以外的一切修复费用。然后总承包商的保险公司代位追索设计单位的责任。由签发设计责任保险的保险公司支付了相应的费用，保险索赔成功。

在保险安排采购中，工程项目的合同风险转移的关键点要清晰，总承包商与业主各方的责任也要清晰，保险的安排要按照各方承担的责任范畴来安排。本案例中，保险公司的理赔是基于公估行的评估进行的，由此可知公估行的作用是很重要的。公估行要作出合理的判断，就要到事故现场进行调查，作为被保险人要主动与公估行人员进行沟通，争取公估行的支持。

在财产险的这一领域，保险赔付是救济性的，是对实际损失的赔偿。尽管业主购买了机械损失险，但业主不能从承包商那里得到合同利益，可从保险公司那里得到赔付。即使保险公司对总承包商的直接修复费用进行了补偿，它还可以代表承包商去追索设计单位的责任，这就是代位索赔。

**【案例提示】**

（1）本案例在对保险险种分析的基础上，对保险采购方式即保险经纪人、保险代理人和公估人的作用进行了分析，并且对三种保险中介组织的区别进行了比较，为保险采购途径的选择提供了思路。承包商最后采用经纪人与公估人组合的模式实施保险安排和采购。应注意的是，在选择保险经纪人、公估人时，一定要选择有丰富经验、有一定实力的保险中介来帮助采购保险。

（2）保险是救济性的而非营利性的，因此，承包商重复购买保险是不必要的。在对项目建设期间的保险安排时，一定要参考工程合同中关于风险分配以及管理方面的条款内容，根据项目参与各方的责任来安排购买保险。

（3）为保证项目按时交付使用，承包商可以根据自己在项目中所承担的风险以及自己承担风险的能力来选择自己合适的保险，业主也可以在选择承包商时要求承包商购买哪些保险。

（4）在分担保险义务时，要注意到只有对保险标的有利益的一方，才可以购买保险，与保险标的没有任何利益方，保险公司是不予以承保的。

（5）当出险时，投保人一定要立即通知保险公司，保护好事故现场和有关证据，等待公估机构人员前来取证。在索赔时，要争取保险经纪人和公估人的合作和理解，争取顺利得到合理的赔偿。

## 12.3　沙特某石化工程项目保险综合案例

**【案例摘要】**

以沙特某乙烯大型 EPC 工程为例，介绍了承包商在工程保险风险分析、安排与采购方面的经验和体会，可供参加沙特工程项目的中国承包商参考。

**【项目概况】**

中方承包商与国外工程公司联合体中标了沙特某乙烯大型 EPC 工程的整个裂解联合装置的部分项目，即线性低密度聚乙烯装置、聚丙烯装置和产品联合装置工程。项目合同采取固定总价 EPC 合同模式，EPC 合同由境内的合同和境外的合同两个独立合同组成，境内的合同义务主要是施工计划、管理和实施、单机试车和完工交付，还包括现场设计支持和部分采购等，合同的违约责任分为工期和性能保证两部分。境外的合同的义务主要是设计、采购和项目管理等，合同的违约责任是性能保证。

**【风险分析】**

1. 系统风险

（1）政治风险分析：沙特是君主制度王国，沙特王室掌握着国际的政治、经济大权。从当时项目建设期的形势分析来看，沙特政局总体稳定，但存在一定的风险，主要是恐怖主义威胁和国内政治变革。沙特一直是美国在阿拉伯地区的盟友，这引起基地组织的敌视，虽然政府加大了反恐力度，但是恐怖主义仍然是影响沙特国内政局的重要因素。此外，政府逐步推行开放政策由此引起保守派的反对，成为沙特政局不稳定的因素之一。

在工程承包行业，中资企业面临的另一个政治风险是政府对本地企业的扶植政策，以及由此导致的不公平的市场竞争环境。政府规定，一般小型的工程如普通铁路、民房建筑等只允许沙特本地公司竞标；如果项目较大，可以分为若干部分，分包给当地数个承包商；沙特政府还规定，外国承包商和沙特合资企业（沙特资本小于 51％）必须将公共项目的 30％分包给本国的承包商（沙特资本不小于 51％），沙特政府对本国企业的偏袒，大大压缩了市场竞争空间，而且沙特大部分项目都是由政府投资，总承包商需要将部分项目分包给当地承包商，中资企业还要考虑到当地承包商的能力和水平不足所带来的风险。

（2）经济风险分析：近年来，沙特经济表现出良好的发展态势，中资承包商主要面临的经济风险是汇率风险和采购风险。在汇率风险方面，沙特允许承包商在美元或本地币"里亚尔"中任选一种，作为工程款支付的币种，因为里亚尔与美元挂钩，无论采取哪一种货币计价，工程款都要受到人民币对美元汇率波动的影响。尤其是美国实行宽松的货币政策时，美元逐步贬值，人民币越来越具有升值的趋势，汇率风险更加明显。

采购风险方面，由于沙特建筑市场发展过快，建筑材料供不应求，难以满足施工的需要，特别是水泥、钢筋等材料经常断档，价格快速上涨，给工程报价和采购带来不确定的因素。另外，西方材料设备在沙特市场占有主导地位，沙特业主往往将采用西方技术和设备材料作为工程质量和档次的主要依据，在招标或后续谈判中往往明确指定采用西方设备和材料，而中国的设备和材料未被广泛的接受，这也无形中增加中资企业的采购成本，中资企业应十分重视采购难的问题以及可能造成工期延误的风险。

（3）法律和社会环境风险分析：在沙特涉及承包工程的法规主要包括《劳动和劳工法》《外国投资法》和《政府采购和招标法》。需要注意的是，沙特法律对本国企业比较偏袒，极少给外国企业与当地企业平起平坐的机会。中资企业不要指望以法律手段来挽回损失，应尽量保护自己，避免授人以柄。

在法律法规方面，企业需要重视沙特法律在本国劳工的就业政策和劳工权益保护方面的规定。沙特法律规定，政府投资的项目必须雇佣 5％的本地沙特籍员工；私营投资项目必须雇佣 10％的沙特籍员工；特殊行业项目，如石油物探则必须雇佣 40％以上的沙特籍员工。因此，对于习惯于大量使用本国劳务人员的中资企业来说引入中方劳务人员越多，"沙特化"的压力越大，而且沙特政府在审批外籍老公签证过程中，外事局、内政部、劳动部等多个部门控制检查，任何疏忽都将导致工程签证受阻。

劳动权益保障方面，沙特的《劳动法》对劳动时间有严格的规定，比如 8 小时工作制；斋月期间，穆斯林雇员每日工作不得超过 6 小时；连续两月迟发工资，一年内禁止该企业招收其他雇员等。对于违反劳工的规定，沙特政府的惩罚相当严厉，除了罚款之外，对于情节严重者，可处罚 30 日以下的停业处罚，以致吊销企业执照。因此，由违反劳动法律而引起的风险中资企业必须高度重视。

社会习俗和宗教信仰方面，伊斯兰教为国教，大多数人口为逊尼派穆斯林，宗教对当地生活和工作具有重要影响，沙特整个社会系统运行节奏缓慢，这在无形当中损耗工期，给承包商带来工期延误的风险。

（4）自然环境风险分析：自然环境风险是指承包商项目所在地的自然环境不能满足计划施工的要求，导致成本增加或工期延误的风险。自然环境风险因素包括天气变化、自然灾害频发等。沙特夏季炎热干燥，最高气温可达到50℃以上，属于多风沙天气；地形多为高原，土质坚硬，因此带来的施工难度和工作量，中资企业不容忽视。

2. 非系统风险

（1）技术风险分析：沙特工程承包市场属于欧美标准和技术规范占垄断地位的市场，业主普遍存在明显的追求高端的价值取向。因此，进入沙特工程市场的中资企业必须在既往工程经验和资源配置方面对英美标准和技术规范的适用性有充分的准备。

（2）合同风险分析：沙特承包市场是买方强势市场，在资金保证的基础上，业主在合同谈判中始终保持强势地位，比如对设备材料的选用和指定分包商方面有很强的控制力，采用国际通用合同文本时，业主往往会通过特殊条款来弱化自己在履约责任以及合同执行过程中的配合义务与赔偿责任。使中资承包企业一开始就处于不利地位。中资企业在订立合同时，一定提高警惕，尽量减少不利条款，将合同风险控制在合理范围之内。

（3）质量管理风险分析：沙特引入西方式项目监理体系，业主对项目技术管理水平要求严格，从工程设计、材料设备采购、施工到竣工验收整个过程都有国际知名的公司进行监理。因此，中资企业进入沙特工程承包市场必须提高自身的项目管理水平，按照国际工程通用的规则和标准办事，妥善处理好与工程监理单位的关系。

【保险安排】

对于上述风险的处理，一般是对于那些技术、合同等非系统风险。承包商通过加强自身技术力量和提高项目管理水平减轻风险，对于那些无法投保、不可控的系统风险则要考虑风险规避，适当放弃某些项目；对于可以投保而不可控的系统风险，则可以通过保险手段加以转移。对于政治风险、汇率风险，可以向中国信用保险公司购买政治保险、汇率保险中长期出口信用保险等产品；对于项目在实施过程中存在的自然灾害和火灾、爆炸等意外事故风险，购买了建筑工程一起险、施工机具设备险、远洋运输险、雇主责任险、机动车辆险以及团体意外险。

1. 了解项目所在国的法律规定

不同国家对工程保险安排有着不同的规定，中国承包商往往对国外的工程项目所在国的保险法律缺乏了解，于是给合同的执行带来许多法律困难。沙特政府规定，承包商不得从国外直接进口工程所需要的工具和设备，只能从沙特国内代理商处购买，必须优先购买沙特当地产品，承包商还必须从沙特当地机构获得运输、保险、银行、租赁土地、进口食物等方面的服务，在确认承包商已经履行上述法律法规之前，沙特业主不得支付工程预付款和50％以上的合同款。

本项目承包商按照沙特政府的法律法规有关要求，通过在沙特政府承认的当地保险公司办理了如下保险：承包商的全险（包括第三者责任险和财产险）、车辆保险、货物运输险（包括海洋和陆运险）、人身意外伤害险。保险期从签约之日起到合同结束为止。保单通过业主的认可，才能开始施工。

2. 要高度重视保险设计方案

严谨良好的保险安排计划，是获得保险保障的前提。在开工前，本案承包商对该项目的风险进行了全面的风险识别、风险评估，并在此基础上设计了个性保险方案。设计保险方案时，保险费率是一个关键指标，同时，保单的保障内容则更为重要，特别注意要设定合理的免赔额及免赔率，免赔额太大会使承包商承受过多的风险，增加损失；免赔额过低，会大幅增加承包商交付的保险费用，因此，承包商应权衡利弊，确定合适的免赔额。

3. 安排专人负责工程保险事宜

国际工程风险管理中，复合型、外向型和开拓型人才是构建中国承包商海外事业竞争力的核心要素。其中，缺乏国际工程保险专门的人才是中国承包企业普遍存在的问题。因此，对中国国际工程承包商而言，风险管理和保险专家更是中国承包企业不可或缺的人才。专业人才可以帮助企业从项目建设初期开始就系统地识别、分析和处理风险，使承包企业承担合理的风险、回避和分散风险、防范新的风险产生、审核投保合同条款以及处理保险合同的索赔等问题。承包商安排专门人员负责，专业人才可以充分与保险公司沟通、提高保险工作效率、加强工程保险方面的管理。因此，中国承包企业应积极引入这种复合型、外向型和开拓型人才，以适应国际工程的需要。

【保险采购】

当承包商自身工程保险专业人才缺乏时，可以考虑邀请专业的保险经纪人，协助办理保险安排、保险采购以及索赔事宜。

在发达国家的保险市场上，由保险经纪人承揽的业务占70%以上，委托经纪人办理保险业务已经成为国际惯例。这种惯例之所以得到国际市场的认可，是因为投保人花钱买保险，买的似乎是一张无形的契约。投保人看不见，摸不着，其实保险商品是一项专业性很强的经济活动，保险条例款、保险费率等都是由保险公司单方面制订，保险合同充满专业术语，投保人无法精确地理解其中的含义，这时候保险经纪人就是客户的风险管理专家、保险采购行家。保险经纪人基于被保险人的利益，是协助被保险人安排保险方案，与保险公司浅谈保险条件，订立保险合同，代缴保费和完成其他特约服务的一种中介单位。具体来说，邀请保险经纪人有以下好处：

（1）降低风险管理成本、提高经营效率。伴随着社会化、专业化的不断深入，企业把自己不熟悉的风险管理、保险安排与采购工作委托给保险经纪人去做，一方面可以降低企业风险管理成本，另一方面也使企业能够更多地专注自己的专业工作以及项目的进展，进而提高企业的经营效益。

（2）获得全面、专业的管理服务。保险经纪人能够为承包企业提供从风险识别、风险评估、风险防范、风险转移以及灾后防损、保险索赔等全方位、全过程、专家式的服务，大大拓展和深化了由保险公司提供的传统服务，免除了被保险人的后顾之忧。

（3）获得全面、专业的风险管理服务。保险经纪人精通保险技术、熟悉保险市场运作方式、能够充分考虑企业的实际情况，为企业量身定制合适的保险方案，使被保险人能够以科学、合理的保险条件获得充分的工程保险保障。

（4）降低了投保成本。一方面，保险经纪人通过提供专业的风险管理服务，能够提供风险管理的先进技术，使保险标的风险状况容易得到控制。因此，保险人对与有保险经纪人投保，较为放心，容易给予较为合理的保险费率。另一方面，保险经纪人熟悉业务，了解保险市场情况，在工程保险市场上与多家保险公司都有畅通的询价渠道，通过市场竞争，被保险人可以获得合理的保险费率。保险经纪人拥有大量的被保险人即客户资源，保险公司为了扩大保险市场份额，往往也乐意给予保险经纪人更为优惠的保险费率。

（5）提高投保的安全性。在法律上，保险经纪人是代表被保险人的利益的。《保险法》第一百一十八条、第一百一十九条规定，保险经纪人是基于投保人的利益，为投保人与保险人订立保险合同提供中介服务，并依法收取佣金的机构。保险代理机构、保险经纪人应当具备国务院保险监督管理机构规定的条件，取得保险监督管理机构颁发的经营保险代理业务许可证、保险经纪业务许可证。

《保险法》第一百二十四条、一百二十八条同时规定：保险代理机构、保险经纪人应当按照国务院保险监督管理机构的规定缴存保证金或者投保职业责任保险。保险经纪人因过错给投保人、被保险人造成损失的，依法承担赔偿责任。可见，保险经纪人的安全性很强，可以得到法律的保护，如果保险经纪人的过错包括投保、协助索赔等环节给被保险人带来经济损失，保险经纪人要承担赔偿责任。

【案例提示】

本案例对于沙特项目所存在的风险（系统风险和非系统风险）进行了评估分析，为保险双方的投保、承保提供了基础。做好工程项目的风险评估对于保险人与被保险人都具有十分重要的意义，良好的风险评估能够使被保险人充分认识存在的风险，对于项目风险可能造成的损失程度能够有一个全面的了解，以至于可以采取相应的应对策略，或回避风险、自留风险、防范风险、转移风险。明确哪些风险采取转移风险策略，确定投保险种。对于保险人而言，通过风险评估可以确定是否能够接收被保险人的要求，厘定合理的承包方案与费率，并对工程项目进行有效的风险管理工作，对于保险人来说是所有承保的基础工作，其意义可见一斑。当前在世界经济一体化发展趋势下，在一带一路倡议的实施下，只有加强承包工程的风险管控，充分利用工程保险这一转移风险的利器，中资企业才能稳妥地走出去，开拓沙特市场，持续健康的发展。

# 第4篇 合 同 管 理

## 第13章 EPC工程保险索赔

保险索赔管理是履行保险合同义务、保险变更等合同后管理的重要内容之一。被保险人投保的目的是一旦被保险人的保险标的遭遇损失，可以向保险人要求经济赔偿，达到恢复正常施工，保障被保险人的财务稳定的目的。索赔管理则是被保险人行使自己索赔权利，保证索赔目标实现的重要管理工作。

## 13.1 保险索赔管理概念

### 13.1.1 保险索赔管理的含义

保险索赔是指被保险人在发生保险责任范围内的损失后，按照与保险公司签订的保险合同的有关规定，向保险公司申请给予经济补偿的行为，保险索赔是以承保的风险事件造成损失为前提的。保险索赔管理就是对实现保险索赔目标的一种管理工作，包括协助保险人勘查事故现场、提交索赔申请书以及有关证据、与保险人谈判等一系列活动。

工程保险索赔与工程索赔是两个不同的概念。工程索赔是在执行工程合同过程中，如果一方认为另一方没有履行自己的义务或妨碍了自己履行合同义务，或是当发生合同中规定的风险事件造成经济损失，则受损方向合同另一方提出索赔要求。由于工程索赔包括因风险事件造成经济损失这一条件，往往容易引起人们的误解，认为工程保险索赔可以代替工程索赔。实际上，它们是有区别的：

（1）索赔的法律依据不同：工程保险索赔的法律依据是保险公司与被保险人签订的保险合同；工程索赔的法律依据是承包商与业主签订的工程合同。

（2）索赔的对象不同：工程保险索赔是被保险人向承保的保险公司索赔；工程索赔是签订工程承包合同的主体之间的索赔。

（3）索赔的条件不同：工程保险索赔的条件是保险合同中列明的保险责任和条件；工程索赔的条件是承保合同中规定的构成索赔的条件。

（4）索赔事件的性质不同：构成工程保险索赔事件的是自然灾害和意外事故，属于偶然事件；工程索赔事件虽然也包括人力不可抗拒的自然灾害，但也包括一方认为另一方没有能够履行合同义务或妨碍了自己履行合同义务的事件，是人为的、主观的风险事件。

因此，在实际中，工程保险索赔不能够替代工程索赔。例如，暴雨、暴风、洪水、地质原因的塌方等不可抗拒的自然灾害造成工程等财产损失，由于业主对其的工程财产投保了保险，按照保险合同的约定，保险人对其直接损失给予补偿，但由此造成的工程延误、打乱原施工计划所造成的承包商其他的经济损失，保险公司是不给予赔偿的，而应由承包商根据工程合同规定向业主提出索赔。因此，被保险人在处理索赔事件时，一定搞清工程保险合同的责任范围；搞清哪些事件造成的经济损失向保险公司索赔；哪些事件造成的经济损失应按照工程合同规定向业主进行索赔。只有这样，被保险人才能正确地维护自己的合法权益，避免因误解引起索赔矛盾纠纷。工程保险索赔与工程索赔区别见表 13-1。

表 13-1　　　　　　　　　　　　工程保险索赔与工程索赔区别

| 序号 | 项目 | 保险索赔 | 工程索赔 |
| --- | --- | --- | --- |
| 1 | 索赔法律 | 保险合同 | 工程承包合同 |
| 2 | 索赔对象 | 承保的保险公司 | 承包合同主体之间 |
| 3 | 索赔条件 | 保险合同列明的责任和条件 | 承包合同中约定的构成索赔的条件 |
| 4 | 索赔事件性质 | 偶然事件 | 主要是指人为的、主观的事件 |

### 13.1.2　保险索赔管理的特点

EPC 工程是一项投资大、建设周期长、参与单位众多、涉及面广的风险项目，作为总承包商来说，其保险索赔管理与一般的承包模式比较，具有以下的特点。

1. 涉及的险种多，索赔管理综合性强

EPC 工程的职责是对项目的设计、采购、施工、试车等全面负责，因此，依据有关法律和标准 EPC 合同的要求，投保的险种多，包括设计责任险，建工、建安一切险，第三者险，雇主责任险，意外伤害险，运输保险等，因此，其保险索赔管理所涉及的范围比较为广泛，保险索赔管理具有很强的综合性。

2. 参建单位众多，索赔管理难度大

EPC 工程的参建分包商、供应商众多，少则几十个，多则上百个单位，由于 EPC 工程的保险一般由总承包商来投保，总承包商将对整个工程的索赔管理负责。一旦发生风险事故，造成财产和人员伤亡，很难确定风险事故性质和责任，取证难度大；从投保到索赔的整个过程中，承包商需要与众多共同被保险人沟通、协调，索赔管理工作具有较大的难度。

3. 事故索赔情况复杂，对索赔管理人才要求高

EPC 工程工种繁多、交叉作业，一旦发生风险事故，情况复杂，其保险事故的原因往往相互交织、盘根错节。在索赔实践中，虽然大多数索赔的具体工作由保险经纪人来完成，但作为总承包商，仍然需要与保险人开展索赔谈判，这就需要总承包商了解、掌握各种保险知识，熟悉各种保险有关条款，为此，EPC 工程保险索赔管理对索赔管理人员的素质提出了更高的要求。

## 13.2　保险索赔原则与程序

### 13.2.1　保险索赔的原则

保险索赔是承包商的正当权益，是补偿保险事故损失，发挥工程保险补偿功能的关键。无论是 RPC 模式，还是 BOT 模式，或是其他任何工程承包模式，国内外相同险种的索赔基本原则是大致相同的，被保险人承包商都应遵循统一的保险索赔原则，进行索赔。

1. 及时性原则

报案是保险合同规定的被保险人的义务，是履行保险合同的一个重要内容，也是索赔的根本前提。强调及时性原则，不单单是履行被保险人的义务的原因或出于索赔本身的要求，

还有防止损失进一步发展、减少损失的原因。工程事故发生后，其险情往往是持续的，其损失有时是不断累加的，保险人具有提供风险管理的责任，及时通知保险人，可以获得保险人的技术支持，对于及时制止风险的进一步扩展、实施有效的防范措施，防止损失的进一步扩大，都具有十分重要的意义。

**2. 真实性原则**

实事求是是处理保险索赔的重要原则。在工程合同执行过程中，经常会遇到各种各样的情况，无论是损失，还是损失的原因往往是错综复杂的。在索赔过程中由于被保险人与保险人利益相对，意见和观点往往是不一致的。在这种情况下，保险双方均要在尊重客观事实的基础上，对灾害或意外事故进行客观而实际的分析鉴定，明确灾害或意外事故的原因、性质以及责任。被保险人应当坚持实事求是的原则，客观、全面地介绍工程受损的情况，合情合理地提出索赔的要求，只有实事求是才能够使双方达成一致，得到保险人的认同，索赔才能获得成功。

**3. 合理性原则**

保险制度存在的意义和保险合同的本质内涵就体现在损失补偿。被保险人索赔的目的也主要在于获得损失补偿。被保险人的这种索取补偿是投保人的权利，是毋庸置疑的。但是索赔补偿应该是合理的，合理就是按照实际损失，按照事前保险合同的有关规定，提出补偿要求，不能脱离实际地提出抬高补偿要求。若抬高补偿要求，结果会造成索赔未果，或拖延赔偿的时间，使工程项目损失不能够得到及时补偿，对工程建设产生不良的影响。

**4. 协商性原则**

保险合同的执行过程在一定意义上讲是一个沟通协商的过程，尽管合同对于双方的权利与义务进行了明确的规定，但合同不可能将所有问题均包括在内，在执行合同和索赔的过程中，会遇到许多合同中没有规定或规定不明确的事情，尤其是工程保险这样专业性和技术性很强的合同的执行过程，更容易出现分歧和争议。因此，被保险人在索赔过程中，应当充分与保险人沟通协商，通过这种途径将问题加以解决。

**5. 法律性原则**

当前，我国保险市场尚处于发展初期，保险市场行为规范化程度不高，一些保险公司可能存在不规范的保险行为，在保险索赔的过程中，被保险人会遇到一些阻力，产生一些意想不到的纠纷和争议。为解决这些纠纷和争议，被保险人在坚持实事求是的基础上，对于那些不信守合同、意见分歧较大的索赔事件，可以通过邀请律师，通过法律途径对产生的索赔疑难问题加以解决。因此，被保险人应该学会拿起法律的武器，对索赔中遇到的纠纷加以解决，使被保险人的损失能够得到合理、及时的补偿。

**6. 谁受损谁索赔原则**

"谁受损谁索赔"的原则是为了防止道德风险，维护受损者利益的需要而制订的。但是在工程保险索赔中，由于工程被保险人的多方性以及工程合同所构成的权利与义务关系，由谁来进行索赔变为较为复杂的问题。例如，如果业主对工程项目进行了统一保险并交纳了保费。此时，承包商也是被保险人之一。如果总承包商发生保险事故，理应总承包商可以成为索赔人向保险人进行索赔。但如果在工程承包合同中规定，由于人力不可抗拒因素造成的损失由业主赔偿，或者规定了由于保险责任范围内的损失由业主赔偿，这样总承包商向保险人直接索赔就不合适了，而是应该由业主向保险人索赔获得赔偿后，再对总承包商进行赔偿。

所有投保人在与保险人签订保险合同时，就应该确定发生事故后有谁来索赔的事项。确定索赔人的总原则：谁投保、缴纳保费，就由谁来索赔。因为投保人对于保险合同的过程和条款较为了解，掌握的有关信息较为丰富，可以提高索赔的效率。另一个原则就是工程承包合同是如何规定的，工程承包合同中规定由谁索赔，就由谁向保险人进行索赔。

### 13.2.2　保险索赔的程序

目前，我国承包商在境外承接的工程项目中，仅有个别特大项目专门聘请工程保险经纪或保险代理进行工程项目风险管理与保险管理，大部分公司和项目并没有建立一个较为完善的风险和保险管理体系。这里提及的风险和保险管理体系是指从工程项目前期的风险识别与分析、评估，保险方案设计，保险合同的执行，到保险索赔的程序跟踪、谈判，最终完成索赔等一系列的过程。

许多承包商在境外工程中有"投保容易索赔难"的感觉，其原因有保险公司的不规范行为，但更多是由于投保人不清楚保险条款，由保险责任、险种、赔偿手续等认识的局限性造成的。在这里我们就海外工程对承包商作为投保人和被保险人，在建设过程中保险索赔的程序问题进行分析。

不同的险种有着不同的索赔程序。相对而言，建筑工程一切险索赔在项目施工期间出现的概率虽然并不是很大，但是由于该索赔对工程项目造成影响较大、涉及的范围较广、索赔金额较高等一系列特点，其索赔程序相对于车辆设备、雇员保险索赔等程序而言，较为复杂、烦琐。因此，我们将对建工一切险的索赔程序进行分析，其他保险程序，从某种程度上来说可以看作是建工一切险索赔程序的简化，故在此不再赘述。

1. 被保险人报案

在建设施工过程中，一旦发生工程以及施工设备的损失或损坏，承包商应尽快通知业主和业主代表以及监理工程师，并在 24 小时内通知保险公司工作人员，在未征得保险公司人员同意的前提下应注意保护事故现场，如为了防止灾害事故损失继续扩大，总承包商可以先行组织抢险，但在进行抢险之前应进行拍照和记录，并且尽可能保留、修复现场，以便保险公司到现场查勘。

2. 事故现场查勘

保险公司工作人员到达事故现场后，承包商应派现场管理人员协同其对事故现场进行现场查勘，提供事故发生前现场的施工情况，如果已经施救，还应向保险公司工作人员提供抢险过程的情况记录（包括抢险措施、事故现场照片和抢险投入的人员、设备等）。

在事故现场勘查中，对于现场能确定的损失工程量，现场确定；对于现场暂时不能确定的，要记清受灾部位、桩号，然后，业主保险公司代理人、监理单位、保险人和承包商现场签字，一式四份。

3. 提供理赔依据

当工程保险索赔发生后，承包商应尽快提交工程保险索赔资料，包括工程事故报告、事故发生当月的施工进度计划、事故发生前一周的工程施工日报、受损工程的施工合同的工程量清单、工程损失清单等。以上材料也应提交给监理工程师确认，以便尽快向保险公司索赔。

监理工程师负责提供事故原因的说明（即事故相关证明）、工程受损部位的设计施工图纸、监理工程师批准的修复方案等相关资料。

4. 保险索赔谈判

根据工程实际情况以及工程损失情况，由业主、监理工程师和总承包商、分包商组成谈判小组，收集相关索赔资料和损失证明材料，进行索赔谈判。索赔谈判包括：

(1) 保险事故责任的认定。

保险事故定责工作可分为原因分析和责任分析两个部分。原因分析的目的是要查明灾害事故发生原因，这是保险定责的重要前提。

1) 原因分析。工程项目灾害事故原因主要有以下几个方面：地质勘查存在问题，导致地基设计出现错误；设计计算存在问题，如设计依据不足；施工人员未按图施工；施工工艺不当；施工组织管理不当；灾害性事故发生，如滑坡、暴风雨、火灾、爆炸等。原因分析的方法可分为原点分析、综合分析和近因分析。

2) 责任分析。责任分析又称责任认定。根据近因原则，分析责任的归属，以确保被保险人得到"准确、合理"的赔偿。如果事故原因属于被保危险，那么，保险人应当承担损失责任；如果事故原因不属于被保危险，那么保险人就不应该对其进行经济赔偿。例如，经查明灾害事故是由于施工人员没有按照规范操作的原因而引起的损失，那么保险人就应该负责赔偿。如果是由于设计原因造成的损失，那么保险人将不负责赔偿。

在保险人进行责任认定谈判期间，被保险人要积极收集保险事故的证据，这一点是至关重要的。

①定性资料：即提供的资料一定能够说明事故在保险责任范围内的理由，并且证明事故不在除外责任之内。在定性方面，一般要查找分析引起事故的原因，是自然灾害还是人为事故。首先要在这方面进行详细的说明，因为自然灾害一般是人力无法抗拒的，一旦定性为自然灾害，保险责任就非常明确了；而意外事故造成的损失保险责任认定就比较复杂，如果牵扯到一些人为因素，很容易和保险人引起纠纷。

例如，某承包公司在某项目边坡滑坡案件索赔过程中，索赔事件的原因是暴雨，属于自然灾害，而根据保险公司掌握的当地气象部门提供的气象资料，施工现场并未达到暴雨的条件。达到暴雨的条件有三个，即 50mm/d、32mm/h、16mm/h，只要有一个条件满足，即可构成暴雨条件，但是某保险公司紧紧掌握前两个未达到暴雨条件的资料。根据以上情况，该索赔人找到了施工现场附近的一个水文站，并要求他们提供了 18mm/h 降雨量的证明，从而使得暴雨条件成立，推翻了保险公司的结论。

②定量资料：即提供的资料要足以证实上报的损失是真实的，我们所提供的资料要实事求是，既要充分翔实，又要保证各种资料间的关联性。尤其是一些无法考证的数量，要在施工日志、监理日志或者会议纪要上查找资料，拿出有利的证据。要完善索赔文件。索赔文件包含索赔报告、出险通知、损失清单、单价分析表及其他有关的证明材料。损失清单包括直接损失、施救费用和处理措施费用，事故的直接损失一旦定为保险责任，保险人必定负责赔付。出险时的施救费用和处理措施费用，索赔人也要拿出有力证据要求保险人员根据合同条款进行赔偿。

(2) 事故损失的核定。损失的核定又称定损，是指专业人员在定责的基础上，根据现场勘查情况，确定事故损失情况。保险责任确定后，保险公司要对损失的工作量和货币量进行确认，其中包括直接经济损失（包括施救清理费用和修复费用）的核定，以及其他相关费用的核定。损失核定的顺序一般是直接经济损失和施救费用、修复费用及其他相关费用。

5. 保险金额的计算

保险金额的计算又称理算，是指在专业人员对事故定损后，根据保险合同的有关规定，确定保险赔偿金额的过程。保险公司遵循的是"被保险人不可获利原则和赔偿方式由被保险人选择原则"，保险人的赔偿责任是使被保险标的恢复到出险前的状况，这种恢复不能使标的好于保险事故发生前。

（1）理算的原则。保险公司对每一项保险项目的赔偿责任均不得超过保险费明细表中应对的风险保险金额以及保险单特别条款获批单中规定的其他适用的赔偿金额。但在任何情况下，保险公司在保单项下的承担的对物质损失的最高赔偿不得超过保险单明细表中列明的总保险金额。

1）损失赔偿原则。全部损失按保险金额赔偿，部分损失在保险金额限度内按照实际损失赔偿。建设工程是按照施工计划而实施的，土建和安装工程随着工程的进度，随着建设费用的不断投入，其价值不断增高。

①当施工过程中的某一个阶段，发生灾害事故造成土建和安装设备全部损毁，则最高损失价值为土建和安装设备已投入的实际价值，保险赔偿则以已投入的实际价值为准。按照工程量造价清单中涉及的土建或安装设备的保险金额为最高赔偿金额。

②当工程项目完工，但尚未竣工验收时发生灾害事故造成工程全部损毁，保险赔偿金额按照工程量造价清单中所涉及的全部土建或安装设备的保险金额为最高赔偿金额。

③当建设工程发生部分损失时，保险赔偿按照工程量造价清单中的土建或安装设备的保险金额的限额内，按受损的土建和安装设备的实际损失价赔偿。

2）分项赔偿原则。分项赔偿的原则包括两部分内容：一是按照保险项目分项进行赔偿；二是按照保险工程结构分项进行的赔偿。

3）设备赔偿原则。任何属于承兑或成套设备项目若发生保险责任范围内的损失，赔偿责任不超过该受损项目在所属整套设备项目的保险金额中所占的比例。

（2）赔偿金额的计算。

1）物质损失赔偿金额的计算。

①财产足额投保赔偿金额。保险事故造成物质部分损失时，本着在保险金额的限度内按实际损失赔偿的原则，计算公式为：损失赔偿金额等于被保险财产基本修复至受损前状态所需费用减去残值和免赔额。如果修复费用超过受损标的保险金额，超过部分保险人不予负责。但最高赔偿额以被保险财产的保险金额为限。

$$赔偿金额＝损失金额－残值－免赔额$$

如保险事故造成全部损失时，按照保险金额赔偿原则，赔偿金额等于保险财产损失前的实际价值减去免赔额，最高赔偿金额以不得超过受损标的保险金额为限。

$$赔偿金额＝损失金额－免赔额$$

应注意，事故发生前的被保险人为预防和减少事故发生而支付的预防费用不包括在内。事故发生后，被保险人为防止和减轻事故损失而采取的合理、有效的行动所支付的费用，赔偿应根据保险单双方协议规定进行处理。但消防部门和其他公共机关为防止和减轻损失所产生的费用，不包括在内。

②财产不足额投保赔偿金额。若受损被保险财产的分项或总保险金额低于对应的保险金额时，差额部分视为被保险人自保。赔偿金额按损失金额减去残值后按比例计算，再减去免

赔额。但最高赔偿额以被保险财产的保险金额为限。

$$赔偿金额＝［（损失金额－残值）×比例赔偿］－免赔额$$
$$＝［（损失金额－残值）×保险金额/应保金额］－免赔额$$

2) 责任损失赔偿金额的计算。

$$赔偿金额＝损失金额－免赔额$$
$$损失金额＝支付受害人赔偿费＋诉讼费＋律师费$$

3) 费用损失赔偿金额的计算。

$$赔偿金额＝损失金额－免赔额$$

由于大型建设项目需要大量资金融通，所以在这些项目建设中往往有银行或其他金融机构的参与。这些金融机构为了维护自身利益，均要求在工程保险合同项下附加"第一受益人"的条款，一旦发生保险责任范围内的损失时，这些金融机构具有对赔偿款的优先请求权。因此，保险合同中，如果有此项规定条款，索赔人或被保险人获得的赔偿款中，应当除去这一款项。同时，索赔人或被保险人应当积极配合保险人，依法取得被保险人享有的向第三者责任方请求赔偿的权利。

（3）保险赔付方式。

保险赔偿方式主要有三种方式。

1) 支付赔款，当被保险人不准备修复或重置设备时，根据受损实际情况，核准损失金额支付给被保险人。

2) 修复：当受损设备部分遭受并可以修复的时候，保险公司支付相应的修复费这种修复可以由被保险人来完成，也可以由第三者进行。

3) 重置：当设备的损失程度已经达到全部损失或修复费已经超过该设备的原价值，保险公司支付相应的费用进行重置。

上述三种方式的选择权在保险公司，但被保险人可以提供相应的证据为保险公司的选择提供参考，争取获得更为有利的赔偿方式。

### 13.2.3　对再保险的索赔

随着时代的变迁，企业国际化已是一种趋势，对于投保巨额保险的需求也越来越大，再保险解决了因原保险潜在巨灾风险而无保险人敢承保巨额保单的问题。再保险的存在，使原保险人的承保风险责任分散，对被保险人而言，可因此获得更确实的保障，减少原保险合同违约的顾虑。如果办理再保险，一旦出险，被保险人索赔程序如何？是通过再保险公司按其承保的比例向被保险人理赔，还是由当地原保险公司向被保险人全部理赔之后，再由原保险公司向再保公司索赔呢？

在国际工程保险实务中，通常投保人和被保险人都接触不到这些再保险公司，除非是在标准合同的某些条款需要修订，而这些条款涉及再保险公司的情况下。通常所接触到的是保险公司，而保险公司的承保都会由再保险公司进行承担，尤其是工程保险，必须由再保险公司进行承担。

再保险合同的存在虽然是以原保险合同的存在为前提，但两者在法律上是各自独立存在的，所以，再保险与原保险的权利义务关系是相互独立的法律关系，不能混淆。因此，投保人不能直接向"再保险公司"索赔，因为彼此没有合同关系。若出现索赔，保险人赔偿被保险人后，再找再保险公司来分担。

## 13.3　索赔管理要点与存在问题

### 13.3.1　保险索赔管理的内容

通过对保险索赔程序的阐述，保险索赔管理工作包括以下内容：

1. 明确保险索赔责任机构

作为 EPC 工程项目，项目部应落实保险合同管理的责任部门，实践中承包商往往保险索赔意识不强，工程项目中对保险工作没有明确的责任，没有指定部门负责或专职人员负责，人员保险知识欠缺；同时，保险索赔的意识淡薄，在索赔中存在忽视工程量小、投资费用少的项目索赔工作，由于索赔意识不够，造成索赔工作积极不强，最终，将影响承包商企业的经济利益。因此，加强承包商保险索赔意识，成为开展保险索赔工作的基础。

2. 及时向保险人报案

当保险事故发生后，要及时向保险公司报案。在索赔实践中，有些被保险人报案不及时，工程项目出险后，应在保险合同约定的时间内报案，以免延误索赔最佳时机。但有些事件是连续发生的，每次事故的损失可能不大，整个单元估计还不到合同规定的最低免赔额；而这些事件发生的频率又很高，累积起来损失却很大，保险合同往往规定，在某一时间段内发生的事件可以作为一个独立的事件报告，并以此构成一次事故来减去规定的免赔额。所以这类事故在报案时应选择一个合理的时间段内作为一次事故，不能急于报案。

被保险人发出索赔通知后，应要求其派人立即查勘现场。难以用书面通知及时送达的，应及时拨打其专用报案电话通知保险公司，并取得报案编号。

3. 认真收集事故证据

在理赔阶段，保险人会要求被保险人提供出险通知书、施工图、地质报告、损失清单、单价分析表、原材料发票、施工日志、事故照片、气象证明等有关资料，这是保险索赔管理工作的重要内容之一。

索赔实践中，事故现场往往不能得到有效的保护，造成现场取证困难；承包单位现场管理人员又对出险部位不能准确表述，以致使勘查现场的部位与索赔资料的部位描述有出入，不能准确地判断受灾项目工程量、单位、数量等，造成保险人赔付不准确，甚至使索赔难以成立。为避免上述问题，项目部应在第一时间对受损工地现场予以拍照录像，留存第一手证据资料，且在必要时应持续进行。拍照录像资料应全面、详尽地反映受损财产损失、施救、修复等情况，对重点财产拍摄应做细节特写，并分类整理好照片和录像资料，必要时，可以请公正机关予以现场公正。保险公司查勘人员到达工地前尽量不要破坏现场。

4. 组织施救抢险工作

保险事件持续阶段（如持续洪水），在确保安全的情况下，应尽可能按照合同约定或征得保险公司同意后采取必要的施救措施，防止损失进一步扩大，如堆码沙袋加固边坡、填筑便道防止塌方加剧、加强支撑，抢救物资等。同时编制好施救方案及费用预算，施救过程应做好拍照、录像等记录工作，完善派工单、抢险设备台班费用单等资料。

5. 协助勘查事故现场

受保险公司人员的误导，该查看的项目没能及时查看；现场勘查签证单工程量不准确，数据有误差；现场勘查签证单的文字不严谨等现象是索赔中经常出现的问题，往往会使保险索赔处于被动局面。现场查勘是保险索赔的关键基础性工作，项目部应高度重视。对于损失较大或者复杂的保险事件，一般保险公司除自行查勘外，还可能委托保险公估公司进行现场评估。保险公司委派的勘查人员到达现场后，项目部应查看其相应的手续，如介绍信、委托书等其他证明其身份的文件，并给予查勘人员必要的协助。项目部应将查勘记录等资料复印留存，并可让查勘人员在复印件上签字，该复印件将会在后续的索赔中成为关键证据。项目部应谨慎重在勘查记录等查勘人员出具的任何文件上签字盖章。必要时，项目部还可考虑委托其他有资质的保险公估公司对现场损失程度进行评估。

6. 编制保险索赔报告

保险事件过后，项目部应及时组织相关部门人员编制索赔报告，报告应力求全面，其主要内容包括：出险申报通知书，事故经过及原因分析说明，财产投保情况说明，出险工地财产损失情况说明，受损财产数量、价值、施救费、残骸清理费清单，证明损失财产数量、价值、施救费、残骸清理费的相关证据资料，保险合同及其他有关的证明材料，如当地气象、水文证明材料等。

项目部应结合索赔报告，对收集的证据资料进行认真验证，必要时可由本单位法律顾问给予指导，最终形成闭合的证据链。收集的证据资料包括但不限于：出险工程设计图纸、出险工程施工组织设计、出险工程地质详勘报告、出险工程施工记录、出险工程修复记录、施工日志、仓库材料进、发料单、现场照片或录像资料、由业主及监理工程师共同出具的出险工程实际损失现场测量确认资料、监理现场签证单、设计部门或专家组提供的出险工程修复设计图纸、修复工程预算书、专家费及施救费票据、残骸清理费预算书、全损工程数量表、标书原材料单价表、当地造价信息等。同时注意发挥驻地监理及现场业主代表的证明作用，确保收集的资料可靠性、准确性。

7. 开展保险索赔谈判

保险索赔谈判是保险双方为了达到一项索赔事件各自的目标所进行的洽谈，通过调整各自的条件最终达到一项各方均为满意的结果。保险索赔谈判是理赔工作的一项经济谈判，积极与保险人进行谈判，争取索赔目标的实现，是承包商索赔管理中的重要工作和责任。

8. 监控索赔费用使用

按照 FIDIC 银皮书的规定，任何未保险或未能从保险人处收回的款项，应由承包商和（或）雇主按照这些义务、责任、或职责的规定承担；每份承保损失或损害的保险单应以修正损失或损害需要的货币进行赔偿，从保险人处收到的付款应用于修正损失或损害。因此，确保保险索赔费用落实和监督索赔费用的使用成为索赔管理的一项工作。

### 13.3.2　索赔管理中的常见问题

1. 未邀请保险中介服务

专业保险咨询机构是指保险经纪和保险代理等提供保险咨询服务的机构。有时总承包商会独立进行保险分析、方案设计、保险公司询价、合同签订、保险索赔等全部和项目相关的保险业务，原因如下：

（1）项目本身的特点：不同的工程项目有着不同的风险及其影响。一般来说，水电站、大型桥梁、隧道等专业性较强的工程项目或坐落在低洼地带、泄洪区内、存在台风登陆侵害地区的项目，由于其自身的项目特点和施工环境导致项目的风险比较大，保险公司对于建筑工程一切险的投标报价费率就比较高，投保人会选择实力雄厚的大型保险公司进行投保。但是对于施工环境较好的项目，项目风险相对较小，承包商会倾向于选择一家私有公司。因为工程项目的风险较低，保险公司的报价也会比较低。而这样的私有公司，大部分都会要求承包商取消保险经纪或代理，以减少代理费用。

（2）管理层决策的影响大部分公司管理层，虽然不是工程项目风险管理和保险方面的专家，也缺乏相关的风险规避和保险方面的专业知识，但是他们往往决定了风险规避方案和保险公司选择，所以一些项目的保险无法按照风险管理的理念和程序进行。针对上述问题，可以通过选择保险经纪代表承包商来办理保险业务，从而强化工程风险管理，并能有效地进行风险规避。

2. 对保险条款不熟悉

不熟悉保险条款会造成承包商不能及时发现，甚至无法发现保险索赔点，跟踪不及时或者轻信保险公司的解释，从而失去索赔机会或者导致索赔失败。

例如，在一起拖挂车撞人事故后，就保险合同中关于"工程现场"的含义，承包商和保险公司产生了争议。我国承包商认为，车辆是在工程所在国全国范围内的作业，所以只要是在项目所在国，就可以认为是在工程现场。而保险公司认为必须是工程施工现场的沿线。可是这一点在合同文件中并没有明确的定义，所以产生了保险索赔争议。因此如果项目上有些车辆经常进行远距离运输，最好在投保工程一切险的时候明确"工程现场"的定义。针对这些问题，承包商应该设立专门的部门来负责风险分析和保险合同管理全过程，设立专职保险管理人员，他们应该对工程项目风险有深入的理解，熟悉规避风险的方案和措施，在拟定保险合同前期应该研究保险合同、具体保险的程序和惯例，以便在合同签订前期和合同条款的商讨阶段对相关问题进行限定，更合理地规避风险。

3. 不履行保险合同规定

在保险操作过程中，实际中存在的很多情况并不能完全按照保险程序进行，例如：

（1）承包商为避免遭受更多的损失，而故意不遵守保险程序。保险公司一般不会赔付索赔事件的间接损失，除非某些国家允许承包商单独投保。相对于保险公司赔付的直接损失，承包商的间接损失还是比较大的。比如一起设备损毁事故，损毁设备的重置费用、租赁费用相对于保险赔付而言是不小的数目。所以如果严格按照保险公司的要求，遵照保险公司的程序（包括递交索赔通知单）——通知警察局进行现场勘验——警察局出具勘验报告——保险公司派人进行勘验——保险公司出具勘验报告—— 承包商提交司机驾照、所有权证书——承包商提交索赔估价表——双方确认价格——承包商更换相关部件或者整车——保险公司赔付），执行下来，至少需要一到两个月的时间。所以除非是非常严重的损毁，承包商不可能按照保险公司的要求在走完程序之后再动用车辆设备，而选择在出事后继续使用相关的车辆设备，以避免自身遭受更多损失。

（2）承包商由于信息沟通不畅，而无法遵守保险程序。如果事故发生在承包商无法控制或者不知情的情况下，造成承包商无法履行保险程序，那么将无法得到赔付，最终只能自己承担所有损失。例如：交通事故发生之后，司机为了避免承担相关的法律责任而逃逸，这就造成保险程序无法履行。没有司机的签字和出庭，就相当于保险程序不完全履行，原则上保险公司有权拒绝赔偿。

（3）承包商为了多得到赔付的金额，而故意不遵守保险程序。在实际的工程保险索赔中，有些承包商可能会为了多得到赔付金额，而故意损坏部分设备或者是夸大损坏程度。尽管这种行为完全违反了保险公司的规定以及相关法律，但是事实上很多时候并不被保险公司察觉。

（4）现场施工管理不严格，违反安全操作规章制度。在工程项目尤其是车辆设备较多的公路交通项目，存在大量的无证（指 License，如驾驶证）人员或者无照（指 Certificate，用来操作机械设备，例如吊车、平地机等设备）人员驾驶车辆的现象。这些人员所操作的车辆一旦发生事故，保险公司是不负责赔付的。针对这些问题，总承包商应编制完善的保险条款，同时，应该加强内部的管理，严格按照保险的规定进行操作，以期在发生索赔事故时可以顺利进行索赔，使自己的利益得到有效的保障。

4. 保险分支机构的权限

由于保险公司分支机构所拥有的总部授权和实力的限制，他们往往无法受理和洽谈大部分的工程保险业务。在相关保险业务洽谈的前期，几乎所有的保险谈判都是在总部进行。这导致分公司只是负责索赔程序前期进行文件整理和信息收集，之后把所有的资料传递给总公司，由总公司安排现场考察、价格确认、双方谈判等，这些分公司不希望过多地涉足这些工作，并且关于索赔价格确定的部分，他们也没有权力确定。这就导致工程保险日常索赔的工作不得不分成两个部分：工程现场程序履行和保险公司的商榷，从而延长整个保险索赔的时间和程序。

因此，承包商可以要求保险公司总部对当地分支机构适当授权，在一定金额限度内，承包商可以在当地的保险公司的分支机构解决。

5. 不合格的保险代理

整个保险代理市场良莠不齐，一些保险代理更多地关注在保险前期承揽业务而获取代理费，在工程保险日常理赔过程中，不能及时地跟踪索赔事件的程序，也不能充分帮助承包商进行索赔。例如，某个项目保险合作的第一年中，保险代理仅仅跟踪了三起索赔，剩余的二十起索赔都被耽误到最后一个月的时间由承包商亲自完成。这些保险代理更多地站在保险公司的利益上，当保险公司与承包商在索赔价格发生争议时，没有坚持承包商的请求，导致保险索赔被拖延了三个月，承包商被迫同意保险公司的赔付额度以期结束相关的索赔。

不力的保险代理会影响索赔的有效进展，因此，保险代理的选择，对于承包商而言是至关重要的工作。一个合格的保险代理可以为承包商提供从前期的风险分析到最后保险索赔的全程保险服务，为工程项目的顺利进行提供有力的财务保障。

6. 与保险人关系处理不佳

承包商无论是与国有保险公司，还是私人保险公司合作都会进行广泛的联系和沟通，包括前期询价、保险方案设计、保险合同谈判和签订、保险公司提供的日常服务（如法律咨询等）、保险索赔程序履行过程中的监督、保险现场勘验、赔付价格的谈判及确定及最终保险赔付款的执行。双方都应以友好的态度进行合作，从而才能使保险合同顺利进行。

在保险合同执行以及保险索赔过程中，关系的有效处理起到很大作用。对于境外工程而言，这些关系涉及当地警察局、保险公司当地分支机构、保险公司总部的现场考察人员、索赔部门负责人和总负责人。只有协调好各方面的关系，才能把保险索赔工作做好，使得当出现索赔事件时，才能合理、高效地完成保险索赔，减少工程项目损失，保障承包商利益。

因此，被保险人承包商往往在这方面的问题应引起足够重视，积极与工程项目各方干系人搞好关系，创建与干系人之间相互友好的合作友好氛围，为保险索赔工作顺利开展提供条件。

当前，我国承包商正积极开拓海外市场，要想在充满着激烈竞争的工程承包市场环境下生存并发展，更好地规避工程风险，保障自身利益。我国承包商应该、也必须在实际工作中加强对于国际工程风险管理的学习和管理，增强对工程保险条款的理解，事先在保险条款中明确各方的权、责、利，并充分利用保险经纪和保险代理的专业技能，认真总结经验、吸取教训，提高保险索赔能力，从而进一步增强在工程承包市场的竞争力和影响力。

# 第 14 章　EPC 工程保险索赔案例

保险索赔是被保险公司依据保险合同向保险公司实施经济补偿的诉求，当保险事故发生时，被保人或受益人应该享有获得经济补偿的权利。而这种权利的获得，是被保险人通过索赔来实现的。在这方面，我国企业在国内外工程保险中，积累了一些成功的索赔经验。本章介绍 EPC 工程项目中涉及的建工险、建工险项下的第三者责任险和建筑设计险三个险种的索赔案例。

## 14.1　建筑工程一切险保险索赔案例

### 14.1.1　工程保险的索赔程序步骤案例

**【案例摘要】**

工程保险索赔需要遵循一定的程序进行，如果在索赔过程中疏忽某一环节的工作，往往使索赔工作处于十分被动的境地。本案例通过项目在建设中受到一起持续暴雨引发山洪暴发致使保险标的受损，总承包商归纳了保险索赔的具体做法，从上报事故损失、固定事故证据、讲究谈判技巧等方面阐述了向保险公司索赔的程序以及索赔体会。

**【索赔事件】**

我国西南某高速公路是连接西南 A、B 两市的高速公路，全长 260km，是我国高速公路和八条西部大通道之一，该高速公路为四车道，设计速度 90km/h，总投资约 256 亿元。2008 年动工，2013 年 4 月全线通车。在上场初期，根据合同条件，业主要求总承包商一次性投保建筑工程一切险，投保内容包括材料损失、施工用机械设备、第三者责任保险。遂后承包商按照业主要求向保险公司投保。

2011 年 7 月 15 日至 16 日，遭受持续大雨，持续暴雨引起巨大山洪，导致项目部施工现场 35kV 大电中断，斜井绞车房及钢筋加工厂冲塌，施工便道、便桥、过水管涵冲毁，主洞、斜井及弃渣场改沟被滚石砸烂，部分喷浆机、风带、拱架、锚杆、风管等材料及设备被洪水冲走，施工生活电力线路、水管冲断，工地出现断电、断水、断路的困境，直接导致隧洞主洞掌子面掘进停工 11 天。

总承包商认为，此次暴雨造成的损失属于物质损失和施工用机械设备损失范围，由于暴雨、洪水等不可抗力引起的损失风险类型为特殊风险，属于保险责任范围，特殊风险的免赔额为 10 万元或者物质损失的 10%，以高者为准。这种情况下，承包商应及时上报保险公司，并及时对出险事故的现场进行拍照、摄像等，保留足够的第一现场证据。当公估公司（保险公司委托的第三方）或保险公司到现场查看或受到有关资料后允许恢复现场，被保险人方可对现场进行恢复处理。如果有关损失资料不足，赔付工作将处于十分被动的境地。

**【索赔过程】**

1. 上报灾害损失

本次洪水较为严重，从上游斜井绞车房靠近河道基础到下游拌和站、料库、工人宿舍区、永久性河堤工程都有不同程度的损失。灾害发生后，一方面项目部积极开展生产自救，将绞车房设备等重要物资转移。另一方面按照索赔程序打电话报案，要求保险公司现场核损。同时，在公估公司到现场勘查之前，对损失严重部位、洪水凶猛地段进行摄像、拍摄保留资料，力求真实地反映灾害损失程度，据实上报物质损失金额和停工间接损失。物质损失如下：项目施工 2 号斜井工区损失的改沟及设备数量和损失程度；主洞工区材料、改沟、施工便桥的损失；弃渣场改沟、施工便桥的损失；35kV 大电损失；绞车房线路和配电柜等损失。

2. 收集事故证据

（1）文字资料收集：出险后，保险公司会委托保险公估公司的公估工作人员来现场进行勘查，搜集证据资料。公估工程师一般是具有多年施工经验的专业人员。项目部在保险后的第一时间准备资料，设备损失由财务科寻找该设备的购买发票；材料损失由物资科找出材料的购货合同及采购单价；便道、便桥损失资料由预算科找出便道、便桥的施工劳务计价金额和技术交底等。

（2）影像资料的收集：出险时，项目部应及时收集外界恶劣环境下，项目人员对机械设备施救的影像资料，因为在保险合同中赔偿处理的第三条规定："发生损失后，被保险人为了减少损失而采取的必要的措施所产生的合理费用，保险公司可予以赔偿。"

（3）对收集到的文字、影像、原始记录资料进行分析，形成前后闭合、条理清晰、签字完整的整套资料交付给公估工程师审核。考虑到灾害发生之时与保险公估人到达现场之间有一定的时间差，且灾害损失涉及面比较广，对于一些时效性较强，过后不好确认的损失一定要保护留证据。

**【索赔谈判】**

公估人是保险公司的委托人，是受雇于保险公司，因此，公估人力求降低核损金额，本项目第一次核准金额仅为实际损失的 30%，与实际情况差距太大，因此，被保险人项目部拒绝接受这一索赔金额，提出直接与保险公司人员见面。在本案例项目部的强烈要求下，保险公司安排分管工程的副总经理、理赔中心经理、工程专家、公估公司业务人员一行四人来到灾害现场，项目部派出由项目经理、总工、计划科长三人组成的谈判组应对。保险合同为通用样本合同，加之原签订合同的人员调离，造成后续人员不了解前情的局面。但项目部人员不气馁，积极采取应对策略。首先由总工和计划科长出面谈判，对于能确认的现场损失进行筛选，签字确认；对于对方有异议的地方先行跳过，谈判小组连夜商榷，在合同条款中寻找突破口，快速补充支撑材料；对于最难谈妥的大额设备、材料损失，项目部抓住"灾害发生时保险公司人员不在现场"这一关键环节，主动提出现场勘查，最终达成一致，取得较好的效果。

**【案例提示】**

1. 抓住关键环节进行索赔

在本次的保险索赔中，被保险人总承包商依据合同条款抓住报损过程、资料收集、索赔谈判三个环节开展保险索赔工作，不仅回笼了保险资金，减轻了项目遭受的巨大损失，而且还积累了索赔的经验。

2. 签订保险合同要慎重

签订保险合同要慎重，切记不能签格式合同，或者投保人签约时根本不看具体条款。在签订合同时，应全面、仔细地阅读合同条款，熟悉合同条款，根据项目实际情况应增加或补充一些内容，为确保自身利益做好铺垫。要熟悉保险条款，搞清保险责任和除外责任再写索赔报告，不然做了很多的工作后才发现根本不在保险合同条款之内，白白辛苦。

3. 保存影像等资料

灾害发生后，一定要留取有代表性的、足以支撑索赔要求的影像资料、记录，最好有现场监理签字的资料，这样更有说服力。同时，要注意选取受灾严重之处的现场记录，反映灾害的严重程度。

4. 做好谈判准备工作

做好谈判准备，学好与保险有关的法律法规。谈判时遇到有异议的问题先搁置，要先解决认识一致的问题，然后再解决有争议的问题，期间可以进一步充实、补充证据，达到使双方都能接受结果的目的。

### 14.1.2　多因素导致事故发生损失索赔案例

【案例摘要】

保险事故发生的原因往往是多因素的，如何索赔成为索赔的难点。某电力安装工程项目，在保险期间发生电机停机重大事故，分析了项目事故发生的多方原因和索赔的难点，介绍了被保险人提出索赔的过程及处理结果。

【索赔事件】

W 电力开发公司承包了云南某 110kV 变电站安装工程，自 2009 年 3 月 19 日开工至 2010 年 9 月 24 日全部完工，历时 1 年零 15 天。开工前，承包商 W 电力开发公司向保险公司投保了建安险，保单承保了两台德国 MANB/W 发电机组，保险期限为一年，保险金额为 500 万美元。

该工程项目安装施工过程中，保险标的发电机组运行中发生了重大事故，W 电力开发公司的施工用电全部消失，导致机组全部停机。

【索赔过程】

通过 W 电力开发公司、保险公司及保险人聘请的检验师的三方进行检验，确定两台机组的损失金额共计人民币 2000 万元，其中设备价值部分 1200 万元，费用部分 800 万元。费用部分包括零件费、材料费、检查费、修理费、测试维护费、运输及安装的保险费、新机组及部件的报关费、商检费、港口费、调试费等。

检验师还对事故的原因进行了分析，认为油水泵是由于 W 电力开发公司的交流电源失电而中断，停止运行，在阻断滑油、断冷却水的情况下机组没有正常运行，而是受大电网系统输出电拖带做逆功率运转，在干磨的情况下，轴承烧坏，活塞与气缸咬合，机组仍继续运转，致使连杆螺栓拉断，活塞碎裂，连杆飞出机外。

造成交流电源失电的原因是由于 100A、500V 的快速熔断器的熔断及 W 电力开发公司变高低压开关处在非合闸状态，加上操作人员没能及时、准确地判断用电消失的原因，并未及时采取相应的措施等综合因素所致。找出造成上述开关处于非合闸状态及快速熔断器熔断的原因，需要做大量的检验分析工作；另外，还需要检验逆功保护系统，励磁装置线路、滑油故障报警线路，Ⅱ、Ⅲ 段电气连锁线路等工作较为困难。但检验师可以断定，在低压直流控制线路上安装快速熔断器是不合理的，原设计图纸上也没有这一设计。由于安装了熔断器，又没有采取辅助措施保证在交流电源失电的情况下备用蓄电也可以向直流控制线路供电，从而无法保证机组油水泵的正常运转。

当地公安部门还组织了调查，排除了 W 公司机电事故存在故意破坏的可能，但对事故的根本原因仍无从确定。在这种状况下，保险公司从 W 电力开发公司处收集了大量文件材料，包括机组的买卖合同、附件、提单、信用证、机组安装合同等商业文件及机组安装线路图。保险公司还与聘请的检验师共同调阅了电厂工程图、机组运行记录、设计说明书等技术文件。

通过综合分析，检验师认为，该事故很大程度上是由于德国制造厂商（B/W 和西门子）在该电厂的机组线路设计上存在缺陷所致。根据买卖合同条款规定，由于这类缺陷的设计所致的损坏应由制造厂商负责赔偿，况且该事故发生在卖方的合同保养期内。保险人建议被保险人尽一切努力向制造厂商索赔。通过与国外制造厂商的谈判、协商，德国制造厂商同意承担了人民币约1600 万元的损失。制造厂商赔偿金额占 W 电力开发公司保险事故全部损失金额的 80%。

【索赔处理】

被保险人 W 电力开发公司向德国方面获得了损失中 80% 的赔付，但还有 400 万元人民币的损失没有补偿。被保险人 W 电力开发公司认为：400 万元人民币的损失不可能再从德国制造厂商处获得赔偿了，保险事故发生在保险责任期限内，保险公司应负责赔付人民币400 万元。保险公司则认为，被保险人 W 电力开发公司操作人员的疏忽或缺乏操作经验也是引起本次事故的因素之一。最后，通过双方协商，考虑到上述情况，保险人赔付 W 电力开发公司人民币 200 万元，本保险赔案结案。双方对处理结果比较满意：

（1）保险条款规定，保险责任范围包括了安装技术不善，工人、技术人员缺乏经验、疏忽、恶意行为所引起的事故。在保险合同中设定的除外责任中，没有把因设计错误引起的一切损失除外，只是对设计错误引起的本身损失作了除外。

（2）保险人虽暂时很难确定是什么原因导致 100A 快速熔断器熔断，但可以肯定，操作人员在测试、判断机组运行是否正常方面经验不足，这是造成事故的原因之一。100A 熔断器熔断也是导致机组阻断滑油及冷却水的原因。究竟是熔断器的质量问题，还是有什么特殊原因，没有明确的结论。如果是熔断器本身的质量问题导致事故的发生，那么，合同保险条款的除外责任也只是将熔断器的损失除外了，而并没有把由此所引起的机组及附属设备的损坏作为除外责任。如果认为安装熔断器是一错误行为，那么，这一错误的"本身"包括了什么范围？是熔断器本身或是电路系统，还是保护系统或整个发电系统？保险人认为这里存在着极大的争议。保险人如果全部拒赔或进行抗辩，并没有足够的把握完全取胜。

（3）在保单期限问题上，保险公司与电力开发公司存在着分歧意见。事故发生在 2010 年8 月 9 日，保险单中载明的保险期限终止日是 2010 年 9 月 20 日，在这点上，事故是发生在保险责任期内。然而保单上附加了"部分交付与部分验收责任终止条款"。保险人认为该机组已经在 2009 年 4 月 5 日作了买卖合同的交付，并已试发电运行，因此，建安险保单已经终止。

但 W 电力开发公司认为，合同中的交付并未完成，本案项目是 EPC 交钥匙工程，事故发生时，机组的运行只属于调试运行阶段，双方并未签订交付文件。W 电力开发公司还认为，保险合同中的验收与交付使用条款应理解为按国家电力部门的规定，即政府主管部门的验收与交付，而不是合同的验收与交付。因此，被保险人 W 电力开发公司坚持认为保险合同责任没有终止。因此，保险公司很难完全排除建安险保单的责任。

综上所述，保险双方对 400 万元的赔偿达成协议，由保险人补偿 200 万元，剩下的 200万元由 W 电力开发公司即承包商自己承担。

**【案例提示】**

(1) 保险事故发生后,保险公司及时勘查和安排检验师检验,对事故的原因做了深入的调查和分析,使他们在协助被保险人向制造商追偿中处于主动地位,据理成功地向机组卖方追偿了总损失的 80%,这种做法是值得提倡的。使被保险人不仅依据贸易合同维护了自身权益,而且减少了国内保险公司保险费的支付,并且简便易行,获得赔款较快。

(2) 保险合同双方对工程"验收与交付"问题存在着很大的差异,双方都有不同的理解。如何确定"验收与支付"或什么情况下才算是"验收与交付",是一个值得保险人研究的问题。1995 年,中国人民保险公司制定并经中国人民银行批准的"安装工程一切险条款"对该问题已有明确规定。该条款对安装期间物质损失及第三者责任保险的保险期限有下述规定:

1) 本公司的保险责任自被保险工程在工地动工或用于被保险工程的材料、设备运抵工地之时起始,至工程所有人对部分或全部工程签发完工验收证书或验收合格,或工程所有人实际占有或使用或接收该部分或全部工程之时终止,以先发生者为准。但在任何情况下,安工期保险期限的起始或终止不得超出本保险单明细表中列明的安工期保险生效日或终止日。

2) 不论安装的被保险设备的有关合同中对试车和考核期如何规定,保险公司仅在本保险单明细表中列明的试车和考核期限内对试车和考核所引发的损失、费用和责任负责赔偿;若被保险设备本身是在本次安装前已被使用过的设备或转手设备,则自其试车之时起,保险公司对该项设备的保险责任即行终止。

3) 上述保险期限的展延,须事先获得保险公司的书面同意,否则,从保险单明细表中列明的安工期保险期限终止日起,至保证期终止日止期间发生的任何损失、费用和责任,保险公司不负责偿。

### 14.1.3 理赔额与实际损失差距大索赔案例

**【案例摘要】**

在工程保险索赔中,有时保险公司的赔偿金额与实际损失金额相去甚远,造成该现象的原因是多方面的。其中,投保人不合理的不足额投保方案则是常见原因之一。本案通过总承包商在承包福建某跨江大桥中的投保及索赔实践,分析了索赔结果与实际损失的差距原因,并总结了在投保中承包商应注意的事项,以避免投保决策失误,而导致赔偿金额不足的经验教训。

**【索赔事件】**

福建某跨江大桥为双塔双索面斜拉桥,主塔高 175.5m,桥面宽 29m,六车道,主桥长为 1185m,主跨为 605m,总投资 6.5 亿元人民币,该工程的建筑工程一切险和第三者责任保险由总承包商进行投保,业主作为共同被保险人。

1. 索赔事件原因

保险期间某日晚,受 2 号台风袭击,使停泊在本大桥下游 600m 处的中国最大的 1000t 吊船"港机 1 号"的起重臂"走锚",直接冲向大桥,上海港机 1 号的起重臂碰撞在斜拉桥上,造成大桥 19 号、20 号斜拉索、支座、导流板等部件严重损坏,台风也直接给正在施工中的 T 梁、2 号墩塔吊、工地办公楼等造成损失。

2. 索赔金额理算

灾情发生后,总承包商、保险公司和 SGS 公司进行了现场勘查定损,被保险人即承包商报损为 1056 万元,理算赔付金额为 829 万元,扣除免赔额 30 万元,不足额投保部分扣除 99 万元,保险公司实际赔付 700 万元,赔付与报损金额相差高达 356 万元。

**【索赔分析】**

本案保险公司最后的实际赔付额与被保险人的报损金额差距高达 356 万元分析其主要由以下原因造成的。

**1. 投保人缺乏保险的专门人才**

工程保险是一种集约型、高智能型的综合性工作，投保人要做出一个合理的投保决策，必须了解保险市场，既要掌握丰富的保险知识，又要掌握工程技术专业知识，这样才能在投保时对保险公司提供的保险方案做出正确评估、合理决策。发生保险事故后，要迅速、准确地计算损失，与保险公司进行索赔谈判，而承包商方面往往缺乏这方面的人才，而导致赔付损失。

**2. 对保险合同条款理解不彻底**

保险公司往往利用其标准合同的有利条件，把合同中相当一部分风险留给投保人，保险合同中存在单面的约束性、不平等的债权利条款及大量的隐形风险，特别是利用免责条款推卸责任。调整这些不利条款需要投保人对合同条款的认真研读和深刻的理解。投保人应该尽量争取对己有利的合同条款，调整、补充对己不利的合同条款，减少自己的潜在损失。

**3. 保额设定缺乏合理性**

在投保实践中，被保险人设定的保险金额往往小于财产实际价值的保险，其保额不足部分被看作是被保险人自保。在损失发生后，保险公司按照财产实际损失与保险金额之比赔付损失。由于工程保险是以整个项目投保，工程险的保费很高，投保人需承受较大的经济负担，业主或总承包商为节省保费增加利润，往往将风险较大的一部分进行投保。对于其他风险则采取自保。本案中，投保人为了节省保险费用，未能充分考虑本工程的特殊性，对投保标的取舍不合理，导致部分损失费用不能获得赔偿。

**4. 免赔额设定应合理**

免赔额是指保险公司和投保人相互约定，根据不同的损失，由投保人自己负担一定的责任部分。免赔额的大小由被保险人与保险人根据投保金额、工程性质，以及风险情况协商而定，免赔额约定的越高，投保人需缴纳的保费则越低。反之，免赔额约定的越低，则投保人需缴纳的保费则越高。被保险人在投保时，应尽可能地在保费没有大的起伏情况下，争取比较低的免赔额。这样在发生保险事故时，被保险人可以较少地承担损失，本案争取到的免赔额为 30 万元。

**【案例提示】**

**1. 投保注意事项**

在施工过程中，各个施工阶段、不同施工部位的风险概率是不同的，其潜在的风险不同，对工程的影响也不同。投保人应认真研究分析工程中的不同风险发生的概况及影响，合理、有选择地投保。为了保障被保险人的利益，投保人应认真研究合同，并与保险人协商，争取在基本条款的基础上加上对自己有利的扩展条款和补充条款，主要有以下几个方面。

（1）承保基础：根据概算金额，也可根据施工实际情况及分项工程风险的大小，有侧重地计算投保比例，使公司的风险降低到最小。

（2）扩展条款：在总承包项目中，施工分包商较多，在条款内应明确个人分包之间互为第三者。特别费用条款，发生事故后，为抢救、减少损失或修复保险标的所发生的费用，主要指加班费、夜班费、节假日加班费以及空运费。空运费用条款，发生保险事故后，因空运抢修受损标的所需配件产生的费用。清除残骸费用条款，最好不列赔偿额，按照实际发生赔付，更有利于被保险人。工地外储存物特别条款，由于施工场地紧张受限制，往往需要在工地外存储材料、设备。专业费用条款，发生保险事故后，在重置过程中，发生必要的设计、检验以及咨询费用。上述各种费用按照有关适用的规定收费标准计算。

（3）保险补充内容。

1）因为施工机具一般不作为被保险财产，但施工过程中的施工机具意外事故给第三者造成的人身伤害或财产损失，应在保险的范围之内。

2）保险合同一般只对工程或财产的直接损失进行赔付，施工单位的管理费、利润、税款等不在赔偿范围。建筑工程费用由直接费用、间接费用、利润、税金组成的，因此，需要补充发生保险事故后，被保险人需对标的进行修复，保险公司在赔偿时，对修复方因修复而发生的管理、利润、税金等不被剔除在赔偿范围之外。

3）为保证修复方案按计划进行，保证工期并能得到合理赔付，当保险事故发生后，因施工需要被保险人可指定原分包商进行修复，但修复方案及修复费用须事先征得保险人同意，但保险人不得无故拖延或拒绝该修复方案。

4）任何保险索赔，乙方并非道德原因，而是因为疏忽或过失，致使其中有虚假成分，甲方对虚假的部分不承担赔偿责任，但并不影响乙方在该保险项下的所有权益。

5）发生保单物质损失后，被保险人为减少损失而采取措施产生的合理费用，由保险人负责赔偿。

2. 索赔注意事项

工程保险索赔是一个烦琐、费时的过程，准备好完整的索赔文件是能否尽快解决的关键。因此，被保险人应注意以下几点。

（1）当保险事故发生后，应迅速以口头或电话方式通知保险公司，并及时补发书面通知，包括损害事件发生的原因、时间、地点、损害内容、投保单号码、姓名等。

（2）保险公司在派人员到达现场勘查之前，尽可能地保留损害现场，并保留必要的录像、拍照记录作为索赔的依据。

（3）采取积极的补救措施，使损失降低到最小的限度。

（4）准备好提交的索赔材料包括：

1）工程概况：目的是让保险公司了解工程的重要性、技术水平、施工难度，方便保险人在理赔过程中充分考虑工程的特殊性，给予合理的赔付。

2）现场的第一手资料：事故原因分析和相关证明材料，是确定索赔事件是否成立及定性的材料。

3）地质资料：业主、设计分包商提供的地质资料可以帮助保险人及评估公司了解地质情况，电缆、管道以及其他地下设施的确切位置，以确定索赔事件是否成立及其性质判断。

4）气象资料：完整的气象部门资料如雨量、风速、潮位、温度、适湿度记录以及台风、暴雨等特殊天气的报告是确定受自然灾害影响发生索赔要求的必备资料。

5）图纸和施工组织设计：保险公司依据图纸和施工组织设计了解被保险人在索赔事件中投入的人力、物力及设备，并据此计算索赔金额，而且也可以判断、审核被保险人提出的索赔是否合理。

6）施工记录：施工记录主要表明在施工过程中发生的人工、机械停工故障，以及原因、对策和可以作为凭据的材料，每天完成的工作数量及出工人数，为被保险人提供索赔依据。

　　7）完整的监理报告和记录：监理报告和记录是监理部门根据工程进展情况，陈述已存在或将对工程费用、质量、工期产生实质影响的事情可作为被保险人索赔的有效合法证明材料。

　　8）有关工程量和单价的来源：除施工图设计的数量外，由于自然灾害或意外事故造成工程量增加以及材料报废、人员、机械投入的增加，需进行实际工程量的计算和单价分析，其中工程量的计算投入人员及机械设备多少，需要从现场实际出发，收集第一手资料，经监理工程师签认后作为索赔计算依据。

　　9）质量安全记录：质量安全工作记录一般是对现场每天所做的施工工序操作全部情况的记录；也是对已完成的工作一个追溯。质量安全记录可以反映出施工中存在的问题，对于保险人判断事故是否属于保险责任范围具有很大的参考价值。

　　10）对损害的修复、更换、重置的费用，重置的费用和相关的凭证，包括人员的餐饮费、飞机火车汽车的交通费、管理费等作为索赔的支持性文件。

　　除做好以上工作外，被保险人还应采取友善态度，积极配合保险公司及公估公司，充分利用自身掌握的工程技术专业知识，通过协商的方式，达成共识，使保险索赔案件圆满完成。

　　3. 关于不足额投保问题

　　不足额投保是指保险金额低于保险价值的保险，保险公司实际赔付以保险金额为上限。不足额投保的赔付计算适用我国保险法规定了比例赔偿方式。《保险法》第四十条第三款规定："保险金额低于保险价值的，除合同另有约定外，保险人按照保险金额与保险价值的比例承担赔偿责任。"但是合同另外有规定之时，可以不采用上述比例赔偿方式。此处的"除合同另有规定外"不得违反禁止不当得利的原则。例如，工程项目造价 100 亿元，被保险人采取的是不足额投保方式，投保额 60 亿元。如果保险是事故造成标的全部损失时，保险公司最高赔付 60 亿元。如工程部分受损，如实际损失为 20 亿元，保险公司只按照保险金额与保险价值的比例承担赔偿责任，赔付金额为：$20 \times 60/100$ 亿元＝12 亿元。

　　足额保险与不足额保险是对称的，足额保险亦称全额保险。足额保险是指保险金额与保险价值相等的保险合同。在足额保险合同的场合，保险事故发生造成保险标的全部损失时，保险人应依保险价值全部赔偿。如上述例子工程造价 100 亿，足额投保，如保险事故造成工程全部损失，保险公司赔付其 100 亿元；当保险事故发生造成部分损失时，保险人应按实际损失确定应给付的保险金数额。

　　依据保险原理，保险金额越高，被保险人需要缴纳的保费越高。当然，保险金额不能高于工程的实际价格。反之，投保金额越低，缴纳的保费就越少。在工程保险投保中，投保人应客观考虑保险标的特点、地理位置、周边环境、当地气候以及自身抗风险能力，科学地选择投保的方式（足额投保/不足额投保），制订合理的符合工程实际的投保方案。在保险金额与保险费用平衡之间寻求最佳点，防止一旦发生重大风险出现赔付金额与实际损失金额差距过大的现象。

### 14.1.4　保险文件未列明财产索赔案例

【案例摘要】

　　保险人在财产理算中主要依据投保文件明细表中直接列明的财产作为依据，但未在投保文件明细中直接列明的财产是否能够理赔往往成为索赔的难点。本案以杭州某跨海大桥索赔为例，对建工一切险中存在的上述情况以及残值的处理经验做了介绍。

**【索赔事件】**

杭州某跨海大桥是我国交通部规划的国道主干线之一。大桥全长38km，其中桥长37.7km，双向六车道高速公路，设计时速100km。总投资约130亿元，前期投入8500多万元，设计使用寿命100年以上。

在该项目中，能否对建设过程中的种种风险进行有效的控制和及时的规避，将对该大桥能否顺利建成产生至关重要的影响。因此，该大桥工程指挥部对于风险控制与保险安排事宜非常重视，曾与各大保险公司就此商谈过一年多。各保险公司也曾为其设计了专门的保险方案，但是指挥部对于这些方案均不满意，保险事宜迟迟没有落实。在这种情况下，项目指挥部选择了某保险经纪公司为其提供风险管理和保险经纪服务来负责安排保险并负责保险索赔事宜。

该项目在建设过程中，13号台风正面袭击浙江省中部，并于当晚9：00以56m/s的风速（达到16级飓风标准）登陆上岸，给浙江全省造成数百亿元的经济损失。该大桥施工现场处于台风200km影响圈内，台风来临时，海上风力达到10级，海面增水2m以上。尽管指挥部虽然及时采取了防护措施，但这场五十年一遇的台风还是给杭州湾大桥的建设带来了不小的损失。因此，被保险人聘请的保险经纪公司以被保险人承包商的名誉，向保险公司提出索赔。

**【索赔难点】**

1. 明细表中未列入财产的索赔

对于受损财产是否属于保险责任的界定是本案赔案中遇到的主要难点。根据以前丰富的实际操作经验，经纪公司敏锐地意识到那些未在投保文件明细中直接列明的财产，像本次台风中损失较严重的夹桩平台、钢模板、水电设施（如水管、照明灯）等是否属于保险责任范围将成为理赔争论的焦点。因此，经纪公司人员首先经过深入调查、细致分析，将损失财产与承包商投标、投保文件进行比较归纳；然后又把未在明细表中直接列明而又确实属于保险责任的财产项目纳入，并进一步明确了保险责任范围，不仅包括承包商投标文件明细表中的财产，而且也包括在主体工程中有摊销含量的财产。例如：夹桩平台、一般钢模板属于主体工程中有摊销含量的保险财产；水电设施（如水管、照明灯）则属于保单列明的临时工程（含水电设施）保险财产。经过保险经纪人的努力，保险公司对此结论没有异议，受损财产的审核清查工作得以顺利进行。

2. 受损财产残值的确定

在本项目索赔过程中的另一个主要难点就是受损财产残值的确定。因为对于海上残值而言，如果简单考虑残值的回收价值，往往要远小于清理费用的支出。根据这一具体情况，经纪人替被保险人即承包商向保险公司申请到了由承包商自行决定残值的处理方法。具体做法如下：承包商如果提出残值回收，或根据相关法律法规规定必须对损失财产进行清理的，保险公司应支付相应的清理残骸费用；如承包商不提出残值利用，则视同无残值，全额支付赔款。

**【索赔操作】**

1. 现场查勘及协助施救

案情发生后，保险经纪公司工作人员在最短的时间内赶到现场，会同杭州湾大桥工程指挥部领导和保险公司的相关负责人组成了查勘小组，对受损标段进行查勘并协助施救。随后经纪公司服务人员又协助承包商与保险公司负责人员反复进行了一系列的沟通和谈判。

2. 单证准备

在索赔中经常会发生因为索赔单证准备不符合保险公司要求而拖延赔款时间的情况。为避免这种情况的出现，保险经纪公司首先与保险公司沟通，明确了此次理赔过程中所必需的单证。这样不仅为承包商减少了许多难以得到的单证，而且也大大降低了承包商准备索赔资料的工作量。

3. 缩短赔案时间

杭州湾大桥社会意义和影响巨大，为保障杭州湾大桥工程建设在遭受台风损失后能以最快速度得以恢复和继续进行，保险经纪人一方面协助承包商加快准备索赔材料，另一方面不断与保险公司沟通，督促其加快赔案进展速度。保险经纪人积极主动地工作，从工程资金和人员精力两方面为杭州湾大桥工程总指挥部切实减轻了负担，以实际行动保证了大桥工程的顺利进行。

4. 保证修复、重置质量

由于本案大桥的预计使用寿命为 100 年以上，而且又是如此重大项目，施工质量一定要得到保证。因此，保险经纪人积极与保险公司进行沟通，最终达成了对于在理赔过程中修复或重置的受损财产，质量一定要有保证的共识。在此后赔案的处理过程中，各方均对这点共识给予了充分的支持和重视。因此，在赔案处理结束后并没有给工程留下任何隐患。

在保险经纪人的积极协助下，本案跨海大桥工程险索赔工作仅仅用了一周的时间就得以顺利完成。此次赔案最终定损为 380 余万元。索赔案的解决不仅及时支援了国家重点项目的建设，而且也得到了社会相关各方的充分肯定。

【案例提示】

1. 关于保险经纪人参与索赔

保险是一项专业性很强的工作，尤其是在保险索赔时，手续烦琐、工作量大、理赔分析复杂、争议较多，往往需要花费很大的精力去处理，而邀请保险经纪人参与保险工作，则可以减少被保险人的许多麻烦。

保险经纪公司职责是针对被保险人的特定需求，运用自身的专业优势，为承包商或业主提供专业的保险计划和风险管理方案。在同被保险人签订保险委托协议后，由保险经纪公司组织保险市场询价或保险招投标，选择综合承保条件最优越的保险公司作为被保险人的承保公司。经纪公司在与保险公司的谈判中维护承包商的利益，争取对被保险人的最大优惠。

此外，保险经纪人还协助承包商制订保险以外的全面的风险管理计划以及代承包商处理保险事件发生后的索赔服务工作。由于保险经纪人具有很强的专业性，保险经纪公司已成为国内外保险市场所公认的专业的风险管理与保险管理顾问。本案保险以及索赔工作，为承包企业同提供了经验。

2. 关于保单明细表

保险合同文件是由投保单、保险合同条款、保单以及其他保险凭证及所附条款、与合同有关的其他投保文件、保险合同变更申请书、声明、批注、附贴批单及其他书面协议构成的文件等构成。本案例中涉及保单的概念，保险合同条款是一个格式条款，可以理解为对保险产品的一个展现，介绍该产品的保险范围、保险责任、责任免除、索赔程序、争议处理等权利义务。

保单不是保险合同条款，保单是保险双方对该产品保险事项明确而具体的约定，成为保险合同文件的重要组成部分。保单明确、完整地记载有关保险双方的权利义务，保单明细表上主要载有保险人和被保险人的名称、保险标的、保险金额、保险费、保险期限、赔偿或给付的责任范围以及其他规定事项。保险单根据投保人的申请，由保险人签署，交由被保险人收执，保险单是保险人收取保险费的依据，更是被保险人在保险标的遭受意外事故而发生损失时，向保险人索赔的主要凭证（建安险保单明细表见表 14 - 1）。在保险索赔中，只有保单列明的财产项目，保险人才负责予以赔偿，否则保险人拒赔。但索赔实践中，保单明细表所列财产的内容需要结合其他有关文件进行分析、归纳，将未在明细表中直接列明，但又确实属于保险责任的财产项目归入财产损失范围，这是索赔中的一项重要工作。

表 14 - 1                          建安险保单明细表

| 建安险保单明细表　保单号： |
| --- |
| 一、被保险人姓名： |
| 工程所有人： |
| 二、保险工程名称： |
| 三、保险工程地点： |
| 四、保险期限： |
| （一）安装期 |
| 自　　年　月　日起，至　　年　月　日止。 |
| 五、物质损失部分： |
| （一）保险标的、保险金额及保费 |
| 保险标的名称　　币种　　保险金额/赔偿限额　　费率（％）　　保费 |
| 土木建筑工程项目　CNY　　×××　　　　　　×　　　　××|
| …… |
| 合计　　　　　CNY　　×××　　　　　×　　　　××|
| （二）特殊风险赔偿限额： |
| 序号　　特殊风险种类　　　　　　币种　　　　　赔偿限额 |
| 六、第三者责任部分。 |
| 七、每次事故决定免赔 |
| （一）物质损失部分 |
| （二）第三者责任部分 |
| 八、附加条款（具体内容后附） |
| 九、总保险费 |
| 大写（人民币）_____　小写 CNY _____ |
| 十、付款截止日期 |
| ×年×月×日 |
| 十一、司法管辖 |
| 本合同同项下第三者责任的赔偿责任适用：中华人民共和国管辖（港澳台除外） |
| 十二、保险合同争议解决方式 |
| 诉讼（　）/仲裁（　） |
| 十三、特别约定 |
| 1. 本保险合同的成立以保险人核保后签发书面保单为标志。 |
| 2. 本保险合同一律采用书面形式，任何口头或其他形式的非书面约定，本保险合同的当事人均没有法律约束力。 |
| 3. 本保险合同适用于中国保险监督委员会 1998 年 12 月 2 日颁布的《责任险 2000 年问题除外责任条款》（保监发〔1998〕3 号）。 |
| 4. 除另有书面约定外，投保人未在本保险合同约定的付费日期前一次足额交缴全部保险费或约定的首期保险费的，本保险合同不生效。 |

3. 关于受损财产的残值处理

残值是指保险标的受损后，受损财产剩余的价值。保险事故发生后，造成保险标的的全部灭失的情况较少，大多数受损的保险标的还会留有残值，一般由保险公司参照市场行情定价。对于残值的处理有以下办法。

（1）在足额保险情况下，保险事故发生后，保险人支付合同约定的全部保险金额，受损保险标的的财产残值归属保险人所有。这是因为财产保险以赔偿实际损失为原则，保险财产遭受损失时，被保险人最多只能获得相当于保险标的的实际价值的保险赔偿金，不能因参加财产保险而取得额外利益。当保险人按照合同约定支付全部保险赔偿金后，理应取得受损保险标的的残值的所有权，否则被保险人就会获得这部分财产的双重利益。

（2）在不足额保险的情况下，也就是保险金额低于保险价值的情况下，保险人按照合同约定的向被保险人支付保险金额后，保险人按照保险金额与保险价值的比例取得受损保险标的的残值的部分权利。

（3）由于被保险人的需要，对于受损残值的处理，在也可以依据保险公司参照市场行情定价，保险人在定损及赔付保险金时直接加以扣除，损失财产的残值则归属被保险人所有。

保险残值的处理一般都由保险双方商议加以解决，如果实在解决不了可以向保险行业协会申请解决。

### 14.1.5　投保单与保险单不一致索赔案例

【案例摘要】

在保险实务中，投保单与保险单由于保险双方的失误造成内容不一致，给保险人的理赔造成一定的困难。本案介绍某公路工程是一起两单不一致的案例，通过法理的分析，说明保险人如何处理此类索赔。

【索赔事件】

某建设工程有限公司承包了某水泥交通公路工程，并按照业主与承包合同要求向保险公司投保了建筑工程一切险。保险合同中相关资料内容如下：

（1）投保单中物质损失部分填写内容，见表 14-2。

表 14-2　　　　　　　　　　　　物质损失部分填写内容

| 保险项目 | 保险金额（万元） |
| --- | --- |
| （1）建筑工程（包括永久和临时工程所用材料和设备） | 400 |
| （2）工程所有人提供的材料和设备 | |
| （3）安装工程 | |
| （4）施工用机器和设备（请附清单） | |
| （5）清除残骸费用 | |
| （6）专业费用 | |
| （7）其他 | |

（2）保险单明细表填写内容，见表 14-3。

表 14 - 3 保险单明细表

| 保险项目 | 保险金额（万元） | 免赔额（万元） |
|---|---|---|
| 1. 建筑工程（包括永久和临时工程及所用材料） | | |
| （1）工程承包价 | | |
| （2）工程所有人提供的材料和设备 | | |
| 2. 安装工程 | 400 | 0.6 |
| 3. 施工机具和设备（详见所附清单） | | |
| 4. 清理残骸费用 | | |
| 5. 专业费用 | | |

（3）保单中附有"工程清单"，其内容如下：

工程价值 400 万元，工程包括路基底层、灰土层、水泥路面、路基培土、边沟及沿路管涵铺压。

工程现有机械设备：柳工铲车一台，价值 28 万元等 14 项。以上工地设备价值合计为贰佰柒拾捌万元（278 万元）。

本项目施工保险期间，由于工地遭受自然灾害，致使建筑工程以及施工用机具和设备等保险标的物受损，承包商就遭受的所有损失向保险公司提出索赔。

【索赔难点】

依据上述投保单和保险单内容不一致的情况，施工用机器和设备是否为本案保险标的呢？换句话说，两单中究竟以投保单为准，还是以保险单为准。在理赔处理过程中，存在两种不同的意见。

一种意见认为，应以投保单为准，施工用机具和设备不属于保险标的。投保时，在保险人提供的制式投保单中，保险项目中将建筑工程、工程所有人提供的材料和设备、施工用机具和设备等分项而列，且每一项后面都有对应的保险金额的空格部分，投保人仅在建筑工程（包括永久和临时工程所用材料）一项后面的对应空格中填写了 400 万元的保险金额，可以看出作为投保人，其意思仅就建筑工程（包括永久和临时工程所用材料）进行投保。如果投保人想对施工用机具及设备进行投保，完全可以在该项目后面对应的保险金额的空格内填写具体数字。既然投保单的施工机具及设备栏目并未填写保险金额，投保人的意图非常明显，本意并不对施工机器和设备部分投保。

另外一种意见则认为，应以保险单为准，保险单明细表中的保险金额一栏，对应的是保险项目栏目包括建筑工程、安装工程、施工用机具和设备在内的 1～5 个项目，说明此处的保险金额是 1～5 个项目的保险金额，既然施工用机具和设备包括在内，就应当认定施工用机具和设备属于保险标的。

【索赔分析】

本案涉及投保单和保险单不一致时以何为准的问题，分析如下：

1. 保险合同订立的程序

从保险合同订立程序来说，投保是一种要约。在保险实务上，投保体现为投保人取得投保单（投保单由保险人事先准备并具有统一格式，其中列有订立保险合同所需要了解的项目）并依其所列事项逐一填写，以如实回答保险人所需了解的重要情况，最后将投保单交付保险人,投保人订立保险合同的要约完成。投保单是投保人的真实意思表示。保险人收到投保人填写的投保单后,进行核保,当保险人对投保人的要约完全接受时,保险人同意承保,签保单,保单是保险人承保的意思即构成承诺,保险合同成立。保险人所签发的保险单应当与投保单内容一致。

如果保险人对投保人的要约做出实质性变更时,保险人做出的变更在法律上就构成了一个新的要约,该新要约到达投保人时,投保人同意新要约内容,投保人则应向保险人重新发出要约(投保人重新发出的要约内容与保险人因为做出实质性变更产生的新要约内容一致,投保人同意保险人做出实质性变更产生的新要约(内容并不构成承诺),保险人接受投保人重新发出的要约,签署新保单即构成承诺,保险合同最终成立。保险单的内容应当体现投保人重新发出的要约内容,保险人签发的保险单应与投保人重新发出要约内容一致。

2. 本案两单中究竟以谁为准

(1)相关司法解释。《最高人民法院关于适用〈中华人民共和国保险法〉若干问题的解释(二)》第十四条:(一)投保单与保险单或者其他保险凭证不一致的,以投保单为准。但不一致的情形系经保险人说明并经投保人同意的,以投保人签收的保险单或者其他保险凭证载明的内容为准;(二)非格式条款与格式条款不一致的,以非格式条款为准;……

对第十四条(一)司法解释的理解如下:

1)当投保单与保险单记载内容不一致时,存在以投保单为准和以保险单为准两种情形。

2)以保险单为准,则需要满足三个条件:第一,不一致的情形系保险人说明;第二,不一致的情形经投保人同意的;第三,保险单经投保人签收。满足上述三个条件,则以保险单为准成立。

(2)对本案以保险单为准的分析。本案例中,要认定以保险单为准,依据上述的司法解释,需满足上述三条件,这就需要保险人一方提供全部符合三条件的证据证明。现保险人只能证明保险单经过投保人签收,却无法证明其他两种条件,即一是不一致的情形系保险人说明;二是投保人同意该不一致。所以本案以保险单为准不能成立,所以施工用机具和设备不构成保险合同标的。

3. 投保人缴费行为构成承诺的观点不符合法律规定

一种观点认为,投保人的缴费行为构成承诺。新要约到达投保人后,投保人没有提出异议,而按照约定交付了保险费。交付保险费是保险合同项下投保人最重要的合同义务,可以认为,投保人是以自己的行为认可了保险人的新要约,即以缴费行为对于新要约进行了承诺。此时,保险合同的内容就应当以保险单为准。

(1)保险公司有意将施工用机具和设备列为保险标的,该意思表示构成新要约。《合同法》第三十条规定:受要约人对要约的内容做出实质性变更的,为新要约。有关合同标的、数量、质量、价款或者报酬、履行期限、履行地点和方式、违约责任和解决争议方法等的变更,是对要约内容的实质性变更。本案保险单中把投保单中不包括的施工用机具和设备作为保险项目,是对于合同的标的进行的变更,构成了对于要约内容的实质性变更,此变更构成要约。

从投保单看,投保人仅在建筑工程(包括永久和临时工程所用材料)一项后面的对应空格中填写了 4000 万元的保险金额,可以看出作为投保人,本意仅就建筑工程进行投保。保险公司在除过建筑工程外,如有意将施工用机具及设备、清理残骸费用、专业费用列为保险项目，该意见构成对保险合同标的的实质性变更，构成新要约。

（2）保险合同订立过程中的承诺只能由保险公司做出。

《保险法》第十三条规定：投保人提出保险要求，经保险人同意承保，保险合同成立。

保险合同订立过程的要约应体现为投保人投保，承诺则体现为保险人承保。保险合同订立过程中的要约，只能是由投保人提出，保险合同订立过程中的承诺，只能由保险人做出。

本案中，保险公司有意将施工用机具及设备、清理残骸费用、专业费用列为保险项目构成新要约，该新要约到达投保人以后，如果投保人接受，则投保人应以与新要约内容相同的意思表示，重新向保险公司提出要约，保险公司同意承保，保险合同成立。但本案没有这样一个过程。

（3）缴费行为是保险合同成立后投保人义务。我国《保险法》第十四条规定：保险合同成立后，投保人按照约定交付保险费；保险人按照约定的时间开始承担保险责任。实际上，缴纳保险费是保险合同成立后投保人的合同义务，即在投保人缴纳保险费前，保险合同已经成立。承诺是合同订立过程中的行为，合同成立后的缴费行为显然无法认定为承诺。

**【案例提示】**

投保单亦称"要保单"或"投保申请书"。投保人申请保险的一种书面形式。通常由保险人提供，即由投保人填写订立保险单所需要的项目。主要内容包括被保险人的名称；保险标的名称、地点；保险标的；投保的险别；保险期限；保险价值及保险金额等。填写投保单必须情况真实，否则将影响保险合同的效力。

保险单简称保单，投保人递交投保单后，是保险人对该项保险的承诺，是保险人与投保人之间签订的一种最大诚信保险合同。保险单必须明确、完整地记载有关保险双方的权利义务，保单与上述投保单的内容一致。保险单是根据投保人的申请，由保险人签署，交由被保险人收执签字，保险单是被保险人在保险标的遭受意外事故而发生损失时，向保险人索赔的主要凭证，同时也是保险人收取保险费的依据。在投保实践中，由于保险双方的疏忽往往发生投保单与保险单的内容不一致，导致保险双方对保险的索赔争议，因此，必须引起保险双方对此问题的高度重视。

## 14.2　第三者责任保险索赔案例

### 14.2.1　意外事故殃及邻里楼房塌陷索赔案例

**【案例摘要】**

第三者责任保险是对工程项目的意外事故发生后对第三者在造成财产损失活人身伤害进行补偿的保险险种。本案例介绍的是，上海轨道交通项目某段发生隧道部分塌陷导致附近的楼房沉降的意外事故，保险公司对第三者的损失及时进行了补偿。

**【索赔事件】**

上海市轨道交通线区间隧道，在用一种叫"冻结法"的工艺进行上、下行隧道的联络。通道施工时，突然出现渗水，隧道内的施工人员不得不紧急撤离。瞬时，大量流沙涌入隧道，内外压力失衡导致隧道部分塌陷，地面也随之出现"漏斗型"沉降。由于报警及时，所有人员都已提前撤出，因而无人员伤亡。与此同时，突发险情致使工地附近的一幢8层楼房裙房坍塌；防汛墙沉陷、开裂、轰然倒塌；靠近事故现场的20多层的临江花园大楼也出现沉降……，造成第三方损失。

　　此前，该轨道交通线由四家保险公司共保，首席承保人为中国平安保险公司，该公司承担了整个保单 40％的份额，中国太平洋保险公司承担了总份额的 30％，中国人民保险公司也参与了该项目，险种涉及建工险和第三方责任险。

　　**【索赔处理】**

　　在事故进入修复阶段的同时，保险理赔工作也随即展开。由中国平安保险公司作为首席承保人，其他三家公司参与组成的共保体理赔工作小组，在国际知名理算公司——罗便士保险公估公司的配合下，迅速开展工作。四家共保体和一家中介公司组成的赔理算小组，协同政府善后办对所有受损企业和个人进行逐一核损。由于抢险需要，现场建筑及财产被夷为平地，许多必需的财务证明和现场痕迹均已灭失，所以事后的定损难度极大。工作小组想了许多办法，包括在政府协助下，核对受损企业的报税记录、银行存款记录、买卖合同，甚至邀请资产评估公司对损失前的资产进行评估。最后终于在短短两个月的时间内，与 68 家受损企业、146 户居民达成了定损协议，并很快做到了赔款到位，没有一家上访，赔付金额超过 5 亿元，此次保险赔付对于社会安定起到的积极作用，得到上海市政府的高度评价。

　　**【案例提示】**

　　工程险是一种针对自然灾害或意外事故造成标的物损失的综合性保险，与一般财产保险不同，一般财产只承保物质标的，而建工（安）险不但承保物质标的，而且还承保责任标的即对第三方造成损失的责任，并对事故发生后的清理费用均予以承保，因此，工程险是一种针对"自然灾害"或"意外事故"的综合性险种。工程险条款规定所谓"意外事故"指不可预料的以及被保险人无法控制并造成物质损失或人身伤亡的突发事件。显然，本案例事故属于意外事故而造成的损失。

　　对于第三者责任，我国工程险的条款有如下规定："在保险期限内，因发生与保险单所承包工程直接相关的意外事故引起工地内及邻近区域的第三者人身伤亡、疾病或财产损失、依法应由被保险人承担的经济赔偿责任，保险人按照条款的规定负责赔偿。保险人不承担除外责任以及自然灾害造成的第三者人身伤亡、疾病或财产损失。"

　　工程险的第三者责任保险属于场地责任保险，所以保单只是对发生在"场地内或邻近区域"的第三者责任承担责任险。被保险责任人若在工地以外的区域产生的第三者责任，保险人不承担赔偿责任，这是场地责任保险的属性体现。显然，本案例符合上述第三者责任的保险条件。

　　本案为国内最大的工程险案例，保险事故得到顺利的赔付，充分体现出保险为工程建设保驾护航的作用，保险业服务经济建设、参与社会管理的积极作用。为建设系统工程建设项目全面引入保险机制产生了巨大影响。

### 14.2.2　第三者受损物仅有使用权索赔案例

　　**【案例摘要】**

　　在第三者责任保险中，承包商对第三方意外事故造成损失，保险人应给予赔偿。但第三人对损失标的物仅有使用权而无所有权，保险人是否负责赔偿？本案例对此问题进行了分析和回答。

　　**【索赔事件】**

　　某高速公路隧道施工，其中需要挖掘竖井和进行爆破等。不久之后周边某果场的农户反映位于隧道上方灌溉用的池塘干枯导致果园缺水，导致果树枯死。另一标段也出现类似问题，受损的是一个小水电站。水电站所有人称由于隧道施工导致和河流流量减少，从而令发电量不足，造成水电站一定的损失。果场和水电站所有人分别要求承包商赔偿相关损失。该工程标段均投保了建工一切险。保险事件发生在保险期限内。

**【索赔处理】**

保险事件发生后，保险公司交由保险公估人处理，保险公估报告认为：依据《水法》，农村集体经济组织的水塘和由农村集体经济组织修建管理的水库中的水，归各该农村集体经济组织使用。《民法通则》第一百零六条规定：公民、法人由于过错侵害国家的、集体的财产，侵害他人财产、人身的，应当承担民事责任。建工险第三者责任保险条款规定：在本保险期限内，因发生与本保险单所承保工程直接相关的意外事故引起工地内及邻近区域的第三者人身伤亡、疾病或财产损失，依法应由被保险人承担的经济赔偿责任，本公司按下列条款的规定负责赔偿。依据上述有关规定，公估人认定承包商的民事侵权行为成立，造成的第三方经济损失应由承包商承担赔偿责任。

**【案例提示】**

工程险第三者责任条款规定：在本保险期限内，因发生与本保险单所承保工程直接相关的意外事故引起的第三者人身伤亡、疾病或财产损失，依法应由被保险人承担经济赔偿责任。本索赔案件中承包商的隧道施工只是按照勘察设计图纸进行隧道施工，在施工中并无明显的工艺错误，可归属意外事故。因为地质情况（尤其是地质突变）是人力不可预料和不可控制的，即使勘察设计存在过错，但对于承包商来讲也是不可预测、不可控制的事件。从施工地点与果园、电站所处位置看，导致果园和水电站流量减少的后果与被保险人承包商有直接的因果关系。因此，保险人应承担赔偿责任。

但在对本案索赔处理中存有争议，主要集中在水资源的归属，涉及损失赔偿请求权是否适当的问题。按照《中华人民共和国水资源法》规定，水资源属于国家所有，集体对水资源只具有使用权，使用者是否具有请求损失赔偿的权利？我国《民法通则》规定：国家所有的森林、山岭、草原、荒地、滩涂、水面等自然资源，可以依法由全民所有制单位使用，也可以依法确定由集体所有制单位使用，国家保护它的使用、收益的权利；使用单位有管理、保护、合理利用的义务。因此，水资源的使用权人也同样具有请求赔偿的权利。

### 14.2.3　被保险人严重过失导致损失索赔案例

**【案例摘要】**

第三者责任险是对意外事故引起工地内及邻近区域的第三者人身伤亡、疾病或财产损失，依法应由被保险人承担的经济赔偿责任。但对于被保险人存有过失而造成第三方的损失，保险公司是否给予赔偿呢？本案通过某大厦工程抽排地下水而殃及邻里，被保险人存在过失，那么保险人是否给予赔偿呢？本案例就回答了这个问题。

**【索赔事件】**

某建筑工程总公司承包了某大厦建设工程，合同为 EPC 承包合同，依据合同约定，承包商投保了建筑工程一切险。施工期间，承包商在未做护栏维护工程的情况下，进行敞开式开挖并大量抽排地下水。后来因发现施工现场附近地面下沉，就暂时停止了施工，但没有针对地面下沉的情况采取必要的措施。承包商经过研究，修改了原来的施工方案后，开始恢复施工，但仍然没有对地面沉降采取防护和恢复措施，就进行人工开挖孔桩。

此后，邻近施工现场的一个印刷厂发现厂房地面开裂，多台进口的精密印刷机出现异常，并有进一步危及人身和财产安全的危险。经受损单位紧急呼吁后，当地政府召集有关单位、专家共同提出补救措施并实施后，地面沉降才得到控制。但是损失已经发生，经保险人到场鉴定后，做出拒绝保险赔偿的决定，因为此事件不属于意外事故原因造成的。于是承包商自己又委托了权威部门对印刷厂的损失进行了鉴定，鉴定结论是：承包商在基础工程施工时，大量抽排地下水是造成印刷厂厂房和印刷机受损的直接原因。

【索赔处理】

本案例造成第三者损失，保险公司拒赔。承包商自己赔偿了第三者印刷厂各种损失1000多万元人民币。

【案例提示】

这是一起拒赔的案例，承包商应对第三者责任险的责任范围有明确的认识。建工险中第三者责任险的责任范围规定：在本保险期限内，因发生与本保险单所承保工程直接相关的意外事故引起工地内及邻近区域的第三者人身伤亡、疾病或财产损失，依法应由被保险人承担的经济赔偿责任，保险公司负责赔偿。而本案的损失显然不是由于意外事故造成的，而是施工单位违反国家颁布的相关施工规范、规程，大量抽取地下水所致，是一种人为的因素导致第三者损失的后果。

在建筑一切险条款的总除外责任中规定：被保险人及其代表的故意行为和重大过失引起的任何损失、费用和责任除外，保险人不予赔偿。从条款上理解和解释，当被保险人及其代表的人为疏失达到"重大过失"时，保险公司对由此造成的第三人的损失不负赔偿责任；而被保险人及其代表的一般过失行为造成的损失，保险人还是要负赔偿责任的。那么遇到如本案由人为疏失造成的损失，是否应该赔偿呢？这就得分析当事人的行为是重大过失还是一般过失。

首先，过失是过错的一种形式，过错责任原则是确定有无民事责任的主要原则（其他过错推定原则、无过错责任原则和公平原则不在此讨论范围），当事人的过错也就成为承担民事责任的前提。过错包括故意和过失，如果行为人应当预见自己行为的后果但由于过于自信而轻信不会发生或疏忽大意，没有采取措施，致使损害发生的，就是过失。过失指的是行为人应注意、能注意而不注意的一种心理状态。在法理上和审判实践中，划分重大过失和一般过失，是根据法律规范对于某一行为人应当注意和能够注意的程度有较高要求时，行为人没有遵守这种要求，但又未违背通常应当注意并能注意的一般规则时，就是一般过失。如果行为人不但没有遵守法律规范对他的较高的要求，甚至连人们都应当注意并能注意的一般标准也未达到，就是重大过失。

本案中，承包商作为具有相当资质等级和专业经验的企业，对在施工现场属于软土地基的条件下大量抽取地下水，其可能引起附近地面的沉降是应该有预见（注意）的，但施工单位没有采取必要的防护措施，显然是一种过失。而当发现附近地面出现沉降，仍然没有采取必要的防护和恢复措施，再行施工，开孔挖桩，错失防止地面进一步沉降的机会，导致邻近第三者重大的财产损失，这是连一般没有专业知识的人都应当注意的问题，承包商以及其施工单位都没有注意到，这不能不说是一个重大过失。因此，保险人对第三人造成的损失是不负赔偿责任的。

### 14.2.4 非意外事故造成第三方损失索赔案例

**【案例摘要】**

第三者责任险主要是针对意外事故引起工地内及邻近区域的第三者人身伤亡、疾病或财产损失，依法应由被保险人承担的经济赔偿责任，保险公司进行赔偿的险种。对于非意外事故造成的损失保险人是否也给予补偿呢？本案例就是这方面的一个索赔例子。

**【索赔事件】**

某高速公路发展有限公司就其投资建设的某高速公路及连接线向保险公司投保了建安险及第三者责任险附加，保险期限：建设期，自2014年6月30日至2017年3月30日（工程完工日）；保证期，建设期结束后12个月，自2017年3月30日至2018年3月30日。

2015年8月28日至29日，该工程第七标段境内连降暴雨，暴雨冲毁正在施工的路基达3000多米，由于路基一侧为农民玉米地，路基土方被暴雨冲刷后流失到地里，在田地里形成厚约10cm的土层，面积近20亩。农民向承包商索赔，承包商就此向保险公司要求给予保险赔偿。

**【索赔处理】**

承包商即被保险人认为，此次降雨达到暴雨标准，有气象部门的证明为依据。路基是自己施工的，暴雨将路基土冲刷到农民田地，农民要求给予清理或者进行赔偿。认为对第三者农民造成的损失自己应当给予赔偿，既然投保了第三者责任险，农民属于第三者，所以保险公司应当按照合同约定就此部分田地的清理费进行赔偿。最终，保险人认定，此事件属于自然灾害造成的对第三方的经济损失，按照保险条款规定，保险人不予赔偿。

**【案例提示】**

建安险的第三者责任有关条款规定：在本保险期限内，因发生与建筑或安装工程保险所承保工程直接相关的意外事故引起工地内及邻近区域的第三者人身伤亡或财产损失，依法应由被保险人承担的经济赔偿责任，保险人按本条款的规定负责赔偿。也就是说，建安险项下的第三者责任必须是与所承保工程直接相关的意外事故而引起的，被保险人才对第三者被保险人必须承担的经济赔偿责任进行补偿。是从事与承保工程直接相关的活动，比如，建筑施工过程中的"强夯"所产生的震动，而造成距离施工地点很近的村民住宅墙壁出现裂缝、倒塌等，属于保险人的赔偿责任。而本案中的第三者农田受损的原因是暴雨，工程物质险承保的风险是"自然灾害"和"意外事故"，第三者责任承保的是意外事故，暴雨属于自然灾害，而非属于意外事故，故本案第三者农民田地受损不在本保险单的第三者责任范围之内。

### 14.2.5 自然灾害造成第三方损失索赔案例

**【案例摘要】**

第三者责任险的责任范围是"与工程直接相关的意外事故引起的对第三者的损失，保险人才负责赔偿。"如何理解"直接相关"和"意外事故"？往往会产生分异议，本案就是这样的一个案例。

**【索赔事件】**

某建设工程集团承包某客运专线的工程项目，项目部向保险公司投保了建工险和附加第三者责任险，两份保单均约定保险期间自2008年7月20日零时起至2013年7月19日二十四时止；保证期：12个月，自2013年7月20日零时起至2014年7月19日二十四时止。承保范围为工程主体损失、施工机具及设备、清理残骸及第三者人身伤亡、疾病或财产损失等。双方并对其他事项做出了约定。

2009 年 7 月 23 日，连续几天降暴雨使得工区内的沙场一大堆沙子坍塌，造成沙场附近的民房开裂，并且损失金额超过免赔额。事故发生后，项目部负责人持保单向保险公司提出索赔申请。

**【索赔处理】**

保险公司收到被保险人的索赔请求后，保险公司内部产生了两种不同意见。大多数人认为：根据对第三者责任险的责任范围规定，在本保险期限内，因发生与本保险单所承保工程直接相关的意外事故，引起工地内及邻近区域的第三者人身伤亡、疾病或财产损失，依法应由被保险人承担的经济赔偿责任，保险人负责赔偿。第三者险承保的是"意外事故"造成的损失，而这次事故是"自然灾害"所造成的，故保险公司不应该负责赔偿。少数人则认为：保险合同虽然规定"与工程直接相关的意外事故引起的对第三者的损失，保险人才负责赔偿。"但是，自然灾害也应属于意外事故的范畴，具有不可预测性、无法控制的特征。同时还认为，按照保险事故近因分析原则，此案事故造成沙堆附近的民房开裂是沙堆塌陷所造成的，沙堆是与承保工程有直接关系的，按照保险人承担赔偿责任的范围应限于以承保风险为近因造成的损失说法，此索赔事件应在保险责任范围之内。经过讨论最终判定本案事件不属于保险责任范围。

**【案例提示】**

在第三者责任险条款中，虽然没有明确规定自然灾害除外，但是从前面建工险的物质损失部分条文来看，对自然灾害和意外事故都有明确的定义。自然灾害是指地震、海啸、雷电、飓风、台风、龙卷风、风暴、暴雨、洪水、水灾、冻灾、冰雹、地崩、山崩、雪崩、火山爆发、地面下陷下沉以及其他人力不可抗拒的破坏力强大的自然现象。意外事故指不可预料的以及被保险人无法控制并造成物质损失或人身伤亡的突发性事件，包括火灾和爆炸。第三者保险责任范围是由于意外事故造成的损失由保险人进行赔偿。可见，本案例属于自然灾害造成的损失，而不是意外事故造成的损失。为此，此保险事件对第三者造成的损失属于保险人的除外责任。

## 14.3　建设工程设计责任险索赔案例

### 14.3.1　设计图中轴线标注失误引发施工差错索赔

**【案例摘要】**

建设设计责任保险主要承保的责任范围是由于设计人的疏忽或过失发生工程质量事故，造成财产损失或人身伤亡的。某设计院在某建筑设计项目中由于设计人员的疏忽，轴线标注错误，发生工程质量事故，保险公司及时给予了补偿的例子。

**【索赔事件】**

某建筑设计有限公司投保了建筑工程设计责任保险。预计当年业务收入为 1000 万元，累计赔偿限额为 1000 万元，每次事故赔偿限额为 500 万元，每次事故每人赔偿限额为 20 万元，每次事故索赔免赔额为 5 万元（仅限于财产损失）。

2010 年 6 月 8 日，建筑设计公司向保险人报案称：建筑设计公司在作为分包商参加的某 EPC 工程设计工作，由于该公司设计的一份建筑施工图纸出现部分失误，导致其提供建筑施工图设计服务的建筑项目出现施工错误，造成经济损失，建筑工程业主方向被保险人——建筑设计公司提出索赔。建筑设计公司就此向保险公司提出索赔金额为96.0488万元。

**【索赔处理】**

保险公司接到报案后，聘请了保险公估公司实施现场查勘，共同处理该保险事故。与此同时，被保险人还邀请工程质监站对问题进行了调查，根据地区建设工程质量监督站《关于某楼桩基质量事故的调查报告》：该建筑设计公司提供给建设单位的总平面图定位坐标正确，但轴线标注错误，造成房屋平面整体向北平移3.3m。按照《中华人民共和国建筑法》第五十六条规定：建筑工程的勘察、设计单位必须对其勘察、设计的质量负责；以及《建设工程质量管理条例》第十九条规定：勘察、设计单位必须按照工程建设强制性标准进场勘察、设计，并对勘察、设计的质量负责。综合上述事实和法律依据，该建筑设计公司对本次质量事故负全部责任。依据建筑工程设计责任险条款以及保险合同的有关规定进行公估理算，最终理算金额为57.0000万元，聘请公估公司的费用为1.6752万元，共计赔付58.6752万元。

**【案例提示】**

建设工程设计责任保险是工程设计单位根据合同的约定，向保险公司支付保险费，保险公司对工程设计人员因过失造成事故，引起受害人（业主或第三人）人身伤害或财产损失承担赔偿责任的保险。

根据人保建设工程设计责任保险条款第三条规定，被保险人在本保险单明细表中列明的追溯期或保险期限内，在中华人民共和国境内（港、澳、台地区除外）完成设计的建设工程由于设计的疏忽或过失而引发的工程质量事故造成下列损失或费用，依法应由被保险人承担经济赔偿责任的，在本保险期限内，由该委托人首次向被保险人提出赔偿要求并经被保险人向保险人提出索赔申请时，保险人负责赔偿：（一）建设工程本身的物质损失；（二）第三者人身伤亡或财产损失。

本案经有关部门和保险公司的勘察分析确认，本次事故造成损失的原因是被保险人在设计过程中疏忽造成的设计失误即轴线标注差误而造成的，故可确认本次事故主要原因是属于"设计错误"，依法应由被保险人承担经济赔偿责任，属本建筑设计责任保险保单的承保范围，保险公司应按照保险合同的约定给予赔偿。

### 14.3.2 低估地下水位，消防水池开裂保险索赔

**【案例摘要】**

本案是一起因设计单位的设计人员工作过失，未能准确地估计项目地下水文情况，设计与实际存在误差，导致所设计的水池地板偏薄，给业主造成了不应有的损失，被保险人向保险人提出索赔的例子。

**【索赔事件】**

某勘察建筑设计院同某保险公司签订了建筑设计责任保险合同，保险期限一年（2013年6月2日至2014年6月1日），追溯期从2012年6月2日起，累计赔偿限额为1500万元，每次事故赔偿限额为10万元。勘察建筑设计研究院在承包EPC办公楼工程中，办公楼的工程设计工作由设计院承担。2013年7月，工程主体施工已接近尾声，业主发现地下消防水池地板拱起、开裂，遂委托建设工程质量安全检测中心对其进行检测，结论为由于设计人员对当地地下水水位估计不足，所设计的水池地板偏薄，消防水池地板在水压力作用下承载力不足。业主要求被保险人勘察建筑设计研究院对消防水池进行加固并承担全部费用。经过业

主与被保险人勘察建筑设计院经过协商，最终达成一致：由被保险人勘察建筑设计院承担加固费用 55 万元。随后，勘察建筑设计院向保险公司申请保险索赔。

**【索赔处理】**

保险公司接到报案后，经过核实认为：事故原因是由于被保险人的设计过失造成的，依照我国有关法律法规及设计责任保险合同约定，该事故属于保险责任范围，保险公司遂在保险限额内给予赔偿。

**【案例提示】**

本案是因为工程设计存在瑕疵而引起的对被保险人勘察建筑设计院的赔偿责任。勘察建筑设计院与业主签订了设计合同后，本应该按照行业所公认的标准完成工程设计任务，否则就构成违约。勘察建筑设计院对建筑所在地的地形地质进行仔细的勘察是设计人员的首要义务。在本案中，尽管设计人员对有关水文情况进行了分析，但由于其工作技能、设备及地质资料不足等原因，勘察建筑设计院未能准确估计水文情况，设计与实际存在误差，导致所设计的水池地板偏薄，给业主造成了不应有的损失。该案中的设计人员的行为属于过失，按照设计责任保险合同的约定，由于设计人员的过失而给业主造成的经济损失，属于工程勘察设计责任保险范围，保险公司应当依照责任保险合同给予赔偿。

### 14.3.3　地面突发性地陷导致仓库倾倒保险索赔

**【案例摘要】**

近因分析是任何险种保险事故责任鉴定的原则，当多因造成保险事故进行责任认定时，应遵循该项原则。本案介绍的是一个在建仓库时发生的质量事故，对其发生的原因是自然灾害还是设计错误，利用"近因原则"进行责任认定的案例。

**【索赔事件】**

某建筑设计院为某 EPC 工程总承包商。其单项工程某一大型水泥建筑仓库上部结构为圆筒形，直径为 13m，高为 30m。在建筑封顶并装储水泥后，该仓库发生大量沉降，使建筑整体倾倒，基土被挤出地面高达 6m。随后，建设单位请有关部门专家对其原因进行鉴定分析，确定造成该事故的责任。

**【索赔处理】**

通过现场勘查了解到，水泥仓库基础（"筏板基础"）位于黄土中部（承力层）。此黄土的黏土层在"筏板"基础下很薄，上部荷载传到下一层蓝色黏土。由于严重超载，引起地基基础破坏，导致地基整体滑动和水泥仓库倾倒。经过专家分析，导致建筑整体倾倒的原因有三：

（1）可能是仓库地基事先未做勘查、试验与研究。

（2）借用临近工程的资料盲目设计，采用设计载荷超过地基土的抗剪强度，导致地基整体滑动破坏。

（3）水泥装储的速度太快，黏土地基中空隙水压力上升，使有效应力降低，促使地基滑动破坏。确定直接原因为：可能未经勘察或设计措施所致，属于勘察设计保险责任赔偿范围。

从仓库倾倒现象看是地面的突发性地陷导致仓库倾倒，造成财产损失。看似是自然灾害的突发性地下灾害所致责任。但从事故近因分析看，仓库倾倒是由于设计载荷超过地基土的抗剪强度（或地基极限荷载强度），导致地基产生整体滑动破坏而造成的。因此，仓库倾倒主要原因、近因是没有进行事先勘察问题和设计错误所致。该事件属于设计险责任范围，保险人应负责赔偿。

**【案例提示】**

勘察设计错误属于勘察设计责任保险风险，故仓库倾倒引起的损失、费用和责任属于勘察设计保险的责任范围，保险人应予以负责赔偿。由此可知，保险事件发生后要认真地进行现场勘查，不但要了解事故造成损失的情况，更重要的是要搞清责任事故发生的原因，按照近因分析原则来确定归属责任，承包商可通过勘察设计单位，按照其投保的保险合同或承包商统一投保的设计险条款，向保险公司申请赔偿。

### 14.3.4  设计错误与意外事故原因同在保险索赔

**【案例摘要】**

建筑设计责任保险与建筑工程一切险有很强的互补性，属于不同的保险范畴。建筑工程一切险责任范围是自然灾害或意外事故造成的损失，而建筑设计责任保险责任范围是设计人员的工作疏忽或过失造成工程质量事故的损失。本案就是对某厂房结构发生事故的责任认定上出现不同认识的案例。

**【索赔事件】**

某厂房结构为吊车梁支在带壁柱砖墙上，屋架支于托墙梁上，托墙梁支于墙壁柱上。该厂房在施工中突遇暴风雨后，突然倒塌，造成 4 人死亡。

**【索赔处理】**

通过专家分析认为，托墙梁与吊车梁两者之间基本处于同一高度。如设计成整体，则屋面荷载、屋架及上部墙体重可通过托墙梁传给带壁柱。但设计者将托墙梁与吊车梁分开，中间空有约 70cm 间隙。这样屋面传来的荷载与上段墙，支压在墙壁柱上，形成局部承压，强度严重不足，造成厂房倒塌。墙体托墙梁下局部承载力严重不足是引起倒塌的主要原因，是设计错误所致。另外，厂房倒塌时遇到暴风雨，加速了厂房提前倒塌，属于次要原因。

该建设单位由于投保了建筑工程一切险，向保险公司提出索赔。但遭到保险公司的拒绝。原因是：该厂房倒塌时正值暴风雨，从现象上看似乎可归属建筑工程一切保险责任范围的自然灾害——暴风雨，应由建筑工程一切保险来承担赔偿责任。但按照近因分析的原则，主要是由于设计托墙梁下局部承载力严重不足，一直威胁着整个墙体厂房，遇到暴风雨，只不过是加速了墙体倒塌而已，该厂房倒塌的主要原因是设计错误，不属于建筑工程一切险所承保的范围，故保险公司不予赔付。

建设单位只好向勘察设计单位提出损失赔偿的要求。该建筑工程勘察设计单位刚好已经投保了建设工程勘察设计责任保险，该设计单位遂向承保单位保险公司提出索赔，保险公司经调查确认后，很快做出赔付的决定，按照保险合同约定，向建设单位支付了损失赔偿费用。

**【案例提示】**

通过以上索赔案例可以看出，勘察设计责任保险与建筑工程一切险有很强的互补性，其主要承保的是由于设计人员工作过失或失误，造成设计缺陷而产生的损失责任。如果设计单位没有投保勘察设计险，无论双方协商，还是诉讼，这笔损失费用肯定要由勘察设计单位自身承担。勘察设计保险能有效地降低责任风险成本，使受损单位及时得到经济补偿。

### 14.3.5　设计失误与施工责任原因同在保险索赔

**【案例摘要】**

某工程混凝土框架结构发生质量事故，分析原因为设计失误与施工责任同在，施工责任为主，但设计保险公司对事故损失也进行了部分赔偿。

**【索赔事件】**

某 EPC 工程为现浇钢筋混凝土框架结构，主体结构已基本完工。该工程北侧，从层楼一塌到底，造成 2 死 1 伤的重大倒塌事故。破坏的构件有柱子 5 根，框架主梁 8 根，次主梁 28 根，预制板 294 块，固梁 71m，现浇板 99m²。与层建筑面积 1303m²，倒塌 312m²，二、三层建筑面积 1224m²，倒塌 321m²，四层建筑面积 356m²，倒塌 53m²。

**【索赔处理】**

通过专家分析认为，造成安全事故的原因主要有以下几点。

1. 设计方面的问题

（1）框架内力计算问题：实际结构为"板支于次梁"，次梁为两跨连续梁，支架于框架上。计算中把连续梁当成简支梁计算反力，使经过次梁传给框架的荷载少算 20%。从而使框架内力计算偏小。

（2）内力组合问题：没有按《荷载规范》中的关于"荷载应用最不利者组合"的方法进行不利组合。

（3）施工图纸问题：有些尺寸不全，交代不清楚，以致引起差错。

（4）配筋不足。

2. 施工方面的问题

（1）混凝土强度大部分未达到设计强度，经回弹以测定普遍低于 30%。

（2）混凝土浇筑质量劣，框架中出现空洞、面，其中二层楼有两根柱承载力极低，为破坏倒塌的原点。

（3）钢筋位置不准。

（4）施工堆料过于集中，形成超载。

（5）乱改设计：楼面设计恒载增加了 37%，四层屋面恒载增加了 120%；施工管理差，许多部分未留混凝土、砂浆试块，购进水泥无出厂说明和实验报告，预制板无出厂合格证。

原因分析结论：施工质量低劣为主要原因。首先是二层的两根柱子混凝土破坏而丧失支撑力，续而柱中受力主筋压曲失稳，整个柱子折断而造成整体倒塌。而设计疏忽等错误也是重要原因，即安全系数降低，但不是造成楼层倒塌的直接原因。

通过对案例保险事故原因的分析，施工质量低劣是该事故直接的主要原因，为该事故的近因。按照近因分析原则，虽然施工人员不按照施工规范操作造成施工质量事故，勘察设计保险是不予赔偿的，但也并不能够完全免责。因设计错误也为该事故的重要原因，故在履行赔偿时，由设计错误所增加的部分或改进所产生的额外费用，应由勘察设计保险公司负责赔偿。

**【案例提示】**

由此可以看出，在处理设计错误和施工质量问题同时存在的事故时，要根据近因分析原则来确定事故损失，判断最直接的主要原因是由非保危险所致，还是由被保危险所知，要实事求是，都有过失的，应按照责任的大小分摊责任，不要认为有施工质量责任，勘察设计保险就完全没有责任了。

# 第 15 章 EPC 工程保险纠纷处理

保险作为转移风险的手段，已经广泛应用于工程领域。由于我国的保险业市场起步时间不长，被保险人在保险决策、方案设计、出险索赔方面的知识相关经验不足，保险双方在谈判中容易出现各种争议，导致索赔进度迟缓，进而影响被保险人投标的积极性，本章以建工保险为例，对工程保险常见争议进行分析。

## 15.1 保险纠纷类型与成因分析

### 15.1.1 保险纠纷的类型

1. 因保险财产的界定不清产生的纠纷

保险财产的界定是工程理赔中首先要解决的问题，要明确索赔对象是否属于保险财产范围。由于对于保险合同条款可能有不同理解，对于索赔的对象是否属于保险财上往往产生分歧，从而使双方产生纠纷。

依据建工保险合同条款的第一部分物质损失中关于保险标的表述为："在保险合同明细表中分项列明的在工地范围内与实施工程合同有关的财产和费用，属于标的。"由于建筑工程的特点，许多财产只是包含在主体工程和临时工程的某一分项中，在保单明细表中并不能看出它的估算价格，而保单规定对于在"保险合同明细表中分线列明的"才予以赔偿，这就出现了在同一次事故中，同样是工地的财产出现不同的处理结果，这时保险双方就会发生争议，给予赔偿，与保单表述不符；不予赔偿显然又不合理。而本条款中"与实施合同有关的费用"中的"费用"，究竟包括哪些内容也容易使人产生歧义。如监理工程师发出错误指令而使承包商遭受损失的费用以及工程变更而产生的专业费用，是否属于此"费用"之中？

关于建工险条款中的第一部分物质损失的除外责任部分第九条规定："除非另有约定，在被保险工程以前，已经存在或形成的位于工地方位内或其周围的属于被保险人的财产的损失，予以除外，保险人不予赔偿。"其中对"或其周围"措辞应如何进行理解？不同的理解极易产生纠纷。保险人可能以工程项目红线，甚至以开挖红线的范围来界定确定，但对保险人的这一理解，被保险人往往会持有不同的意见。

**【财产界定不清纠纷示例】**

某路桥公司与保险公司双方合同约定：此工程保险的承保项目仅指该工程预期中标价所确定的建筑施工范围，包括永久和临时工程及材料。由于洪水暴发，路桥公司向保险公司报案称因洪水冲垮围堰，致使工地受损，提出对施工围堰及围堰便道的索赔申请。路桥公司认为围堰及围堰便道的工程量包含于投保工程工程量清单中，围堰及围堰便道属于投保范围。而保险公司则认定为：核定受损项目非本保单承保的保险标的，不属于保险责任范围。因双方对保险事故的定性争议颇大，协商未果，路桥公司诉至法院。法院最后判决修建大桥所需临时修建的围堰及围堰便道并没有在该工程工程量清单的科目中体现。因此，围堰及围堰便道不属于投保范围。

2. 因事故性质判断不清产生的纠纷

查明保险事故发生的原因，判断保险事故性质是保险责任认定的重要前提。为此，在实践中，对保险事故性质的判定往往成为被保险人与保险人产生争议的焦点。

例如，建工险条款中的第三者责任部分第十八条规定："在保险期间内，因发生与本保险合同所承保工程直接相关的意外事故引起工地内及邻近区域的第三者人身伤亡、疾病或财产损失，依法应由被保险人承担的经济赔偿责任，保险人按照本保险合同约定负责赔偿。"例如，在公路工程项目中，遭受暴雨袭击导致路基、边坡垮塌的残骸被水冲入附近的农田，导致农田等第三者财产遭受严重损失，在对其事故性质的判定上，是应判定为由意外事故造成的，还是由自然灾害造成的？还是由于该事故是可以事先预见到的？往往成为保险双方的争议的焦点。

再如，因爆破施工导致周边民房开裂或地面建筑物沉降，保险人会认为这是承包商可以预见的，承包商可以通过技术、工艺和防护措施进行控制的，不属于意外事故。但被保险人则认为此类事故的发生时间、程度、次数在主观上是很难加以判断预测，应属于意外事故，保险人应承担赔偿责任。

**【事故原因认定纠纷示例】**

某引水工程向保险公司投保了建筑、安装工程保险，保额为 2200 万元，该水利工程引水渠因黄河涨水被冲毁，损毁渠长百米，估损人民币 30 万余元，施救费用人民币 20 万元。于是，被保险人向保险公司报案，提出保险索赔。

事故发生后，保险公司人员及时赶到现场勘查，发现引水渠多处发生塌陷，引水渠前排的"笼石"有许多已被冲走，黄河水已经退去，被保险人介绍该承保工程除部分收尾工程外，引水渠等主体工程已经全部完工，但并未成为独立的运行项目。

保险公司认为，本季节不是发洪水的季节，按照工程设计，基本竣工的引水渠应具备抵抗黄河涨水的能力不应造成损失，此次事故纯属于施工质量的问题，属于被保险人的过失责任，是保险条款规定的除外责任，应当拒赔。而被保险人则认为，虽然本季节不属于发生洪水的季节，但是工程就在黄河边上，受黄河水冲刷造成了损失，属于意外事故的范畴，保险公司应按照"洪水"受理，进行赔偿，双方发生纠纷。鉴于本案复杂，保险公司人员进一步走访水利专家，专家介绍每年的开春季节，由于温度上高，河面开冻，冰水齐下，冰凌壅塞，水位上涨，形成凌汛洪水，其冲刷力大，穿透力强，容易造成堤坝垮塌。

从阅读的施工有关资料看，该项目承包商按照工程设计、工艺进行施工，所用材料也符合标准，不存在施工材料、质量问题。工程监理专家认为，发生事故的原因就是黄河上游解冻时间短，水量大，河水泛滥，漫滩，造成主河槽改道，河水冲刷导致垮塌。根据专家和工程监理的意见，本事故应属于"洪水"责任范围，保险公司应予以赔偿。

3. 因对保险合同有关费用条款理解不同产生的纠纷

在工程实践中，对于保险有关费用概念的理解存在差异，成为保险双方常见的纠纷。例如，关于施救费、损失预防费及清理残骸费的含义和范围的理解不同，保险人与被保险人双方往往产生争议。

依据建筑工程一切险的规定："被保险人为了减少损失而采取必要措施所产生的合理费用，保险公司予以补偿。"工程出险后，修复大多由原施工单位来完成，施工单位为减少损失而采取的措施一般就是清除或消除损坏所形成的残骸，同时，为了防止事故的再次发生而对设计方案进行变更和改进，其清除残骸费、工程变更和改进的修复费用会高出原有的施工费用。

保险公司在受理索赔时，往往提出清理残骸费用属于"扩展承保条款"，是否承保要看被保险人是否签订此扩展城堡条款而定，如在保险合同中并未投保该扩展条款，则不予以赔偿。而对于被保险人为防止事故再次发生而对原设计方案的变更和改进，保险公司常常以"修复"方案的变更和改进实质上是被保险人为下一次事故发生所做的"防损"，是对危险的一种防范，属于"防损费"，拒绝被保险人"施救"的说法。由于双方对费用条款的理解不同，由此产生双方的纠纷。

**【施救费纠纷示例】**

某高速公路工程向保险公司投建工险，保险金额为2亿元人民币，保险期为一年。该保险期间某日，该地区因连降暴雨，工程一个正在掘进的隧道因地势低，造成被山洪灌井（该隧道掘进了一半，约有500m尚未贯通）事故，经过抢救后，被保险人向保险公司索赔人民币80万元，其中抽水费用10万元，清除淤泥费50万元，淤泥运输费20万元。

保险公司经查阅保险单发现，被保险人并未投保清除残骸费用项，除抽水费用外，其余两项的费用均属于清理残骸费用，初步意见不予赔偿。

被保险人则认为，本项目发生的以上三项费用均为对保险标的抢救所产生的费用，既然是施救费用，保险公司就应该全部予以赔偿，双方由此发生纠纷。

本示例中保险标的本身并没有发生损失，但是由于洪水灌入尚未贯通的隧道，同时，带来了大量的泥沙，经过抽水，尽管隧道中的水少了，但仍留有很高的淤泥（0.2～1.0m），施工人员仍无法进入。为了尽快将隧道内淤泥清除干净，确保隧洞的安全，被保险人不得不从外面运来大量的干土，与淤泥混合后，将淤泥清除出来，再运走。这就是淤泥清除费用较高的原因。

保险公司的初步意见，只注意到被保险人未能参保清理残骸条款，但没有注意本案的具体情况。而被保险人的全部赔偿的要求，没有考虑本身并未投保清除残骸险的事实，没有分清除残骸费与施救费的区别。本示例经过争议和深入的分析，保险公司最终将抽水费用、淤泥清除费用作为保险标的施救费处理，将淤泥清运费作为清除残骸费来对待，这样既符合条款，又比较合理，得到被保险人的认可。

4. 多因素导致事故责任认定产生的纠纷

对于工程项目风险事故损失可能是由单纯的一个原因导致的，责任认定较为简单，如果单一原因属于被保危险，那么保险人应当承担损失责任。如果单一原因不属于被保危险，那么保险人就不应该对其进行经济赔偿。例如，经查明保险事故是由于施工人员没有按照规范操作的单一原因而引起的损失，那么保险公司按照合同规定就应该负责赔偿。如果是由于设计原因造成的损失，那么保险公司将不负责赔偿。但是，由于工程项目风险的复杂性，事故损失引起的原因往往并不只有是一个原因，可能是同时发生的多项因素而导致的损失、间断发生的多项原因造成的损失，或连续发生的多项原因造成的损失。对于后三者情况，进行责任的认定就比较困难了，因此，往往成为保险双方争议的焦点。

**【多因事故纠纷示例】**

某公路隧道工程某年的4月5日向保险公司投保建工险，保险金额为6000万元，当年的8月15日，隧道发生冒顶事故，塌陷长度为20m，损失约为50万元。被保险人及时向保险公司报案，保险公司邀请工程质量鉴定有关专家一起到现场勘查，经鉴定隧道塌陷原因如下。

（1）隧道顶有一断裂，且为正断层，在开掘后形成一个不稳定的洞顶，在外力（如爆破）的影响下，很容易脱落。

（2）在 7 月到 8 月间，该地区多次降雨，隧道地表覆盖层浅，山体水分饱和，同时，雨水渗入岩石裂隙中，软化了层理间的泥质，起了润滑裂隙面的作用，增加了岩石塌陷的可能性。

（3）在裂隙发育的情况下，没有采取更为有效的措施，这是造成塌陷的主要原因。

（4）在设计中，对于围岩（喷锚支护）的做法，虽有具体的规定，但存在一定的疏漏，未对支护做具体分段的规定，仅规定："由施工单位视洞顶岩石裂缝的程度而定。"

在有关专家做出上述鉴定后，保险公司内部产生了争议，一部分人认为，出险工程的设计存在疏漏（错误），按照建工险条款的有关规定，"设计错误"不属于保险责任，应予拒赔。另一部分人认为，依据上述第三条原因，主要是承包商没有采取更为有效的支护措施是造成事故的主因，属于保险责任。

保险公司最终认为，该案应按照"近因原则"处理（所谓"近因原则"是指在多原因引发的危险事故中，促成损失的最为有效的或起决定作用的原因）。

在造成隧道塌陷事故的原因中，第一条原因属于隧道施工中的固有风险，而且由于其采用爆破方法可能带来塌陷风险，要求承包商必须采取相应的支护措施；第二条原因是造成事故的外因，加大了索道塌陷风险的可能性；第三条原因是造成本次事故的根本原因，如果采取的支护措施足够有效，是不可能发生塌陷事故的；第四条原因说明设计方提供的方案不够详细，对事故的发生有一定的责任。从近因分析来看，第三条原因即"没有采取更为有效的支护措施"是造成本期事故的最直接、最有效，起决定作用的原因，这一原因属于建工险的责任范围，故保险公司应该予以赔偿。

同时，针对上述分析第四条原因及设计方面的疏漏，尽管不是造成事故的近因，但是与其有一定的联系，保险公司经过与被保险人协商，对保险赔偿金额做了一定的扣减。

5. 部分保险责任处理而产生的纠纷

在工程保险中，保险事故损失的原因往往并非全部都属于保险公司的承保责任，可能有一部分是非保险责任，这种情况下，近因分析也很难区分保险责任损失和非保险责任损失，这时，被保险人的索赔要求往往与保险公司的处理存在争议。

【部分保险责任示例】

某火电厂工程，将其进口的发电机组等设备投保建安险，保额为 5.2 亿元，保期从机组设备离岸到发电机组安装完毕，保险期限为 14 个月。设备在安装完毕进行负荷调试运行过程中，当开机后不久，一声巨响，一组缸的活塞连杆冲破机壳，沿切线方向飞离机体，遇物反弹，缸体两边被撞烂，并在地板上砸出一个大坑，曲轴全毁。

事故发生后，承包商及时向保险人报案，保险人邀请电力、商检等方面的专家到达现场勘查，对事故的原因进行了分析和鉴定，并出具了检验证书。检验结论为："造成机械设备事故的原因是安装技术不善，加之机械制造有缺陷，造成连接杆轴底座机械应力集中，超出承受极限，造成国际间疲劳运转，引起断裂，全集报废。这次损失总计近 1200 余万元，其中设备损失费 1100 余万元，运输费 50 余万元，其他费用 40 余万元。

根据商检报告，被保险人要求保险人按照建安险条款的规定（安装技术不善）进行赔偿。但保险公司认为，造成本事故的原因有制造商的原因（机械制造有缺陷），且制造商不是被保险人，建议被保险人及时和制造商取得联系，并向制造商提出索赔后，保险公司再进行赔付。

国外制造商接到索赔通知后，开始不承认质量问题，被保险人向其提供了中国商检报告后，厂商又派人来现场勘查鉴定，最后制造商同意换一台新的设备，并同意支付相关运费50 余万元，并派遣专家进行现场安装指导。最后，被保险人同意保险公司仅对该事故合理的施救费（包括机械调迁费、拆装费、机底油料损失费等）40 余万元进行了赔偿。

6. 重置、修复费与预期差别大而产生的纠纷

在工程项目建设中，不可预见风险因素众多，如工程所用原材料的价格上涨或下降以及出现异常情况，引起工程重置或修复方案与原来设计方案有较大的差别。因此，在发生保险事故后的重置或修复过程中，经常会出现重置或修复所需要的原材料价格上涨或下降，重置或修复方案有较大的出入，所需要的修复费用与工程原来的造价不尽相同，但是保险公司一般是以被保险人受损前的实际投入的金额评估赔偿数额。对此，往往引起被保险人的不满，导致长期以来在建工险的索赔事件处理中，对受损工程修复费用的赔偿问题，双方存在较大的争议。

【重置赔偿费纠纷示例】

某工程公司对其 C2 合同工程段的保险资产投保了建筑工程一切险，C2 合同段建筑工程可以获得的赔偿最高限额为 310 000 000 元，且约定事故发生原因包含自然灾害和意外事故，包括承保工程本身的损失及恢复工程到出险前状态的相关费用，皆为保险事故损失。

在保险期间，隧道发生塌方意外事故，被保险人认为基于工程一切险保险合同，保险公司应当承担恢复隧道通行所发生的重置费用的赔偿责任。而保险公司则认为，保险赔偿范围只有保险标的的直接物质损失，即工程量清单中的某一分项，其他损失拒赔。

被保险人认为投保的建筑工程一切险，保险范围为工程总承包价，保险标的是 C2 合同工程段这一整体，而非工程量清单中的某一分项，该保险合同明显属于总括式的保险合同，只要发生的损失金额在总保险金额限度以内，保险人均应予以赔偿。被保险人认为，本次事故造成了动态工程隧道发生垮塌，直接造成原投入工程量的灭失，同时为了将受损工程部分恢复到出险前状态，继续完成整个建筑工程，直接产生相关的费用即本案处置费用。对于工程的灭失、必然的恢复费用、重新投入的工程量，皆为本次事故对本保单承保建筑工程造成的损失，符合保险责任约定，双方争议不下。因此，被保险人将保险公司告上法庭。一审判决被保险人要求索赔的金额符合保险法、保险合同约定和事实，对被保险人的索赔要求给予支持。

7. 因对公估结果质疑而产生的纠纷

工程出险后，保险人一般由保险公司的客户服务部人员到现场勘查，保险人也可以委托保险公估中介来完成，并参与保险理赔。

目前，我国建立保险公估制度的历史较短，尚不成熟，委托人只是借助公估机构的专业技术作为见证手段，只是对于一些疑难情况进行技术鉴定与损失确认。但由于公估机构入场勘查往往相对滞后，公估工程师对第一现场受灾情况了解不够充分，以及其本身所做的评估报告缺乏法律效力，且容易受委托人的影响，因此，索赔金额常常遭受质疑，往往成为保险

较为常见的争议与纠纷。

**【公估结果纠纷示例】**

某工程项目承包商向某保险公司投保建筑一切险附加第三者损失险，在保险责任期内，工地发生了火灾。由于承包商与保险公司就火灾损失费用的具体金额存在较大分歧，经协商一致，由双方以书面形式共同委托 A 公估公司进行公估。A 公估公司经评估后认定清理损失为 100 万元，并向承包商与保险公司出具了《公估报告》。

接到《公估报告》后，承包商立即宣称：其实际的火灾损失为 300 万元，而非 100 万元，A 公估公司的评估有失公允，并单方宣告撤销对 A 公估公司的委托，要求保险公司按照 300 万元进行赔付。保险公司则认为：公估事宜是由双方共同委托进行的，保险公估结果对双方都有约束力，保险公司只能按照《公估报告》的结果进行理赔。由于双方无法达成一致，承包商遂诉至法院，要求保险公司赔付保险金 300 万元。

庭审过程中，法院发现双方提交的《公估报告》没有具有公估资质的人员签字，缺乏必要的生效条件，于是当庭宣告该《公估报告》无效，并由法院指定另一家公估公司进行公估。数月后，B 公估公司出具《公估报告》，认定物质损失为 200 万元，法院遂判决保险公司承担 200 万元的保险责任。

### 15.1.2　保险纠纷的成因分析

1. 信息不对称性

保险市场是典型的信息不对称市场。保险人对建设工程业务不熟悉，尽管在承保前审核有关工程概况、水文地质资料、施工图组织设计、了解安全管理措施以应急预案，但并无法掌握工程项目的全面信息。另一方面，投保人对于工程保险投保方案设计、工程保险条款的理解、工程保险的索赔等，无论是在理论上还是实际操作上，存在天然缺陷。这种状态阻碍了工程保险的顺利开展，同时也为工程保险的理赔埋下隐患。

2. 可保利益的特殊性和出险原因的复杂性

可保利益原则是指投保人对要求保障的标的必须具备法律承认的经济利益。工程保险的可保利益与一般的财产保险可保利益相比，其表现形式较为特殊，这是由于工程保险涉及多个不同的险种，由于险种不同，涉及的利益群体也不同。

具体在 EPC 工程项目中，所涉及的险种主要有三类：一般财产损失险别、人身保险险别、责任保险险别。相应地，其保险利益按照三类险种表现形式为：在财产保险险种中，其保险利益是投保的财产标的在遭受危险事故时对投保人造成经济损失，保护的是投资人或业主的经济利益，是工程保险中最常见的利益形式。在人身保险险种中，维护的是人身的安全和健康利益，保险事故发生后，对人身造成伤害而进行的赔偿，投保的雇员人身标的在遭受意外事故或丧失劳动能力时会对被保险人或其家属带来经济困难。在雇主责任险中的保险利益，是可能产生的民事赔偿责任而形成的保险利益，如施工过程中意外事故发生，造成对周边民房受损、人身伤害等，承包商依法对第三方承担经济赔偿责任。于是被保险人对这种民事赔偿责任拥有保险利益。可见，工程保险所涉及的可保利益群体众多，较为特殊。

工程建设项目灾害、事故种类较多，情况复杂，尤其是对 EPC 项目而言，更加复杂，将涉及设计勘察、物资采购、施工工艺以及技术、材料制品、设备的质量和使用以及自然、非自然因素多方面。保险事故可能是单纯一种原因造成的，也可能是两个或多个原因造成的，出险原因十分复杂。有些事故原因很难辨识清楚，因此，保险双方极易对工程保险发生争议。

### 3. 对施救费的内涵和外延理解不一致

在工程保险纠纷中，关于施救费内涵与外延的理解不同而引发的纠纷时常发生。施救费是指被保险货物在遭遇承保的自然灾害或意外事故时，被保险人为避免、减少损失程度而采取的正常抢救、防护、清理措施所支付的全部费用。损失预防费是指被保险人为了预防某种风险的发生，事前采取的一些必要的措施所支付的费用；清除残骸费是指工程保险标的受到保险责任范围内的灾害或意外事故造成损失后，为了清除或消除保险标的损坏所形成的残骸而产生的必要且合理的费用。

施救费、损失预防费、清除残骸费三者都是被保险人为减少财产损失采取必要措施而产生的费用。但它们之间是有显著区别的，主要表现在以下四个方面：一是发生的时序不同：损失预防费是在事故未发生前支出的费用；施救费是在事故发生时支出的费用；清除残骸费是在事故发生后支出的费用。二是保险公司承担的责任不同。保险是以造成损失为前提条件，标的没有发生保险事故的损失，对于预防费保险人是不予补偿的；对于被保险人在保险事故发生时采取减少损失的措施费用，保险人为了鼓励被保险人的积极施救行为，减少、消除保险人与被保险人的损失，给予被保险人合理的补偿。清除残骸费在保险中属于扩展条款，被保险人如果投保该扩展条款，保险人承担费用责任，如果没有投保该扩展条款，保险人只补偿保险事故的直接损失，而对于清除残骸费用不予承担责任。三是收取保费不同。投保清除残骸扩展条款，保险公司是要需收取保费的，施救费没有保费之说。四是赔偿金额不同。施救费最高不得超过保险金额的数额；而清除残骸费用是保险双方在保险合同签订时列明的保险限额为赔偿标准。

### 4. 保险定损依据不一致

在工程建设具有材料、设备众多、技术复杂、工期较长的特点，存在着许多未曾预料的因素，如工程所用原料、设备价格上涨或下降，以及出现一些异常情况，引起原工程设计的变更，保险事故发生造成损失后，重置或修复方案与原设计方案会有较大的差别。因此，在保险标的重置或修复过程中，经常会出现修复所用材料的价格上涨或下降，重置或修复方案与原来的设计方案有较大的差别，造成重置或修复费用与原来投保时被保险人对工程所报的价值有较大的出入。而保险人往往在定损时，以该工程受损前实际投入的金额进行定损，保险人这样的操作常会引起被保险人的不满，导致长期以来在建工险的赔偿案件处理中，对定损依据存在较大的争议。解决类似纠纷的方法就是根据工程价值的变化及时上报保险人对原有工程价值进行修订，防止此类纠纷的发生。

### 5. 保险双方对保险公估的认可度不一致

公估合同的特殊性，既区别于委托合同、承揽合同，也与技术咨询合同有所区别。因为，保险公估人客观、公正、独立性和专业技术要求决定其成为一个特殊的合同主体，保险公估人在保险公估合同中，既不是代理人，也不是承揽人。

虽然公估报告具有一定的权威性，但不具有法律强制力，必须经过一定的法律程序，由司法部门的认定才具有证据效力。目前，我国公估行业还不具备这样一种条件，为此，极易使被保险人对公估报告产生歧义引起纠纷。在实践中，如果保险双方对保险公估报告有异议，可以要求保险公估人对部分或全部事项进行再次评估，也可以由保险公估人与被保险人通过协商或仲裁乃至诉讼等手段加以解决。

## 15.2　保险纠纷事件的应对策略

### 15.2.1　尽量减少双方的信息不对称

工程保险关系的双方当事人只有真实地披露各自所占有的风险信息才能达到分散风险、消化风险的目的，实现各自利益的最大化。我国《保险法》明确规定，在保险缔约期间，保险人负有向被保险人说明保险合同，保险人未向投保人说明免责条款的，该免责条款不发生法律效力。作为投保人来说，在签订合同时，应详细阅读此合同，对于发现的问题要及时向保险人询问、誊清。对于被保险人提出的询问保险人应当如实告知。《保险法》规定：保险人就保险标的情况提出询问，投保人应如实告知；其中告知的主要内容是指有关保险合同标的与危险相关的重要事实，投保人所提供的信息资料是保险人进行准确风险估计的重要依据。保险双方通过说明、告知义务可以减少信息的不对称性，减少由于信息不对称所带来的争议或纠纷。

### 15.2.2　寻求保险专业机构人员支持

由于保险公司、被保险人各自专业所限，工程项目受损时，保险双方可以寻求专业机构专业人员提供专业技术服务。当受损的工程项目损失较大或者原因复杂时，因专业性强、牵扯面广、涉及多方面测试时，为了减少不必要的麻烦，被保险人除向保险人提供损失原因和损失程度证明外，可以协助保险人邀请有关部门如工程质监站、建筑研究检测中心等机构专家进行鉴定，被保险人为了维护自己的合法权益，还可以邀请保险索赔公司进行索赔咨询、索赔服务和索赔代理，帮助被保险人了解保险条款和相关法律法规，帮助被保险人熟知保险索赔程序，可向被保险人提供相关的指引，顺利进行索赔并完成索赔。

### 15.2.3　通过法律诉讼解决保险纠纷

《保险法》第十条规定：保险合同是投保人与保险人约定保险权利义务关系的协议。根据保险合同的约定，收取保险费是保险人的基本权利，赔偿或给付保险金是保险人的基本义务；与此相对应的，交付保险费是投保人的基本义务，请求赔偿或给付保险金是被保险人的基本权利。当事人必须严格履行保险合同。即意味着订立的保险合同对双方当事人产生法律约束力，当事人必须严格履行保险合同，否则除法定例外以外，必须承担违约责任。

保险合同属于民商合同的一种，其设立、变更或终止时具有保险内容的民事法律关系。因此，保险合同不仅适用保险法，也适用合同法和民法通则等。如保险合同产生纠纷可以通过法院诉讼加以解决。

保险合同纠纷的诉讼时效应按照我国 2017 年 10 月 1 日施行的《民法总则》第一百八十八条对诉讼时效的规定：向人民法院请求保护民事权利的诉讼时效期间为三年，法律另有规定的除外。

### 15.2.4　通过诉讼国外机构解决保险纠纷

在保险业发达的国家和地区，对于保险出现的争议或纠纷，除诉讼途径外，许多国家通过行业的力量，依靠保险行业协会的自律机制，甚至保监管理部门的直接介入，积极妥善解决保险投诉和争议，我国保险业正在积极探索保险纠纷行业内解决机制，已经取得不小成绩。目前，我国有些城市和地区已经建立了保险合同纠纷诉讼外处理机构，如北京、山东、上海、安徽等都成立了保险纠纷调解委员会。北京保险纠纷调解委员会成立于 2008 年 3 月，由北京保险行业协会组织的，在成立之后的4年内就调解纠纷案2226件，结案率99％，履约率100％，涉及合同纠纷金额9000余万元。山东省保险索赔纠纷调解委员会的调解决定对于入会的保险公司具有强制性，而被保险方可以选择拒绝，进一步选择其他解决途径；上海市保险同业公会人民调解委员会的调解工作实行自愿原则，对调解双方不具有任何裁决的权力，争议双方均可在委员会调解后提起诉讼或仲裁。

机构裁决决定对会员公司实行法定约束，消费者可以选择拒绝裁决决定，寻求仲裁或诉讼等手段解决纠纷。这既有利于维护消费者利益、提升保险行业整体地位、塑造诚信的行业形象，也有利于统一的行业标准和行业自律的形成。通过保险合同纠纷诉讼外机构解决争议和纠纷，是一个很好的选择。

## 15.3　纠纷诉讼外解决机制建立

### 15.3.1　保险纠纷诉讼面临的困境

在保险纠纷诉讼中，保险双方都面临的诸多的困境。

1. 诉讼造成"双亏"的局面

一方面，诉讼程序复杂、举证压力、综合成本投入往往使被保险人的权益无法得到切实的保障。另一方面，无论结果如何，诉讼本身也会给保险公司带来负面效应。法院审理过程中的倾向性也容易导致保险公司成为最终的利益受损者，而使公平原则遭到破坏。

2. 保险专业性与传统法治矛盾突出

鉴于保险涉及法律、工程等多个专业领域，传统法官很难正确、全面掌握保险合同的内容，做出正确的裁决。同时，我国工程保险起步较晚，相关法律法规不尽完善，保险专业对现行的法学教育渗透度不高，具有专业背景的法律人才奇缺，法官在审理保险合同类纠纷时错判、误判案件时有发生。纠纷就拖不解决，被保险人得不到法律应有的保护，维权成为空话。

3. 诱使被保险人追求不当得利

法官在审理案件过程中，往往出于维护社会稳定的考虑，偏重于保护被保险人的利益，使得被保险人有机可乘，寻求以诉讼手段谋取不当利益，道德风险剧增，保险人的利益遭受巨大损失，严重损害了整个行业的健康、有序发展。

通过诉讼外纠纷解决机制解决纠纷对于诉讼机制，对于解决上述所面临的困境，无疑是一条很好的途径。可见，构建快速、高效的保险合同纠纷诉讼外解决机制，成为我国保险业实现健康可持续发展的当务之急。

### 15.3.2　国外诉讼外纠纷解决机制

保险合同纠纷诉讼外解决机制（Alternative Dispute Resolution，ADR）是指在民事诉讼制度以外，通过谈判、仲裁、调解、中立机构调停、裁决等诉讼外纠纷解决方式处理保险争议的程序和制度的总称。法院诉讼程序拖延，诉讼成本高，效率低等问题使得在诉讼之外寻求快速、高效的解决机制正逐渐成为保险发达国家追求的目标。

1. 韩国——监理部门直接充当保险合同纠纷调解人

根据韩国的《设立金融监管机构条例》，韩国政府于1999年1月将银行、证券、基金四个监管机构合并成立金融监督院，金融监督院下设消费者保护室、争议调解局以及金融争议调解委员会，专门处理消费者投诉，调解金融保险争议。金融监督院受理投诉人与保险利益有直接关系且未经过法院、检察院与公安机关立案的保险投诉和争议，处理保险投诉与争议案件的费用均来自金融监督院的经费，并不向当事人收取费用。

对受理的保险投诉与争议案件，争议协调部门先要求投诉保险公司与当事人

协商，并提出有关书面资料和处理意见报告，同时劝说双方和解，对达不成调解协议的提交争议委员会讨论，争议委员会由律师、工程专家、保险专家等与正义有关的 11 位专家组成，均为兼职，任期 2 年。金融监督院的决定书或调解意见书不以行政手段强制执行。

2. 英国——专业性 ADR 机构

1981 年，英国嘉定、皇家和保众等三家较有影响的保险公司发起成立了保险投诉调查局（IOB），参加者有当时的各大保险公司，该机构依法设立既不是监管者，也不是行业协会或者消费者协会，而是一个完全中立的机构，其目的是公平、快速地采用非法律渠道来解决消费者与保险机构的纠纷，自成立至今已经裁决了 70 000 件案子。

2000 年，英国制定了《金融服务与市场法》，将过去各自独立的几个金融投诉机构和保险投诉局全部纳入金融服务局（简称 FSA），由其对金融业（包括保险业）进行统一管理和监督，并有权解决保险方面的纠纷，金融服务局由原先的民间组织变成了公共机构。

全国所有商业保险公司必须成为金融服务局成员，并承担其运营费用。英国的金融服务局负责处理纠纷的人员组主要是律师、金融、保险、相关专业方面的专家。保险消费者与保险公司发生纠纷后，首先应向保险公司进行交涉，交涉未果或单方拒绝交涉情形下才可以向金融服务局提出投诉。金融服务局对 10 万英镑以下的保险纠纷做出的裁决具有法律约束力，超过 10 万英镑那部分仅有劝告意义，没有最终约束力。

金融服务局解决纠纷的特点是不实行对席审理，主要依据当事人提交的书面资料和服务局所调查的证据进行判断。金融服务局依据英国的金融、保险的法律法令、惯例及金融机构的业务规则进行判决，但也可以依据公平原则做出与法律规定不一致的裁决。

3. 美国——法院附设 ADR

在美国，没有专门为保险合同纠纷解决而设立的司法机构，但保险纠纷作为民事纠纷的一种，经常以法院附设诉讼解决程序（法院附设 ADR）得到解决。

法院附设 ADR 主要包括法院附设调解和法院附设仲裁，这两种程序作为诉讼前的程序所设，根据法律规定，法官指令或建议，当事人可以选择法院推荐的中立调解人或仲裁人解决纠纷，也可以由法官进行调解，所达成的调解或做出的仲裁经法院核审后，具有法律效力。

美国联邦法院及各地法院在审理保险纠纷案件过程中，至少向当事人提供一种 ADR 方式，使保险纠纷在进入实质性审理阶段之前尽量达成和解，以减轻司法压力。美国法院附设的 ADR 模式在保险纠纷解决中扮演了重要的角色。

从国际保险业的发展来看，保险合同纠纷的解决方式由诉讼到非诉讼过度是一个必然的趋势。相对于诉讼方式，诉讼外解决方式灵活机动、成本低廉、程序精简，在合理分配社会资源和实现纠纷双方利益最大化方面存在优势，各国国情和保险业发展程度不同，诉讼外解决机制的运作模式也不尽相同。社会政治经济发展程度、文化传统、法制环境等成为构建诉讼外解决机制的影响因素。

### 15.3.3 构建诉讼外纠纷解决机制

为实现保险业健康持续的发展，充分保障保险合同双方的权益，我国监管机构、行业协会保险公司、中介公司、律师服务机构等在内的各界都对保险合同纠纷诉讼外解决机制进行了积极探索与尝试，并取得一定的成效。

2005年4月中国保监会下发《关于开展保险合同纠纷处理机制试点工作的通知》（保监厅发〔2005〕53号），在上海、安徽、山东开展试点工作。2007年4月保监会下发《关于推进保险合同纠纷快速解决处理机制试点工作的指导意见》（保监法规〔2007〕427号），进一步完善规范处理机制的制度体系。2008年3月北京保险行业协会保险纠纷调解委员会正式成立。2009年8月最高人民法院公布《关于建立健全诉讼与非诉讼相衔接的矛盾纠纷解决机制的若干意见》（法发〔2009〕45号）为保险合同纠纷诉讼外解决机制提供了司法依据。

由于缺乏规范性的法定程序和处理程序、行业标准及行业自律未完全形成解决缺乏整体协调等原因，现存诉讼外保险合同纠纷机制普遍存在公信力不足、社会影响力不强、保障和监督力度不力等问题，诸多相关理论与实务问题尚待深入研究。我国保险合同纠纷诉讼外处理机制建设正在路上。

# 第 16 章　EPC 工程保险司法纠纷案例

在 EPC 工程保险的实践中，由于种种原因会出现保险双方的争议与纠纷。在解决这些争议与纠纷事件中，有些争议是可以通过协商，双方达成共识加以解决的；对有些较为复杂的问题，往往通过双方的协商解决不了，按照法律的有关规定，只好诉至法院。本章选择了 EPC 工程项目中的建筑一切险、货物运输险、建筑设计责任保险的几个典型纠纷案例，供读者参阅。

## 16.1　建工一切险纠纷案例

### 16.1.1　多因致损事故保险纠纷

**【案例摘要】**

在工程保险事故处理中，造成事故损失的原因往往是多方面的，原因不同会产生不同的赔偿结果。如何判断发生事故的原因？"近因原则"是判断保险事故是否属于保险责任范围的重要原则。某承包商在承包 EPC 工程后，按照保险安排计划，由总承包商投保了建工险等，施工中，工地遭遇暴雨袭击，导致承保标的淹没，事故近因是暴雨还是水电站下闸蓄水造成的，保险双方产生了严重分歧，法院对此纠纷作出判决。

**【投保概况】**

某 EPC 交通工程的总承包商将某桥梁新建工程的施工工程分包给某交通开发公司（以下称分包商），分包商并与总承包于 2014 年 10 月 25 日签订了《桥头大桥新建工程施工分包合同书》约定："工程总造价为 317.9000 万元，工程期 12 个月，施工承包人应在 2015 年 3 月 1 日水电站下闸蓄水到来之前完成除桥台外的下部结构工程，即 1 号、2 号、3 号桥墩"。

分包商于 2014 年 11 月 20 日开始施工，因 2 号桥墩基础地质结构发生变化，增加了石方开挖工程量，分包商项目部于 2015 年 2 月 20 日书面向总承包商申请阶段性工期延长报告，经总承包商批准同意桥头大桥下部工程延至 2015 年 5 月 1 日前完成。

2015 年 3 月 8 日，总承包商、分包商与保险公司签订了《建筑工程一切保险》合同约定："桥头大桥总保险额为 285.0000 万元，保证期 12 个月，建筑期限从 2015 年 3 月 9 日零时至 2016 年 3 月 8 日 24 时止，保证期限自 2015 年 3 月 12 日起至 2016 年 3 月 11 日止。遇地震、海啸、洪水、风暴、暴雨造成的损失按 75％至 80％的限额赔偿"。总承包商、分包商二被保险人向保险公司交纳保险费 1.7400 万元。2005 年 3 月中旬，水电站 775m 水位线以下移民迁建安置工作通过初验，并于同月底下闸蓄水。

**【索赔纠纷】**

2015 年 4 月 8 日下午 6 时许，该地区普降暴雨，水电站所在地及其上游范围数小时内形成洪水，一夜之间将桥头大桥下部工程中已浇灌 18.2m 高的 2 号桥墩淹没和未淹没的已浇灌的 1 号、3 号桥墩基报废。被保险人被迫改变原设计，由原来的 134mT 梁桥变更为单跨 130m 箱体拱桥。事故发生后，被保险人及时向保险公司公司发出了出险通知书，保险公司到淹没事故现场进行了勘查，并委托某保险公估公司对本次淹没事故造成的损失进行公估，其结论为：

（1）本次事故损失金额为 21.784 580 万元。

（2）本次事故的近因是因大坝下闸蓄水导致 2 号桥墩被淹没，不属于保险责任，保险公司不应承担保险赔偿责任。

保险人于 2015 年 11 月 24 日便以本次事故不属保险责任为由，向二被保险人送达了保险拒赔通知。经查对本案做出结论的保险公估公司的经营范围为："保险标的承保前的检验、估价及风险评估，对保险标的出险的查勘、检验、估损及理算"。遂后，二被保险人向法院提起诉讼。

【一审审理】

一审法院认为，原、被告在签订的《建筑工程一切保险合同》中约定：遇地震、海啸、洪水、风暴、暴雨造成的损失由保险人按 75%～80% 予以赔偿，即只要是以上五个方面自然灾害造成的损失，保险人均应承担赔偿责任。原、被告于 2005 年 3 月 8 日签订保险合同的当月底水电站就已下闸蓄水，并且在电站下闸蓄水至发生淹没事故之前的 10 多天时间里，并没有因此而影响原告正常施工，这是因为电站下闸蓄水后，要泄水发电，有蓄有放，加之枯水季节，库区水位保持平稳或缓慢上升状态。而被保险人施工的大桥下部的桥墩浇灌也在逐渐上升，这就形成水涨船高的良性循环状态，在未遇暴雨引发洪水的正常情况下，不可能在一夜之间淹没已浇灌 18.2m 高的 2 号桥墩，因此，暴雨引发洪水是造成本次淹没事故的近因。因此，保险公司认为事故不属于保险责任范围法院不予采纳。

两被保险人于 2014 年 10 月 25 日签订的工程承包合同后，由于在施工中地质结构出现特殊情况，增加了石方开挖量，施工承包方已于 2015 年 2 月 20 日经发包方石柱交通公司同意延长工期至当年 5 月 1 日，此审批报告是二被保险人之间的补充协议，与主合同一样合法有效。而保险人与被保险人在 2015 年 3 月 8 日签订的保险合同，被告也应当知道水电站可能在近期下闸蓄水发电。因此，二被保险人根本不存在故意隐瞒以上情况没有履行如实告知义务。水电站下闸蓄水发电属正常工作范围，暴雨引发洪水致水位在一夜之间上涨 20 多米属自然灾害，二被保险人对这一不可抗力的自然灾害是无法预料的，并不存在主观上的故意或者过失，因此，二被保险人对本次淹没事故不应承担责任。法院驳回被告认为被保险人存在故意隐瞒实情的抗辩理由。

因大桥 2 号桥墩被淹没，迫使原告改变原设计施工方案，造成原投入的资金付之东流，致二原告已产生了损害后果。对于赔偿范围问题，因为淹没事故发生时 1 号、3 号桥墩未被淹没，保险公估有限公司未将 1 号、3 号桥墩纳入评估，二原告已放弃对 1 号、3 号桥墩的评估鉴定，所以损失赔偿范围只能是被淹没的 2 号桥墩的损失金额，保险公估有限公司对 2 号桥墩公估的损失金额为 21.784 580 万元。因保险公司委托的保险公估公司的经营职责范围只是保险标的承保前的检验、估价及风险评估、出险勘查、检验、估损及理算，无权就保险责任及事故的近因进行公估，所以该保险公估公司对本次淹没事故公估结论第二条："不属于保险责任，保险公司不应承担保险赔偿责任"的公估结论，因不属于其经营公估范围，应当认定无效。

双方签订的《建筑工程一切保险》合同合法有效，当事人应当按照合同的约定全面履行自己的义务，被告应当按照对损失公估金额的 75％承担保险赔偿 16.338 435 万元的责任，故被告的抗辩理由不予采纳。

**【一审判决】**

（1）由保险公司赔偿二被保险人损失金额 21.784 580 万元的 75％，即 16.338 435 万元。限判决生效后立即支付。

（2）驳回二被保险人的其他诉讼请求。案件受理费 8787 元，其他诉讼费 8787 元，合计 1.757 4 万元，由保险公司负担 6854 元，由二被保险人负担 1.072 0 万元。

一审判决后，保险公司不服，向二审法院提起上诉。

**【二审辩诉】**

1. 保险公司上诉请求

上诉请求：撤销原判，依法驳回二被保险人的诉讼请求。其主要理由如下：

（1）原判对本案保险事故的近因认定错误。

双方约定的暴雨责任是指因暴雨冲刷致承保财产的损毁，而二被保险人诉讼的 2 号桥墩未被冲毁，仅被淹没，不符合双方约定的暴雨责任。

所谓近因是指对造成承保财产损失起决定性、有效性的原因。如果不是因为水电站下闸蓄水这一起直接、有效、决定性作用的先期客观事实，即使下再大的暴雨，河水也不会上涨如此之快，并且河水上涨后也会很快消退，完全不会影响工程施工，而造成所谓的损失。因被保险人修建的 2 号桥墩深入河床底下的基础为 17.5m，露出河床仅 0.7m，电站下闸蓄水后，即使不下暴雨也会将桥墩淹没，何况当天河水上涨 20 多米，因此下暴雨与 2 号桥墩被淹没有必然的因果关系，暴雨不是本案保险事故的近因，水电站下闸蓄水才是真正的近因。

（2）二被保险人故意隐瞒延长工期的事实。

二被保险人未取得相关政府部门同意其延长工期的批文，便擅自协商延长工期，导致了保险事故的必然发生，并且双方订立合同时被保险人仅提供了《桥头大桥新建工程施工承包合同书》，故意隐瞒了延长工期这一影响保险公司是否同意承保的至关重要的事实，属于故意不履行如实告知义务，保险人不应承担保险赔偿责任。因此，保险人也不应承担诉讼费用。

2. 二被保险人答辩

二被保险人答辩称：原判认定的保险事故近因是暴雨而不是水电站下闸蓄水，是正确的。因为水电站下闸蓄水在双方签订合同时已经是一件公开的众所周知的事实，并因暴雨致被上诉人的财产淹没的事实，证据充分，原判对此认定正确。被保险人在双方签订合同时就已经向保险公司提交了《关于阶段性工期延长的报告》，不存在故意不履行如实告知义务，并且原判认定的赔偿范围符合双方的约定，因此原判认定事实清楚，适用法律正确，应予维持。

**【二审审理】**

二审法院认为：本案的争执焦点有两个：其一被保险人是否故意不履行如实告知的义务。我国《保险法》第十七条第一款规定"订立保险合同，保险人应当向投保人说明保险合同的条款内容，并可以就保险标的或者被保险人的有关情况提出询问，投保人应当如实告知"，因此被保险人履行如实告知义务是我国保险法的最大诚实信用原则规定的法定义务，具体表现为订立合同时针对保险人就保险标的或者被保险人的有关情况提出询问的如实告知，以及合同成立后对保险标的物的危险程度发生变化的如实告知。本案双方争议的如实告知内容是二被保险人之间延长阶段性工期的报告是否如实告知，即在订立合同时对被保险人的有关情况的告知。

二审法院认为，首先要看是否有告知的必要，因双方订立合同时保险公司应对被保险标的进行全面的勘查，了解工程进展状况，而且也派员到实地进行了现场勘查。根据二被保险人签订的《桥头大桥新建工程施工承包合同书》约定应在 2015 年 3 月 1 日前完成除桥台外的下部结构工程，即 1 号、2 号、3 号桥墩，事实上 2 号桥墩基础坑槽隐蔽工程在 2005 年 3 月 18 日才通过验收，即在双方签订合同时 2 号桥墩已经逾期七天，其基础坑槽隐蔽工程都没完成，这是保险公司明知的事实，肯定只有延期才能完成，故没有告知的必要。

其次，双方订立合同时，保险公司对被保险人提交的所有证据均未出具收据，并且被保险人签订的《关于阶段性工期延长的报告》在双方签订保险合同之前，而保险公司没有证据证明在保险公司明知被保险工程只有延期后才能完成的情况下，被保险人只提交了《桥头大桥新建工程施工承包合同书》，而没有提交《关于阶段性工期延长的报告》。因此，保险公司以被保险人没有提交《关于阶段性工期延长的报告》为由而免除其赔偿责任的抗辩理由，不予支持。

其二是引起本案财产保险事故的近因是暴雨还是水电站下闸蓄水。所谓保险事故的近因是指由保险合同约定的引起保险事故发生的直接的、起决定作用的原因，并在这一原因发生作用的过程中没有其他来自新的独立渠道的能动力量的介入。因保险合同是一种射幸合同，即一方支付的代价所得到的只是一个机会，可能一本万利也可能一无所得，这种机会性是由保险事故发生的偶然性决定的，因此双方约定的保险事故的近因只能是一种将来偶然性的可能发生的事件，而不是订立合同时已经发生或者将来必然发生的事件。

本案水电站在 2015 年 3 月底下闸蓄水，其必然结果是积蓄足够的水用于开闸放水发电，必然使电站库区及上游水位上升，致其一定水位线以下的财物被淹没，对这一必然发生的事件及其后果，在双方订立保险合同时已经成为当地的一件众所周知的事情，双方应当知道。而双方签订合同时，被保险人的桥墩还没有完成其基础坑槽隐蔽工程，不能保证在电站下闸蓄水后不被淹没，并且电站下闸蓄水是签订合同时双方都知道的必然发生的，而不是将来或然发生的事件，故电站下闸蓄水是双方签订保险合同的一个前提条件即是因为电站将在近期下闸蓄水双方才签订保险合同，也是暴雨引发洪水淹没桥墩的前提条件，所以电站下闸蓄水不是引发保险事故的近因。因桥墩是钢筋水泥浇灌修建的，是不可能被暴雨洪水冲刷卷走的，只有可能因电站下闸蓄水后遇天降雨致电站水位上升将其全部工程淹没，因此从双方签订保险合同的时间、前提条件和被保险标的性质分析，双方约定的暴雨责任应当理解为在水电站下闸蓄水后若遇暴雨将被保险财产淹没致投保人财产损失则由保险人赔偿的责任，较为公平合理。

在水电站下闸蓄水后，于 2015 年 4 月 8 日因电站及其上游地区普降暴雨引发洪水将被上诉人的 2 号桥墩淹没，造成被上诉人财产损失 21.784 580 万元，双方对此事实无异议，并且符合双方合同约定的暴雨近因条件，故暴雨才是本案保险事故的真正近因，原判对此认定正确，应予维持。

**【二审判决】**

二审法院最后判决驳回上诉，维持原判。一审案件受理费 8787 元，其他诉讼费 8787 元，合计 1.757 4 万元，按原判执行。二审案件受理费 8787 元，其他诉讼费 8787 元，合计

1.757 4 万元，由上诉保险公司负担。本判决为终审判决。

**【案例提示】**

近因是引起保险标的损失的直接、有效、起决定作用的因素。反之，引起保险标的损失的间接的、不起决定作用的因素，称为远因。在工程保险理赔中，"近因原则"是确定保险赔偿责任的一项基本原则，是保险当事人处理保险案件，或法庭审理有关保险赔偿的诉讼案，在调查事件发生的起因和确定事件责任的归属时所遵循的基本原则。

对于近因原则，我国《保险法》《海商法》只是在相关条文中体现了"近因原则"的精神，而无明文规定，中国司法实务界也注意到这一问题，在最高人民法院《关于审理保险纠纷案件若干问题的解释（征求意见稿）》第十九条规定："人民法院对保险人提出的其赔偿责任限于以承保风险为近因造成损失的主张应当支持。近因是指造成承保损失起决定性、有效性的原因。"

按照近因原则，如果是单一原因导致保险损失的，则只需判断该原因是否为保险合同所约定的保险事故，适用较为容易。但存在多个原因的，"近因原则"的适用较为复杂，往往产生保险纠纷。以下结合案例来具体分析：

（1）保险损失由一系列原因引起，则前一原因（即诱因）是否构成"近因"应判断各原因之间是否存在因果关系及性质。

①各原因之间不存在因果关系的，前一原因（即诱因）不构成"近因"。例如，保险船舶因大雾偏离航线搁浅受损，近因是大雾导致船舶搁浅，超载和不适航与大雾没有因果关系不是近因。

②各原因之间存在因果关系的，则应判断因果关系的性质。

1）不存在必然因果关系的不构成"近因"。例如：保险车辆遭受暴雨泡浸气缸进水，强行启动发动机导致发动机受损，近因是强行启动发动机，暴雨并不必然导致发动机受损而不是近因。

2）存在必然因果关系的构成"近因"。例如：著名的艾思宁顿诉意外保险公司案中，被保险人打猎时从树上掉下来受伤，爬到公路边等待救援时因夜间天冷又染上肺炎死亡，肺炎是从树上掉下来的意外事故之必然，因而从树上掉落是近因。

3）是否存在必然因果关系有争议的，则取决于法官自由裁量。例如：投保人被车辆碰擦，送往医院后不治身亡，死亡原因是心肌梗死，车祸是否是心肌梗死的诱因，即构成死亡的近因取决于法官自由裁量。

（2）多致损因，其中对保险事故的发生起直接的、决定性作用的原因是近因。例如：船舶开航前船长因病不能出航，经港监批准由大副临时代理船长，航行途中三副纵火造成火灾事故，三副与大副之间有矛盾不是近因，三副故意纵火才是火灾事故损失的近因。

（3）多致损因而共同作用导致的保险事故，则多个原因均是近因。典型案例为非典型肺炎致人死亡，单纯慢性病或"非典"均不会产生被保险人死亡的后果，但在二者共同作用下必然会导致死亡的结果，而"非典"与慢性病均可视为死亡的近因。

本案法院判决中，做出水电站下闸蓄水不是引发保险事故的近因，主要是因为水电站下闸蓄水后，要泄水发电，有蓄有放，库区水位应保持平稳或缓慢上升状态，在未遇暴雨引发洪水的正常情况下，不可能在一夜之间淹没已浇灌 18.2m 高的 2 号桥墩，为此两者没有因果关系，只有可能因电站下闸蓄水后遇天降雨致电站水位上升将其全部工程淹没，因此从双方签订保险合同的时间、前提条件和被保险标的性质分析，双方约定的暴雨责任应当理解为在电站下闸蓄水后若遇暴雨将被保险财产淹没致投保人财产损失则由保险人赔偿的责任，较为公平合理。因此，法院做出了暴雨引发洪水是造成本次淹没事故的近因。

### 16.1.2　致损事故性质归属纠纷

**【案例摘要】**

在工程保险的实践中，有些保险条款经过双方约定，针对不同性质的责任事故如意外事故、自然灾害事故等，采取不同的免赔额等级，但如果条款对没有对意外事故以及自然灾害事故或其他事故做出明确的界定就容易产生纠纷。本案例就是因保险合同双方对"意外事故""自然灾害事故"界定不明，对山体塌方属于自然灾害还是意外事故，双方争议不下，从而导致保险双方产生纠纷。

**【投保概况】**

某 EPC 总承包商为其承包的公路改造项目投保了建安险，附加第三者责任险，保险期限为一年。合同特别约定："因意外事故引起的单次边坡塌方事故（塌方中间无间断）的清理费用，免赔额为 5000 元或损失金额的 10%，两者以高者为准。其他保险责任范围以内的事故免赔额为 30 000 元或损失金额的 10%，两者以高者为准。"保险期间，该保险路段内发生六起突发性塌方。保险事故发生后，保险公司派员到现场进行了勘查、拍照。此后，承包商多次申请索赔，但双方对赔付内容及赔偿金额发生争议。承包商因此提起诉讼，请求法院判令保险公司给付保险金 77.900 8 万元。

另查明：在案件审理过程中，保险公司与被保险人就塌方次数、土石方总量及计价达成了一致意见，即塌方六次；土石方总量按 36 000m³ 方计算；计价参照承包商与世行贷款建设管理办公室签订的合同所约定的价格执行，土方按 4 元/m³、石方按 14.52 元/m³。

**【一审审理】**

保险公司辩称：保险公司与承包商签订的保险合同属实，投保路段在保险期内塌方六次属实，但承包商申请理赔的损失与实际损失不符，保险公司只能按照合同约定赔付。

一审法院认为：保险公司与被保险人签订工程保险合同后，被保险人所投保的工程在保险期内先后发生六次塌方，保险事故发生后，双方就赔偿金额发生争议。在案件审理过程中，双方主要是对土、石方所占比例存在分歧。因塌方路段现已清理完毕，无法对所坍塌土、石方的比例进行鉴定。因此，土、石方所占比例只能参照被保险人与世行贷款公路发展项目建设管理办公室签订的合同执行，即土方占 59%，石方占 41%。双方在保险合同中约定："因意外事故引起的单次边坡塌方事故的清理费用免赔额为 5000 元或损失金额的 10%，两者以高者为准；其他保险责任范围以内的事故免赔额为 30 000 元或损失金额的 10%，两者以高者为准。"双方虽对免赔额进行了约定，但对"意外事故"与"其他保险责任"约定不明确，根据《保险法》第三十一条规定："对于保险合同的条款，保险人与投保人、被保险人或受益人有争议时，人民法院或仲裁机关应当做出有利于被保险人和受益人的解释"。因此，双方所争议的免赔应当定为"意外事故"，免赔额以高者为准，应为损失金额的 10%。被保险人另要求保险公司赔付土、石方的挖掘及运输费用，因保险公司所赔付的费用中包含该两项费用，故不予支持。

**【一审判决】**

一审法院依据《保险法》第三十一条、《合同法》第六十条之规定，判决：限保险公司在判决生效后 10 日内向承包商赔付保险金 26.934 82 万元〔36 000×41％×14.52 元＝214 315 元；36 000×59％×4 元＝84 960 元。21.431 5 万元＋8.496 0 万元＝29.927 52 万元；29.927 52 万元－2.992 7 万元（29.927 52 万元×10％）＝26.934 82 万元〕。

保险公司不服一审法院上述民事判决，二审法院提起上诉。

### 【二审辩诉】

在二审期间，保险双方当事人进行了法庭辩诉如下：

保险公司诉称：被保险人投保的工段山体因天降暴雨塌方的土、石方比例是山体上的土石方比例，而其与世行贷款项目建设管理办公室签订的合同中土、石方比例是修路所需的土石方比例，一审法院按修建路基的土石方比例计算山体的土石方比例属认定事实不清。

本案所涉及的保险事故是自然灾害而不是意外事故，案件审理过程中，被保险人承认该保险事故责任为自然灾害，本案应适用其他保险责任按每次塌方 30 000 元计算免赔额。一审法院却适用《中华人民共和国保险法》第三十一条争议条款的规定判决属认定事实不清、适用法律不当。故请求撤销原判，依法改判。

被保险人答辩称：一审法院认定事实清楚、适用法律正确，请求驳回上诉，维持原判。

### 【二审审理】

二审法院认为，保险公司与被保险人签订的工程保险合同是双方当事人的真实意思表示，应属有效，受法律保护。被保险人将其承包的公路改造项目投保了建筑安装工程险和第三者责任险，并依约定向保险公司交纳了保险费，该投保的工程在保险期限内发生了保险事故，保险公司应承担约定的保险责任。

本案双方争议的焦点为：山体塌方属自然灾害还是意外事故；塌方体中土、石方的比例的计算依据以及免赔额的计算方法。一审法院对土、石方的计算比例及免赔额计算方法的认定、分析符合法律规定，本院予以肯定。对于双方的争议焦点，法院进一步做如下分析判断：

保险公司与被保险人签订的保险合同所使用的是《建筑安装工程保险条款》，该条款第一条第二项约定：由于雷击、暴风、暴雨、龙卷风、洪水、地面突然塌陷、崖崩、突发性滑坡、雹灾造成保险财产的损失，保险公司负责赔偿。本案争议的保险事故系塌方，保险公司认为降雨引起的塌方是自然灾害，但在保险条款及保险单的特别约定之中，保险公司均未明确对意外事故和其他保险责任做出明确界定，且保险公司也没有证据证明已对该条款向被保险人尽到了说明义务。

本案所涉及的合同为格式条款合同，在双方当事人对保险条款发生争议时，应适用《保险法》第三十条做出有利于投保人的解释，一审法院却适用《中华人民共和国保险法》第三十一条进行判决，适用法律不当，应予纠正。但其判决结果并无不当，故保险公司关于塌方为其他保险责任，依每次塌方 30 000 元计算免赔额的上诉理由不能成立。

因保险事故发生后，塌方土石已被清理，无法再对土、石方所占的比例进行鉴定，保险公司亦未提供证实计算土、石方比例的证据，故一审法院参照被保险人即承包商与世行贷款项目建设管理办公室签订的合同确定土方占 59％，石方占 41％计算土、石方比例，并无不妥，保险公司的此项上诉理由亦不能成立。

### 【二审判决】

综合分析以上因素，保险公司的上诉请求，本院不予支持。依照《中华人民共和国保险法》第三十条、《中华人民共和国民事诉讼法》第一百五十三条第一款第（一）项之规定，判决如下：

驳回上诉，维持原判。二审案件受理费 1590 元，由上诉人保险股份公司负担，本判决为终审判决。

**【案例提示】**

通过本案纠纷的法院判决，对于被保险人承包商可以得到以下两点提示：

1. 关于责任事故性质的认定

本案保险合同特别约定："因意外事故引起的单次边坡塌方事故（塌方中间无间断）的清理费用，免赔额为 5000 元或损失金额的 10%，两者以高者为准。其他保险责任范围以内的事故免赔额为 30 000 元或损失金额的 10%，两者以高者为准。"按照这一约定，如果保险事故认定为意外事故则免赔额较低，如果认定为自然灾害事故则免赔额较高。保险公司力争此保险事故属于自然灾害事故的原因就在于此。

本案中关于山体塌方属于自然灾害还是意外事故，保险双方在签订合同时仅仅规定了意外事故、其他事故的免赔额，没有对意外事故以及其他事故做出界定和划分，因此，导致双方产生纠纷。意外事故一般是指人们不可预料的以及被保险人无法控制并造成物质损失或人身伤亡的突发事件。自然灾害是指给人类生存带来危险或损害人类生活环境的自然现象，如：洪涝、台风、山体崩塌、滑坡、泥石流、干旱、冰雹、暴雪等。保险公司认为，由降雨引起的塌方是自然灾害，但在保险合同特别约定中，并未对意外事故和其他事故做出明确的界定和划分，保险公司也没有证据证明了其对于被保险人进行了解释义务，为此，法院认为所采用的合同又是格式合同，依据保险法第 30 条做出有利于被保险人的判决是正确的。同时本案例提示，在签订特别条款时，一定要考虑仔细，条款要清楚，不可含糊，尽量使条款具有操作性，防止产生不必要的麻烦。

2. 关于保险事故的定损依据

本案如何认定其土石方比例，涉及理赔定损的依据问题。在塌落土石已经清理无法鉴定的情况下，两审法院参照被保险人与世行贷款项目办公室签订的合同确定塌落的土石方中土方占 59%，石方占 41%。保险公司则认为这是施工所需的土石比例，而本案的土石方比例应是山体上塌落的土石方比例。这一说法也不是无有道理。但在塌落土石已经清理无法鉴定的情况下，采用各自近半的比例 进行确定，也是无奈之举。

发生山体塌方后，由于道路、施工等需要，及时对现场进行清理是必要的。但应提示承包商注意，在保险事故发生后，清理事故现场时，应考虑固定相关证据以免因事故现场的清理导致有关事故性质、责任、赔偿数额等无法认定。本案中就是因为对现场的保留证据不够，导致对土石比例无法认定。保险事故发生后，承包商应该先与保险人协商，然后再进行清理就比较稳妥了。保险双方一旦协商不成，承包商可以对现场进行拍照、摄像，或将适量的土石方样本进行封存，以备法院或仲裁机构进行确认。相关封存、占地费用被保险人可以主张由保险公司承担。

### 16.1.3 保险事故后施救费纠纷

**【案例摘要】**

根据保险合同条款一般规定，出险后的施救费保险人是需要赔付的。但保险人应当赔偿的是被保险人为了降低、减少保单项下可以获得赔偿的损失结果而产生的必要合理的费用，而不能包含其他目的的费用，只有在被保险人采取的措施有效，成功降低了本次事故应当赔偿的实际损失及清理费用，才能适用合同约定，根据实际发生的施救费数额予以赔付。本案是一起对防止事故再次发生的费用是否该赔而引发纠纷的案例。

**【投保概况】**

中铁集团某公司承包了某高速公路 EPC 项目，2010 年 3 月，总承包商与某保险公司签订了工程保险合同。合同约定，施工过程中发生的暴雨、泥石流等引发的直接损失及相应的施救费用由保险人负责赔付，保险金额为 7800 万元，同时约定，为防止事故损失扩大，被保险人可以对施工现场进行相应的加固或修理，对此，保险人以 300 万元为限支付相应费用。此外，合同中还约定自事故损失确定后保险人应于十日内支付全部赔偿款，否则，逾期按日百分之一的标准支付违约金。

**【纠纷事件】**

2010 年 10 月，由于暴雨突然造成山体水土流失，导致大面积滑坡，造成滑坡区域相应部位隧道内出现坍塌。事故发生后，被保险人立即组织进行抢险，对本次事故现场完成了清理、修复工作。同时，根据监理部门出具意见，承包商花费 200 万元对滑坡施工现场两侧的山体进行了灌浆加固，以防止事故再次发生。事故发生后，承包商、保险公司共同委托公估公司对事故损失金额进行评估，2011 年 5 月 10 日，经初步评估，本次事故造成直接损失约 130 万元，承包商支付清理费用 220 万元。

但被保险人承包商对评估结果持有异议，认为清理费用评估金额过低。因此，公估公司一直未出具正式报告，双方不能就损失金额达成一致，承包商将被告诉至法院，请求保险公司支付直接损失 130 万元，清理费用 500 万元，加固费用 200 万元，迟延付款违约金 480 万元。

**【双方辩诉】**

保险公司提出如下辩诉：

（1）原告承包商所主张的预防费用不属于合同约定的预防费用情形。本案中，承包商自行支出的 200 万元费用系为了治理预防山体再次滑塌而产生的费用，并非为了减少本次事故损失的扩大，请求法院驳回此项诉请。

（2）原告承包商主张的迟延支付赔款违约金缺乏法律和事实依据。本次事故损失金额尚未确定，故被告尚不负有支付保险赔偿款的义务，合同约定的迟延支付保险赔偿款的条款当然不发生效力，要求法院驳回此项诉请。

**【法院判决】**

经双方共同委托的评估机构评估，本次事故造成直接损失约 130 万元，清理费用 220 万元，对该两部分损失，被告应予负担。原告所主张的预防费用，缺乏事实及法律依据，不予支持。对于违约金的主张不予支持。但是，对于直接损失 130 万元及清理费用 220 万元，可视为根据已有证明和资料可以确定的数额，被告应于 60 日之内支付原告。但被告未及时履行支付义务，应当承担原告应获得资金的成本损失，对此本院根据银行同期贷款利息予以酌定。

**【案例提示】**

通过法院对本案纠纷的审理，本判例给予被保险人以下的启示：

1. 合同的履行应当符合合同目的

工程保险合同签订的目的是为了在保险事故发生后，事故损失能得到足额赔偿，确保被保险人能够及时恢复生产生活，但损失补偿原则的另一个重要意义在于防止被保险人因事故而获得超出损失之外的不当得利。本案中，根据合同签订的目的，保险人应当赔偿的是被保险人为了降低、减少保单项下可以获得赔偿的损失结果而产生的必要合理费用，只有在被保险人采取的措施有效，成功降低了本次事故应当赔偿的实际损失及清理费用，才能适用合同约定根据实际发生的数额予以赔付。而原告承包商支出的加固费200万元费用系为了治理预防山体再次滑塌而产生的费用，并非为了减少本次事故损失的扩大，因此，如果原告该项支出获赔则构成不当得利。

2. 合同的履行应当具备履行条件

合同款项支付义务的履行应当以款项金额的确定为前提，如果付款金额尚未确定，则付款条件未成就，付款义务人则没有责任履行付款义务。本案中，因双方未能就最终赔付达成一致，即付款金额尚未确定，合同约定的迟延支付保险赔偿款的条款当然不发生效力。但是，根据法律规定，保险人自收到赔偿请求及有关证明、资料之日起60日内，对其赔偿数额不能确定的，应当根据已有证明和资料可以确定的数额先予以支付。公估机构做出初步评估结论，对公估报告的结论保险人并无异议，对公估人所确定的赔偿数额，应视为根据已有证明和资料可以确定的数额，此时，付款条件已成就，保险人应当及时支付。

### 16.1.4 施工设备损失保险纠纷

【案例摘要】

在工程保险索赔纠纷审判中，如果保险双方理赔范围约定不明，法院一般以"投标报价汇总表"及"分组工程量清单"以及"项目分解表"来认定损失是否属理赔范围的，被保险人如果没有清楚的细目分组表，就会缺乏索赔的有利依据，造成保险索赔的败诉。本案是一起由于理赔范围约定不明，对于设备损失是否属于保险理赔范围产生纠纷的案例。

【投保概况】

2011年11月22日，湖南某水电开发公司与保险公司签订了一份《建筑工程一切保险单》约定：工程名称为"某水电站闸门制造与安装及启闭设备安装工程"；保险期限自2011年11月29日零时起至2013年12月31日24时止；保险内容：第一部分物质损失按工程合同造价4164.9793万元，第二部分第三者责任500.0000万元；保费为13.4949万元；第一部分物质损失，其他自然灾害及意外事故每案绝对免赔额为8.0000万元或损失金额的15%，两者以高者为准。双方在保险明细表中约定，第一部分物质损失的项目是工程承包价4164.9793万元。保单签订时，被保险人湖南某水电开发公司当即交纳了13.49498万元保险费。

【纠纷事件】

2012年1月25日至1月31日，项目所在地区发生雪灾，致使该水电站闸门制造与安装及启闭设备安装前期工程受损。灾害发生后，被保险人及时向保险公司通知事故的发生，保险公司于2012年2月1日进行了现场勘查，被保险人要求保险公司赔付工程损失125.7028万元，其中人力损失14.1219万元、设备损失52.9000万元、材料损失51.1769万元、间接损失7.5040万元。保险人认为人力损失14.1219万元属于保险范围，设备损失和材料损失不属于保险范围，双方酿成纠纷，被保险人湖南某水电开发公司遂向法院提起诉讼。

【一审审理】

一审法院在上述事实基础上查明，被保险人的水电站闸门制造与安装及启闭设备安装工程由广东某水电公司投标承建，承包价总价为 4 183.301 3 万元，包括人工费、材料费、机械使用费、其他直接费、现场经费、间接费、企业利润、税金以及风险金等各项费用，还包括技术服务费 18.322 0 万元。

2011 年 11 月 22 日，原告湖南某水电开发公司、被告保险公司双方的《建筑工程一切险投保单》上注明，第一部分物质损失项目建筑承包价，保险金额为：4 183.301 3 万元（工程承包价）－18.322 0 万元（技术服务费）＝4 164.979 3 万元。

一审法院认为，本案的被保险人、保险公司双方协商一致签订的保险单，保单是双方真实意思的表示，合法有效，双方应予遵守。被保险人交纳了保险费，并于事故发生后向保险公司及时报告，被保险人履行了义务，但保险公司却没有按约定进行理赔，属违约行为。因此，被保险人要求保险人支付理赔款及利息的诉讼请求，予以支持。

被保险人、保险公司保单约定的保险内容是被保险人的工程总承包价，按照被保险人的工程承包单位的承包价工程量清单说明，工程承包价包括人工费、材料费、机械使用费等，因此，被保险人诉请的人力损失和材料损失应是保险范围内，保险公司辩称被保险人的材料损失不属于保险范围，不予支持。

被保险人诉请的施工设备损失所有人是广东某水电公司，广东某水电公司不是本保险合同的投保人，且被保险人诉请的设备损失不在承包价内，因此，设备损失不属于保险范围，被保险人要求保险公司对设备损失理赔的诉请法院不予支持。

被保险人损失清单上的照明灯、电缆、钢构件、彩钢瓦的人力费用损失和材料费用损失分开列表，保险公司认为被保险人已将上述材料做人力损失报损没有依据，对保险公司称被保险人将材料重复报损的理由不予支持。

被保险人没有提交间接损失 7.504 0 万元的相关证据，且双方保单对间接损失没有约定，因此对被保险人要求被告赔偿间接损失的诉请不予支持。

被保险人、保险人双方的保单上约定了物质损失自然灾害的绝对免赔款 8.000 0 万元，故保险公司要求理赔款中扣除免赔款 80 000 元，予以支持。

综上所述，被保险人遭受雪灾应由保险公司理赔的损失包括人力损失 14.121 9 万元、材料损失 51.176 9 万元，共计 65.298 8 万元，除去被告应当免赔的 8.000 0 万元和保险公司在诉讼中已支付的 6.121 9 万元，被告保险公司应支付保险理赔款 51.176 9 万元。

**【一审判决】**

根据《合同法》第八条、《保险法》第三十条第一款之规定，一审法院判决：

（1）保险公司在本判决生效后十日内向被保险人支付保险赔偿金 51.176 9 万元。

（2）保险公司向被保险人支付第一项保险赔偿金 51.176 9 万元的利息，从 2009 年 11 月 1 日起，按同期银行贷款利率计算，付至保险赔偿金付清日止。

（3）驳回被保险人的其他诉讼请求。

2014 年 10 月 21 日，保险公司不服一审判决，向二审法院提出上诉。

**【二审辩诉】**

保险公司诉称：

（1）原判部分内容正确，即承包方广东水电公司不是本案保单的投保人，设备损失不属本案保单的投保范围和间接损失 7.504 0 万元，双方保单没约定，不应理赔。

（2）下列事实部分和判决错误：①原判认定设备损失不在赔偿范围，但又将被湖南某电力开发公司主张理赔的设备损失一分为二，以材料损失列入赔偿是错误的；②本案投保的内容是承包合同总价，而被保险人提出的设备损失并不在承包合同的明细单内。

被保险人答辩：施工设备损失没有全部认定，是错误的，应予改判，其余部分判决正确。

二审法院查明的事实与一审认定的事实一致，对一审查明的事实予以确认。

**【二审审理】**

二审法院认为，双方当事人签订的《建筑工程一切保险单》合法有效，应对双方具有法律约束力。《建筑工程一切保险单》载明，保险内容，物质损失的保险金额标准为 4164.979 3 万元，该保险金额系保险工程《水电站闸门制造与安装及启用设备安装工程》的工程承包价。根据被保险人水电开发有限公司提供的"投标报价汇总表"及"分组工程量清单"以及"项目分解表"，4164.979 3 万元工程承包价可以分解到"分组工程量清单"的第一组至第九组以及备用金，二者之和与工程承包总价相吻合。因此，可以认为某一项目在"分组工程量清单"及"项目分解表"列明，则在保险单载明的保险范围之内。反之，超出了保险合同范围，保险人不负有义务。

被保险人的诉讼请求为判令保险公司赔付保险金计 125.702 8 万元，该保险金由三部分构成，即设备损失 104.076 9 万元、人力损失 14.121 9 万元、间接损失 7.504 0 万元，一审判决对人力损失及间接损失的处理，双方均无异议，本院不再审查。

对设备损失，被保险人以"设备损失情况表"报损，其中列举 29 个损失设备名称，共计 104.076 9 万元。经对照"分组工程量清单"及"项目分解表"，该 29 个项目均不在其中。庭审中，被保险人陈述本方所报的设备损失包含在项目分解表 3 - B、3 - D、3 - F、3 - H 等项目中。经查，以上项目均在"人力损失情况表"中列明，并由保险人负责赔付，故被保险人不能再在设备损失中重复获赔。因此设备损失（即一审法院认定的"设备损失"与"材料损失"）不属于保险理赔范围，保险人对该 29 个项目无赔付义务。因此，本案中保险人应赔付的保险金为人力损失 14.121 9 万元，《建筑工程一切保险单》约定，财产损失每案绝对免赔额为 8.000 0 万元或损失的 15%，两者以高者为准，故保险人在本案中的免赔额为 8.000 万元，现保险人已支付 6.121 9 万元，保险人已履行了《建筑工程一切保险单》约定的义务，不应再承担民事责任。

综上，保险公司提出的："被上诉人申报的设备损失不属于《分组工程量清单》及《项目分解表》所列范围，即不属于保险范围"的诉讼理由成立。一审判决认定材料损失 51.176 9 万元不符合双方合同约定。

**【二审审理】**

据上所述，二审法院依照《民事诉讼法》第一百五十三条第一款（三）项之规定，判决如下：

（2）撤销一审法院的民事判决。

（2）驳回被保险人湖南某水电开发公司的诉讼请求。

本案一、二审诉讼费 3.333 8 万元，由被保险人湖南某水电开发公司承担。

本判决为终审判决。

**【案例提示】**

1. 关于设备损失是否属理赔范围问题

法院的依据是"投标报价汇总表"和"分组工程量清单"以及"项目分解表"来认定设

备损失是否属理赔范围的，认为某一项目在"分组工程量清单"及"项目分解表"列明，则在保险单载明的保险范围之内，反之，超出了保险合同范围，保险人不负有义务。被保险人——湖南某水电开发公司报损的"设备损失情况表"列举了 29 个损失设备名称，经对照"分组工程量清单"及"项目分解表"，该 29 个项目均不在其中，法院因此认定设备损失不属于保险理赔范围是正确的。

通过法院对本案出现的情况的判决，对于建设单位或承包商企业来讲可以得到提示：如果存在清楚的细目分组表，在投保时既要做到不重复投保，又要注意不遗漏应投保标的。

2. 关于人力损失、材料损失是否属理赔范围内问题

关于建筑工程一切险中物资损失的除外责任，保险公司一般通过保险合同约定下列几项不负责赔偿：自然磨损、内在或潜在缺陷、物质本身变化、自燃、自热、氧化、锈蚀、渗漏、鼠咬、虫蛀、大气（气候或气温）变化、正常水位变化或其他渐变原因造成的保险财产自身的损失和费用；非外力引起的机械或电气装置的本身损失，施工用机具、设备、机械装置失灵造成的本身损失；维修保养或正常检修的费用等。

本案中，被保险人的工程承包总价为 4183.3013 万元，按照被保险人的工程量清单说明，工程承包价包括人工费、材料费、机械使用费、其他直接费、现场经费、间接费、企业利润、税金，以及风险金等各项费用，还包括技术服务费 18.3220 万元。被保险人与保险公司双方的签订的《建筑工程一切险投保单》上注明，第一部分物质损失项目建筑承包总价，投保金额为：4183.3013 万元（工程承包价）－18.3220 万元（技术服务费）＝4164.9793 万元。因此，人力损失和材料损失应是保险范围内。

通过本案例，承包商企业在确定保险金额时，要确保保险金额接近或等于财产的实际价值，将工程承包中的人工费、材料费、机械使用等费用计入投保金额，以防发生纠纷时索赔无据。

3. 关于被保险人是否存在对材料重复报损问题

本案中，关于设备损失被保险人以"设备损失情况表"报损，并列举 29 个损失设备名称，共计 104.0769 万元。经法院对照"分组工程量清单"及"项目分解表"，该 29 个项目均不在其中，后被保险人陈述所报的设备损失包含在项目分解表 3 - B、3 - D、3 - F、3 - H 等项目中。经法院查明，29 个损失设备的项目均在"人力损失情况表"中列明，因此，存在重复报损问题。

被保险人将设备损失的项目列入了人力损失中，导致设备损失无法得到赔偿，造成经济损失。这就提示工程项目承包企业，一旦发生险情，应仔细清点损失，列明报损清单，并将损失分项列明，以免存在重复报损的情况，无法获得足额赔偿。

4. 关于保险人应否对间接损失承担赔偿责任问题

根据《最高人民法院关于审理道路交通事故损害赔偿案件适用法律若干问题的解释》第十五条规定，因道路交通事故造成下列财产损失，当事人请求侵权人赔偿的，人民法院应予以支持："……（三）依法从事货物运输、旅客运输等经营性活动的车辆，因无法从事相应经营活动所产生的合理停运损失。"营运损失属于间接损失，依据该司法解释的相关规定，侵权人应当承担赔偿责任。但是关于工程保险中间接损失应否获得赔偿并没有相关规定，本案中双方就间接损失也没有明确规定，因此保险人不应承担间接损失的赔偿责任。通过本案，提示承包企业在签订保单时，应当约定保险价值并在合同中载明，一旦保险标的发生损

失时，以约定的保险价值为赔偿计算标准。

## 16.2　货物运输险纠纷案例

### 16.2.1　货物运输被诉讼主体与送达地纠纷

【案例摘要】

在国际工程货物运输保险纠纷中，由于涉及多方复杂关系，往往发生对于谁是法律上的被诉讼主体、对"仓至仓条款"应如何理解产生纠纷。通过某海事法院审结的一起典型的工程货物运输保险纠纷案中我们可以得到一定的启发。

【投保概况】

江苏连云港经济开发区 A 化工有限公司（以下简称"A 公司"），承包了位于连云港开发区的一项 EPC 厂房工程。为了建筑工程的安全，总承包商将整个建筑工程向中财保 E 公司投保建筑工程一切险，保险期间为两年，保险金额为人民币 8.925 8 亿元，中财保 E 公司出具了保险单。出于建筑工程的需要，总承包商 A 公司以 CIF 连云港 28.565 0 万美元的价格，向美国纽约 B 公司订购两台制冷器。规定美国纽约 B 公司应在规定日前将货物运至连云港口。

货物由 American Independent Line 对货物付运，并签发了货物提单。与此同时，美国纽约 B 公司还通过 C 海运保险代理公司向北美 D 补偿保险公司对该批货物的投保，保险金额为 31.421 5 万美元。之后北美 D 补偿保险公司向美国纽约 B 公司签发了特殊海运保险单，保单载明保险的范围为从"Seattle（西雅图）"到"Lian Yungang Port（连云港）"，采用"仓至仓条款"，并载明保单的有效期为自货物交付到保险单载明的目的地的最后仓库或 15 天期满（如果货物承保所至的目的地在港口范围以外，则为 30 天）为止。其中保险单左角有"INA MAR Ocean Marine Insurance ar ACE USA Company（美国保险协会）"字样。同时，保单还表明，保险时限从承保货物卸离海船完毕之日的午夜开始起算。保险责任为保险人对于外部因素引起的有形损失，承担一切险。并表明保险单所承保利益隶属于优先于该保险单的其他保险单所承保的范围，北美 D 补偿保险公司只承担超过优先保险的金额。

【纠纷事件】

涉案货物在规定日期内运至目的港后，承包商 A 公司委托某国际货运有限公司用卡车将装有货物的集装箱从码头运至项目所在地工地。在货物进入到达承包商 A 公司在连云港技术开发区的工地时，集装箱发生倾倒，货物受损。

【法院诉讼】

承包商 A 公司向某海事法院邮寄材料起诉 C 海运保险代理公司，法院于同年立案受理，同时，A 公司申请追加北美 D 补偿保险公司为本案共同被告，要求 C 海运保险代理公司与北美 D 补偿公司承担连带赔偿责任，请求判令两被告连带赔偿货物损失 31.4215 万美元及利息损失，并承担案件诉讼费。

此时，虽然 A 公司与人保 E 公司的承保期限已过，但建筑一切险保险人——中财保 E 公司还是委托一个评估拍卖有限公司对涉案两个受损制冷器进行拍卖，拍卖价值为人民币 62 万元，并拍卖之后评估拍卖有限公司向中财保 E 公司支付了上述款项。在案件审理过程中，中财保 E 公司在其建筑工程一切险保险单项下已就涉案货损向承包商 A 公司支付了

185.96 万元人民币。另外，承包商 A 与美国 B 公司在双方买卖合同中并没有就合同的法律适用问题作出规定。

**【纠纷焦点】**

本案比较复杂，引发的有关国际贸易货物运输的问题比较多，主要集中在以下是五个问题；

（1）此案应适用何种法律？在国际贸易争端的解决中，适用何种法律，直接关系到双方当事人的利益。一般情况下，双方当事人都要争取适用自己熟悉的本国法律作为解决争端的依据，以利于在诉讼中处于有利地位。本案中承包商 A 公司和美国纽约 B 公司并没有在合同中规定法律适用条款，而这种情况在国际贸易实践中又极为常见，这就需要国际货运的当事人了解法院适用法律的原则。

（2）一旦发生国际贸易纠纷，当事人在没有选择仲裁而协商又不成的情况下，一方当事人就要起诉另一方当事人，如果被起诉的当事人没有法律资格，法院将驳回当事人的诉讼。本案中就涉及这个重要问题，A 公司起诉 C 海运保险代理公司与北美 D 补偿公司承担连带赔偿责任，因为 C 海运保险代理公司只是北美 D 补偿公司的代理公司，因此，通过 C 海运保险代理公司作为被告是否适格，将成为承包商 A 公司首先面临的问题。

（3）如果货物发生货损，此损失只有发生在保险区间内，北美 D 保险公司才承担货损保险责任。在此案中，承包商 A 公司与北美 D 保险人签订的保险合同的保险期间为从"Seattle"至"Lian Yungang Prot"，到底怎样理解"连云港"？海运提单所适用的"仓至仓"条款的具体含义如何？损失是否发生在保险区间内？都是本案面临的难题。

（4）诉讼失效决定着原告是否享有胜诉权的问题，如果诉讼时效已过，原告就得不到法律的救济。本案中承包商 A 公司的起诉是否在诉讼时效之内，正是本案争议的焦点问题之一。

（5）国际贸易保险是当事人为了防止可能的风险和损失而向保险人投的保险，但是，它具有补偿性的特点。本案中承包商 A 公司就货物进行了双重投保，中财保 E 公司、C 海运保险代理公司和北美 D 公司是否都应该对承包商 A 公司进行补偿，也是本案必须解决的重要问题之一。

**【案例分析】**

1. 当事人对法律的适用无规定时，适用与合同有最密切联系的国家或者地区的法律

在国际贸易中，法律的适用十分重要。当事人双方在履行合同的过程中，由于情况复杂多变，最容易引争议，因此，交易的双方一般来讲在合同中都应该订有仲裁条款，以解决发生争议时的法律适用问题。在仲裁条款中，仲裁地的规定极其重要，这是因为仲裁地点与仲裁所适用的程序法以及合同所适用的实体法关系最为密切。按照各国仲裁的通用做法，凡属于程序方面的问题除非仲裁协议另有规定，一般都适用仲裁地的法律。如果双方当事人决定采用诉讼的方法来解决争议，也是如此。

在本案中，保险合同项下的纠纷涉及货物自美国西雅图至中国连云港的海上运输，具有涉外因素，A 公司应与美国纽约 B 公司就法律的适用作出具体规定，但是，双方在合同中并没有就此作出规定。依据纠纷解决的一般原则，应该适用诉讼地或仲裁地法律。当事人在此案的解决方式上选择了诉讼方式，故应采用我国法律作为解决争议纠纷的依据。

在国际贸易实践中，双方当事人一定要订立解决争议的条款，以防纠纷的出现。为了案

件的迅速解决，双方当事人最好采用仲裁方式解决争议，在仲裁条款中最好以"中国国际贸易仲裁委员会"作为仲裁机构，以"中国法"作为解决争端的依据。当然，双方当事人还可以在仲裁条款中，选择其他仲裁机构作为仲裁机构，选用其他国家的法律作为解决争端的依据。

2. 诉讼当事人应当具备充当诉讼当事人的资格

在贸易案件发生后，一方当事人要想起诉另一方当事人，另一方当事人必须具备充当诉讼当事人的资格。否则，他就没有参与诉讼的权利。一般来讲，当事人要具备充当诉讼当事人的资格，需要具备三个条件：

一是诉讼权利能力，即具备依法能够享有民事诉讼权利和承担民事诉讼义务的能力。

二是诉讼行为能力，即具备亲自进行诉讼活动，以自己的行为行使诉讼权利和承担诉讼义务的法律上的资格。

三是和诉讼标的物具有一定的法律利害关系。作为一个法人，它的诉讼权利能力和诉讼行为能力是同时取得和同时消灭的，自它依法成立时就开始取得诉讼权利能力和诉讼行为能力，也就是说只有依法成立的法人才具备诉讼权利能力和诉讼行为能力；至于一个法人和诉讼标的物有无利害关系，则以法院最后调查确定为准。

在本案中，承包商 A 公司要想起诉 C 海运保险代理公司与北美 D 补偿保险公司承担连带赔偿责任，首先要看这两个当事人是否具备充当被告的资格。

首先看 C 海运保险代理公司，它只是北美 D 补偿保险公司的分公司。分公司在各国的法律上均不具备法人资格，它不是法人，只是法人的分支机构。因此，它不具备诉讼权利能力和诉讼行为能力，它所实施的法律行为的后果均应该由其委托人承担。至于和诉讼标的物具有一定的法律利害关系，发货人美国纽约 B 公司并没有向 C 海运保险代理公司直接投保，C 海运保险代理公司和保险标的物也并没有直接的法律上的因果关系，正是因为保单的左角有其名称而卷入诉讼，因为其不是法人，也只能把它的行为当成代理行为，它本身对代理后果不承担责任，责任应当由被代理人北美 D 补偿保险公司承担。

至于北美 D 补偿保险公司，它是依法成立的法人，自其成立时起，就具备法律上的诉讼权利能力和诉讼行为能力。它接受了美国纽约 B 公司的投保，并且指示其分公司 C 保险代理公司出具的保险单，和保险标的物有直接的法律因果关系，作为被告应当为适格。

在国际贸易中，不管我们签订何种合同，都要注意当事人的"适格"问题。国际货运中的货运代理人、保险中的保险代理商以及分公司等都不是"适格"的。在货运中，进出口企业最好直接和船运公司签订运输合同，当委托货运代理人运输时，一定要订立书面合同，并直接将运费汇往船运公司；在进口中，如果我们和对方订立的是 CIF 合同，一定要规定保单应由具有法人地位的保险公司出具，以避免将来索赔出现困难。

3. 对"仓至仓条款"应准确理解

"仓至仓条款"是货物运输保险条款中较为典型的条款，其英文为 Warehouse to Warehouse 简称 W/W。其含义为保险人保险责任自货物从保险单载明的起运港（地）发货人的仓库或储存处开始运输时生效，到货物运达保险单载明目的港（地）收发人的最后仓库或被保险人用作分配、分派或非正常运输的其他储存处所为止。

"仓至仓条款"是运输货物保险中较为典型的条款，进出口公司要得到运输货物的保险，必须具备四个条件：第一，所发生的风险是在保险责任范围之内；第二，所遭受的损失与发生的风险之间具有直接的因果关系；第三，在保险标的遭受风险时，索赔人对其具备保险利益；第四，被保险货物遭损的时间和地点是在保险期间之内，这四个条件缺一不可。

本案中，北美 D 补偿保险公司下属 C 海运保险代理公司向美国纽约 B 公司签发的特殊海运保险单，保单载明保险的范围就是采用的"仓至仓条款"保险条款。保险单载明的保险期限为货物交付到保险单载明的目的地的最后仓库或 15 天期满（如果货物承保所至的目的地在港口范围以外，则为 30 天），到目的港后的货物也在保单的保险期间。A 公司也具有经美国纽约 B 公司背书转让后的保险单下的保险利益，即与保单上载明的货物具有直接的利害关系。

问题是此保单下的"仓至仓"应该怎么理解？损失与风险有无直接的因果关系？原保单载明的保险期间为从"Seattle"到"Lian Yungang Port"，此处并未明确表明到底是到"连云港口"还是"连云港市"。根据各国《合同法》的一致解释，当事人对格式条款的解释发生争议时，应做出不利于提供格式合同一方的解释。本案中的保险单是由北美 D 补偿保险公司的下属机构 C 海运保险公司提供的，应当做出不利于北美 D 补偿保险公司的解释，即应将"Lian Yungang"解释为整个"连云港市"。也就是说，保险人的保险责任应是从"西雅图"至"连云港市"的任何指定地点。那么，货物从卸船后到连云港 A 公司项目所在工地之间的保险责任应由北美 D 补偿保险公司承担。

根据我国海运保险条款的规定，货物在运往工地途中遭受碰撞、出轨、倾覆或在驳运过程中发生任何事故均应由保险人承担损失。根据以上分析，A 公司是有权要求北美 D 补偿保险公司承担赔偿责任的。

在国际贸易实践中，"仓至仓条款"是最为常用的保险条款，为避免争执的发生，保险当事人双方在订立合同时，最好在合同中表明"仓至仓"的具体含义，即表明保险的起止地点。在出口合同中，最好表明起止地点为"××港"至"××港"，或"××地"至"××地"；在进口合同中，如果保险由出口人投保，最好表明起止地点为"××港至我方用于分配货物的具体储藏所"。

4. 保险赔偿的诉讼时效为两年

一个诉讼当事人，要想起诉对方当事人，还应当注意起诉的时效问题。如果超过诉讼失效，法院将拒绝受理。

依照《中华人民共和国海商法》的规定，根据海上保险合同向保险人要求保险赔偿的请求权，时效期间为两年，自保险事故发生之日起计算。本案中 A 公司向海事法院邮寄材料起诉 D 补偿保险公司的日期，以及申请追加北美 D 补偿保险公司为本案共同被告的日期中，应当以起诉日期为诉讼时效的开始日期，补充材料的日期不应视为诉讼时效开始日。本案货损发生日起，到起诉 D 海运保险代理公司日之间尚不足 2 年，并没有超过诉讼时效，A 公司行使权利在法定诉讼期间内，它应当享有案件的胜诉权。此处，从另一个侧面也表明了，法律选择的重要性，如果当事人选择了其他国家的法律，诉讼失效就应该遵循其他国家的法律规定，A 公司就可能丧失胜诉权。由此可以看出，诉讼时效在国际贸易中至关重要。我们一定要对诉讼时效给予足够的重视，否则就丧失了胜诉权。在国际贸易中，一旦我们和国外客商发生争议，要及时解决。在不得已仲裁或诉讼时，一定要注意我国的诉讼时效期间为两年，自保险事故发生之日起计算，并且要注意保存相关的证据材料。

5. 保险标的物不应该重复投保

从以上的分析可以看出，原告 A 公司和北美 D 补偿保险公司之间的海上货物运输保险合同关系成立，涉案货损事故发生在保险人北美 D 补偿保险公司的保险责任期间，A 公司确因货损事故遭受损失，其对北美 D 补偿保险公司的起诉也未超过诉讼时效，故北美 D 补偿保险公司应补偿 A 公司的全部损失。但是，案件的最终结果是 A 公司并未能得到期望的赔偿，其原因就在于保险合同具有补偿性特征。

从理论上说，保险活动本身应该是非营利性的。保险费用的理定取决于在一定期间、一定范围、一定个体的风险概率加上经营性费用。保险公司的营利，应该来源于保险资金的运用。保险合同都应该属于补偿性合同，也就是说保险人所给付保险金的目的在于补偿被保险人因保险事故发生所受的实际损失。此损失一旦弥补，保险人则不再负责赔偿。本案中，A 公司已经从中财保 E 公司就其建筑工程一切险保险单项下获得了相应的补偿，就无权再要求北美 D 补偿保险公司另行赔偿。

合同的补偿性原则是国际贸易中许多人都容易忽视的原则。特别当货物要经过风险比较大的地区时，当事人容易出现在和不同的保险人经过磋商后，以低廉的保费就保险货物重复保险的现象，期盼一旦出现所保风险就可以得到双倍甚至多倍赔偿，这是不现实的。如果多重投保的话，其结果也只能和本案的总承包商一样。有许多国际货物保险问题确实值得深思，它的教训是值得国际工程承包者吸取的。

### 16.2.2　货物运输保险利益与保险期限纠纷

**【案例摘要】**

在国际工程货物运输保险纠纷中，有时会对诉讼主体是否具有保险利益、保险事故是否在保险期限之内等的争论。本案例是海事法院审结的一起典型的有关上述货物运输保险纠纷的判例。

**【投保概况】**

浙江某风力发电建设公司（以下简称 A 公司）承包了某风力发电站工程，由于工程建设的需要，2001 年 11 月 29 日，浙江某风力电力物资供应公司（以下简称 B 物资公司）以自己的名义与德国 C 公司签订购销合同，代理承包商 A 公司以 252.300 0 万美元的价格向德国 C 公司购买 6 台 600kW 的风力发电设备。

2002 年 6 月，A 公司在上述设备自德国起运前就该合同项下的风力发电设备向 D 保险公司投保货物运输险。6 月 29 日，D 保险公司签发以 B 物资供应公司为被保险人的保单，总保险金额 277.530 0 万美元，保险期限为"自汉堡至温州某风电场"，承保险别为中国人民财产保险公司颁布的《海洋运输货物保险条款》所规定的一切险；由中国人民财产保险公司颁布的《陆上运输货物保险条款》（火车、汽车）所规定的陆运货物的一切险。承包商 A 公司于 7 月 3 日依约交纳了保费。

**【纠纷事件】**

上述设备自德国汉堡运抵我国温州后，承包商 A 公司委托 E 物流有限公司（以下简称 E 物流公司）从事陆上运输设备吊装。2002 年 10 月 2 日，被保标的发电机组的风电机舱在某风电场停机坪驳运至安装地点途中，由于载运车辆发生倾覆而受损。10 月 11 日，承包商 A 公司、D 保险公司及 E 物流公司三方经协商达成"备忘录"，确定了"减少损失，及时修复"的方针，同意因"国内尚无能力修复"而由 A 公司直接与德国 C 公司联系交涉并向各方告知进展情况。

承包商 A 公司根据"备忘录"于 2003 年 2 月 9 日将受损设备运回德国修理，并在与德国 C 公司就受损设备的检测、维修及其费用多番磋商后，于 2004 年 6 月 18 日由 B 物资供应公司与德国 C 公司正式签订"关于机舱修理服务的补充协议"。A 公司根据保险合同向 D 保险公司索赔修理费、外方人员参与调试的差旅费、运费、保险费、新增关税及增值税及二次进场安装费，D 保险公司对此存在异议拒绝赔偿。A 公司作为原告遂将 D 保险公司诉至海事法院，请求法院判决被告赔偿其损失及施救费用。

**【法庭诉辩】**

本案属于典型的涉及国际货物买卖、运输合同的货物运输保险合同纠纷，原、被告双方起诉至法院后，辩论、质证的焦点也体现出了纠纷的性质。

1. 原告承包商 A 公司对于保险标的，本案的购销合同项下的风力发电设备是否具有保险利益的问题

保险利益原则是保险法的基本原则，本案中的海运货物保险纠纷当然也要受其约束。根据我国《保险法》第十二条规定："投保人对保险标的应当具有保险利益"，"投保人对保险标的不具有保险利益的，保险合同无效"。因此，本案中原告 A 公司对于受损设备有无保险利益直接决定着原告 A 公司、被告 D 保险公司之间该保单之效力，因而也直接决定着本案的最终结果。

根据我国《保险法》："保险利益是指投保人对保险标的具有的法律上承认的利益"。针对原告 A 公司的诉讼请求，被告 D 保险公司辩称"涉案风电设备系 B 物资供应公司购买，原告作为被保险人对该设备无可保利益"。因此，原、被告之间的保险合同关系无效，原告也就无权要求被告根据保单承担保险赔偿责任。

原告 A 公司则认为，本案保险标的系其向德国 C 公司购买，B 物资供应公司只是代理其与德国 C 公司签订合同而已，其提供的证据《风力发电设备购销合同》表明，该项风电设备即保险标的的用户是原告 A 公司。因此，原告 A 公司对于保险标的是否具有保险利益这个决定保单效力，进而直接关系本案诉讼结果的先决问题，原告 A 公司、被告 D 保险公司各执己见。

2. 被保标的风电机舱在由停机坪运往安装地点途中发生倾覆而导致受损是否发生于被告 D 保险公司承担保险责任的保险期限问题

保险期限是保险人根据保险合同承担保险责任的时段，在保险期限内发生保险事故导致被保险人遭受损失的，则保险人应承担赔偿责任；反之保险人则无须承担责任。因此，本案中受损设备发生倾覆是否在保险期限内是决定被告 D 保险公司承担赔偿责任的关键。海运货物保险合同中对于保险期限的约定一般采取"仓至仓"条款，并且根据所采取的决定价格的具体贸易术语等具体情况而有所不同。

本案中保单对此的约定是"自汉堡至温州某风电场"。原告 A 公司认为受损设备倾覆发生在其运往风电场的运输途中，因此，当然是在保险期限内。被告 D 保险公司则认为事故发生在场内安装运输阶段，不在保险人承保的责任期间。原、被告双方对于设备由风电场停机坪运往安装地点这段时间是否属于保单约定的保险期限内，即所谓的保险期限"至温州某风电场"是指其停机坪还是安装地点存在争议，并直接决定着被告 D 保险公司是否要对本案中受损设备倾覆造成的损失承担责任。

**【法院审理】**

法院在原、被告双方举证、质证、辩论的基础上，经过调查审理，围绕上述集中体现本案纠纷特征并直接决定本案诉讼结果的争议焦点做出了认定。

1. 原告 A 公司对于保险标的是否具有保险利益

对于原告对保险标的是否具有保险利益，从而保单是否有效的问题，法院认为：被告 D 保险公司知晓 B 物资供应公司与 A 公司的进口代理关系，且涉案设备也实际由原告 A 公司购买和使用，故被告 D 保险公司辩称 A 公司对承保货物无可保利益无事实和法律依据，不予采纳。

原、被告之间的货物运输保险合同系双方真实意思表示，且不违反我国法律规定，应确认有效。法院采纳了原告 A 公司的观点，确认原告 A 公司对于保险标的具有可保利益，进而确认了保单的效力。

2. 对于受损设备发生倾覆的事故是否发生在保险期限内的问题

法院认为根据保单的规定，本案保险合同约定的保险期限为"自汉堡至温州某风电场"，涉案机舱在温州某风电场运输途中因运载车辆倾覆而受损，属被告 D 保险公司承保的保险事故，被告 D 保险公司应依法赔偿原告 A 公司因此而遭受的损失。本案的风电设备具有经安装才能使用的特点，且原告 A 公司是该设备的所有及使用人，结合考虑保险单之格式性特点，被告 D 保险公司以事故发生在自停机坪运往安装点途中为由辩称事故发生在保险责任期间外，无事实和法律依据，法院不予采纳。

**【法院判决】**

法院对于本案的两个争议焦点均采纳了原告 A 公司的观点，进一步结合双方的其他证据，最终做出被告 D 保险公司承担保险责任，赔偿 A 公司受损设备的修理费、外方人员参与调试的差旅费、运费、保险费、新增关税及增值税及二次进场安装费共计 19.623 926 万欧元，2.026 91 万美元及人民币 12.940 76 万元的判决。

**【案例提示】**

本案作为涉及国际货物买卖及运输合同的货运保险合同纠纷，其中涉及了买卖、运输、代理及保险等多重法律关系，而且包括举证等工作都具有涉外因素，因而显得尤为复杂。但是本案纠纷的性质是货物运输保险合同纠纷，进而明确原、被告双方争议围绕的焦点：保险利益和保险期限，也就把握了本案的关键。保险利益的有无及保险期限的确定是保险合同纠纷，尤其是像本案这样的涉及国际货物买卖和运输的货物运输保险合同这类案件中具有代表性的争议焦点，因此结合本案原、被告双方的举证、质证和辩论过程及法院的审理判决，进一步明辨保险标的及保险期限这两个问题，无疑对于这一类型案件的诉讼都具有指导意义。

1. 保险利益

保险利益也称为可保利益（insurable interest），在我国《保险法》上被定义为"投保人对保险标的具有的法律上承认的利益"，是投保人与保险标的之间物之间的一种内在的经济联系，即经济利害关系。保险利益原则是各国保险法律所普遍承认的原则，投保人对保险标的是否具有保险利益直接决定着保险合同效力的有无，因此是保险承保和理赔环节要特别审查的关键。我国《保险法》规定："投保人对保险标的应当具有保险利益"，"投保人对保险标的不具有保险利益的，保险合同无效"。之所以要确立保险标的原则主要是基于防范道德风险的发生，避免将保险合同由射幸合同沦为赌博行为，同时保险利益的数额也有利于保险赔款数额的限定。

因此，界定保险利益是确定保险合同的效力，进而明辨保险合同纠纷的前提。保险利益具有以下特征：

（1）合法性。保险利益必须是合法的利益，即法律认可的利益。

（2）客观性。保险利益必须是客观利益，包括现实利益和逾期利益，但必须是可以实现的利益。

（3）可确定性。保险利益必须是经济上可以确定的利益。此外，界定保险利益还须注意判断的时间，投保人在投保时并不一定要对保险标的具有保险利益，但是发生保险事故时必须具有保险利益。因为国际货物买卖中，提单签发之后往往会几经转让，所以最终的货主在投保之时并不一定对货物享有法律上的利益。

本案中，就作为保险标的风力发电设备直接与德国C公司签订国际货物买卖合同的是D物资供应公司。仅以此法律关系的表象观之，原告A公司并非合同的当事人，也非保险标的的所有权人，好像并不具有保险利益，但是实际情况并不如此。

首先，购买保险标的购销合同虽然是以D物资供应公司签订的，但是该合同也载明保险标的的用户是原告A公司，结合我国外贸的实际操作惯例，即设备实际由原告A公司负责接收和安装的事实，D物资供应公司明显是进行隐名代理行为。所谓隐名代理即代理人以自身的名义为法律行为，但对方明知该法律行为其实为被代理人所为，该法律行为的后果直接归属于被代理人，《合同法》第四百零二条对此进行了明确规定。因此，原告A公司才是购销合同的事实上的当事人，显然对保险标的的享有所有权。

其次，判断保险利益的有无应以保险事故发生时为准，因此即使德国C公司在签订购销合同时，并不明知D物资供应公司与A公司之间的代理关系而无法认定隐名代理，在倾覆事故发生时，保险标的的已处于原告A公司的实际管领之下，这也可以认定原告A公司此时对保险标的的是具有保险利益的。

综上所述，根据以上判断保险利益存在与否的法律原理及对本案实际情况的分析，原告A公司对于保险标的的具有保险利益是没有疑义的。法院的判决也是以"被告知晓D物资供应公司与原告A公司的进口代理关系，且涉案设备也实际由原告购买和使用"为由，没有采纳被告保险公司的抗辩，认定原告A公司对保险标的的具有保险利益。

2. 保险期限

保险期限也称为保险责任期间，即保险人承担保险责任的起止时间，只有在此期间内发生保险事故，保险人才须承担保险责任。对于保险期限必须加以明确界定，因为尽管承担保险责任是保险人的主合同义务，但因为保险合同是一种射幸契约，故其责任承担具有不确定性，只有在约定期间发生了约定事故时方须承担赔偿或给付之责。

国际货物运输由于其周期长、风险高、标的大且涉及多个国家（或公海），因而其保险期限的确定尤为重要。国际货运保险对于保险期限一般采取的是"仓至仓"条款，即保险人对被保险货物所承担的责任是从货物运离保单所载明的起运港发货人仓库直至货物运抵保单载明的目的港收货人所在仓库为止。当然实际案例中对于"仓至仓"条款的理解要结合具体情况来确定。

首先，国际货物买卖所采用的贸易术语直接影响着买卖双方的权利和义务，也影响着保险期限的具体起止时间点。例如，在FOB贸易术语下，货物的所有权和风险随运载船舶的船舷转移。如果买方投保了货运险后，货物在运离起运港仓库之后，越过船舷之前发生属于保险责任范围内事故，此时，尽管表面上处于"仓至仓"期限中，但是由于事故发生时货物风险尚未转移，买方对于保险标的并不具有保险利益，因此保险人也无须承担保险责任。

其次，"仓至仓"条款本身也存在几种特殊情况：

第一种情况，保单所载明的目的港是卸货港，收货人提货后并未运往自己仓库，而是对货物进行分配、分派或是分散转运，保险责任从这时终止。

第二种情况，保险单所载明的目的地不在卸货港而在内陆某地，经收货人或其他代表将货提取后运到内陆某地，当货物进入内陆目的地收货人仓库时保险责任即行终止。

第三种情况，保险单载明目的地是内陆，保险货物从海轮卸离后运往内陆目的地时并没有直接送往收货人仓库，而是在中途先放在某一仓库然后整批货物进行分配、分派或分成几批运往几个地方，包括其中有部分仍送往保险单载明的目的地。保险责任在到达分配地后全部终止，包括那部分运往原目的地的货物。以上各种情况包括一般情况还要受保险货物卸离海轮 60 天的限制。

本案中，风电设备在运抵温州港后由原告 A 公司委托 E 物流运往项目所在地风电场属于上文提到的"仓至仓"条款特殊情况的第二种，被告的保险责任应在风电设备运抵××风电场原告 A 公司的仓库时终止。再结合本案保单上对保险期限的约定"自汉堡至温州××风电场"，应该认定保险标的由风电场停机坪运往安装地点途中时仍处于保险期限中。理由正如法院判决所述：

第一，风电设备按其性质和用途只有经过安装才能使用，且原告 A 公司是风电设备的所有者和实际使用人，按常理推测原告对于风电设备的运输应该至安装地点方才达到其目的而结束，因此本案中风电场可视为原告在内陆目的地的仓库。

第二，本案保单所载条款是由被告提供的格式条款，当对其解释存在争议有两种以上解释时，根据合同解释方法学和《合同法》第四十三条对格式合同解释的特别规定，应采取不利于格式条款提供方即被告的解释，因此，也应根据原告的主张，将保单保险期限中的"××山风电场"具体为××风电场的安装地点而非停机坪。

本案诉讼过程中，原、被告紧紧围绕保险利益和保险期限这两个涉及国际货物买卖和运输的货运保险纠纷焦点问题展开举证、质证和辩论，法院根据《海商法》《保险法》等的规定，结合保险法，尤其是海上货运保险的原理做出了基本支持原告诉讼请求的判决，其中既反映了这一类型案件的关键所在，又体现了保险法、海商法、国际经济法及合同法的基本原理。

## 16.3　建筑设计险纠纷案例

### 被保险人索赔依据不完备纠纷

**【案例摘要】**

保险索赔需要完备的证据、材料作为保险索赔的依据，当保险事故发生后，被保险人还要尽被保险人的义务，并在规定的时间内完成索赔。本案被保险人在上述各方面均存在不足，于是双方就索赔产生分歧。最后，双方通过友好协商，使得问题得到了解决。

**【投保概况】**

2004 年 8 月，某建筑设计院通过保险经纪公司向保险公司投保建筑工程设计责任保险，保险期限为 12 个月，每次索赔赔偿限额为人民币 150 万元，每次索赔免赔额为人民币 3 万元。

2004 年 9 月，因设计人员的图纸设计错误导致工程施工后出现设计质量问题，被保险人即建筑设计院与业主发生纠纷，2008 年，建筑设计院因业主拖欠设计费将业主起诉至法院，业主以建筑设计院图纸设计失误导致工程出现设计缺陷为由向法院提起反诉。

2011 年 4 月，经过当地法院终审判决，建筑设计院败诉，法院终审判决建筑设计院给付业主人民币 144 万余元，承担案件受理费人民币 9000 余元，费用合计人民币 145 万余元。

**【索赔纠纷】**

2011 年 5 月，建筑设计院通过保险经纪公司向保险公司提出索赔，索赔金额人民币 157 万余元，保险公司受理该保险事故后，针对该索赔提出下列问题：

(1) 保单条款约定要有《建筑工程设计合同》，而本次保险事故中被保险人只与业主口头约定设计合同，没有正式的书面合同。

(2) 从本次保险事故发生到建筑设计院和业主到法院起诉，建筑设计院均未及时告知保险公司，而保单"被保险人义务"中明确约定"被保险人获悉可能引起诉讼时，应立即以书面形式通知保险人，否则保险人不负赔偿责任"。

(3) 从本次保险事故发生，到 2008 年建筑设计院与业主起诉至法院，已过两年诉讼期。

保险公司提出上述问题，并且有拒赔倾向，针对保险公司提出的问题，保险经纪公司阐述下列观点：

(1) 本次保险事故，被保险人与业主之间虽无正式的《建筑工程设计合同》，但有口头协议，法院已认可，而且判决书中有明确的阐述。

(2) 保险事故发生后，被保险人虽没有提出正式的索赔申请，但已告知保险公司相关的业务人员，告知要到法院起诉，等法院判决后，再决定是否提出正式的索赔。

(3) 关于两年诉讼期的问题。我国《建筑法》第八十条规定："在建筑物的合理使用寿命内，因建筑工程质量不合格受到损害的，有权向责任者要求赔偿。"由此推断，工程设计单位的法律风险在建筑物的合理使用寿命内一直存在。因此，合理的追溯期应与建筑物合理的使用寿命是一致的，而不应以两年追诉期为期限。

**【索赔结果】**

经保险经纪公司领导、客服人员与保险公司及时有效地沟通，针对保险公司提出的疑问反复协商，保险公司对本次保险事故的态度由有拒赔倾向，到保险双方对赔款金额达成一致，最终被保险人建筑设计院索赔成功，经审查被保险人提供的相关索赔单证，保险公司最终赔付建筑设计院 128 万余元。

**【案例提示】**

本案中，从保险人对被保险人开始拒赔的理由分析，有以下几点值得建筑设计险的被保险人注意：

1. 关于设计合同问题

保险公司以其与业主之间无正式的《建筑工程设计合同》作为拒赔的理由之一。依据我国《建设工程勘察设计管理条例》第二十三条规定，建设工程勘察、设计的发包方与承包方应当签订建设工程勘察、设计合同。《建筑设计责任保险合同条款》第十九条明确规定：被保险人向保险人申请赔偿时，应提交保险单正本、《建设工程设计合同》和设计文件正本、发图单、工程设计人员与被保险人签订的劳动合同、索赔报告、事故证明或鉴定书、损失清单、裁决书及其他必要的证明损失性质、原因和程度的单证材料。本案因业主与建筑设计院关于设计质量问题通过法院进行过审理、判决作为证据，因此，保险公司对于设计院与业主的合同关系才予以承认。通过这个案例说明，设计院一定要和业主签署书面的委托设计合同。

2. 关于诉讼期限问题

本案保险公司提出的另一个拒赔理由是"从本次保险事故发生，到 2008 年建筑设计院与业主起诉至法院，已过两年诉讼期"。可见，被保险人发现问题后应尽快报案。

3. 保险双方相互沟通问题

《建筑设计责任保险合同条款》第十一条规定：被保险人获悉可能引起诉讼时，应立即以书面形式通知保险人；接到法院传票或其他法律文书后，应及时送交保险人。因此，当保险事故发生后，被保险人应及时与保险人及时、充分的沟通，说明事情经过，即使当时责任方还不明确时也应彼此通报情况，最好以书面形式备案。

4. 关于纠纷解决的方式

从本案最终索赔结果来看，我们可以得知对于保险索赔纠纷最好的办法是通过双方友好协商予以解决，对于减少双方精力和保持友好合作关系具有好处。关于保险纠纷的解决，《建筑设计责任保险合同条款》第二十三条明确规定：合同争议解决方式由当事人按照合同约定，从下列两种方式中选择一种：一是因履行本合同发生的争议，由当事人协商解决，协商不成的，提交仲裁委员会仲裁；二是因履行本合同发生的争议，由当事人协商解决，协商不成的，依法向人民法院诉讼。

# 主要参考文献

[1] 余志峰. 大型建筑工程项目风险管理和工程保险——风险管理对策的规划和决策 [J]. 建设监理 .1994（02）.

[2] 罗向明. FIDIC 合同条件下工程项目与工程保险的规范管理. 中国保险学会首届学术年会论文集 [C] .2009.

[3] 刘玉珂. 建设项目工程总承包合同示范文本（试行）组成、结构与条款解读大纲. 中国勘察设计. 2011 （12）.

[4] 张琼. EPC 合同条件下工程保险模式的选择 [J]. 工程造价管理. 2012（06）.

[5] 丁芳. 以保险形式转移海外 EPC 项目风险 [J]. 建材世界. 2016（04）.

[6] 钟心. 浅谈 EPC 电力项目建设期的保险安排 [J]. 电力工程经济. 2005（06）.

[7] 范晓文，何子平. 国际项目融资贷款保险安排 [J]. 保险研究. 2005（02）.

[8] 沈丹. 如何做好海外 EPC 工程项目保险采购 [J]. 施工企业管理. 2012（03）.

[9] 刘俊颖，李海丽. 在国际工程市场如何选择保险经纪 [J]. 国际经济合作. 2006（10）.

[10] 梁亮. 海外水电 EPC 项目工程保险索赔与理赔案例分析 [J]. 东方电气评论. 2018（02）.

[11] 张琦，张磊. 基础设施项目工程保险争议成因分析与对策 [J]. 重庆建筑. 2010（06）.